Margarete I. Ersen-Rasch

Türkische Grammatik

für Anfänger und Fortgeschrittene

Max Hueber Verlag

Für
Necdet und Hakan

3.	2.	1.			Die letzten Ziffern
2008	07	06	05	04	bezeichnen Zahl und Jahr des Druckes.

Alle Drucke dieser Auflage können, da unverändert,
nebeneinander benutzt werden.
2. Auflage 2004
© 2001 Max Hueber Verlag, 85737 Ismaning, Deutschland
Verlagsredaktion: Stephen Fox, München
Umschlaggestaltung: Astrid Hansen
Layout: Martin Lange, Karlsfeld
Druck und Bindung: Druckerei Auer, Donauwörth
Printed in Germany
ISBN 3-19-005185-2

Vorwort

Liebe Türkischlernerin, lieber Türkischlerner,

diese Grammatik basiert auf der lektionsbegleitenden Grammatik *Türkisch für Sie* und fasst die verstreut dargestellten grammatischen Phänomene zu einem lehrbuchunabhängigen Lern- und Nachschlagewerk zusammen, wobei einiges neu beschrieben und anderes zusätzlich aufgenommen wurde. Vollständigkeit strebt sie nicht an.

Damit die Grammatik auch parallel zu anderen Lehrwerken eingesetzt werden kann, wurde die gängige lateinische Terminologie aufgenommen. Aber keine Angst – es wird alles erklärt! Überhaupt war es ein großes Anliegen, die Grammatik so verständlich wie möglich zu gestalten und auf Diskussionen, wie man dies oder jenes benennen könnte, zu verzichten.

Viele Beispiele sind der Grammatik *Türkisch für Sie* entnommen. Darüber hinaus wurden zahlreiche Beispiele aus authentischen türkischen Texten aufgenommen, die gekennzeichnet sind. Die deutschen Übersetzungen der türkischen Beispiele orientieren sich weitgehend am türkischen Original und wo das nicht möglich war, sind wörtlichere Übersetzungen oder Erläuterungen in Klammern angegeben.

Querverweise und ein alphabetisches Sachregister sollen das Nachschlagen erleichtern. Im Anhang finden sich Literaturhinweise und die Quellen für die sprachlichen Belege. In die Literaturliste sind nur solche Werke aufgenommen, die relativ leicht zugänglich sind und/oder die für diese Grammatik bedeutsam waren.

An dieser Stelle möchte ich Frau Dr. Sigrid Kleinmichel herzlichst danken für die akribische Durchsicht des Manuskripts und wertvolle Anregungen dazu, ebenso meiner fleißigen Studentin Frau Susanne Jurgan (beide Berlin). Für Anregungen gedankt sei auch Frau Prof. Dr. Barbara Kellner-Heinkele, Frau Ayşe Tetik M.A. und Herrn Dr. Reimund Leicht (Berlin). Auch Herrn Prof. Dr. Lars Johanson (Mainz) verdanke ich sowohl durch seine Werke als auch durch persönliche Gespräche viele Anregungen. Ebenso bin ich allen meinen ehemaligen und jetzigen Studenten dankbar, die durch kritische Fragen Anlass zu Überlegungen gegeben haben. Der größte Dank jedoch gebührt meinem Mann, der seit Jahrzehnten sich meine immer wiederholenden bohrenden Fragen anhören muss und sie mit viel Geduld beantwortet. Dennoch – für Fehler bin ich allein verantwortlich.

Und – last, but not least – möchte ich dem Max Hueber Verlag danken, diese Grammatik in sein Programm aufgenommen zu haben.

Margarete I. Ersen-Rasch

Abkürzungen und Symbole

Allgemeines

a:	Notierung eines Langvokals	bzw.	beziehungsweise
a-	Anlaut (Laut am Anfang eines Wortes oder einer Silbe)	d. h.	das heißt
		s.	siehe
-a-	Inlaut (Laut im Innern eines Wortes)	u. a.	unter anderem
-a	Auslaut (Laut am Ende eines Wortes oder einer Silbe)	usw.	und so weiter
		vgl.	vergleiche
´	Hauptbetonung		
`	Nebenton	Pers.	Person
'	Druckton	Pl.	Plural
→	ist überführbar in	Sg.	Singular
~	oder; im Wechsel mit		
>	wird zu	Abl	Ablativ
<	entstanden aus	Akk	Akkusativ
/	Alternativausdrücke	Dat	Dativ
:	steht in Opposition zu	Gen	Genitiv
∅	Null-Element	Lok	Lokativ
*	ungrammatische Form	Nom	Nominativ (Grundform)
[ ]	Aussprachewiedergabe (in vereinfachter Form, mit türkischen Buchstaben)		
[...]	ausgelassene Textstellen		

Hinweise bei den Verben

( )	weitgehend wörtliche Übersetzung oder in der deutschen Übersetzung hinzugefügte Elemente	-de	regiert den Lokativ
		-den	regiert den Ablativ
		-e	regiert den Dativ
		-i	regiert den Akkusativ
(A)	Arabisch	∅/-i	regiert den Nominativ *oder* Akkusativ
(P)	Persisch		
(T)	Türkisch	ile	regiert die Postposition *ile*

Inhaltsverzeichnis

Die Türksprachen

Nordsee

Arktischer Ozean

Dolganisch

● Berlin

Donau   Karaimisch   Jakutisch

Moskau ●   Ob
                        Tschuwaschisch   Lena
Gagausisch   Wolga
                                        Tatarisch   Jenissej
Istanbul   Krimtatarisch
                                        Baschkirisch   Omsk ●
        Kumükisch
Schwarzes   Nogaisch   Irkutsk ●
Ankara Meer   Baikal See
        Karatschaisch-   Chakassisch   Tofalarisch
Türkisch Balkarisch   Schorisch
                                                                    Altaisch Tuwinisch
Mittelmeer   Aral See   Kasachisch
                                Baku ●   Karakalpakisch
        Aserbaidschanisch   Türkmenisch   Gelbuigurisch
                                                Usbekisch
        Bagdad ●   ● Teheran   Kirgisisch
                                                        Uigurisch
                Chaladsch

Rotes Meer   ● Delhi

Arabisches Meer

Einleitung

1 Überblick

Türkisch (auch *Türkeitürkisch* oder *Osmanisch-Türkisch* genannt) ist die Staatssprache der Republik Türkei sowie der Türkischen Republik Nordzyperns und die zahlenmäßig am meisten gesprochene Sprache einer ganzen Reihe von **Türksprachen**. Eng verwandt mit dem Türkischen ist Aserbaidschanisch, Türkmenisch und Gagausisch. Es gibt verschiedene Gliederungen der Türksprachen; folgende spiegelt die geographische Verteilung wider:

Nordwestliche Gruppe

Karaimisch *(Ostpolen, Litauen)*
Krimtatarisch *(Krim, Mittelasien)*
Karatschaisch-Balkarisch *(Kaukasus)*
Kumükisch *(Kaukasus)*
Tatarisch *(Mittellauf der Wolga bis Westsibirien)*
Baschkirisch *(südlicher Ural)*
Nogaisch *(Kaukasus)*
Karakalpakisch *(südlich des Aral-Sees)*
Kasachisch *(Kasachstan)*
Kirgisisch *(Kyrgyzstan)*

Nordöstliche Gruppe

Jakutisch *(Nordostsibirien)*
Dolganisch *(Nordsibirien)*
Chakassisch *(Altaigebiet)*
Schorisch *(Altaigebiet)*
Altaisch *(Altaigebiet)*
Tofalarisch *(Altaigebiet)*
Tuwinisch *(Altaigebiet)*

Südwestliche Gruppe

Gagausisch *(Moldawien)*
Türkisch *(Türkei, Zypern, Balkan)*
Aserbaidschanisch *(Aserbaidschan, Iran)*
Türkmenisch *(Türkmenistan, Afghanistan)*

Südöstliche Gruppe

Usbekisch *(Usbekistan)*
Uigurisch *(Nordwestchina)*
Gelbuigurisch *(Mittelchina)*

Zwei Türksprachen lassen sich in diese Einteilung nicht einordnen: Die eine ist *Chaladsch* (Zentraliran), das offenbar sehr altertümliche Merkmale aufweist und die andere ist *Tschuwaschisch* (am Wolgaknie und östlich davon), das von allen anderen Türksprachen äußerst stark abweicht. Auch Jakutisch und Dolganisch enthalten viele Besonderheiten.

Die Türksprachen werden manchmal auch mit den mongolischen und tungusischen Sprachen zu einer Sprachgruppe **Altaische Sprachfamilie** zusammengefasst. Diese Gruppierung ist jedoch nicht allgemein anerkannt.

Die ältesten überlieferten Sprachdenkmäler des Alttürkischen stammen aus dem 7. und 8. Jahrhundert nach Christus. Es sind die *Orchoninschriften* aus der nördlichen Mongolei und einige Texte aus Turfan in West-China in alttürkischer Runenschrift. 1893 gelang es dem dänischen Wissenschaftler Vilhelm Thomsen (*1842 †1927), die *Orchoninschriften* zu entziffern.

Zwei wichtige Merkmale zeichnen die Türksprachen aus: *Agglutination* (s. 2.1) und *Vokalharmonie* (s. 2.2).

2 Einige grundlegende Merkmale des Türkischen

2.1 Die Agglutination *(Bitişkenlik)*

Ein wichtiges Merkmal des Türkischen ist die **Agglutination**, das bedeutet *Aneinanderleimung*. Man sagt auch, Türkisch gehört zu den „agglutinierenden" Sprachen. Agglutination besagt, dass neue Wörter und viele grammatische Formen durch Anhängsel/Nachsilben gebildet werden, wobei der Wortstamm sich *nicht* verändert. Formen wie „Haus, Häuser" oder „singen, sang, gesungen" kommen also nicht vor. Diese „Anhängsel/Nachsilben" werden *Suffixe* und „anhängen" wird *suffigieren* genannt. Die Grenzen dieser Suffixe sind klar zu erkennen. Die Anreihung der Suffixe ist nicht willkürlich, sondern geschieht nach festen Regeln. Ein Beispiel:

ev	*Haus/Wohnung*
ev-ler	*Häuser/Wohnungen*
ev-ler-im	*meine Häuser/Wohnungen*
ev-ler-im-de	*in meinen Häusern/Wohnungen*

2.2 Die Vokalharmonie *(Ünlü Uyumu)*

Ein weiteres wichtiges Merkmal des Türkischen ist die **Vokalharmonie**. Mit wenigen Ausnahmen enthält ein türkisches Wort entweder nur vordere, im Mund vorn artikulierte Vokale (das sind *e, i, ö, ü*) oder nur hintere, im Mund hinten artikulierte Vokale (das sind *a, ı, o, u*). Die erste Silbe eines Wortes legt bereits fest, ob der Vokal der folgenden Silbe ein vorderer oder hinterer sein wird. Dieses Lautgesetz nennt man Vokalharmonie. Beispiele:

elli	*fünfzig*	(enthält zwei vordere Vokale)
göstermek	*zeigen*	(enthält drei vordere Vokale)
otuz	*dreißig*	(enthält zwei hintere Vokale)
yumurta	*Ei*	(enthält drei hintere Vokale)

Türkische Wörter, die dieser Regel nicht entsprechen, sind z. B. *anne* „Mutter", *dahi* „sogar", *elma* „Apfel", *hangi* „welcher?", *hani* „wo denn?", *haydi* „los!", *inanmak* „glauben", *kardeş* „Bruder/Schwester/Geschwister", *şişman* „dick".

Zusammengesetzte Wörter sowie Lehnwörter im Türkischen entsprechen dieser Regel natürlich auch nicht: *alışveriş* „Einkauf", *profesör* „Professor", *televizyon* „Fernseher", *kitap* „Buch", *gazete* „Zeitung".

Dem Gesetz der Vokalharmonie entsprechend werden auch Suffixe, die an ein Wort angefügt werden, lautlich angepasst (s. Lautlehre 1.1.1, 1.1.2, 1.1.3).

2.3 Fehlendes grammatisches Geschlecht

Türkisch kennt kein grammatisches Geschlecht *(Genus,* Pl. *Genera)* wie das Deutsche, das die Substantive nach „männlich, weiblich, sächlich" *(Masculinum, Femininum, Neutrum)* einteilt. Auch bei den persönlichen Fürwörtern *(Personalpronomina)* gibt es keine Einteilung in „er, sie, es".

2.4 Artikellosigkeit im Türkischen

Türkisch besitzt keinen bestimmten Artikel wie „der, die, das" und keinen unbestimmten Artikel wie „ein, eine, ein". Die Artikel im Deutschen zeigen nicht nur das grammatische Geschlecht an, sondern haben auch andere Funktionen (s. Nomen 2.2 und 2.3).

2.5 Zur Formenlehre und zum Satzbau

Türkisch ist eine sehr regelmäßige Sprache. Ausnahmen gibt es nur in den seltensten Fällen. Auf der Ebene der Formenlehre *(Morphologie,* das Adjektiv dazu heißt *morphologisch)* und des Satzbaus *(Syntax,* das Adjektiv dazu heißt *syntaktisch)* weicht Türkisch stark vom Deutschen ab. Typologisch wird Türkisch den SOV-Sprachen zugerechnet (SOV steht für die Reihenfolge Subjekt – Objekt – Verb). Das bedeutet, dass der deutsche Satz „Iris trinkt Kaffee" im Türkischen die Reihenfolge „Iris Kaffee trinkt" hat. Das gilt für die neutrale, nicht hervorgehobene Wortfolge. In Hauptsätzen sind andere Wortfolgen möglich, in Nebensätzen (abhängigen Sätzen) wird die Wortfolge eingehalten.

2.6 Zur Sprachreform

Bereits Mitte des 19. Jahrhundert hatten Tendenzen eingesetzt, das Türkische von den zahlreichen arabischen und persischen Lehnwörtern und auch grammatischen Einflüssen dieser Sprachen zu befreien. Nach der Schriftreform 1928, bei der das arabische Alphabet durch das lateinische abgelöst wurde, begann in den dreißiger Jahren, geführt von *Türk Dil Kurumu* „Türkische Sprachgesellschaft", eine massive Sprachreform. In deren Verlauf wurden nichttürkische grammatische Elemente und insbesondere äußerst viele Lehnwörter durch bekannte, unbekannte oder neugeschaffene türkische Wörter ersetzt. Was die Wortneuschöpfungen anbelangt, haben sich nicht alle Vorschläge eingebürgert. Für den Lerner bedeutet die Sprachreform, dass er mit vielen Dubletten im Wortschatz zu rechnen hat (vgl. deutsch „Fernsprecher – Telefon").

Alphabet, Aussprache und Rechtschreibung

1 Das türkische Alphabet *(Türk Alfabesi)*

Buchstabe	Benennung	Aussprache
A a	a	meistens kurz und dunkel, dunkler als in *man*
B b	be	wie im Deutschen
C c	ce	stimmhaftes *dsch* wie in *Dschungel*
Ç ç	çe	stimmloses *tsch* wie in *Tschechisch*
D d	de	wie im Deutschen
E e	e	meistens kurz und offen wie **ä**
F f	fe	wie im Deutschen
G g	ge	1. in Verbindung mit **e, i, ö, ü** vorderes **g**
		2. in Verbindung mit **a, ı, o, u** hinteres **g**
		3. vor **a** und **u** mit Zirkumflex sehr hell, als ob ein **i** mitgesprochen wird
Ğ ğ	yumuşak ge	Bei diesem Laut wird die Stimmritze leicht zusammengezogen und gelöst, wodurch ein vorangehender Vokal gedehnt gehört wird.
H h	he/ha	1. am Silbenanfang wie im Deutschen
		2. am Silbenende wie ein schwaches **ch**
I ı	ı	kurzes, sehr dumpfes **i**, entfernt ähnlich dem **e** in *kommen*
İ i	i	1. in erster Silbe geschlossen wie in *Tiger*
		2. in nicht erster Silbe offen wie in *bin*
J j	je	wie französisches **j** in *Journal*
K k	ke/ka	1. in Verbindung mit **e, i, ö, ü** vorderes **k** (bei einigen arabischen Lehnwörtern vor **i** jedoch hinteres **k**)
		2. in Verbindung mit **a, ı, o, u** hinteres **k**
		3. vor **a** und **u** mit Zirkumflex sehr hell, als ob ein **i** mitgesprochen wird
L l	le	1. in Verbindung mit **e, i, ö, ü** wie im Deutschen
		2. in Verbindung mit **a, ı, o, u** fast wie englisches **l** in *all* (bei einigen Lehnwörtern vor oder nach **a, o, u** jedoch wie im Deutschen)
M m	me	wie im Deutschen
N n	ne	wie im Deutschen
O o	o	meistens kurz und offen wie in *kosten*
Ö ö	ö	meistens kurz und offen wie in *können*
P p	pe	wie im Deutschen
R r	re	1. am Anfang einer Silbe Zungenspitzen-r
		2. am Ende eines Wortes (oder auch einer Silbe) häufig stimmloses (zischendes) Zungenspitzen-r
S s	se	stimmloses **s** wie in *Gruß*
Ş ş	şe	wie deutsches **sch**
T t	te	wie im Deutschen
U u	u	meistens kurz und offen wie in *Mutter*
Ü ü	ü	wie in *üblich*
V v	ve	ähnlich dem deutschen **w**
Y y	ye	wie deutsches **j**
Z z	ze	stimmhaftes **s** wie in *Sonne*

Anmerkungen

1. Das *yumuşak ğ* (wörtlich: „weiches g") kommt nicht am Anfang eines Wortes vor. Ansonsten ist dieser Laut, der in heutiger Standardsprache nur eine Stimmritzenbewegung behalten hat, im Umfeld hinterer Vokale in einigen anatolischen Dialekten hörbar; er ähnelt einem schwachen deutschen Zäpfchen-r.

2. Das *j* kommt nur in Lehnwörtern vor.

3. Doppelkonsonanten werden *gelängt* gesprochen, d. h., man verweilt kurz darauf. Das zu üben ist wichtig, weil mit oder ohne Längung Bedeutungsverschiebungen auftreten: *Frankfurt'ta* „in Frankfurt", *Frankfurt'a* „nach Frankfurt".

4. Endet ein Wort auf einen Konsonanten und beginnt das nächste mit einem Vokal, werden die Wörter *verbunden* ausgesprochen.

5. Türkische, nicht zusammengesetzte Wörter enthalten keine Doppelvokale (vgl. deutsch „Moor"). In zusammengesetzten Wörtern oder in Lehnwörtern jedoch kommen Doppelvokale vor. Sie sind dann beide hörbar, meistens werden sie mit einer bewegten Länge gesprochen: *havaalanı* „Flugplatz", *saat* „Uhr / Stunde".

6. Die Angaben zur Aussprache sind nur allgemeine. Positionsbedingt können insbesondere die Vokale, aber zum Teil auch die Konsonanten, eine andere Färbung erhalten.

2   Rechtschreibregeln *(Yazım Kuralları)*

Die Rechtschreibung einzelner Wörter oder Wortgruppen wurde immer wieder einmal geändert. Deshalb kann die türkische Rechtschreibung, die – insgesamt gesehen – viel einfacher als die deutsche ist, als instabil bezeichnet werden. 1985 gab es einschneidende Veränderungen, die die Groß- und Kleinschreibung, die Zusammen- und Getrenntschreibung sowie die Verwendung des Apostrophes und des Zirkumflexes betrafen. Einige Beispiele zur Rechtschreibung; die jeweils erste Variante ist die ältere und dennoch die häufiger vorkommende: *Sakarya Irmağı* oder *Sakarya ırmağı* „Sakarya-Fluss", *radyoevi* oder *radyo evi* „Rundfunkanstalt", *hastane* oder *hastahane* „Krankenhaus", *kati* oder *kat'î* „definitiv". Es gibt inzwischen verschiedene türkische Rechtschreibführer. In dieser Grammatik wird der älteren Rechtschreibung der Vorzug gegeben.

2.1   Der Apostroph *(Kesme İşareti)*

Der Apostroph:

- trennt die Kasussuffixe von Eigennamen: *Ankara'da* „in Ankara", *İstanbul Üniversitesi'nde* „an der Universität Istanbul".
- steht hinter Ziffern, wenn diesen noch ein Suffix folgt: *9. 11. 1998'de* „am 9. 11. 1998", *2'nci katta* „im 2. Stock".
- zeigt einen Vokalausfall in der gesprochenen Sprache an: *N'apalım? (< Ne yapalım?)* „Was sollen wir machen?".
- trennt das Suffix *-li* von nichttürkischen Ortsnamen ab, wenn diese in ihrer Originalschreibung angegeben werden: *Bruxelles'li* „Brüsseler".
- trennt das Suffix *-ler* ab, wenn damit „Leute wie" gemeint ist: *Atatürk'ler* „Leute wie Atatürk".

Früher wurde der Apostroph auch zur Bezeichnung des Stimmabsatzes bei arabischen Lehnwörtern verwendet: *neş'e* „Fröhlichkeit" (vgl. deutsch be'achten). Da dieser Stimmabsatz dem Türkischen fremd ist und sich weitgehend verloren hat, ist diese Schreibung abgeschafft worden.

2.2 Der Zirkumflex *(Düzeltme İşareti)*

Der Zirkumflex kommt nur in Lehnwörtern vor. Er hatte seit der Einführung der Lateinschrift eine wechselhafte Geschichte und wurde mit der Zeit immer weniger verwendet. In den siebziger Jahren wurden die unten letzten drei aufgeführten Funktionen abgeschafft, 1985 jedoch wieder eingeführt. Die Wiedereinführung dieser drei Funktionen hat sich in der Realität nur bedingt durchgesetzt.

Der Zirkumflex:
- dient der Unterscheidung von Wörtern unterschiedlicher Bedeutung und Aussprache, die ansonsten identisch aussehen würden: *âdet* (langes *a*) „Gewohnheit" im Vergleich zu *adet* (kurzes *a*) „Stückzahl".
- bezeichnet die vordere Aussprache von *k* und *g* vor *a* und *u* und in der Regel gleichzeitig auch die Länge von *a* und *u* in Lehnwörtern aus dem Arabischen und Persischen: *dükkân* „Geschäft", *rüzgâr* „Wind", *kâğıt* (langes *a*) „Papier", *sukûn* (langes *u*) „Stille".
- bezeichnet(e) die vordere Aussprache von *l* vor *a* und *u* in Lehnwörtern aus dem Arabischen und Persischen und häufig gleichzeitig die Länge von *a* und *u*: *selâm* (langes *a*) „Gruß", *billûr* (langes *u*) „Kristall / glasklar".
- bezeichnet(e) die vordere Aussprache von *l* in Lehnwörtern aus europäischen Sprachen: *klâsik* „klassisch".
- bezeichnet(e) das lange *i* der *Nisbe* genannten arabischen Beziehungsendung: *resmî* „offiziell".

2.3 Großschreibung *(Büyük Harflerin Kullanılışı)*

Mit großem Anfangsbuchstaben beginnen:
- Eigennamen, Titel, Begriffe für Nationalitäten und Religionen sowie alle Ableitungen von Nationalitäten und Religionen. Letzteres ist für deutsche Lerner ungewöhnlich, aber wichtig: *Türkçe kitap* „türkisches Buch"; *İslam dini* „die islamische Religion".
- Geographische Begriffe und Eigennamen für Gewässer, Wälder u. ä.: *Güneydoğu Anadolu* „Südostanatolien", *Van Gölü* „Van-See".
- Mehrgliedrige Bezeichnungen für Institutionen und Überschriften bei Aufsätzen, Artikeln usw. (jedoch nicht *ve, ile, de, mi, ya*): *Dil ve Tarih-Coğrafya Fakültesi* „Fakultät für Sprachen sowie Geschichte und Geographie".
- Begriffe wie *bey* „Herr", *hanım* „Frau", *sokak* „Straße", *cadde* „(Haupt-)Straße", wenn sie eine bestimmte Person oder Straße bezeichnen: *Timur Bey* „Herr Timur", *Suzan Hanım* „Frau Suzan", *Ankara Caddesi* „Ankarastraße".
- Jedes Wort bei Anreden im Brief und in Vortragstexten: *Sevgili Babacığım* „mein lieber Vati", *Sayın Misafirler* „sehr geehrte Gäste".
- Die Namen der Wochentage und Monate, wenn sie ein bestimmtes Datum bezeichnen: *22 Şubat 1999 Pazartesi günü* „am Montag, dem 22. Februar 1999".

2.4 Zusammenschreibung *(Bileşik Sözcüklerin Yazımı)*

Zusammengeschrieben werden:

1. Wortzusammensetzungen,
   - die eine neue Bedeutung erhalten haben: *bugün* „heute" (< *bu* „dieser" und *gün* „Tag"), *ayakkabı* „Schuh" (< *ayak* „Fuß" und *kap* „Hülle");
   - die die Wortart gewechselt haben: *oldubitti* „vollendete Tatsache" (< *oldu* „es ist geworden" und *bitti* „es ist fertig"), *etyemez* „Vegetarier" (< *et* „Fleisch" und *yemez* „er/sie isst nicht"), *uyurgezer* „Schlafwandler" (< *uyur* „er/sie schläft" und *gezer* „er/sie geht spazieren");
   - bei denen ein Laut ausgefallen ist: *kaynana* (< *kayın* „Schwager" und *ana* „Mutter") „Schwiegermutter".
2. Zweigliedrige Verben mit *etmek* „tun" oder *olmak* „werden", wenn deren erster Bestandteil ein einsilbiges arabisches Lehnwort ist, das im Türkischen entweder einen Sprossvokal oder andere lautliche und orthographische Merkmale erhalten hat (s. Lautlehre 1.3, 2.2, 2.3): *emir* „Befehl" → *emretmek* „befehlen", *kayıp* „Verlust" → *kaybetmek* „verlieren", *kaybolmak* „verlorengehen", *ret* „Zurückweisung" → *reddetmek* „zurückweisen", *af* „Verzeihung" → *affetmek* „verzeihen".

2.5 Silbentrennung *(Sözcüklerin Bölünmesi)*

Türkisch wird nach Sprechsilben getrennt; das gilt auch für Wörter mit Suffixen. Dabei soll am Zeilenanfang oder -ende kein einzelner Buchstabe stehen: *otu-zun-cu* „dreißigster". Die Sprechsilbentrennung ist für deutsche Lerner hin und wieder ungewöhnlich: *bü-rok-rat* „Bürokrat".

2.6 Interpunktion *(Noktalama)*

Die wichtigsten Satzzeichen heißen: *nokta* „Punkt", *iki nokta* „Doppelpunkt", *üç nokta* „Auslassungspunkte", *virgül* „Komma", *noktalı virgül* „Semikolon", *soru işareti* „Fragezeichen", *ünlem işareti* „Ausrufezeichen", *tırnak işareti* „Anführungszeichen", *kısa çizgi* „Bindestrich", *uzun çizgi* „Gedankenstrich", *ayraç* oder *parantez* „Klammer".

Die wichtigsten, vom Deutschen abweichenden Regeln:

1. Das Komma hat die wichtige Funktion – neben der Verdeutlichung von Aufzählungen – aufeinanderfolgende und aufeinanderbeziehbare Wörter oder Wortgruppen zu trennen:

Bu, yaramaz kardeşimdir.	*Das ist mein ungezogener Bruder.*
Bu yaramaz, kardeşimdir.	*Dieser Taugenichts ist mein Bruder.*

   Das Fehlen des Kommas in dem Satz *Polis, John'un bürosunu bastı* „Die Polizei hat eine Razzia im Büro von John vorgenommen" würde zur Folge haben, dass dieser als „Er hat eine Razzia im Büro des Polizisten John vorgenommen" verstanden würde.

   Diese Beispiele zeigen, dass das Komma häufig nach dem Subjekt steht. Folgende Beispiele zeigen, dass auch Adverbialbestimmungen des Ortes und der Zeit durch ein Komma abgetrennt werden sollten, wenn sie am Anfang eines komplexen Satzes stehen und sich auf den Hauptsatz beziehen: *Almanya'da, Türk diline çok emek vermiş bir profesörün yeni bir kitabı çıktı* „In Deutschland ist ein neues Buch eines Professors erschienen, der sich um die türkische

Sprache sehr verdient gemacht hat", *1999 yılında, Almanya'da çalışmış olan tanınmış futbolcu Türkiye'ye döndü* „Im Jahre 1999 ist der bekannte Fußballer, der in Deutschland gearbeitet hatte, in die Türkei zurückgekehrt". Ohne das jeweilige Komma kann man die Sätze so oder auch anders verstehen: „Es ist ein neues Buch eines Professors erschienen, der sich in Deutschland um die türkische Sprache sehr verdient gemacht hat", „Der bekannte Fußballer, der im Jahre 1999 in Deutschland gearbeitet hatte, ist in die Türkei zurückgekehrt".

Ein anderes schönes Beispiel ist auch folgender Satz: *Çalış baban gibi eşek olma*, den man ohne Kommasetzung in zwei Weisen verstehen kann: „Arbeite wie dein Vater, werde kein Esel" oder „Arbeite, werde kein Esel wie dein Vater".

Im Türkischen kann das Komma vor oder nach *ama* „aber" stehen. Es steht danach, wenn schon zu Beginn des Satzes feststeht, dass eine Einschränkung folgen wird. In der gesprochenen Sprache bekommt in diesem Fall *ama* starken Steigton und man macht eine kurze Pause danach: *Türkçe bilmiyorum ama, öğrenmek istiyorum* „Ich kann kein Türkisch, aber möchte (es) lernen".

2. Das Semikolon trennt mehrere aneinandergereihte Sätze, wenn diese bereits durch Kommas getrennte Aufzählungen enthalten.

3. Die direkte Rede kann durch Anführungszeichen in den Versionen "xxx" bzw. «xxx» wiedergegeben werden oder sie beginnt mit einem Gedankenstrich und endet mit einem Komma (bzw. Fragezeichen, Ausrufezeichen): — *İyi günler, dedi.* Er sagte: „Guten Tag!".

4. Auslassungspunkte (…) am Ende eines unvollständigen Satzes signalisieren Unvollständigkeit und am Ende eines vollständigen Satzes den Abbruch weiterer Gedanken. Von der letzteren Möglichkeit wird im Türkischen häufiger als im Deutschen Gebrauch gemacht.

Zur Lautlehre

1 Die Vokale *(Ünlü Harfler)*

Türkisch hat acht Vokale: *a, e, i, ı, o, ö, u, ü*. Davon werden vier Vokale im Mund vorn artikuliert (das sind die vorderen, hellen Vokale, auch *palatale* Vokale genannt) und vier hinten (das sind die hinteren, dunklen Vokale, auch *velare* Vokale genannt):

Die vorderen Vokale *(İnce ünlüler)*	**e**	**i**	**ö**	**ü**
Die hinteren Vokale *(Kalın ünlüler)*	**a**	**ı**	**o**	**u**

Vier dieser acht Vokale sind *hohe* Vokale, und zwar *i, ı, ü, u*, und vier sind *tiefe* Vokale, nämlich *e, a, ö, o*. Diese Bezeichnung kommt von der Zungenstellung: Bei der Artikulation der tiefen Vokale liegt die Zunge tiefer als bei der der hohen Vokale. (Deshalb lässt auch der Arzt – will er in den Rachen schauen – nicht *i*, sondern *a* sagen.) Die Einteilung in *vordere/hintere* und *hohe/tiefe Vokale* ist für das Türkischlernen äußerst wichtig. Darüber hinaus sind vier dieser acht Vokale ungerundet *(illabial)*, und zwar *e, i, a, ı*, und vier sind gerundet *(labial)*, nämlich *ö, ü, o, u*.

Somit ergibt sich folgendes Schema der Vokale:

	Ungerundet *(Düz)*		Gerundet *(Yuvarlak)*	
	Tief *(Geniş)*	Hoch *(Dar)*	Tief *(Geniş)*	Hoch *(Dar)*
Vorn *(İnce)*	**e**	**i**	**ö**	**ü**
Hinten *(Kalın)*	**a**	**ı**	**o**	**u**

Folgendes optische Hilfsmittel soll das Schema verdeutlichen →

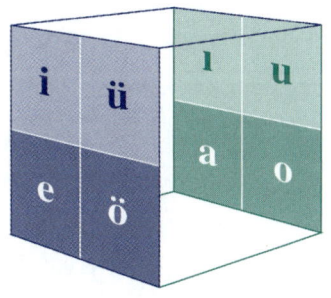

Türkisch kennt keine langen Vokale, es sei denn bei starker Betonung: *çoook* „viiiel" oder Zusammenziehungen *ne yapalım* [na:palım] „was kann man da machen? (= was wollen wir machen?)" und in Lehnwörtern. Letztere können langes *a, i* oder *u* haben, deren Länge aber im Regelfall in der Schrift unbezeichnet bleibt. Bei einigen Lehnwörtern mit ursprünglich langem Vokal wird dieser kurz gesprochen, wenn er in geschlossener Silbe steht, aber lang, wenn er durch Anfügen eines vokalisch anlautenden Suffixes in eine offene Silbe zu stehen kommt: *hal* „Zustand" → *halim* [ha:lim] „mein Zustand".

Andererseits sind die Vokale im Türkischen in unbetonter Position sehr labil. In der gesprochenen Sprache passen sie sich ihrem Umfeld an und werden reduziert ausgesprochen wie *gidecek* [gidᶦcek] „er wird gehen" – der hochgestellte Vokal zeigt die Reduzierung an – oder sie entfallen sogar: *nerede* [nérde] „wo?".

1.1 Die Suffixvokalharmonien *(Eklerde Ses Uyumu)*

Die Suffixe passen sich lautlich an. (Von dieser Regel gibt es einige wenige Ausnahmen; dies sind die Suffixe -*daş*, -*gil*, -*ken*, -*ki*, -*leyin*, -*(i/ü/ı/u)mtırak*, -*yor*, auf die an der jeweiligen Stelle noch einmal hingewiesen wird.) Das Türkische kennt zwei Suffixvokalharmonien. Diese greifen in zwei Fällen auch auf ein neues Wort über. Es handelt sich um das Fragewort *mi/mü/mı/mu* und das Wort *de/da* „auch". Es sind schwachtonige Wörter, die sich eng an das vorhergehende Wort anschließen. Sie müssen nach türkischer Rechtschreibung getrennt geschrieben werden.

1.1.1 Die vierförmige Suffixvokalharmonie *(Dar Ünlüler Uyumu)*

Eine Reihe von Suffixen kommt in vierfacher Form vor. Sie haben jeweils Varianten mit den (hohen) Vokalen *i, ü, ı, u,* z. B. -*im/-üm/-ım/-um* „ich bin". Welcher Vokal gewählt wird, hängt vom letzten Vokal des Wortes ab, an das das Suffix angehängt wird (s. jedoch 1.1.3).

Der letzte Vokal eines Wortes ist		Der letzte Vokal eines Wortes ist	
e oder **i**	Sekreter*im*. *Ich bin Sekretärin.*	**a** oder **ı**	Avukat*ım*. *Ich bin Rechtsanwalt.*
	İngiliz*im*. *Ich bin Engländer.*		Fransız*ım*. *Ich bin Franzose.*
ö oder **ü**	Şoför*üm*. *Ich bin Chauffeur.*	**o** oder **u**	Doktor*um*. *Ich bin Arzt.*
	Türk*üm*. *Ich bin Türke.*		Rus*um*. *Ich bin Russe.*

1.1.2 Die zweiförmige Suffixvokalharmonie *(Düz, Geniş Ünlüler Uyumu)*

Eine andere Reihe von Suffixen kommt in zweifacher Form vor. Sie haben jeweils Varianten mit den (ungerundeten, tiefen) Vokalen *e, a,* z. B. das türkische Pluralsuffix -*ler/-lar*. Welcher Vokal gewählt wird, hängt vom letzten Vokal des Wortes ab, an das das Suffix angehängt wird (s. jedoch 1.1.3).

Der letzte Vokal eines Wortes ist **e/i/ö/ü**		Der letzte Vokal eines Wortes ist **a/ı/o/u**	
sekreter*ler*	*(die) Sekretärinnen*	avukat*lar*	*(die) Rechtsanwälte*
İngiliz*ler*	*(die) Engländer*	Fransız*lar*	*(die) Franzosen*
şoför*ler*	*(die) Chauffeure*	doktor*lar*	*(die) Ärzte*
Türk*ler*	*(die) Türken*	Rus*lar*	*(die) Russen*

1.1.3 Abweichungen von der Suffixvokalharmonie *(Eklerdeki Ses Uyumuna Uymayan Sözcükler)*

Die Suffixvokalharmonie richtet sich zwar im Regelfall nach dem vorangehenden Vokal, aber für den Türken ist nicht das Schriftbild ausschlaggebend, sondern das, was er hört. Wenn z. B. in einem Lehnwort der letzte Vokal ein hinterer ist, aber ein Konsonant folgt, der vorn artikuliert wird, werden auch Suffixe der vorderen Reihe angehängt. Im Einzelnen:

- Lehnwörter aus dem Arabischen und Französischen, die in der letzten Silbe einen hinteren Vokal enthalten und auf *l* ausgehen, werden mit vorderem *l* ausgesprochen: *kabul* „Akzeptanz" → *kabulü* „seine Akzeptanz", *gol* „Tor (Sport)" → *golü* „sein Tor".

- Einige Lehnwörter aus dem Arabischen, die in der letzten Silbe einen hinteren Vokal enthalten und auf vorderes *k* ausgehen: *idrak* „Wahrnehmung" → *idraki* „seine Wahrnehmung".
- Einige weitere Lehnwörter aus dem Arabischen, die in der letzten Silbe einen hinteren Vokal enthalten, aber auf einen vorn gesprochenen Konsonanten ausgehen, z. B. *saat* „Uhr" → *saati* „seine Uhr".
- Lehnwörter aus dem Arabischen, die einen vorderen Vokal enthalten, aber auf ein hinteres *k* ausgehen, nehmen hintere Suffixe an: *sevk* „Überführung" → *sevkı* „seine Überführung".

Die oben aufgeführten Fälle werden in guten Wörterbüchern angegeben, z. B. *petrol, -lü* „Öl", *harf, -fi* „Buchstabe", *şevk, -kı* „Eifer". Merke gesondert: *yâr, -ri* (P) „Liebling, Herzblatt".

1.2 Aufeinanderstoßen von zwei Vokalen bei Suffixanfügung
(İki Ünlünün Yan Yana Gelmesi)

Beim Anfügen von Suffixen an ein Wort vermeidet das Türkische das Aufeinanderstoßen von zwei Vokalen. Deshalb existieren viele Suffixe in zweifacher Anlautform: Eine Variante beginnt mit Konsonant (**n, s, ş** oder **y**) für Wörter, die auf einen Vokal enden, die andere mit Vokal für Wörter, die auf einen Konsonanten enden:

araba-**n**ın *des Autos*	↔	ev-in *des Hauses*
viski-**s**i *sein Whisky*	↔	bisiklet-i *sein Fahrrad*
iki-**ş**er *je zwei*	↔	bir-er *je ein/eine*
Amerikalı-**y**ım *ich bin Amerikaner(in)*	↔	Alman-ım *ich bin Deutsche(r)*

Einige arabische Lehnwörter durchbrechen scheinbar dieses Gesetz; es sind solche, die am Ende des Wortes den im Türkischen nicht ausgesprochenen arabischen Konsonanten *ᶜain* enthalten. Solange Türkisch mit arabischen Buchstaben geschrieben wurde, erschien dieser Konsonant auch in der Schrift. In der lateinischen Schrift erscheint jedoch ein Vokal. Dennoch werden solche Lehnwörter wie auf Konsonant endend behandelt: *mevzu* „Thema" → *mevzuu* „sein Thema". Solche Besonderheiten werden in einem guten Wörterbuch folgendermaßen vermerkt: *mevki, -ii* „Ort". Eines von diesen Lehnwörtern ist das besonders häufig verwendete Wort *cami* „Moschee". Es gibt inzwischen viele türkische Sprecher, die *cami* so betrachten, als würde es auf einen Vokal enden (was in der heutigen Rechtschreibung auch der Fall ist). Richtig muss es heißen *Süleymaniye Camii* „Süleymaniye-Moschee", aber es kommt auch *Süleymaniye Camisi* vor. Die zweite Variante ist inzwischen erlaubt.

1.3 Vokalausfall und Sprossvokale *(Ünlü Düşmesi ve Ünlü Türemesi)*

Einige türkische zweisilbige Wörter verlieren ihren zweiten Vokal, wenn ein mit Vokal beginnendes Suffix angefügt wird und dadurch die zweite Silbe in eine unbetonte Position gerät: *alın* „Stirn" → *alnım* „meine Stirn". Das betrifft auch einige wenige Verbstämme wie *çağır-* „herbeirufen" → *çağrıl-* „herbeigerufen werden". Ein Vokalausfall wird in einem guten Wörterbuch gekennzeichnet: *oğul, -ğlu* „Sohn".

Dieser Vokalausfall kommt auch bei einer Reihe arabischer Lehnwörter vor; es sind eigentlich einsilbige Wörter, denen zur Aussprracheerleichterung ein *hoher* Vokal hinzugefügt wurde *(Sprossvokal)*. Man benötigt ihn nicht mehr, wenn ein mit Vokal beginnendes Suffix angehängt wird, weil dann die Sprechgrenze anders verläuft: *isim, -smi* „Name" → *ismim* „mein Name". Merke besonders: *vakit, -kti* „Zeit".

Vor allem am Beginn eines Wortes oder einer Silbe *(im Anlaut)*, aber zum Teil auch am Ende *(im Auslaut)*, sind Konsonantenhäufungen für Türken schwer aussprechbar. So enthalten viele Lehnwörter mit unaussprechbaren Konsonantenhäufungen Sprossvokale: *istatistik* „Statistik", *kulüp* „Club". Hin und wieder sind diese in der Rechtschreibung nicht verankert, werden aber gesprochen: *film* [filim] „Film", *spor* [sipor] „Sport", *psikoloji* [pisikoloji] „Psychologie".

2   Die Konsonanten *(Ünsüz Harfler)*

Türkisch hat 21 Konsonanten:

stimmhafte *(ötümlüler)*	b	c	d	g	ğ		j	l	m	n	r	v	y	z
stimmlose *(ötümsüzler)*	p	ç	t	k		h	ş					f		s

2.1   Konsonantenassimilationen *(Ünsüz Uyumu)*

Die Einteilung in stimmhafte und stimmlose Konsonanten ist für die Aussprache und auch für die türkische Rechtschreibung wichtig. Suffixe, die mit *c, d* oder *g* beginnen, werden mit *ç, t* oder *k* geschrieben und gesprochen, wenn sie an Wörter angefügt werden, die auf einen stimmlosen Konsonanten ausgehen, d. h. sie gleichen sich an. Während *ç* und *k* gut zu hören sind, hört man statt deutlichem *t* eher ein entstimmtes *d*. Beispiele:

İngiliz**c**e	*Englisch*	Tür**k**çe	*Türkisch*
Çin**c**e	*Chinesisch*	Norve**ç**çe	*Norwegisch*
Alman**c**a	*Deutsch*	Ara**p**ça	*Arabisch*
Fransız**c**a	*Französisch*	Çuva**ş**ça	*Tschuwaschisch*
ev**d**e	*im Hause, zu Hause*	Müni**h**'te	*in München*
İzmir'**d**e	*in Izmir*	Bitli**s**'te	*in Bitlis*
okul**d**a	*in der Schule*	Frankfur**t**'ta	*in Frankfurt*
Ankara'**d**a	*in Ankara*	Düsseldor**f**'ta	*in Düsseldorf*
çekin**g**en	*schüchtern*	giri**ş**ken	*unternehmungsfreudig*
edil**g**en	*Passiv (Verben)*	et**k**en	*Aktiv (Verben)*
alın**g**an	*übelnehmerisch*	çalı**ş**kan	*fleißig*
saldır**g**an	*angreiferisch*	unu**t**kan	*vergesslich*

Es gibt auch Lautangleichungen innerhalb eines Wortes, z. B. *n* vor *b* > *mb*: *tenbih* > *tembih* „Einschärfung". Da sie in der heutigen Rechtschreibung verankert sind, soll hier nicht näher darauf eingegangen werden. Andererseits gibt es Angleichungen, die nicht in die Rechtschreibung aufgenommen sind. Betroffen davon ist ebenfalls insbesondere *n* vor *b* > *mb*: *on beş* [ombeş] „fünfzehn", aber auch *c* vor *d* > *jd*: *vicdan* [vijdan] „Gewissen"; *z* vor *s* > *ss*: *olmazsa* [olmassa] „wenn es nicht geht" und *l* > *n* nach *n*: *bunlar* [bunnar] „diese". Außerdem hört man statt *altmış* „sechzig" häufig [atmış] und statt *bir dakika* „eine Minute (= einen Moment)" meistens ['bidakka] (das *r* von *bir* fällt oft vor einem weiteren Wort aus).

2.2   Konsonantenwandel *(Ünsüz Değişimi)*

Einige einsilbige und zahlreiche mehrsilbige Wörter – aber nicht alle – sowohl türkischer als auch nichttürkischer Herkunft, die auf **ç**, **k**, **p** oder **t** enden, verwandeln diese in **c**, **g**, **ğ**, **b** oder **d**, wenn ein mit Vokal beginnendes Suffix angefügt wird: *ihtiyaç* „Bedarf" → *ihtiyacım* „mein Bedarf", *renk* „Farbe" → *rengim* „meine Farbe", *çocuk* „Kind" → *çocuğum* „mein Kind", *kitap* „Buch" → *kitabım* „mein Buch", *metot* „Methode" → *metodum* „meine Methode". Auch dieser Wandel wird in einem guten Wörterbuch angegeben: *ihtiyaç, -cı* „Bedürfnis", *renk, -gi* „Farbe", *çocuk, -uğu* „Kind", *kitap, -bı* „Buch", *metot, -du* „Methode" (vgl. dazu deutsch „Kind", gesprochen mit *t*, aber „Kinder", gesprochen mit *d*).

- Der Wandel von **ç > c**, **p > b** und **t > d** betrifft viele mehrsilbige und wenige einsilbige Lehn- wörter, z. B. *maksat, -dı* „Absicht" oder *cep, -bi* „Tasche" (in einem Kleidungsstück), aber auch viele mehrsilbige und manche einsilbige türkische Wörter: *ağaç, -cı* „Baum", *dip, -bi* „Grund" (z. B. Meeresgrund).
  In diesem Zusammenhang sind noch drei Wortpaare zu nennen, die nicht verwechselt werden dürfen: *sac* „Blech" → *sacı* „sein Blech"; *saç* „Haar" → *saçı* „sein Haar"; *ad* „Name" → *adı* „sein Name"; *at* „Pferd" → *atı* „sein Pferd"; *od* „Feuer" → *odu* „sein Feuer" (*od* ist veraltet, kommt aber in der Poesie noch vor); *ot* „Gras" → *otu* „sein Gras". Bei richtiger Aussprache hört man die Vokale der Wörter mit stimmhaftem konsonantischen Auslaut minimal länger und den Auslautkonsonanten leicht entstimmt.
  Bei einigen wenigen Verbstämmen wird **t > d**, wenn ein vokalisch anlautendes Suffix angefügt wird. Die wichtigsten sind: *et-* „tun" → *eder* „er tut"; *git-* „gehen" → *gider* „er geht"; *güt-* „wei- den" → *güder* „er weidet"; *tat-* „kosten, den Geschmack probieren" → *tadar* „er probiert".
- Der Wandel von **k > ğ** ist sehr deutlich zu hören. Er betrifft wenige einsilbige und viele mehr- silbige türkische Wörter, aber auch Lehnwörter: *gömlek, -eği* „Hemd", *kulak, -ağı* „Ohr", *sokak, -ağı* „Straße", *trafik, -iği* „Verkehr". Von den einsilbigen türkischen Wörtern sind zu nennen: *çok* „viel" → *çoğu* „die meisten", *gök* „Himmel" → *göğü* „den Himmel", *yok* „nicht vorhanden" → *yoğum* in der Kombination *varım yoğum* „mein Hab und Gut", aber *yokum* (sel- tener *yoğum*) „ich bin nicht da". Anzumerken ist, dass auf *og* auslautende Wörter wie *pedagog* „Pädagoge", *sosyolog* „Soziologe" offiziell den Wandel zu *ğ*, also *pedagoğum*, nicht durch- führen, er aber anzutreffen ist.
- Der Wandel von **k > g** betrifft nur Wörter auf *nk*: *çelenk* „Kranz" → *çelengi* „sein Kranz". Ausnahme: *tank* „Panzer" → *tankı* „sein Panzer".
- Eigennamen unterliegen diesem Wandel auch, jedoch nur lautlich und nicht im Schriftbild.

2.3   Konsonantenverdoppelung *(Ünsüz Çiftleşmesi)*

Einige arabische Lehnwörter im Türkischen lauten eigentlich auf einen Doppelkonsonanten aus; dieser wird im Türkischen weder gesprochen noch geschrieben. Er erscheint aber in der Ausspra- che und Schrift beim Anfügen eines vokalisch anlautenden Suffixes wieder: *hak* „Recht", *hakkı* „sein Recht". Auch bei solchen Wörtern kann Konsonantenwandel in der entsprechenden Position vorkommen: *tıp* „Medizin(-heilkunde)", *tıbbı* (Akk.) „die Medizin". Auf diese Erscheinung wird in guten Wörterbüchern folgendermaßen aufmerksam gemacht: *zam, -mmı* „Erhöhung (Preise, Lohn)"; *ret, -ddi* „Zurückweisung".

3 Zur Schreibung der Suffixe *(Eklerin Yazılışına İlişkin)*

Die Suffixe werden, um im fortlaufenden Text nicht jedesmal alle Varianten zu schreiben, in einer vereinfachten Schreibung aufgeführt:

- Suffixe der vierförmigen Vokalharmonie werden mit **i** angegeben, so steht *-li* stellvertretend für *-li/-lü/-lı/-lu*.
- Suffixe der zweiförmigen Vokalharmonie werden mit **e** angegeben, so steht *-ler* für *-ler/-lar*.
- Suffixe, die mit **c** oder **ç**, **d** oder **t**, **g** oder **k** beginnen, werden folgendermaßen notiert:
  -ci steht für *-ci/-çi/-cü/-çü/-cı/-çı/-cu/-çu*,
  -de steht für *-de/-te/-da/-ta*,
  -gen steht für *-gen/-ken/-gan/-kan*.
- Steht bei Suffixen ein Buchstabe in Klammern, bedeutet das, dass dieser Laut unter folgenden Bedingungen verwendet wird:
  -(i)mtırak bedeutet, dass *-mtırak* nach Vokal und *-imtırak/-ümtırak/-ımtırak/-umtırak* nach Konsonant angefügt wird,
  -(y)e beutet, dass *-ye/-ya* nach Vokal und *-e/-a* nach Konsonant angefügt wird.

4 Zur Betonung *(Vurgu)*

Beim Sprechen werden einzelne Satzteile besonders hervorgehoben; das nennt man *Betonung*. Dabei wird entweder die Lautstärke gesteigert, indem der Atemdruck und somit die Schallfülle erhöht wird *(Druckakzent)* oder die Tonhöhe wird verändert *(Tonhöhenakzent)*. Im Deutschen konzentriert sich bei mehrsilbigen Wörtern die Schallfülle auf eine Silbe; meistens ist damit auch eine höhere Tonlage verbunden. Das kann auch im Türkischen der Fall sein. Im Regelfall jedoch ist im Türkischen die Betonung dezentralisiert, d. h. die Schallfülle wird relativ gleichmäßig verteilt, wobei es stärker und schwächer betonte Silben gibt.

- Zur Wortbetonung:
  Bei zweisilbigen türkischen Wörtern liegt der Druckakzent auf der ersten und der Tonhöhenakzent auf der zweiten Silbe und kann einen steigenden oder fallenden Ton tragen. Die zweite Silbe fällt dem deutschen Hörer stärker ins Ohr. Suffixe können betont oder unbetont sein. Wird ein betonbares Suffix angehängt, so geht die Betonung auf das Suffix über: *o'kul* „Schule", *okul'lar* „Schulen", *okullar'da* „in den Schulen". (Die Betonung ist durch einen hochgestellten Strich (') vor der zu betonenden Silbe angezeigt.)

  Zusammengesetzte Wörter werden auf der letzten Silbe des ersten Elements betont: *ha'vaalanı* „Flugplatz".

  Die stärkere Betonung einer Silbe hat in manchen Fällen bedeutungsunterscheidende Funktion, z. B. *'gelme* „komme nicht" : *gel'me* „das Kommen", *yal'nız* „einsam, allein" : *'yalnız* „nur", *İ'zindeyiz* „Wir sind im Urlaub" : *'İzindeyiz* „Wir sind auf deiner Spur". Für den deutschen Hörer ist dieser Unterschied zuweilen schwer fassbar. Auch bei Emphase oder Gemütsbewegungen kann sich die Betonung verschieben: *zaval'lı* „bedauernswert" : *'zavallı* „der/die Arme" (mitleidsvoll geäußert).

Bei einigen Wörtern (Konjunktionen oder Adverbien) fällt nicht die letzte Silbe stärker ins Ohr: *'ancak* „lediglich, nur".

Bei verneinten Verben wird die Silbe vor dem Verneinungssuffix *-me-/-ma-* deutlich betont: *'Yemeyeceğim* „Ich werde nicht essen".

Eigennamen mit Endbetonung werden auf der ersten Silbe betont, wenn die entsprechende Person gerufen wird.

Fremdwörter im Türkischen behalten im Allgemeinen ihre ursprüngliche Betonung: *'radyo* „Radio", *lo'kanta* „Gaststätte". Ebenso bilden Eigennamen von Städten und Orten Ausnahmen: *İs'tanbul, 'Berlin*.

Merke auch: *ga'zete* „Zeitung" und *üniversi'te* „Universität", die häufig ['gaste] und [üni'verste] gesprochen werden.

In den Erläuterungen zur Grammatik wird nur von Betonung gesprochen; damit ist die Silbe gemeint, die stärker ins Ohr fällt.

- Zur Satzgliedbetonung:
  Innerhalb eines Satzes spielt die Veränderung der Tonhöhe eine Rolle. Mit steigendem Ton gesprochene Elemente zeigen eine Zäsur an. Spricht man z. B. *bu* in *bu kitap* mit Steigton, bedeutet das „Das ist ein Buch", wenn nicht, bedeutet es „dieses Buch".

Grammatische Grundbegriffe

1   Überblick

Lehrgrammatiken für Fremdsprachen enthalten im Allgemeinen folgende Komplexe:
- Alphabet und Orthographie (Rechtschreibung)
- Phonologie (Lautlehre)
- Morphologie (Lehre von den Formen) sowie Wortbildungslehre
- Syntax (Satzbau)

Alphabet und Orthographie sowie Lautlehre sind bereits besprochen worden. In diesem Kapitel soll es um diejenigen Grundbegriffe gehen, die Sie für den Einstieg in diese Grammatik brauchen. Anderes wird an Ort und Stelle erklärt.

2   Wörter und Wortarten *(Sözcükler ve Sözcük Türleri)*

Zu den morphologischen Kategorien gehören die Wörter und Wortarten. Wörter können unveränderlich sein, wie *pek* „sehr", *için* „für", *ve* „und". Wörter können aber auch veränderlich sein, wie *adam* „Mann" – *adamın* „des Mannes", *geliyorum* „ich komme" – *geliyorsun* „du kommst". Man nennt eine solche Formveränderung *Flexion* (deutsch: *Beugung*); man sagt auch, die veränderlichen Wörter können *flektiert* (deutsch: *gebeugt*) werden.

Innerhalb der flektierbaren Wortarten gibt es eine Gruppe, die hinsichtlich *Singular* (deutsch: *Einzahl*) und *Plural* (deutsch: *Mehrzahl*) gekennzeichnet sowie in verschiedene Fälle *(der Kasus,* Pl. *die Kasu:s)* gesetzt werden können. Man sagt dann, diese Wortarten können *dekliniert* werden. Man spricht von der *Deklination*. Dekliniert werden außer den Substantiven wie *ev* „Haus", *kadın* „Frau" z.B. Pronomina wie *ben* „ich", *kim* „wer" oder Verbalnomina wie *gülme* „das Lachen". Adjektive wie *küçük* „klein", *bir* „eins" werden im Türkischen nur dekliniert, wenn sie substantivisch gebraucht werden.

Die zweite Gruppe der flektierbaren Wörter sind die Verben. Sie können hinsichtlich der Zeitform *(Tempus,* Pl. *Tempora)*, Singular/Plural *(Numerus)* und der Person verändert werden. Man sagt, die Verben werden *konjugiert*. Man spricht von der *Konjugation*. Die Verben können aber auch hinsichtlich ihrer Aussageweise, z. B. Wirklichkeitsform oder Befehlsform und hinsichtlich ihrer Handlungsform, z.B. Passiv oder Reflexiv, markiert werden. Man nennt die Aussageweise der Verben auch *Modus* und die Handlungsform *Genus verbi* (Pl. *Genera verbi*).

Wenn in dieser Grammatik von *Nomen* (Pl. *Nomina*) gesprochen wird, sind damit nicht nur Substantive, sondern alle deklinierbaren Wortarten gemeint, insbesondere Substantive und Adjektive. Im Türkischen ist es manchmal schwierig, Wörter den Substantiven oder Adjektiven zuzuordnen (s. Nomen 1).

Dennoch wird auch von Substantiven und Adjektiven die Rede sein; ebenso von Zahlwörtern, Pronomina, Adverbien, Postpositionen (Türkisch kennt keine Präpositionen, vgl. dazu deutsch „der Bequemlichkeit *halber*"), Konjunktionen, Interjektionen und natürlich Verben. Türkische Grammatiker setzen im Allgemeinen acht Wortarten mit Unterklassen an. Die wichtigsten Bezeichnungen im Vergleich sind:

lateinische Bezeichnung	Beispiele	türkische Bezeichnung	Beispiele
Verb	*komm-, geh-*	eylem	*gel-, git-*
Verbalnomen	*das Kommen*	eylemlik	*gelme*
Partizip	*gebügelt*	ortaç	*ütülenmiş*
Verbaladverb	*schreiend(erweise)*	ulaç	*bağırarak*
Substantiv	*Frau, Schönheit*	ad	*kadın, güzellik*
Adjektiv	*schön, klein*	sıfat	*güzel, küçük*
Kardinalzahlen	*eins, zwei*	asıl sayı sıfatları	*bir, iki*
Ordinalzahlen	*erster, zweiter*	sıra sayı sıfatları	*birinci, ikinci*
Distributivzahlen	*je zwei, je drei*	üleştirme sayı sıfatları	*ikişer, üçer*
Pronomen	*ich, wer?, dieser*	adıl	*ben, kim?, bu*
Personalpronomen	*ich, du*	kişi adılı	*ben, sen*
Possessivpronomen	*mein, dein*	iyelik adılı	*benim, senin*
Reflexivpronomen	*sich*	dönüşlü adıl	*kendi*
Demonstrativpronomen	*dieser, jener*	gösterme adılı	*bu, o*
Interrogativpronomen	*wer?, was?*	soru adılı	*kim?, ne?*
Indefinitpronomen	*jemand, alles*	belgisiz adıl	*birisi, hepsi*
Adverb	*heute, langsam*	belirteç	*bugün, yavaş*
Postposition	*halber*	ilgeç	*için*
Konjunktion	*und*	bağlaç	*ve*
Interjektion	*oh!*	ünlem	*o!*

3   Die zentrale Wortart: Das Verb *(Eylem)*

Verben bezeichnen eine *Handlung* oder *Tätigkeit* wie in *Timur çay içiyor* „Timur trinkt Tee" (das Subjekt ist aktiv) bzw. einen *Vorgang* wie in *Çamaşır yıkanıyor* „Die Wäsche wird gewaschen" (das Subjekt ist nicht aktiv) oder aber einen *Zustand* wie in *Çamaşır yıkanmış* „Die Wäsche ist gewaschen". Handlungen, Tätigkeiten, Vorgänge und Zustände werden in dieser Grammatik zusammenfassend *Ereignis* genannt.

3.1   Transitivität – Intransitivität *(Geçişlilik – Geçişsizlik)*

Es gibt *transitive* (deutsch: *zielende*) und *intransitive* (deutsch: *nicht zielende*) Verben. Transitive Verben sind solche, die ein *direktes Objekt* (s. in diesem Kapitel 4.3) zu sich nehmen können oder müssen. Ob ein Verb transitiv oder intransitiv ist, kann man häufig (aber nicht immer) mit einem Test ermitteln, den der türkische und der deutsche Muttersprachler jeder für seine Muttersprache allein durchführen muss. Man versucht, ob in einem Minisatz *onu* „ihn" hinzugefügt werden kann. Kann man *onu* „ihn" hinzufügen, ist das Verb transitiv, wenn nicht, ist es intransitiv: *Okuyorum* „Ich lese" → *Onu okuyorum* „Ich lese ihn (z. B. den Roman)" *(okumak* „lesen" ist transitiv); *Gidiyorum* „Ich gehe" → **Onu gidiyorum* „Ich gehe ihn" *(gitmek* „gehen" ist intransitiv). Dass dieser Test kein hundertprozent einwandfreies Ergebnis zulässt, hängt damit zusammen, dass in beiden Sprachen eine begrenzte Anzahl von Verben vorhanden ist, die sowohl transitiv als auch intransitiv verwendet werden können:

Parkı gezdim.	*Ich habe (mir) den Park angesehen.* (*gezmek* ist transitiv)
Parkta gezdim.	*Ich bin im Park spazierengegangen.* (*gezmek* ist intransitiv)
Yemek pişiriyorum.	*Ich koche (Essen).* („kochen" ist transitiv)
Yemek pişiyor.	*Das Essen kocht.* („kochen" ist intransitiv)

3.2 Rektion und Valenz *(Yönetme ve Birleşim Değeri)*

▸ Vergleichen Sie:

(1)	**Seni** seviyorum.	*Ich liebe **dich**.*
(2)	**Size** teşekkür ederim.	*Ich danke **Ihnen**.*
(3)	**Oğlumla** buluşacağım.	*Ich treffe mich **mit meinem Sohn**.*

Die Eigenschaft mancher Wortarten, insbesondere von Verben, aber auch von manchen Substantiven und Adjektiven sowie aller Postpositionen, ein weiteres Wort in einem bestimmten Kasus zu sich zu nehmen, bezeichnet man als *Rektion*. Man sagt dann, das und das Wort *regiert* im Türkischen/im Deutschen den oder jenen Kasus. Bezogen auf Verben, kann man für das Türkische noch hinzufügen, das oder jenes Verb regiert *ile* „mit" oder *hakkında/üzerinde* „über". Die jeweilige Rektion kann im Türkischen und Deutschen identisch sein, aber auch abweichen. Für die Abweichung ein Beispiel: *Sana bir şey sormak istiyorum* „Ich möchte dich etwas fragen" – im Türkischen wird „dir" gesagt, im Deutschen „dich". Deshalb sollte man bei jedem neuen Verb auch nach der Rektion fragen und sie mitlernen.

▸ Vergleichen Sie:

(4)	**Kahve** içiyorum.	*Ich trinke **Kaffee**.*
(5)	**Anneme mektup** yazıyorum.	*Ich schreibe **meiner Mutter einen Brief**.*
(6)	**Türkiye'de** oturuyorum.	*Ich wohne **in der Türkei**.*
(7)	Çoğu kazalar **dikkatsizlikten** oluyor.	*Die meisten Unfälle entstehen **aus Unachtsamkeit**.*

Dass in (4) die Ergänzung *kahve* „Kaffee" und in (5) sowohl die Ergänzung *anneme* „meiner Mutter" als auch die Ergänzung *mektup* „Brief" stehen kann, bestimmen die Verben *içmek* „trinken" und *yazmak* „schreiben". Man sagt auch, die *Valenz* (deutsch: *Wertigkeit*) des Verbs bestimmt, welche und wie viele Ergänzungen in einer bestimmten kommunikativen Äußerung vorkommen. Valenz und Rektion hängen zusammen, weil der Verbstamm nicht nur die Anzahl der möglichen Ergänzungen bestimmt, sondern auch den Kasus, in dem sie zu stehen haben.

In (6) muss *Türkiye'de* „in der Türkei" oder ein austauschbares Äquivalent stehen, damit *oturuyorum* als „ich wohne" verstanden werden kann. *Oturuyorum* für sich allein gebraucht ist zwar grammatisch richtig, aber der Sinn ändert sich in „ich sitze" oder auch in „ich setze mich". Im Deutschen ist „ich wohne" ungrammatisch. Lässt man in (7) hingegen *dikkatsizlikten* „aus Unachtsamkeit" weg, werden in beiden Sprachen die Sätze ungrammatisch.

Sowohl Ergänzungen als auch Adverbialbestimmungen – wir nennen sie kurz *Adverbiale* –, die der Verbstamm vorsieht und die als Ergänzung stehen müssen, damit der Satz nicht ungrammatisch wird oder eine ganz andere Bedeutung bekommt, sind *obligatorisch*. Solche Ergänzungen und Adverbiale, die der Verbstamm zwar vorsieht, die aber nicht genannt werden müssen, werden *fakultativ* genannt. Jedoch ändert sich auch bei fakultativen Gliedern im Regelfall die Bedeutung des Verbs: *Ali çay içiyor → Ali içiyor* „Ali trinkt Tee → Ali trinkt", *Eve gidiyorum → Gidiyorum*

„Ich gehe nach Hause → Ich gehe". Wir werden deshalb den Ausdruck *fakultative Ergänzung* nicht verwenden.

Obligatorische Ergänzungen im Türkischen zu lernen, damit der Satz nicht ungrammatisch wird oder eine ganz andere Bedeutung erhält, ist wichtig. Auf eine Frage wie „Was machst du gerade?" kann im Deutschen mit „Ich esse" geantwortet werden, im Türkischen muss jedoch in diesem Falle die Stelle des *direkten Objekts* besetzt werden: *Yemek yiyorum* „Ich esse Essen". Statt *yemek* „Essen" könnte z. B. auch *elma* „Apfel", *bir şey* „etwas" stehen. Deshalb sollte man bei jedem neuen Verb auch fragen, ob es eine Ergänzung braucht.

Im Gegensatz dazu kann man im Türkischen auf eine Frage wie *Mektubumu aldın mı?* „Hast du meinen Brief erhalten?" mit *Aldım* „Ich habe (ihn) erhalten" antworten; mit anderen Worten, das im Deutschen notwendige Pronomen „ihn" ist im Türkischen entbehrlich, weil „der Brief" genannt war und in der Antwort mitschwingt.

4 Die Satzglieder *(Cümlenin Öğeleri)*

Zu den syntaktischen Kategorien gehören die Satzglieder und Sätze. Die Bauteile eines Satzes nennt man Satzglieder. Im Türkischen gibt es bei neutraler Satzstellung einen festen Satzteil – das Prädikat –, das immer am Satzende steht.

4.1 Das Prädikat *(Yüklem)*

Der wichtigste Teil eines türkischen Satzes ist das *Prädikat*. In Aussagesätzen bezeichnet das Prädikat ein *Ereignis*. Im Türkischen können die Prädikate *verbal* sein wie unten in Beispiel (1) oder *nominal* (also ohne verbalen Bestandteil) wie unten in (2):

(1) Timur *uyuyor.*   Timur *schläft.*
(2) Suzan *hasta.*   Suzan *ist krank.*

Nomina, die im Prädikat vorkommen, werden auch *Prädikativum* (oder *Prädikatsnomen*) genannt.

In den obigen Beispielen besteht das türkische Prädikat aus je einem Wort. Das Prädikat kann auch mehrgliedrig sein:

(3) Ali *öğretmen oldu.*   Ali *ist Lehrer geworden.*
(4) Suzan *yirmi yaşında.*   Suzan *ist zwanzig Jahre alt.*

4.2 Das Subjekt *(Özne)*

Mit *Subjekt* ist das vom Prädikat aus über „wer oder was?" erfragbare Satzglied gemeint:

(1) *Timur* uyuyor.   *Timur* schläft.
(2) *Araba* satıldı.   *Das Auto* ist verkauft worden.

In den obigen Beispielen besteht das türkische Subjekt aus je einem Wort. Das Subjekt kann auch mehrgliedrig sein und muss nicht unbedingt aus einem Substantiv bestehen, wie (4) zeigt:

(3) *Küçük çocuk* ağlıyor.   *Das kleine Kind* weint.
(4) *Berlin'de ev bulmak* zor.   *In Berlin eine Wohnung zu finden* ist schwierig.

Türkisch kennt Sätze, in denen das Subjekt explizit genannt ist, wie in den Beispielen oben. Es gibt aber weitaus mehr Sätze, in denen das Subjekt lediglich im Prädikatskern – als sogenannter Subjektvertreter – angegeben wird: *Geliyorum* „Ich komme". Außerdem gibt es Sätze ohne genanntes Subjekt und ohne Subjektvertreter.

Das *grammatische* Subjekt eines Hauptsatzes steht im Nominativ. In Nebensätzen kommen auch Genitivsubjekte vor (s. Verbalnomina).

Das *logische* Subjekt eines Hauptsatzes, also wer oder was den eigentlichen Gegenstand der Aussage bildet, kann ebenfalls im Genitiv stehen und ist dann nur vom Deutschen aus mit „wer oder was?" erfragbar. Zur Unterscheidung vom *grammatischen* Subjekt werden wir das *logische* Subjekt *Satzgegenstand* nennen.

4.3   Das Objekt *(Nesne)*

Damit ist das vom Prädikat aus über „wen oder was?" erfragbare Satzglied gemeint. Es heißt auch *direktes Objekt*. Das direkte Objekt ist die Ergänzung eines *transitiven* Verbs. Im Türkischen steht das direkte Objekt im Nominativ wie unten in (1) oder im Akkusativ wie unten in (2):

(1) *Et* yemiyorum.   Ich esse kein *Fleisch*.
(2) *Kocamı* göremiyorum.   Ich kann *meinen Mann* nicht sehen.

In den obigen Beispielen besteht das türkische Objekt aus je einem Wort. Das Objekt kann auch mehrgliedrig sein und muss nicht unbedingt aus einem Substantiv bestehen, wie (3) zeigt:

(3) *Türkiye'ye gitmek* istiyorum.   Ich möchte *in die Türkei fahren*.
(4) *Bu küçük oğlanı* tanımıyorum.   Ich kenne *diesen kleinen Knaben* nicht.

4.4   Die indirekten Ergänzungen *(Dolaylı Tümleçler)*

Damit sind solche Ergänzungen gemeint, die zwar vom Prädikat vorgesehen sind, aber nicht von *transitiven* Verben abhängen. Auch diese Ergänzungen können ein- oder mehrgliedrig sein.

4.4.1   Die Dativergänzung *(Yönelme Durumundaki Tümleç)*

Diese Ergänzung ist vom Prädikat aus über „wem oder zu wem/wohin?" erfragbar:

(1) *Anneme* yardım ediyorum.   Ich helfe *meiner Mutter*.
(2) *Bu yaramaz çocuğa* inanmıyorum.   Ich glaube *diesem ungezogenen Kind* nicht.
(3) *Anneme* gidiyorum.   Ich gehe zu *meiner Mutter*.
(4) *Eve* gidiyorum.   Ich gehe *nach Hause*.

4.4.2   Die Lokativergänzung *(Bulunma Durumundaki Tümleç)*

Diese Ergänzung ist vom Prädikat aus über „wo oder (wor)auf/wobei?" erfragbar:

(1) *Berlin'de* oturuyorum.   Ich wohne *in Berlin*.
(2) *Bunda* ısrar etme.   Bestehe nicht *darauf*!

| (3) *Dört katlı bir evde* oturuyorum. | Ich wohne *in einem vierstöckigen Haus*. |
| (4) *Diskoya gitmende* sakınca görmüyorum. | Ich habe keine Bedenken, *wenn du in die Disco gehst*. |

4.4.3 Die Ablativergänzung *(Çıkma Durumundaki Tümleç)*

Diese Ergänzung ist vom Prädikat aus im Regelfall über „von wem / woher bzw. vor wem oder was?" erfragbar:

(1) *Annemden* geliyorum.	Ich komme *von meiner Mutter*.
(2) *Köpekten* korkarım.	*Vor Hunden* fürchte ich mich.
(3) *Bu yorucu işten* bıktım.	Ich habe genug *von dieser ermüdenden Arbeit*.
(4) *Bugünkü oturumdan* geliyorum.	Ich komme *von der heutigen Sitzung*.

4.4.4 Die Postpositionalgruppe als Ergänzung *(İlgeç Tümleci)*

Diese Ergänzungen werden mit Postpositionen wie *ile* „mit" oder *hakkında / üzerinde* „über" angeschlossen:

| (1) *Annemle* buluştum. | Ich habe mich *mit meiner Mutter* getroffen. |
| (2) *Evlilik hakkında* tartıştık. | Wir haben *über den Ehestand* diskutiert. |

4.4.5 Die Genitivergänzung *(Tamlayan Durumundaki Tümleç)*

Es gibt im Türkischen keine Verben, die den Genitiv regieren. Allerdings gibt es einige wenige als Prädikativum verwendete Nomina oder nominale Bestandteile eines Verbs, die ein Possessivsuffix enthalten. Diese werden mit einem Ausdruck im Genitiv ergänzt:

| (1) Ben, *bunun* bilincinde değilim. | Ich bin mir *dessen* nicht bewusst. |
| (2) *Yağmur yağdığının* farkına varmadım. | Ich habe nicht bemerkt, dass es regnet. (= Ich bin mir *des Regnens* nicht bewusst geworden.) |

4.5 Die Adverbiale *(Belirteç Öğeleri)*

Damit sind *Adverbialbestimmungen* (deutsch: *Umstandsbestimmungen*) der Zeit (wann? / wie lange?), des Ortes (wo? / wohin? / woher?), der Art und Weise (wie?) und des Grundes (warum? / unter welcher Bedingung? / wozu? / trotz welchen Umstands?) gemeint. Diese kommen im Nominativ, Dativ, Lokativ, Ablativ, als Postpositionalgruppe und als Verbaladverb vor.

4.5.1 Freie Adverbiale *(Seçmeli Belirteç Öğeleri)*

Die meisten Adverbiale sind freie, weglassbare Satzglieder, die *nicht* vom Prädikat vorgesehen sind:

(1) *Dün* sinemaya gittim.	Ich bin *gestern* ins Kino gegangen.
(2) *Berlin'de* Türkoloji okuyorum.	Ich studiere *in Berlin* Turkologie.
(3) Çocuk *ağlayarak* eve geldi.	Das Kind ist *weinend* nach Hause gekommen.
(4) *Parasızlık nedeniyle* araba alamıyorum.	*Aus Geldmangel* kann ich kein Auto kaufen.

4.5.2 Obligatorische Adverbiale *(Zorunlu Belirteç Öğeleri)*

Einige Adverbiale sind vom Prädikat als Ergänzung vorgesehen:

(1) Toplantı *iki saat* sürdü.	Die Sitzung dauerte *zwei Stunden*.
(2) *Kendimi iyi* hissetmiyorum.	Ich fühle *mich* nicht *gut*.

Ob z. B. eine obligatorische Ergänzung wie *Berlin'de* in *Berlin'de oturuyorum* „Ich wohne in Berlin" nur *Lokativergänzung* oder *Adverbialergänzung im Lokativ* genannt wird, ist für das Lernen unerheblich.

4.6 Das Attribut *(Nitelemelik)*

Attribute (deutsch: *Beifügungen*) sind *Teile* von *nichtverbalen* Satzgliedern und diesen nebengeordnet. Deshalb zählt man sie auch nicht zu den Satzgliedern, sondern sagt, es handelt sich um ein *Satzgliedteil*. Im Türkischen stehen sie *vor* ihrem Bezugswort oder ihrer Bezugswortgruppe und stimmen hinsichtlich Kasus und Numerus mit diesen nicht überein. Es heißt auch, sie *kongruieren* nicht. Die Attribute können im Regelfall nur gemeinsam mit dem Satzglied, von dem sie abhängen, im Satz verschoben werden. Eine Ausnahme bilden im Türkischen die Genitivattribute.

Die Attribute werden nicht durch eine einzige Wortart repräsentiert, sondern durch verschiedene Wortarten. Im Türkischen nehmen einen Großteil davon Adjektive, Substantive und Partizipien ein.

Es gibt erforderliche Attribute, wie *son* in *Hava son derece soğuk* „Das Wetter ist in höchstem Maße kalt" und fakultative Attribute, wie *Türkçe* in *Türkçe gazete aldım* „Ich habe eine türkische Zeitung gekauft". Viele Attribute werden an ein Grundwort, das ein Possessivsuffix erhält, gekettet (s. Nomen 2.4.1) und sind dann auch erforderlich wie *İstanbul* in: *İstanbul Üniversitesi'nde okudum* „Ich habe an der Universität Istanbul studiert".

Die Übersetzungsmöglichkeiten türkischer Attribute sind vielfältig, da im Deutschen die Attribute vor oder nach ihrem Bezugswort, also links und rechts vom Bezugswort stehen. Beispiele:

- Im Türkischen und Deutschen Linksattribut:

(1) *küçük* çocuk	*kleines* Kind
(2) *işsiz* öğretmen	*arbeitsloser* Lehrer

- Im Türkischen Linksattribut, im Deutschen Links- oder Rechtsattribut:

(3) *dünkü* gazete	die *gestrige* Zeitung / die Zeitung *von gestern*
(4) *Timur'un* hobisi	*Timurs* Hobby / das Hobby *von Timur*

- Im Türkischen Linksattribut, im Deutschen Links- und Rechtsattribut:

(5) *kırk odalı bir eski* ev	*ein altes* Haus *mit vierzig Zimmern*
(6) *çorba dolu bir* tabak	*ein* Teller *voller Suppe*

- Im Türkischen Linksattribut, im Deutschen Rechtsattribut:

(7) *oradaki* evler	die Häuser *dort*
(8) *Türkiye'ye* yolculuk	eine Reise *in die Türkei*

Ein Sonderfall von Attribut ist die *Apposition* (deutsch: *Zusatz*). Es sind Redeteile, die einem *nichtverbalen* Satzglied nachgestellt werden. Es gibt Appositionen, die im selben Kasus wie das

Bezugswort stehen und entbehrlich sind: *Biz **Türkler** çay içmeyi severiz* „Wir Türken lieben es, Tee zu trinken", *Hakan'ı, **biricik oğlumuzu**, çok seviyoruz* „Wir lieben Hakan, unseren einzigen Sohn, sehr".

Es gibt auch Appositionen, die allein das Kasusmerkmal tragen, z. B. die nachgestellten Begriffe *hanım* „Frau" und *bey* „Herr". Lässt man sie weg, muss der Kasus am Bezugswort kenntlich gemacht werden: *Ülkü Hanımdan geliyorum* „Ich komme von Frau Ülkü", *Ülkü'den geliyorum* „Ich komme von Ülkü". Die ebenfalls nachgestellten Verwandtschaftsbezeichnungen werden in der Regel nicht weggelassen, eher eliminiert man den Namen.

5   Zum Schluss: Perspektivenverlagerung im Türkischen

▶ Vergleichen Sie:

(1)	Kardeşiniz var mı?	*Haben Sie Geschwister?*
(2)	Kardeş**ler**iniz var mı?	*Haben Sie Geschwister?*
(3)	Bir öğrencim **her gün geç geliyor**.	*Ein Student von mir **kommt jeden Tag zu spät**.*
(4)	**Bir öğrencim** her gün geç gelir.	***Ein Student von mir** kommt jeden Tag zu spät.*
(5)	Bu sabah yağmur yağ**ıyordu**.	*Heute früh **regnete es** (als ich zur Arbeit ging).*
(6)	Bu sabah yağmur yağ**dı**.	*Heute früh **hat es geregnet**.*

Zuletzt wollen wir noch einen Gesichtspunkt einbringen: Der türkische Sprecher kann oft wählen, wie er einen Sachverhalt darstellen und dem Hörer erscheinen lassen will. Diese Kategorie wollen wir *Perspektivenverlagerung* nennen.

In (1) und (2) kann er wählen, ob er die Frage mit oder ohne Pluralsuffix stellt.

In (3) und (4) kann er wählen, ob er das Zuspätkommen des Studenten oder den Studenten selbst, wie der sich verhält, im Blickpunkt hat.

In (5) äußert er sich darüber, dass zu dem Zeitpunkt, über den er spricht, das Regnen im Gange war (also angefangen, aber noch nicht aufgehört hatte), in (6) stellt er es als beendet dar.

Wir werden auf Perspektivenverlagerungen hinweisen.

Das Nomen *(İsim-Sıfat)*

1   Überblick

Wie wir schon erfahren haben, ist es im Türkischen manchmal schwierig, Wörter den Substantiven oder Adjektiven zuzuordnen. Selbst wenn diese Zuordnung bei isolierter Betrachtung möglich sein sollte oder möglich ist, können sie je nach Stellung im Satz die Wortart wechseln:

Kim bu güzel sarışın?	*Wer ist diese schöne Blondine?*
Kim bu sarışın güzel?	*Wer ist diese blonde Schöne?*
iki dost komşu ülke	*zwei befreundete benachbarte Länder*

Isoliert betrachtet, sind *güzel* „schön" und *sarışın* „blond" den Adjektiven zuzuordnen. Nur durch die Satzstellung sieht man, welche der Adjektive substantivisch gebraucht sind. *Dost* „Freund" und *komşu* „Nachbar" hingegen sind Substantive und Adjektive zugleich.

Auch die Zahlwörter, die meistens den Adjektiven zugeordnet werden, sind keine einheitliche Klasse. Das zeigen schon *milyon* „Million" und *milyar* „Milliarde".

2   Das Substantiv *(Ad)*

Wie schon erwähnt, kennt das Türkische kein grammatisches Geschlecht und keinen Artikel.

Für das natürliche Geschlecht sind entweder getrennte Begriffe wie *kız* „Mädchen/Tochter", *kadın* „Frau", *erkek* „Mann" vorhanden oder man stellt einen solchen Begriff einem geschlechtslosen Wort voran: *kardeş* „Geschwister(teil)", *kız kardeş* „Schwester", *erkek kardeş* „Bruder"; *doktor* „Doktor", *kadın doktor* „Ärztin", *erkek doktor* „Arzt". Bei Tierbezeichnungen gibt es ebenfalls entweder getrennte Begriffe wie *inek* „Kuh", *öküz* „Ochse" oder man verwendet zur Differenzierung *dişi* „Weibchen" bzw. *erkek* „Mann", z. B. *kedi* „Katze", *dişi kedi* „Katze", *erkek kedi* „Kater".

Grammatisches Geschlecht kommt bei einigen Lehnwörtern im Türkischen vor, z. B. *masör* „Masseur", *masöz* „Masseuse", *kral* [kıral] „König", *kraliçe* [kıraliçe] „Königin", *prens* „Prinz", *prenses* „Prinzessin". Einige wenige Wortpaare, die das Türkische aus dem Arabischen entlehnt hat, werden noch in gewissen offiziellen Textsorten verwendet wie z. B. *merhum* „Verstorbener", *merhume* „Verstorbene", *memur* „Beamter", *memure* „Beamtin".

Nach dem Muster *kraliçe* „Königin" ist aus dem schon im Alttürkischen belegten Wort *tanrı* „Gott" die Neubildung *tanrıça* „Göttin" geschaffen worden.

2.1   Singular und Plural *(Tekil ve Çoğul)*

Die Nennform des Substantivs im Türkischen wird *Singular* genannt. Sie kann wie im Deutschen die ganze Gattung betreffen: *Ağaç bir bitkidir* „Der (Ein) Baum ist eine Pflanze".
Genau genommen verhalten sich jedoch im Singular gebrauchte türkische Substantive – mit Ausnahme der Eigennamen – in bestimmten Satzpositionen (z. B. im Prädikat, in *haben*-Konstruktionen, zum Teil auch als Subjekt oder als direktes Objekt) primär wie Stoffbezeichnungen im Deutschen und enthalten überhaupt keine Information über die Menge oder die Anzahl: *ekmek* „Brot", *balık* „Fisch", *bira* „Bier", *su* „Wasser".

▸ Vergleichen Sie:

(1) **Ekmek** aldım.	*Ich habe **Brot** gekauft.*
(2) **Kahve** içtim.	*Ich habe **Kaffee** getrunken.*

In diesen Beispielen enthält weder *ekmek* „Brot" noch *kahve* „Kaffee" eine Mengenangabe. Da die Anzahl der Stoffnamen im Deutschen jedoch begrenzt ist, kann nicht jedes im Singular verwendete türkische Substantiv in der deutschen Übersetzung ebenfalls im Singular stehen: *Çorap aldım* „Ich habe Strümpfe/Socken gekauft", *Bize yumurta lazım* „Wir brauchen Eier".

• Manchmal gibt es aus deutscher Perspektive auch zwei Lesarten: *Kitap aldım* „Ich habe ein Buch/Bücher gekauft". In einem solchen Fall hilft oft – aber nicht immer – der Kontext, die eine oder andere Übersetzungsmöglichkeit zu wählen. In all diesen Fällen betrachtet der türkische Sprecher/Autor das jeweilige Substantiv ohne konkrete Konturen. Mit dem Substantiv im Singular wählt der Sprecher eine Gattung aus.

Wenn der türkische Sprecher es für nötig hält, eine Mengenangabe zu machen, verwendet er vor einem Substantiv im Singular ein Zahlwort oder ein anderes, die Quantität ausdrückendes Wort:

İki su, lütfen.	*Zwei Wasser, bitte!*
Bir kitap aldım.	*Ich habe ein Buch gekauft.*
İki kitap aldım.	*Ich habe zwei Bücher gekauft.*
Birkaç kitap aldım.	*Ich habe einige Bücher gekauft.*
Birçok kitap aldım.	*Ich habe viele Bücher gekauft.*

• Übrigens, bei dem Verb *almak* „kaufen" wird der Sprecher im Regelfall immer so verfahren, da er nur mitteilen will, „was" er gekauft hat, also „Bücher" und z. B. nicht „Zeitschriften".

Der Sprecher kann jedoch seine Perspektive wechseln und „Brot, Strumpf, Buch" usw. konkret betrachten. Dann nimmt das jeweilige Substantiv in seiner Vorstellung Konturen an. Will er jetzt eine Mehrheit ausdrücken, verwendet er das Pluralsuffix. Es lautet *-ler/-lar*:

Der letzte Vokal eines Wortes ist **e/i/ö/ü**		Der letzte Vokal eines Wortes ist **a/ı/o/u**	
sekret**er**ler	*(die) Sekretärinnen*	avuk**at**lar	*(die) Rechtsanwälte*
şof**ör**ler	*(die) Chauffeure*	dokt**or**lar	*(die) Ärzte*

Sagt der Sprecher z. B. *Çoraplar orada* „Die Strümpfe sind dort", *Kitaplarım var* „Ich habe Bücher", geht es ihm nicht mehr um die Klasse *çorap* „Strumpf", *kitap* „Buch", sondern vielmehr um individualisierte Elemente der Klasse. Dabei versieht der Sprecher diese Elemente häufig mit dem Merkmal „verschiedenartig". So können z. B. „Strümpfe" „lang oder kurz, billig oder teuer, neu oder alt" usw. sein. Die Aufgabe des Pluralsuffixes ist also auch, verschiedene, nicht gleichartige Teile einer Klasse in einem Suffix zusammenzufassen: *On beş dakika sonra bir tablayla çıkageldi. Üzerinde çakmaklar, tespihler, aynalar, çoraplar, tıraş sabunları, el kremleri vardı* (Mİ, BNA, 74) „Fünfzehn Minuten später tauchte er mit einem Tragbrett auf. Darauf waren Feuerzeuge, Gebetsketten, Spiegel, Strümpfe, Rasierseifen und Handcremes".

• So kann der Plural auch „Sorten" implizieren: *Yağlar nerede?* „Wo sind die Fette/Öle?". Auch Sammelnamen wie *sürü* „Herde", *aile* „Familie" können mit dem Pluralsuffix versehen werden.

Unter dem Gesichtspunkt „individualisiert und verschiedenartig" werden im Türkischen auch Begriffe, die im Deutschen nicht in der Mehrzahl verwendbar sind, mit dem Pluralsuffix versehen:

(3) Berlin'de *havalar* nasıl?	Wie ist *das Wetter* in Berlin?
(4) *Sular* kesik.	*Das Wasser* ist abgestellt.

In (3) wird auf die veränderliche Wetterlage Bezug genommen. In (4) betrifft das das Wasser aller Wasserzapfstellen einer Wohnung, eines Hauses oder auch eines Stadtviertels. Manchmal kann man sich das Verständnis solcher Pluralformen durch Zusätze erleichtern: *kar* „Schnee" → *karlar* „Schneemassen", *yağmur* „Regen" → *yağmurlar* „Regenfälle". Sogar Begriffe, die das Zahlwort *bir* „eins" bei sich führen, können das Pluralsuffix erhalten:

(5) *Bir şeyler* aldım.	Ich habe *ein paar Dinge* gekauft.
(6) *Bir zamanlar* bir kral varmış.	Es war *einmal* ein König.

In (5) steht *bir şey* „etwas" im Plural, um ausdrücklich auf mehrere, verschiedene Dinge hinzuweisen. In (6) wird bei *zaman* „Zeit" an einen größeren Zeitabschnitt gedacht, der in Einzelabschnitte gegliedert wird.

Ein weiteres Phänomen des Pluralsuffixes ist, einem als Einzahl zu interpretierenden Begriff Wichtigkeit beizumessen: *Başıma gökler yıkıldı* „Über mir brach der Himmel zusammen".

Der türkische Sprecher wird vom Singular in den Plural wechseln, wenn er über eine Mehrheit spricht, die für ihn Konturen angenommen hat. Folgender Dialog soll das veranschaulichen:

(7) A – Çocuğunuz var mı?	A – *Haben Sie Kinder?*
(8) B – Çocuğum var.	B – *Ich habe Kinder.*
(9) A – Kaç çocuğunuz var?	A – *Wieviele Kinder haben Sie?*
(10) B – Üç çocuğum var.	B – *Ich habe drei Kinder.*
(11) A – Çocuk**lar**ınız kız mı, erkek mi?	A – *Sind Ihre Kinder Mädchen oder Jungen?*
(12) B – Çocuk**lar**ım kız.	B – *Meine Kinder sind Mädchen.*

In (7) bis (10) geht es nur um das, was zur Klasse „Kinder" gehört. In (11) und (12) geht es nicht mehr um die Klasse „Kinder", sondern um die „speziellen Kinder" des Hörers; das Pluralsuffix wird zwingend. Bei einer Frage wie (7) hingegen kann der Sprecher wählen, ob er sie ohne oder mit Pluralsuffix stellt.

- Bei einer bekannten Mehrheit steht im Türkischen auch nach Zahlen der Plural: *Ali Baba ve Kırk Haramiler* „Ali Baba und die vierzig Räuber", *Üç Aylar* „die (heiligen) drei Monate" (das sind die islamischen Monate Recep, Şaban und Ramazan).

Fügt man das Pluralsuffix an Eigennamen an, können mehrere Personen desselben Namens gemeint sein oder die genannte Person und ihre Familienangehörigen bzw. wer sonst zu dieser Person gehört: *Hoffmannlar geldi* „Hoffmanns sind gekommen". Ist das Pluralsuffix durch einen Apostroph getrennt, bedeutet es „Leute wie …": *Goethe'ler* „Leute wie Goethe".

Werden Adjektive mit dem Pluralsuffix versehen, sind sie substantiviert gebraucht: *Büyükler bu tarafta, küçükler öbür tarafta* „Die Großen sind auf dieser Seite, die Kleinen auf der anderen Seite".

▸ Vergleichen Sie jetzt:

(13) **Çileği** yedim.	*Ich habe **die Erdbeere / die Erdbeeren** aufgegessen.*
(14) **Çilekleri** yedim.	*Ich habe **die Erdbeeren** aufgegessen.*

Auch Nomina, die im Singular stehen und mit dem Akkusativsuffix (s. in diesem Kapitel 2.6.3) versehen sind, können als Mehrzahl interpretiert werden wie in (13). Dann meint der Sprecher, dass neben den Erdbeeren auch anderes Obst vorhanden war und er die Gattung „Erdbeeren" ausgewählt hat.

2.2 Bestimmtheit – Unbestimmtheit *(Belirlilik – Belirsizlik)*

▸ Vergleichen Sie:

(1) **Bu kitaplar** benim.	*Diese Bücher gehören mir.*
(2) **Kitabı** okudum.	*Ich habe **das Buch** gelesen.*
(3) Bugün **bir arkadaşım** geliyor.	*Heute kommt **ein Freund von mir**.*
(4) Sarmısaklı'da **banka** var mı?	*Gibt es in Sarmısaklı **eine Bank**?*
(5) **Banka** saat beşte kapanıyor.	*Die Bank schließt um fünf Uhr.*

Im Türkischen kann oft – aber nicht immer – zwischen „bestimmt" und „unbestimmt" verwendeten Nomina unterschieden werden. Das geschieht zum Teil durch lexikalische Mittel wie *bu* „diese" in (1) oder *bir* „eins" in (3) oder aber durch morphologische Mittel wie das Akkusativsuffix in (2). Ein weiteres wichtiges Mittel ist die Satzstellung: „Unbestimmt" verwendete Nomina haben ihren Platz im Regelfall direkt vor dem Prädikat wie in (4), „bestimmt" verwendete häufig am Anfang des Satzes (oder der sprachlichen Äußerung) wie in (5). Verwendet der Sprecher ein Nomen „bestimmt", geht er davon aus, dass der Hörer es identifizieren kann. „Unbestimmt" verwendete Nomina sind für den Hörer entweder identifizierbar wie *banka* „Bank" oder nicht identifizierbar wie *bir arkadaşım* „ein Freund von mir".

Die Begriffe *bestimmt – unbestimmt* kennen Sie sicher. Aber jetzt müssen wir den Begriff *unbestimmt* aufgliedern, nämlich in *spezifisch* und *nicht-spezifisch*. Diese Unterscheidung ist für das Türkische wichtig. Sehen wir uns folgende Beispiele an:

(6) Kütüphanede **kitabı** aradım, ama bulamadım.	*Ich habe in der Bibliothek **das Buch** gesucht, aber nicht gefunden (= finden können).*
(7) Kütüphanede **bir kitabı** aradım, ama bulamadım.	*Ich habe in der Bibliothek **nach einem** (bestimmten) **Buch** gesucht, aber nicht gefunden.*
(8) İstasyonda **bir kitap** aradım, ama bulamadım.	*Ich habe am Bahnhof **ein Buch** gesucht, aber nicht gefunden.*
(9) Kütüphanede **bir kitap** aradım, ama bulamadım.	*Ich habe in der Bibliothek **ein Buch** gesucht, aber nicht gefunden.*

In (6) geht der Sprecher davon aus, dass der Hörer weiß, welches Buch gemeint ist; somit ist *kitap* „Buch" für beide „bestimmt" gebraucht.

In (7) – (9) nun ist *kitap* „Buch" für den Hörer „unbestimmt" gebraucht. Und wie sieht es für den

Sprecher aus? In (7) enthält *bir kitabı* das Akkusativsuffix. Der Sprecher sagt, dass er ein *bestimmtes* Buch gesucht hat. Diese Verwendungsart wollen wir *spezifisch* nennen. Will der Hörer nachfragen, wird die Frage *Hangi kitabı?* „Welches Buch?" lauten.

In (8) teilt der Sprecher mit, dass *er* für seine Bedürfnisse irgendein Buch gesucht hat. Wahrscheinlich hatte er keine klare Vorstellung von dem Buch, sondern brauchte etwas zum Lesen. Diese Verwendungsweise wollen wir *nicht-spezifisch* nennen. Der Hörer wird wahrscheinlich gar nicht nachfragen, sondern bestenfalls den Sprecher trösten.

Etwas problematischer ist das Beispiel (9). Auch hier teilt der Sprecher mit, dass *er* für seine Bedürfnisse ein Buch gesucht hat. In diesem Beispiel ist ihm jedoch wichtig zu äußern, womit *er* beschäftigt war. Deshalb lässt er auch offen, ob er eine klare Vorstellung von dem Buch hatte oder nicht, d. h., man kann dieses Beispiel *spezifisch* oder *nicht-spezifisch* interpretieren. Weil der Sprecher nicht mitteilt, dass er ein bestimmtes Buch gesucht hat, wird die Nachfrage des Hörers – wenn er denn fragen will – auch nicht *Hangi kitabı?* „Welches Buch?" lauten, sondern *Nasıl bir kitap?* „Was für ein Buch?".

2.3 Satzeröffnung – Kern der Aussage *(Konu – Odak)*

▸ Vergleichen Sie:

(1) Tuvalette **su** akmıyor.	*In der Toilette läuft kein **Wasser**.*
(2) Su **tuvalette** akmıyor.	*Das Wasser läuft **in der Toilette** nicht.*

Eng mit Bestimmtheit/Unbestimmtheit hängt die Satzeröffnung und der Kern der Aussage zusammen. Ein Satz wird im Regelfall mit einem Satzglied begonnen, das der Hörer identifizieren kann. Dieses Satzglied kann vorher genannt sein oder dem Hörer allgemein bekannt sein. Es ist das, worüber etwas ausgesagt wird, also der eigentliche Gegenstand der Aussage. In Satz (1) spricht der Sprecher über „die Toilette" und fügt die Information hinzu, dass dort kein Wasser läuft, rückt also das Wasser in den Vordergrund. Diese Information ist für den Hörer neu und bildet den Kern der Aussage – oder anders ausgedrückt, den Hauptinhalt der Mitteilung. In Satz (2) hingegen spricht der Sprecher über „das Wasser" und fügt die Information hinzu, dass es in der Toilette nicht läuft, rückt also die Toilette in den Vordergrund.

Diese Darstellung gilt für die neutrale Intonation. Es ist aber auch möglich, ein Wort oder Satzglied zu betonen und es dadurch hervorzuheben.

▸ Vergleichen Sie jetzt:

(3) Hayvanat bahçesinden **bir ayı** kaçmıştır. **Ayı** resmi bir ayıdır. (nach Mİ, BNA, 10)	*Aus dem Zoo ist **ein Bär** entflohen. **Der Bär** ist ein offizieller Bär.*
(4) Orada **bir köy** var. **Bu köy** bizimki.	*Dort ist **ein Dorf**. **Das Dorf** ist unseres.*

In (3) führt der Sprecher über das Zahlwort *bir* „eins" eine neue Information ein. Im Deutschen steht dafür der unbestimmte Artikel. Ab der Nennung *bir ayı* „ein Bär" ist *ayı* „Bär" für den Hörer bekannt. Nun redet der Sprecher über den Bären weiter und bringt ihn in Anfangsstellung des Satzes. Im Deutschen tritt zusätzlich der bestimmte Artikel ein. Der Satz hätte auch mit *hayvan*

„das Tier" weitergeführt werden können. In (4) wird die neue Information ebenfalls über *bir* „eins" eingeführt und mit *bu* „dieses" als bekannt weitergeführt.

- Es ist ebenfalls möglich, etwas Neues oder Wichtiges an den Anfang des Satzes zu stellen. Dann muss dieses Glied besonders betont werden: *Bu mektubu ben yazdım* „**Diesen Brief** habe ich geschrieben".

2.4 Die Possessivsuffixe *(İyelik Ekleri)*

▶ Vergleichen Sie:

(benim) anne**m**	*meine Mutter*	(bizim) anne**miz**	*unsere Mutter*
(senin) anne**n**	*deine Mutter*	(sizin) anne**niz**	*eure/Ihre Mutter*
(onun) anne**si**	*seine/ihre Mutter*	onların anne**si**/anne**leri**	*ihre Mutter*

Das Türkische kennt nicht nur *Possessivpronomina* wie „mein, dein, sein" usw., sondern auch *Possessivsuffixe*. Die Possessivsuffixe kommen an Nomina und nominalen Verbformen vor, werden mit dem vorhergehenden Wort zusammengeschrieben und betont.

Bei den Possessivsuffixen muss man unterscheiden, ob sie an ein Wort angefügt werden, das auf einen Vokal oder auf einen Konsonanten endet. Nach Vokal beginnen die Suffixe mit Konsonant, deshalb stehen die Vokale unten in Klammern. In der 3. Pers. lauten sie *-si*. Nach Konsonant beginnen die Suffixe mit Vokal, deshalb steht das *s* in Klammern. Die Vokale der Possessivsuffixe sind vierförmig. In der 3. Pers. Pl. kann das Suffix der 3. Pers. Sg. stehen. Soll oder muss der Plural angezeigt werden, so lautet das Possessivsuffix für die 3. Pers. Pl. *-leri*.

Possessivpronomina		Possessivsuffixe			
		Der letzte Vokal eines Wortes ist			
		e oder **i**	**ö** oder **ü**	**a** oder **ı**	**o** oder **u**
benim	*mein*	-(**i**)m	-(**ü**)m	-(**ı**)m	-(**u**)m
senin	*dein*	-(**i**)n	-(**ü**)n	-(**ı**)n	-(**u**)n
onun	*sein/ihr*	-(s)**i**	-(s)**ü**	-(s)**ı**	-(s)**u**
bizim	*unser*	-(**i**)miz	-(**ü**)müz	-(**ı**)mız	-(**u**)muz
sizin	*euer/Ihr*	-(**i**)niz	-(**ü**)nüz	-(**ı**)nız	-(**u**)nuz
onların	*ihr*	-(s)**i**/-leri	-(s)**ü**/-leri	-(s)**ı**/-ları	-(s)**u**/-ları

Hier nun ausführliche Beispiele zu den Possessivsuffixen:

- das Bezugswort endet auf einen Vokal

	Steuer	*Bügeleisen*	*Raki*	*Thema*
(benim)	vergi**m**	ütü**m**	rakı**m**	konu**m**
(senin)	vergi**n**	ütü**n**	rakı**n**	konu**n**
(onun)	vergi**si**	ütü**sü**	rakı**sı**	konu**su**
(bizim)	vergi**miz**	ütü**müz**	rakı**mız**	konu**muz**
(sizin)	vergi**niz**	ütü**nüz**	rakı**nız**	konu**nuz**
(onların)	vergi**si**/vergi**leri**	ütü**sü**/ütü**leri**	rakı**sı**/rakı**ları**	konu**su**/konu**ları**

- das Bezugswort endet auf einen Konsonanten

	Sprache	Rose	Tochter	Weg
(benim)	dil**im**	gül**üm**	kız**ım**	yol**um**
(senin)	dil**in**	gül**ün**	kız**ın**	yol**un**
(onun)	dil**i**	gül**ü**	kız**ı**	yol**u**
(bizim)	dil**imiz**	gül**ümüz**	kız**ımız**	yol**umuz**
(sizin)	dil**iniz**	gül**ünüz**	kız**ınız**	yol**unuz**
(onların)	dil**i**/dil**leri**	gül**ü**/gül**leri**	kız**ı**/kız**ları**	yol**u**/yol**ları**

- das Bezugswort gehört zu den Wörtern mit lautlichen Besonderheiten (s. Lautlehre 2.2, 2.3, 1.1.3, 1.3)

Baum	Farbe	Kind	Buch	Methode	Recht	Uhr	Name	Zeit
ağa**c**ım	ren**g**im	çocu**ğ**um	kita**b**ım	meto**d**um	ha**kk**ım	saa**t**im	is**m**im	va**kt**im
ağa**c**ın	ren**g**in	çocu**ğ**un	kita**b**ın	meto**d**un	ha**kk**ın	saa**t**in	is**m**in	va**kt**in
ağa**c**ı	ren**g**i	çocu**ğ**u	kita**b**ı	meto**d**u	ha**kk**ı	saa**t**i	is**m**i	va**kt**i
ağa**c**ımız	ren**g**imiz	çocu**ğ**umuz	kita**b**ımız	meto**d**umuz	ha**kk**ımız	saa**t**imiz	is**m**imiz	va**kt**imiz
ağa**c**ınız	ren**g**iniz	çocu**ğ**unuz	kita**b**ınız	meto**d**unuz	ha**kk**ınız	saa**t**iniz	is**m**iniz	va**kt**iniz
ağa**ç**ları	ren**k**leri	çocu**k**ları	kita**p**ları	meto**t**ları	ha**k**ları	saa**t**leri	is**im**leri	va**k**itleri

- **Ausnahmen**

Das auf Vokal endende Wort *su* „Wasser" wird bis auf die 3. Pers. Pl. von einem erweiterten konsonantisch auslautenden Stamm *suy-* gebildet (*su* endete früher einmal auf Konsonant). Das Fragewort *ne* „was?" kommt in einer häufigeren und einer weniger häufigeren Variante vor (zur Übersetzung s. Pronomina 8 und Verb 8). Das auf *y* ausgehende Wort *ağabey* „älterer Bruder" wird oft wie ein vokalisch auslautendes Wort behandelt. Für die 3. Pers. Sg. sind zwei Varianten erlaubt.

	häufiger	seltener	geschrieben	gesprochen
suy-um	neyim	nem	ağabeyim	['a:bim]
suy-un	neyin	nen	ağabeyin	['a:bin]
suy-u	neyi/nesi	nesi	ağabeyi/ağabeysi	['a:bi:si]
suy-umuz	neyimiz	nemiz	ağabeyimiz	['a:bi:miz]
suy-unuz	neyiniz	neniz	ağabeyiniz	['a:bi:niz]
su-ları	neleri	neleri	ağabeyleri	['a:bi:leri]

Die primäre Aufgabe der Possessivsuffixe ist, Besitz oder Zugehörigkeit auszudrücken und dabei eine Teilmenge zu bezeichnen: *babam* „mein Vater" ist ein Element aus allen Elementen, die „Vater" sind. Begriffe mit Possessivsuffixen können für den Hörer „identifizierbar" oder „nicht identifizierbar" sein:

Bisikletim bozuk.   *Mein Fahrrad* ist kaputt.
Bugün *arkadaşım* geliyor.   Heute kommt *mein Freund/meine Freundin*.
Bugün *bir arkadaşım* geliyor.   Heute kommt *ein Freund/eine Freundin von mir*.

Die Possessivpronomina als Begleiter eines Substantivs können zur Betonung gebraucht werden; sie müssen gebraucht werden bei einer Gegenüberstellung (Kontrastverwendung): *(Benim) Adım Teoman Berksoy. Sizin adınız ne?* „Mein Name ist Teoman Berksoy. Und wie ist Ihr Name?".

▸ Vergleichen Sie jedoch:

(1)	benim ev	*meine Wohnung*	(3) bizim Almanca	*unser Deutsch*
(2)	benim evim	*meine Wohnung*	(4) bizim Almancamız	*unser Deutsch*

In den 1. und 2. Personen ist es auch möglich, eine Possessivkonstruktion mit und ohne Possessiv-suffix zu bilden; fehlt das Suffix, muss das Possessivpronomen stehen. Die deutschen Übersetzungen lauten gleich. In (1) betrachtet der Sprecher „seine Wohnung" als Ganzes; er fühlt sich zur Wohnung gehörig und die Wohnung zu sich. In (2) jedoch betrachtet der Sprecher „seine Wohnung" als Teil: Er grenzt sie von anderen Wohnungen ab. Dasselbe Verhältnis wie in (1) liegt auch in (3) vor. Wenn ein Türke jedoch *bizim Almancamız* sagt wie in (4), meint er damit sein Deutsch und das Deutsch derjenigen, die er einschließt. Im Deutschen muss man dann „unser" betonen.

Wenn das Nomen ein Lokativsuffix enthält, kann man im Deutschen eine Unterscheidung treffen, z. B. *bizim memlekette* „bei uns zulande" : *memleketimizde* „in unserem Land", *bizim Türkiye'de* „bei uns in der Türkei" : *Türkiye'mizde* „in unserer Türkei".

● In der 3. Person ist es im Regelfall nicht üblich, die Possessivsuffixe auszulassen, wohl aber nach Namen wie in folgendem Beispiel, in dem die Familienzugehörigkeit hervorgehoben wird: *Mustafa Beylerin Ali evlenecek* „Der Ali von der Familie Mustafa wird heiraten (und nicht der Ali von der Familie Ahmet)". *Mustafa Beylerin Ali'si evlenecek* hingegen bedeutet, dass von der Familie Mustafa *der Ali* und z. B. nicht *der Mehmet* heiraten wird.

Zur 3. Person Plural:

(5) Müllerlerin **oğlu** Frankfurt'ta oturuyor.	**Der Sohn** *von Müllers wohnt in Frankfurt.*
(6) Müllerler Berlin'de oturuyor. **Oğulları** Frankfurt'ta oturuyor.	*Müllers wohnen in Berlin.* **Ihr Sohn** *wohnt in Frankfurt.*
(7) Müllerler Berlin'de, **oğulları** Frankfurt'ta oturuyor.	*Müllers wohnen in Berlin,* **ihr Sohn** *in Frankfurt.*

In (5) bezieht sich *oğul* „Sohn" unmittelbar auf *Müllerler* „Müllers" und steht deshalb wie im Deutschen im Singular. In (6) ist *oğul* „Sohn" von *Müllerler* „Müllers" durch einen neuen Satz getrennt. Jetzt muss angezeigt werden, dass *oğul* sich auf diesen Begriff im Plural zurückbezieht und wird deshalb mit dem Possessivsuffix der 3. Pers. Pl. versehen. In (7) sind *Müllerler* und *oğulları* zwei selbstständige, gleichwertige Subjekte.

Soll ein Nomen sowohl mit Pluralsuffix als auch mit einem Possessivsuffix versehen werden, so ist die Reihenfolge Pluralsuffix – Possessivsuffix:

(benim)	evlerim	*meine Häuser*	(benim)	çocuklarım	*meine Kinder*
(senin)	evlerin	*deine Häuser*	(senin)	çocukların	*deine Kinder*
(onun)	ev**leri**	*seine/ihre Häuser*	(onun)	çocuk**ları**	*seine/ihre Kinder*
(bizim)	evlerimiz	*unsere Häuser*	(bizim)	çocuklarımız	*unsere Kinder*
(sizin)	evleriniz	*eure/Ihre Häuser*	(sizin)	çocuklarınız	*eure/Ihre Kinder*
(onların)	ev**leri**	*ihre Häuser*	(onların)	çocuk**ları**	*ihre Kinder*

In der 3. Pers. Pl. könnte man -*lerleri* bzw. -*larları* erwarten. Aber das kommt im Türkischen nicht vor. Somit bezeichnet ein Nomen mit -*leri* sehr Verschiedenes. Ein *çocukları* kann bedeuten „seine/ihre Kinder" (mehrere Kinder einer Person), „ihr Kind" (ein Kind eines Ehepaares), „ihre Kinder" (mehrere Kinder mehrerer Ehepaare oder Personen), aber auch „die Kinder" (*Akkusativ*, s. in diesem Kapitel 2.5 und 2.6.3). Im Regelfall hilft der Kontext, die richtige Bedeutung herauszufinden oder man setzt ein Pronomen bzw. eine Zahl hinzu.

- Es ist jedoch möglich, an Verwandtschaftsbezeichnungen, die bereits mit dem Possessivsuffix der 1. oder 2. Pers. Sg. versehen sind, -*ler* anzuhängen: *ablamlar* „meine ältere Schwester und ihre Angehörigen", *teyzenler* „deine Tante und ihre Familie".

- Wenn Verwandtschaftsbezeichnungen als Anredebezeichnung verwendet werden und diese dabei eine Beziehung zu Kindern herstellen sollen, erhalten sie das Possessivsuffix der 3. Person. Wenn eine türkische Mutter ihren Ehemann nicht mit dem Vornamen anredet, sondern *baba* „Vater" verwenden will, sagt sie *babası* „sein/ihr Vater" mit Bezug auf das Kind. Ohne das Possessivsuffix würde sie ihren eigenen Vater meinen. Entsprechend redet der Ehemann seine Ehefrau mit *annesi* „seine/ihre Mutter" an. Auch andere Personen können mit Verwandtschaftsbezeichnungen angeredet werden. z. B. *amcası* „sein/ihr Onkel".

2.4.1 Das Possessivsuffix der 3. Person als Mittel der Wortverkettung: Possessivkomposita (*Belirtisiz Ad Tamlaması*)

▶ Vergleichen Sie:

(1) fotoğraf *Foto* + makine *Apparat*	→ fotoğraf makine**si** *Fotoapparat*
(2) anneler *Mütter* + gün *Tag*	→ anneler gün**ü** *Muttertag*
(3) üniversite *Universität* + öğrenciler *Schüler*	→ üniversite öğrenciler**i** *Studenten*

(4) Türkoloji *Turkologie* + enstitü *Institut*	→ Türkoloji Enstitü**sü** *Institut für Turkologie*
(5) yaşama *Leben* + hak *Recht*	→ yaşama hakk**ı** *das Recht auf Leben*
(6) yaşamak *leben* + hak *Recht*	→ yaşamak hakk**ı** *das Recht zu leben*

Sehr häufig wird das Possessivsuffix der 3. Pers. eingesetzt, um Nomina oder Nomengruppen zu verketten und somit Attribute an ein Grundwort zu binden. Verkettet werden Substantive oder als Substantiv gebrauchte Wörter. Das Possessivsuffix steht am Ende der zusammengehörigen Einheit.

Ein Teil dieser Verkettungen wie in (1) – (3) hat ihren Platz im Lexikon. Wenn diese zu einem festen Begriff verschmolzen sind, werden sie häufig zusammengeschrieben: *radyo* „Rundfunk" + *ev* „Haus" → *radyoevi* „Funkhaus" (s. Wortbildung 3).

Ein anderer Teil wie in (4) – (6) bildet attributive Fügungen, deren deutsche Übersetzungen recht unterschiedlich aussehen.

In beiden Fällen jedoch bildet das Grundwort eine Oberklasse und das Attribut wählt einen Typ davon aus: *cep* „(Hosen-/Jacken-)Tasche" + telefon → *cep telefonu* „Handy", *çocuk* „Kind" + *araba* „Wagen" → *çocuk arabası* „Kinderwagen".

Weitere Beispiele: *futbol* „Fußball" + *maç* „Spiel" → *futbol maçı* „Fußballspiel", *telefon* „Telefon" + *numara* „Nummer" → *telefon numarası* „Telefonnummer", *çöp* „Müll" + *kutu* „Schachtel" → *çöp kutusu* „Mülleimer", *edebiyat* „Literatur" + *tarih* „Geschichte" → *edebiyat tarihi* „Literaturgeschichte";
anne „Mutter" + *sevgi* „Liebe" → *anne sevgisi* „Mutterliebe", *yurt* „Heimat" + *sevgi* „Liebe" → *yurt sevgisi* „Heimatliebe";
Berlin + *şehir* „Stadt" → *Berlin şehri* „die Stadt Berlin", *Tuna* „Donau" + *nehir* „Strom" → *Tuna Nehri* „der Donaustrom", *1999* + *yıl* „Jahr" → *1999 yılı* „das Jahr 1999", *saat on* „zehn Uhr" + *vapur* „Dampfer" → *saat on vapuru* „das Zehn-Uhr-Schiff";
izin yapmak „Urlaub machen" + *niyet* „Absicht" → *izin yapmak niyeti* „die Absicht, Urlaub zu machen".

- Angenommen, jemand sagt *Bugün babalar günü* „Heute ist Vatertag" und der Hörer hat nicht genau mitbekommen, um welchen Tag es sich handelt, dann wird er nachfragen: *Ne günü?*, d. h. auch *ne* „was" wird mit dem Grundwort verkettet.

- Begriffe für Nationalitäten und Religionen werden mit dem Grundwort verkettet, wenn der Ursprung oder die Zugehörigkeit gemeint ist: *Alman edebiyatı* „deutsche Literatur", *Türk gelini* „türkische Braut" (z. B. die Braut eines Türken, eigentlich „Türkenbraut", jedoch ohne den negativen Beigeschmack wie im Deutschen), *Protestan kilisesi* „evangelische Kirche".

Sie werden jedoch nicht verkettet, wenn sie eine Identität bezeichnen: *Türk öğrenci* „türkischer Schüler" (Schüler = Türke), *Hıristiyan rahip* „christlicher Mönch" (Mönch = Christ).

Bei Nationalitätsbegriffen, die nicht mit Personenbezeichnungen kombiniert werden, steht das Possessivsuffix: *Türk kahvesi* „türkischer Mocca". *Türk kahve* wäre ein Kaffee türkischer Nationalität. Übrigens, man darf auch nicht *Türkçe kahve* sagen; das wäre ein türkischsprachiger Kaffee. Merke: *Türkçe kitap* „Buch auf Türkisch", *Türkçe kitabı* „Türkischbuch", *Türk kitabı* „türkisches Buch (= türkischer Herkunft)". Merke auch: *Osmanlı İmparatorluğu* „das Osmanische Reich".

- Soll an das Ende einer Wortverkettung ein Possessivsuffix wie „mein, dein, sein usw." angefügt werden, wird *kein* Possessivsuffix der 3. Person als Verkettungselement benötigt. In den 3. Personen sind diese Begriffe dann doppeldeutig: z. B. *telefon numarası* bedeutet sowohl „Telefonnummer" als auch „seine/ihre Telefonnummer". Im Regelfall hilft der Kontext, die richtige Bedeutung herauszufinden. Beispiel:

telefon numara**m**	*meine Telefonnummer*	telefon numara**mız**	*unsere Telefonnummer*
telefon numara**n**	*deine Telefonnummer*	telefon numara**nız**	*eure/Ihre Telefonnummer*
telefon numara**sı**	*seine/ihre Telefonnummer*	telefon numara**ları**	*ihre Telefonnummer*

Beispiele: *Çek kartım yeni* „Meine Scheckkarte ist neu", *Çamaşır makinemiz eski* „Unsere Waschmaschine ist alt".

Soll an eine Wortverkettung -*li* oder -*siz* (s. Wortbildung 2) angefügt werden, wird ebenfalls *kein* Possessivsuffix als Verkettungselement benötigt: *Hindistan* „Indien" + *ceviz* „Walnuss" → *Hindistan cevizi* „Kokusnuss" → *Hindistan cevizli dondurma* „Speiseeis mit Kokusnuss" : *Hindistan cevizsiz dondurma* „Speiseeis ohne Kokusnuss".

Es ist möglich, ein Possessivkompositum mit einem weiteren Begriff zu verketten; das Possessiv-suffix steht jeweils am Ende der Einheit:

Türkçe *Türkisch* + kurs *Kurs* → Türkçe kurs**u** *Türkischkurs*
Türkçe kurs**u** *Türkischkurs* + öğretmen *Lehrer* → Türkçe kurs**u** öğretmen**i** *Türkischkurslehrer*

Soll ein bereits verketteter Begriff wie *fotoğraf makinesi* wiederum verkettet werden, wird das Possessivsuffix *nicht* doppelt gesetzt: *Alman* + *fotoğraf makinesi* → *Alman fotoğraf makinesi* „deutscher Fotoapparat".

Weitere Beispiele:

dil ve edebiyat + yazılar	→	dil ve edebiyat yazıl**arı** *Schriften zur Sprache und Literatur*
Türk edebiyat**ı** + tarih	→	Türk edebiyat**ı** tari**hi** *Geschichte der türkischen Literatur*
		(*Türk edebiyatı* behält seine Eigenständigkeit als fester Begriff)
Türk + edebiyat tari**hi**	→	Türk edebiyat tari**hi** *türkische Literaturgeschichte* (ein Begriff!)

In *Türk edebiyatı tarihi* charakterisiert *Türk* die „Literatur" und *Türk edebiyatı* die „Geschichte". In *Türk edebiyat tarihi* charakterisiert *Türk* nicht die Literatur, sondern die „Literaturgeschichte".

Die Wortverkettungen können sehr lang sein: *Türkiye Cumhuriyeti Frankfurt Başkonsolosluğu Maliye Ataşesi* „Attaché für Finanzen des Generalkonsulats der Türkischen Republik (in) Frankfurt", *İstanbul Üniversitesi İktisat Fakültesi İşletme Ekonomisi Kürsüsü Profesörü* „Lehrstuhl-inhaber für Betriebswirtschaftslehre an der Wirtschaftswissenschaftlichen Fakultät der Universität Istanbul".

- Auch ganze Sätze werden verkettet: *Bize gelir misin sorusuna, hayır cevabını verdim* „Auf seine Frage: ‚Kommst du zu uns?' habe ich geantwortet: ‚Nein'". Dieses Beispiel ist als indirekte Rede zu interpretieren: „Auf seine Frage, ob ich zu ihnen komme, habe ich ‚Nein' geantwortet".

Manchmal, wenn auch seltener, enthält ein zu verkettender Begriff, der nicht als letztes Element steht, ein Possessivsuffix der 1. oder 2. Person: *Günümüz Türkiye'sinde kim kimdir?* „Wer ist wer in der Türkei unserer Tage?", *Amcam kızı telefon etti* „Die Cousine (= meines Onkels Tochter) hat angerufen".

- Im Normalfall kann ein Possessivkompositum *nicht* durch adjektivische Attribute getrennt werden: *yeni çamaşır makinesi* „neue Waschmaschine", *pahalı fotoğraf makinesi* „teurer Foto-apparat".
  Ob in diesen attributiven Fügungen überhaupt ein Adjektiv vorkommen darf oder nicht, löst unter Türken seit Jahrzehnten immer wieder Diskussionen aus. Wir meinen: Ja!, z.B. wenn das Grundwort bereits mit einem adjektivischen Attribut versehen ist: *Berlin* + *Hür Üniversite* „Freie Universität" → *Berlin Hür Üniversitesi* „Freie Universität Berlin", *halk* „Volk" + *yüksek okul* „Hochschule" → *Halk Yüksek Okulu* „Volkshochschule" (vgl. Ö. A. AKSOY 1991: 183 f.).

Merke auch: **Eski** *Malatya Belediye Başkanı* „der Bürgermeister von Eski Malatya" (*Eski Malatya* ist ein Ort bei *Malatya*) : *Malatya* **eski** *Belediye Başkanı* „der Exbürgermeister von Malatya" sowie **Eski** *Türk Edebiyatı Profesörü* „Professor für alttürkische Literatur" : *Türk Edebiyatı* **eski** *Profesörü* „emeritierter Professor für türkische Literatur".

2.4.2 Die Verweisrichtung der Possessivsuffixe

Die Possessivsuffixe der 3. Personen, insbesondere die 3. Pers. Sg., haben häufig – aber nicht ausschließlich – zurückweisende Funktion. Sie können sich auf einen einzelnen genannten Begriff oder auf einen globaleren Sachverhalt beziehen: *Erol dün geldi. Daha doğrusu, geceyarısı geldi* „Erol ist gestern gekommen. Genauer gesagt, er ist um Mitternacht gekommen".

- In diesem Sinne können auch Adjektive Possessivsuffixe annehmen: *Suzan yeni manto almak istiyor. Eskisi küçük* „Suzan will einen neuen Mantel kaufen. Ihr alter ist zu klein".

Die Possessivsuffixe der 3. Personen können aber auch vorausweisende Funktion haben und ein dazugehöriges Nomen vorankündigen. Im folgenden Beispiel wird über das Possessivsuffix klargestellt, dass es sich nicht um irgendein Mädchen bzw. irgendwelche Söhne, sondern die eigene Tochter/die eigenen Söhne handelt: *Kızı annesine çiçek hediye etti* „Die Tochter (= ihre Tochter) hat ihrer Mutter Blumen geschenkt", *Oğulları babalarına yardım etti* „Die Söhne (= seine Söhne) haben ihrem Vater geholfen".

2.5 Deklination der Nomina *(Ad Çekimi)*

Substantive können dekliniert werden. Die Kasus sind: Der Nominativ *(Yalın Durum)*, der Genitiv *(Tamlayan Durumu)*, der Akkusativ *(Belirtme Durumu)*, der Dativ *(Yönelme Durumu)*, der Lokativ *(Kalma Durumu)*, der Ablativ *(Çıkma Durumu)*. Beispiel mit Übersetzung:

	Singular		Plural	
Nom	adam	(der) Mann	adam**lar**	(die) Männer
Gen	adam**ın**	des Mannes	adam**ların**	der Männer
Akk	adam**ı**	den Mann	adam**ları**	die Männer
Dat	adam**a**	(zu) dem Mann	adam**lara**	(zu) den Männern
Lok	adam**da**	bei dem Mann	adam**larda**	bei den Männern
Abl	adam**dan**	von dem Mann	adam**lardan**	von den Männern

1. Nomina ohne Possessivsuffixe

- Die Kasussuffixe nach vokalischem Auslaut

	Der letzte Vokal eines Wortes ist			
	e oder **i**	**ö** oder **ü**	**a** oder **ı**	**o** oder **u**
Nom	∅	∅	∅	∅
Gen	-n**in**	-n**ün**	-n**ın**	-n**un**
Akk	-y**i**	-y**ü**	-y**ı**	-y**u**
Dat	-y**e**			-y**a**
Lok	-**de**			-**da**
Abl	-**den**			-**dan**

	Mutter	*Monsieur*	*Vater*	*Radio*
Nom	anne	mösyö	baba	radyo
Gen	annenin	mösyönün	babanın	radyonun
Akk	anneyi	mösyöyü	babayı	radyoyu
Dat	anneye	mösyöye	babaya	radyoya
Lok	annede	mösyöde	babada	radyoda
Abl	anneden	mösyöden	babadan	radyodan

	Steuer	*Bügeleisen*	*Raki*	*Thema*
Nom	vergi	ütü	rakı	konu
Gen	verginin	ütünün	rakının	konunun
Akk	vergiyi	ütüyü	rakıyı	konuyu
Dat	vergiye	ütüye	rakıya	konuya
Lok	vergide	ütüde	rakıda	konuda
Abl	vergiden	ütüden	rakıdan	konudan

- Die Kasussuffixe nach konsonantischem stimmhaften bzw. stimmlosen Auslaut

	Der letzte Vokal eines Wortes ist			
	e oder **i**	**ö** oder **ü**	**a** oder **ı**	**o** oder **u**
Nom	∅	∅	∅	∅
Gen	-**in**	-**ün**	-**ın**	-**un**
Akk	-**i**	-**ü**	-**ı**	-**u**
Dat	-**e**		-**a**	
Lok	-**de**/-**te**		-**da**/-**ta**	
Abl	-**den**/-**ten**		-**dan**/-**tan**	

	Haus/Wohnung	*Auge*	*Honig*	*Weg*
Nom	ev	göz	bal	yol
Gen	evin	gözün	balın	yolun
Akk	evi	gözü	balı	yolu
Dat	eve	göze	bala	yola
Lok	evde	gözde	balda	yolda
Abl	evden	gözden	baldan	yoldan

	Zunge/Sprache	*Rose*	*Mädchen*	*Mehl*
Nom	dil	gül	kız	un
Gen	dilin	gülün	kızın	unun
Akk	dili	gülü	kızı	unu
Dat	dile	güle	kıza	una
Lok	dilde	gülde	kızda	unda
Abl	dilden	gülden	kızdan	undan

	Scheck	Müll	Haar	Gras
Nom	çek	çöp	saç	ot
Gen	çekin	çöpün	saçın	otun
Akk	çeki	çöpü	saçı	otu
Dat	çeke	çöpe	saça	ota
Lok	çekte	çöpte	saçta	otta
Abl	çekten	çöpten	saçtan	ottan

	Arbeit	Milch	Hufnagel	Vogel
Nom	iş	süt	mıh	kuş
Gen	işin	sütün	mıhın	kuşun
Akk	işi	sütü	mıhı	kuşu
Dat	işe	süte	mıha	kuşa
Lok	işte	sütte	mıhta	kuşta
Abl	işten	sütten	mıhtan	kuştan

- Wörter mit lautlichen Besonderheiten (s. Lautlehre 2.2, 2.3, 1.1.3, 1.3):

	Baum	Farbe	Kind	Buch	Methode
Nom	ağaç	renk	çocuk	kitap	metot
Gen	ağacın	rengin	çocuğun	kitabın	metodun
Akk	ağacı	rengi	çocuğu	kitabı	metodu
Dat	ağaca	renge	çocuğa	kitaba	metoda
Lok	ağaçta	renkte	çocukta	kitapta	metotta
Abl	ağaçtan	renkten	çocuktan	kitaptan	metottan

	Recht	Medizin(-kunde)	Uhr/Stunde	Name	Zeit	Thema
Nom	hak	tıp	saat	isim	vakit	mevzu
Gen	hakkın	tıbbın	saatin	ismin	vaktin	mevzuun
Akk	hakkı	tıbbı	saati	ismi	vakti	mevzuu
Dat	hakka	tıbba	saate	isme	vakte	mevzua
Lok	hakta	tıpta	saatte	isimde	vakitte	mevzuda
Abl	haktan	tıptan	saatten	isimden	vakitten	mevzudan

- Das Wort **su** „Wasser"

Das auf Vokal endende Wort *su* „Wasser" wird im Genitiv, Akkusativ und Dativ Singular von dem erweiterten, konsonantisch auslautenden Stamm *suy-* gebildet:

Nom	su	*das Wasser*
Gen	suyun	*des Wassers*
Akk	suyu	*das Wasser*
Dat	suya	*(zu) dem/in das Wasser*
Lok	suda	*im Wasser*
Abl	sudan	*aus dem Wasser*

2. Nomina mit Possessivsuffixen

▶ Vergleichen Sie:

	Singular		Plural	
Nom	komşusu	sein Nachbar	komşuları	seine Nachbarn
Gen	komşusunun	seines Nachbarn	komşularının	seiner Nachbarn
Akk	komşusunu	seinen Nachbarn	komşularını	seine Nachbarn
Dat	komşusuna	(zu) seinem Nachbarn	komşularına	(zu) seinen Nachbarn
Lok	komşusunda	bei seinem Nachbarn	komşularında	bei seinen Nachbarn
Abl	komşusundan	von seinem Nachbarn	komşularından	von seinen Nachbarn

Bitte beachten Sie: Nomina, die das Possessivsuffix der 3. Personen *-(s)i* bzw. *-leri* enthalten, werden um ein **n** erweitert, bevor ein Kasussuffix angefügt wird. Dieses *n* nennt man „pronominales *n*“. Das sieht dann so aus:

	Der letzte Vokal eines Wortes ist			
	e oder **i**	**ö** oder **ü**	**a** oder **ı**	**o** oder **u**
Nom	∅	∅	∅	∅
Gen	-n-in	-n-ün	-n-ın	-n-un
Akk	-n-i	-n-ü	-n-ı	-n-u
Dat	-n-e		-n-a	
Lok	-n-de		-n-da	
Abl	-n-den		-n-dan	

• Nomina mit vokalischem Auslaut + Possessivsuffixen

	meine Steuer	mein Bügeleisen	mein Raki	mein Thema
Nom	vergi**m**	ütü**m**	rakı**m**	konu**m**
Gen	vergimin	ütümün	rakımın	konumun
Akk	vergimi	ütümü	rakımı	konumu
Dat	vergime	ütüme	rakıma	konuma
Lok	vergimde	ütümde	rakımda	konumda
Abl	vergimden	ütümden	rakımdan	konumdan

	deine Steuer	dein Bügeleisen	dein Raki	dein Thema
Nom	vergi**n**	ütü**n**	rakı**n**	konu**n**
Gen	verginin	ütünün	rakının	konunun
Akk	vergini	ütünü	rakını	konunu
Dat	vergine	ütüne	rakına	konuna
Lok	verginde	ütünde	rakında	konunda
Abl	verginden	ütünden	rakından	konundan

	seine Steuer	sein Bügeleisen	sein Raki	sein Thema
Nom	vergi**si**	ütü**sü**	rakı**sı**	konu**su**
Gen	vergisinin	ütüsünün	rakısının	konusunun
Akk	vergisini	ütüsünü	rakısını	konusunu
Dat	vergisine	ütüsüne	rakısına	konusuna
Lok	vergisinde	ütüsünde	rakısında	konusunda
Abl	vergisinden	ütüsünden	rakısından	konusundan

	unsere Steuer	unser Bügeleisen	unser Raki	unser Thema
Nom	vergi**miz**	ütü**müz**	rakı**mız**	konu**muz**
Gen	vergimizin	ütümüzün	rakımızın	konumuzun
Akk	vergimizi	ütümüzü	rakımızı	konumuzu
Dat	vergimize	ütümüze	rakımıza	konumuza
Lok	vergimizde	ütümüzde	rakımızda	konumuzda
Abl	vergimizden	ütümüzden	rakımızdan	konumuzdan

	eure/Ihre Steuer	euer/Ihr Bügeleisen	euer/Ihr Raki	euer/Ihr Thema
Nom	vergi**niz**	ütü**nüz**	rakı**nız**	konu**nuz**
Gen	verginizin	ütünüzün	rakınızın	konunuzun
Akk	verginizi	ütünüzü	rakınızı	konunuzu
Dat	verginize	ütünüze	rakınıza	konunuza
Lok	verginizde	ütünüzde	rakınızda	konunuzda
Abl	verginizden	ütünüzden	rakınızdan	konunuzdan

	ihre Steuer	ihr Bügeleisen	ihr Raki	ihr Thema
Nom	vergi**leri**	ütü**leri**	rakı**ları**	konu**ları**
Gen	vergilerinin	ütülerinin	rakılarının	konularının
Akk	vergilerini	ütülerini	rakılarını	konularını
Dat	vergilerine	ütülerine	rakılarına	konularına
Lok	vergilerinde	ütülerinde	rakılarında	konularında
Abl	vergilerinden	ütülerinden	rakılarından	konularından

• Nomina mit konsonantischem Auslaut + Possessivsuffixen

	meine Sprache	meine Rose	meine Tochter	mein Weg
Nom	dil**im**	gül**üm**	kız**ım**	yol**um**
Gen	dilimin	gülümün	kızımın	yolumun
Akk	dilimi	gülümü	kızımı	yolumu
Dat	dilime	gülüme	kızıma	yoluma
Lok	dilimde	gülümde	kızımda	yolumda
Abl	dilimden	gülümden	kızımdan	yolumdan

	deine Sprache	*deine Rose*	*deine Tochter*	*dein Weg*
Nom	dil**in**	gül**ün**	kız**ın**	yol**un**
Gen	dilinin	gülünün	kızının	yolunun
Akk	dilini	gülünü	kızını	yolunu
Dat	diline	gülüne	kızına	yoluna
Lok	dilinde	gülünde	kızında	yolunda
Abl	dilinden	gülünden	kızından	yolundan

	seine Sprache	*seine Rose*	*seine Tochter*	*sein Weg*
Nom	dil**i**	gül**ü**	kız**ı**	yol**u**
Gen	dili**n**in	gülü**n**ün	kızı**n**ın	yolu**n**un
Akk	dili**n**i	gülü**n**ü	kızı**n**ı	yolu**n**u
Dat	dili**n**e	gülü**n**e	kızı**n**a	yolu**n**a
Lok	dili**n**de	gülü**n**de	kızı**n**da	yolu**n**da
Abl	dili**n**den	gülü**n**den	kızı**n**dan	yolu**n**dan

	unsere Sprache	*unsere Rose*	*unsere Tochter*	*unser Weg*
Nom	dil**imiz**	gül**ümüz**	kız**ımız**	yol**umuz**
Gen	dilimizin	gülümüzün	kızımızın	yolumuzun
Akk	dilimizi	gülümüzü	kızımızı	yolumuzu
Dat	dilimize	gülümüze	kızımıza	yolumuza
Lok	dilimizde	gülümüzde	kızımızda	yolumuzda
Abl	dilimizden	gülümüzden	kızımızdan	yolumuzdan

	eure/Ihre Sprache	*eure/Ihre Rose*	*eure/Ihre Tochter*	*euer/Ihr Weg*
Nom	dil**iniz**	gül**ünüz**	kız**ınız**	yol**unuz**
Gen	dilinizin	gülünüzün	kızınızın	yolunuzun
Akk	dilinizi	gülünüzü	kızınızı	yolunuzu
Dat	dilinize	gülünüze	kızınıza	yolunuza
Lok	dilinizde	gülünüzde	kızınızda	yolunuzda
Abl	dilinizden	gülünüzden	kızınızdan	yolunuzdan

	ihre Sprache	*ihre Rose*	*ihre Tochter*	*ihr Weg*
Nom	dil**leri**	gül**leri**	kız**ları**	yol**ları**
Gen	dille**r**inin	gülle**r**inin	kızla**r**ının	yolla**r**ının
Akk	dille**r**ini	gülle**r**ini	kızla**r**ını	yolla**r**ını
Dat	dille**r**ine	gülle**r**ine	kızla**r**ına	yolla**r**ına
Lok	dille**r**inde	gülle**r**inde	kızla**r**ında	yolla**r**ında
Abl	dille**r**inden	gülle**r**inden	kızla**r**ından	yolla**r**ından

- Beispiele im Plural:

	meine Häuser	*unsere Häuser*	*meine Töchter*	*unsere Töchter*
Nom	evlerim	evlerimiz	kızlarım	kızlarımız
Gen	evlerimin	evlerimizin	kızlarımın	kızlarımızın
Akk	evlerimi	evlerimizi	kızlarımı	kızlarımızı
Dat	evlerime	evlerimize	kızlarıma	kızlarımıza
Lok	evlerimde	evlerimizde	kızlarımda	kızlarımızda
Abl	evlerimden	evlerimizden	kızlarımdan	kızlarımızdan

	deine Häuser	*eure/Ihre Häuser*	*deine Töchter*	*eure/Ihre Töchter*
Nom	evlerin	evleriniz	kızların	kızlarınız
Gen	evlerinin	evlerinizin	kızlarının	kızlarınızın
Akk	evlerini	evlerinizi	kızlarını	kızlarınızı
Dat	evlerine	evlerinize	kızlarına	kızlarınıza
Lok	evlerinde	evlerinizde	kızlarında	kızlarınızda
Abl	evlerinden	evlerinizden	kızlarından	kızlarınızdan

	seine Häuser	*ihre (Pl.) Häuser*	*seine Töchter*	*ihre (Pl.) Töchter*
Nom	evleri	evleri	kızları	kızları
Gen	evleri**n**in	evleri**n**in	kızları**n**ın	kızları**n**ın
Akk	evleri**n**i	evleri**n**i	kızları**n**ı	kızları**n**ı
Dat	evleri**n**e	evleri**n**e	kızları**n**a	kızları**n**a
Lok	evleri**n**de	evleri**n**de	kızları**n**da	kızları**n**da
Abl	evleri**n**den	evleri**n**den	kızları**n**dan	kızları**n**dan

- Bei Wortverkettungen wird nur das letzte Glied dekliniert; die Deklination ist regelmäßig:

	Singular		*Plural*	
Nom	yazı masası	*der Schreibtisch*	yazı masaları	*die Schreibtische*
Gen	yazı masasının	*des Schreibtisches*	yazı masalarının	*der Schreibtische*
Akk	yazı masasını	*den Schreibtisch*	yazı masalarını	*die Schreibtische*
Dat	yazı masasına	*auf den Schreibtisch*	yazı masalarına	*auf die Schreibtische*
Lok	yazı masasında	*auf dem Schreibtisch*	yazı masalarında	*auf den Schreibtischen*
Abl	yazı masasından	*von dem Schreibtisch*	yazı masalarından	*von den Schreibtischen*

2.6   Die Verwendung der Kasus

2.6.1   Der Nominativ *(Yalın Durum)*

Ein Ausdruck im Nominativ kommt in vielen Satzgliedpositionen vor. Er dient hauptsächlich als

- Prädikativum:
  Arkadaşım *Türk.*   Mein Freund ist *Türke.*
  Öğretmen olacağım.   Ich werde *Lehrer.*
  Bu sene sarı hiç *moda* değil.   In diesem Jahr ist Gelb überhaupt nicht *Mode.*

- Subjekt:
  Tuvalet nerede?   Wo ist *die Toilette*?
  Dersler başladı.   *Die Vorlesungen* haben begonnen.
  Bugün pazartesi.   *Heute* ist Montag.
  Mutfakta *su* akmıyor.   In der Küche läuft kein *Wasser.*
  Burada *lokanta* var.   Hier gibt es *eine Gaststätte.*
  Bugün *bir arkadaşım* geliyor.   Heute kommt *ein Freund von mir.*

- unmarkiertes direktes Objekt:
  Çamaşır yıkadım.   Ich habe *Wäsche* gewaschen.
  Müzik dinledik.   Wir haben *Musik* gehört.
  Mehmet iyi *işler* başarıyor.   Mehmet bringt gute *Arbeiten* zustande.
  Bir fotoğraf hatırlıyorum.   Ich erinnere mich an *eine Fotografie.*
  Ben *bir kadın* tanıyorum.   Ich kenne *eine Frau.*

▶ Wenn das direkte Objekt im Nominativ steht, spricht man auch von *unmarkiertem* Objekt *(Belirtisiz nesne)*, d. h., es hat kein Merkmal, das es als Objekt ausweist. Es steht im Regelfall direkt vor dem Prädikat und bildet mit dem Verb eine enge Einheit (wie: „Auto fahren"). In diesem Fall wird nicht über das Objekt gesprochen, sondern der Sprecher sagt, was er tut.

▶ Vergleichen Sie:

| (1) Oğluma **kitap** alacağım. | *Ich werde meinem Sohn **ein Buch/Bücher** kaufen.* |
| (2) Oğluma **bir kitap** alacağım. | *Ich werde meinem Sohn **ein Buch** kaufen.* |

In (1) wählt der Sprecher die Klasse „Buch" aus. In (2) weist er darauf hin, dass er ein Exemplar wählen wird.

▶ Vergleichen Sie jetzt:

(3) Kedi **fare** yer.	*Katzen fressen **Mäuse**.*
(4) Fare **kedi** yer.	*Mäuse fressen **Katzen**.*
(5) Kim **çiçek** satıyor?	*Wer verkauft **Blumen**?*
(6) **Çiçek** kim satıyor?	*Wer verkauft **Blumen**?*

Die Stelle vor dem Prädikat hat einen hohen Mitteilungswert. Möchte der Sprecher in einem Satz mit unmarkiertem Objekt ein anderes Satzglied hervorheben, wird er es an diese Stelle positionieren. Wie Beispiel (4) jedoch zeigt, kann ein Substantiv im Nominativ mit Subjektsfunktion diesen Platz nicht einnehmen, weil dann das Subjekt mit dem Objekt vertauscht wird. Es können aber pronominale Subjekte, Eigennamen sowie – *sehr eingeschränkt* – Adverbiale und andere Satzglieder zwischen das unmarkierte Objekt und das Prädikat treten. Oft enthält das unmarkierte Objekt dann eine Mengenangabe als Attribut. Unproblematisch sind Partikeln, da sie keinen Satzgliedwert haben.

Beispiele: *Ona uymak için bir portakal suyu da **ben** getirtmiştim* (RI, SKP, 15) „Um mich nach ihr zu richten, hatte einen Orangensaft auch ich bringen lassen“, *Ona uymak için bir portakal suyu da **Ali** getirtmişti* „Um sich nach ihr zu richten, hatte einen Orangensaft auch Ali bringen lassen“, *Radikal bugün üç armağan **birden** veriyor* (Radikal, 16.8.97/1) „Radikal vergibt heute drei Geschenke auf einmal“, *Üst makamlar bu yazı gazetede çıkınca, bir fırça **hayvanat bahçesinin müdürüne** attılar, bir fırça da **bölgenin karakolunun amirine*** (Mİ, BNA, 13) „Die oberen Stellen haben, als dieser Artikel in der Zeitung erschien, eine Rüge (= eine Bürste) dem Direktor des Zoos verpasst und eine Rüge dem Vorsteher der Polizeistation des Gebietes“;
*Ekmek **de** aldım* „Ich habe auch Brot gekauft“, *Oğluma bilgisayar **bile** aldım* „Ich habe meinem Sohn sogar einen Computer gekauft“, *Oğluna bilgisayar **mı** aldın?* „Hast du deinem Sohn einen Computer gekauft?“.

- In einem Satz mit zwei (oder mehr) Subjekten können zwei (oder mehr) unmarkierte Objekte stehen: *Ben et, oğlum sebze yemiyoruz* „Ich esse kein Fleisch und mein Sohn kein Gemüse“.

- In einigen Fällen kann es vorkommen, dass ein Nomen im Nominativ als Subjekt oder Objekt interpretierbar ist: *Zil çalıyor* „Es klingelt (= Die Klingel klingelt) / Er klingelt (die Klingel)“. Hier hilft im Normalfall der Kontext.

Ein Ausdruck im Nominativ dient darüber hinaus auch als

- Adverbial einer zeitlichen oder räumlichen Ausdehnung:
  Toplantı *iki saat* sürdü.   Die Sitzung dauerte *zwei Stunden*.
  İki kilometre yürüdük.   Wir sind *zwei Kilometer* gelaufen.

- Vertreter eines jeden anderen Kasus, wenn *Suffixaussparung* vorliegt (s. Suffix- und Wortaussparung):
  İstanbul ve Ankara'da arkadaşlarım var.   Ich habe *in Istanbul und Ankara* Freunde.

- loses Attribut eines Substantivs:
  kadın doktor   Ärztin (= *Frau* Arzt)
  erkek kardeş   Bruder (= *Mann* Geschwisterteil)

In beiden Beispielen bestimmen die kursiv geschriebenen Begriffe das nachfolgende Bezugswort näher, sind also Attribute. Sie bestehen aus Substantiven. Substantive werden im Türkischen so gebraucht, wenn sie eine Identität zum Bezugswort herstellen: Arzt = Frau; Geschwisterteil = Mann. Insbesondere Stoffbezeichnungen wie „Holz, Stein, Silber u. a.“ werden so verwendet: *deri çanta* „Ledertasche“, *altın yüzük* „goldener Ring“.
Stoffbezeichnungen können auch im Ablativ stehen: *altından yüzük* „Ring aus Gold“.

Merke auch: *kız öğrenci* „Studentin (und kein Student)“, *öğrenci kız* „Studentin (und keine Dozentin)“.

- gebundenes Attribut in einer Wortverkettung, vergleiche dazu in diesem Kapitel 2.4.1.

2.6.2 Der Genitiv *(Tamlayan Durumu)*

Ein Ausdruck im Genitiv kann als
- Prädikativum autonom stehen:
  *Bu kalem **Suzan'ın*** „Dieser Stift gehört Suzan (= ist *Suzans*)".

Ansonsten kommt ein Ausdruck im Genitiv im Normalfall nicht allein vor, sondern steht in einer Abhängigkeitsbeziehung zu einem weiteren Nomen oder einer Nomengruppe. Der zum Genitivausdruck gehörende Begriff enthält das Possessivsuffix der 3. Person (zu Ausnahmen s. in diesem Kapitel 2.4 und Pronomina 7) und wird mit dem Genitivausdruck zu einer *Genitiv-Possessiv-Verbindung (Belirtili Ad Tamlaması)* zusammengestellt. Damit wird gesagt, dass der Begriff im Genitiv und der mit Possessivsuffix zusammengehören. Aber der Genitivausdruck behält seine Eigenständigkeit und wird nicht an den Begriff mit Possessivsuffix „gekettet". In Hauptsätzen kann der Genitivausdruck

- ein Kernwort näher bestimmen und *Genitivattribut* sein oder
- das dominierende Element sein und den *Satzgegenstand* bilden oder
- vom Prädikat vorgesehen sein und eine *Ergänzung* bilden.

▸ Vergleichen wir diese drei sehr verschiedenen Funktionen der Genitiv-Possessiv-Verbindung:

(1) Timur'**un** hobisi↗/kitap okumak.	*Timurs Hobby/ist Lesen.*
(2) Timur'**un**↗/hobisi var.	*Timur/hat ein Hobby/Hobbys.*
(3) Ben, bu**nun** bilincinde değilim.	*Ich bin mir dessen nicht bewusst.*

Die Beispiele (1) und (2) unterscheiden sich nicht nur in der Bedeutung, sondern auch in der Intonation: Leichter Steigton bei *hobi*, wenn über *hobi* gesprochen wird. Leichter Steigton bei *Timur'un*, wenn über *Timur* gesprochen wird. In Beispiel (1) ist *Timur'un* Genitivattribut zu *hobi*; *hobi* ist das Kernwort. In Beispiel (2) ist *Timur'un* der Satzgegenstand, dem der Sprecher die Information *hobisi var* hinzufügt. Das Beispiel (3) kennen wir schon (s. Grammatische Grundbegriffe 4.4.5).

Die erste Variante wollen wir Genitiv-Possessiv-Verbindung des 1. Typs, und die zweite Variante Genitiv-Possessiv-Verbindung des 2. Typs und die dritte Variante, die nicht sehr häufig vorkommt, Genitiv-Possessiv-Verbindung des 3. Typs nennen.

1. Die Genitiv-Possessiv-Verbindung des 1. Typs

▸ Vergleichen Sie:

(1) çocuk *Kind* – bisiklet *Fahrrad* → **Çocuğun** bisiklet**i** bozuk.	*Das Fahrrad des Kindes ist kaputt.*
(2) kadın *Frau* – şapka *Hut* → Kadın**ın** şapka**sı** kırmızı.	*Der Hut der Frau ist rot.*

Bei dieser Variante ist der erste Begriff ein Genitivattribut. Beispiele:

babam**ın** araba**sı**	*das Auto meines Vaters*
okulumuz**un** çocuklar**ı**	*die Kinder unserer Schule*
şair**in** eser**i**	*das Werk des Dichters*
eser**in** şair**i**	*der Dichter des Werkes*
babam**ın** sevgi**si**	*die Liebe meines Vaters*

para**m**ı**n** yarısı	*die Hälfte meines Geldes*
bu iddia**nın** saçmalığı	*der Unsinn dieser Behauptung*
oda**nın** büyüklüğ**ü**	*die Größe des Zimmers*
tren**in** kalkışı	*die Abfahrt des Zuges*
pasaport**un** kontrol**ü**	*die Kontrolle des Passes*

Übrigens, ein Ausdruck wie *hükümetin kontrolü* „die Kontrolle der Regierung" ist genauso doppeldeutig wie im Deutschen. Wird der Staat kontrolliert oder kontrolliert der Staat?

- Nimmt an einer Genitiv-Possessiv-Verbindung eine Wortverkettung wie *telefon numarası* „Telefonnummer" teil, wird das Possessivsuffix an diesem *nicht* doppelt gesetzt: *Ali'nin arkadaşının telefon numarası* „die Telefonnummer von Alis Freund".

Weitere Beispiele: *Çocuğun annesi Türk* „Die Mutter des Kindes ist Türkin", *Bir öğrencinin bisikleti bozuk* „Das Fahrrad eines Schülers ist kaputt", *Nermin'le Pervin'in anneleri Ülkü'nün teyzesidir* „Die Mutter von Nermin und Pervin ist Ülküs Tante", *Ali'nin arkadaşının arabasının anahtarı nerede?* „Wo ist der Schlüssel des Autos von Alis Freund?".

- Bei der Genitiv-Possessiv-Verbindung des 1. Typs können zwischen den Genitivausdruck und das Kernwort **nur** Attribute eingeschoben werden: *Oğlumun **yeni** bilgisayarı bozuk* „Der neue Computer meines Sohnes ist kaputt", *Türk komşunuzun **yeni** evinin **iki** giriş kapısı* „die beiden Eingangstüren des neuen Hauses eures türkischen Nachbarn". Deshalb müssen Adverbiale des Ortes oder der Zeit ebenfalls als Attribut hinzugefügt werden. Aus diesem Grund erhalten sie die Form eines Adjektivs (s. Pronomina 3): *Ayşe'nin **Türkiye'deki** evi büyük* „Ayşes Haus in der Türkei ist groß", *Ali'nin **bugünkü** konuşması hoşuma gitmedi* „Alis heutige Rede hat mir nicht gefallen".

2. Die Genitiv-Possessiv-Verbindung des 2. Typs

▶ Vergleichen Sie:

(1) çocuk *Kind* – bisiklet *Fahrrad*	→	Çocu**ğun** bisikle**ti** var.	*Das Kind hat ein Fahrrad.*
(2) kadın *Frau* – şapka *Hut*	→	Kadı**nın** şapka**sı** yok.	*Die Frau hat keinen Hut.*

Bei dieser Variante bildet der Genitivausdruck den Satzgegenstand. Weitere Beispiele: ***Suzan'ın** doktora gitme**si** lazım* „Suzan muss zum Arzt gehen" (= Es ist nötig, dass Suzan zum Arzt geht), ***Bir insanın** dürüst olma**sı** lazım* „Ein Mensch muss aufrichtig sein" (s. dazu Verb 8 und 16.6).

- Bei der Genitiv-Possessiv-Verbindung des 2. Typs können zwischen den Genitivausdruck und das Kernwort nicht nur Attribute, sondern auch andere Satzglieder, desgleichen Adverbiale des Ortes oder der Zeit, eingeschoben werden: *Oğlumun **yeni** bilgisayarı var* „Mein Sohn hat einen neuen Computer", *Ayşe'nin **Türkiye'de** evi var* „Ayşe hat ein Haus in der Türkei", *Ali'nin **bugün** konuşması lazım* „Ali muss heute reden".

3. Die Genitiv-Possessiv-Verbindung des 3. Typs

▶ Vergleichen Sie:

(1) Bun**un** bilinc**in**de değildim.	*Ich war mir dessen nicht bewusst.*
(2) Yağmur yağdığı**nın** fark**ın**a varmadım.	*Ich habe nicht gemerkt, dass es regnet.*

Bei dieser Variante bildet der Genitivausdruck mit seinem Bezugswort eine enge Genitiv-Possessiv-Verbindung. Andere Satzglieder werden selten eingeschoben: *Yağmur yağdığının* **hemen** *farkına varmadım* „Ich habe nicht sofort gemerkt, dass es regnet".

2.6.3 Der Akkusativ *(Belirtme Durumu)*

Ein Ausdruck im Akkusativ bezeichnet dasjenige direkte Objekt, das für den Hörer häufig, aber nicht immer, bestimmt ist. Wenn das direkte Objekt das Akkusativsuffix enthält, spricht man auch von *markiertem* Objekt *(Belirtili nesne)*, d. h., es hat ein Merkmal, das es als Objekt ausweist. Nomina im Akkusativ sind primär spezifisch gebraucht; dann hat der Sprecher eine konkrete Vorstellung von dem, worüber er spricht. Der Akkusativ dient als

- bestimmtes Objekt:

  Mektubu okudum.   Ich habe *den Brief* gelesen.
  Eldivenleri giydin mi?   Hast du *die Handschuhe* angezogen?

> Merke: Eigennamen, Nomina mit Possessivpronomina bzw. Possessivsuffixen, Ortspronomina, Nomina mit Demonstrativpronomina, Demonstrativ- und Personalpronomina, das Reflexivpronomen *kendi* „selbst", das Interrogativpronomen *kim* „wer", einige Indefinita wie *hepsi* „alles" und *herkes* „jeder" sowie (Pro)Nomina mit angefügtem *-ki* werden als Objekt immer mit dem Akkusativsuffix versehen.

Beispiele: **Timur'u** *tanımıyorum* „Ich kenne Timur nicht", **Köln'ü** *bilmiyorum* „Ich kenne Köln nicht", **Bizim sokağı** *biliyor musunuz?* „Kennen Sie unsere Straße?", **Kızımı** *gördünüz mü?* „Haben Sie meine Tochter gesehen?", **Burayı** *daha görmedim* „Diesen Ort hier habe ich noch nicht gesehen", **Bu filmi** *gördün mü?* „Hast du diesen Film gesehen?", **Bunu** *anlamadım* „Ich habe das nicht verstanden", **Seni** *seviyorum* „Ich liebe dich", *Biraz* **kendini** *düşün* „Denke ein wenig an dich selbst", **Hepsini** *anladın mı?* „Hast du alles verstanden?", *Firmamızda* **herkesi** *tanıyorum* „Ich kenne jeden in unserer Firma", **Kimi** *bekliyorsun?* „Auf wen wartest du?", *Benim kalemim yazmıyor.* **Seninkini** *verir misin?* „Mein Stift schreibt nicht. Gibst du mir deinen?".

- gattungsbezogenes Objekt:

  Şehri severim.   Ich mag *die Stadt* (mit allem, was dazugehört).
  Bir çocuk *aileyi* değiştirir.   Ein Kind verändert *die Familie*.
  Bir insanı değiştirmek mümkün değil.   Es ist nicht möglich, *einen Menschen* zu ändern.

In diesen Beispielen hat der Sprecher weder eine bestimmte Stadt noch eine bestimmte Familie oder einen bestimmten Menschen im Sinn.

- spezifisches Objekt:

  Bir arkadaşımı arayacağım.   Ich werde *eine Freundin von mir* anrufen/aufsuchen.
  Bir mektubu okudum, *ötekisini*   *(Den) Einen Brief* habe ich gelesen, *den anderen*
    okumadım.   habe ich nicht gelesen.
  Size *ilginç bir olayı* anlatmak istiyorum. Ich möchte Ihnen *einen interessanten Vorfall*
                                               erzählen.

  Bazı yemekleri yiyemiyorum.   *Manche Speisen* kann ich nicht essen.

In diesen Beispielen geht es um für den Sprecher „bestimmte" Objekte, die er aus Vergleichbarem auswählt, und er will darüber sprechen (s. in diesem Kapitel 2.2).

- erkennbares Objekt:
Wie schon erwähnt, kann ein Substantiv im Nominativ mit Subjektsfunktion nicht einem unmarkierten Objekt folgen. Wenn in dem Satz *Kedi fare yer* „Katzen fressen Mäuse" die Aufmerksamkeit auf *kedi* „Katze" gezogen werden soll, wird dieses Satzglied vor das Verb gestellt. Damit in diesem Fall das Objekt erkennbar bleibt, erhält es das Akkusativsuffix: *Fareyi kedi yer*. Der Kontext bestimmt dann, ob „Mäuse", „eine Maus" oder „die Maus" gemeint ist. Das Gleiche gilt auch, wenn das Objekt dem Prädikat als Nachtrag folgt: *Kedi yer fareyi*.

- Bitte beachten Sie: Als *Leitfaden* sei deutschen Muttersprachlern empfohlen, das unmarkierte Objekt mit dem Akkusativsuffix zu versehen, wenn sie zwischen dieses und das Prädikat ein anderes Satzglied stellen wollen; im Regelfall wird dann auch über das Objekt gesprochen. Folgendes Beispiel hat zwei Übersetzungsmöglichkeiten: ***Kahveyi sütsüz, şekersiz içerim*** „Den Kaffee trinke ich ohne Milch und Zucker" oder „Kaffee trinke ich ohne Milch und Zucker".

- Manchmal kommen ein markiertes und ein unmarkiertes Objekt zusammen vor: *Seni **arkadaş** sanıyordum* „Ich hatte dich für einen Freund gehalten".

  Merke besonders: *Ali **sizi** sordu* „Ali hat nach Ihnen gefragt".

2.6.4 Der Dativ *(Yönelme Durumu)*

Ein Ausdruck im Dativ bezeichnet eine Zuwendgröße oder die Richtung auf das Ziel. Der Dativ dient hauptsächlich als

- indirektes Objekt:
Anneme yardım ettim.	Ich habe *meiner Mutter* geholfen.
Bu yaramaz çocuğa inanmıyorum.	Ich glaube *diesem ungezogenen Kind* nicht.

- Richtungsangabe auf das Ziel:
Eve gidiyorum.	Ich gehe *nach Hause*.
Kitabı *masaya* koydum.	Ich habe das Buch *auf den Tisch* gelegt.

- Zweckangabe:
Dersine çalıştın mı?	Hast du dich *auf deinen Unterricht* vorbereitet?
Sınavlara hazırlanıyorum.	Ich bereite mich *auf die Prüfungen* vor.

- Preisangabe:
Biberler *kaça*?	*Wie viel* kosten die Paprikaschoten?
Kilosu *üç euro'ya*.	Das Kilo *zu drei Euro*.

Der Dativ wird auch als freies Adverbial verwendet:
Seni *boşuna* bekledim.	Ich habe *vergeblich* auf dich gewartet.
Aç karnına bira içme.	Trinke kein Bier *auf leeren Magen*.

Der Dativ kann bei einigen Zeitausdrücken verwendet werden:
Akşama gelirim.	*Am Abend* komme ich.
Haftaya Türkiye'ye gideceğiz.	*Nächste Woche* fahren wir in die Türkei.

Weitere Beispiele: *Eve gittim* „Ich bin nach Hause gegangen", *Eve girdim* „Ich bin in das Haus/in die Wohnung gegangen", *Tuvalete gittim* „Ich bin auf die Toilette gegangen", *Mutfağa girdim* „Ich bin in die Küche gegangen", *Buraya gel* „Komm hierher!", *Oraya otur* „Setz dich dorthin!".

Ab und zu kommt der Dativ als Attribut vor:

Başa baş, dişe diş mücadele ettim.　　　Ich habe Kopf *an Kopf*, Zahn *um Zahn* gekämpft.

Merke besonders: *Size bir şey sormak istiyorum* „Ich möchte Sie etwas fragen".

2.6.5 Der Lokativ *(Bulunma Durumu)*

Ein Ausdruck im Lokativ steht für die deutschen Präpositionen „in, im, an, auf, bei, um".
Der Lokativ dient hauptsächlich als

- Ortsangabe:
  Üniversitede okuyorum.　　　　　　Ich studiere *an der Universität*.
  Kızım *doktorda*.　　　　　　　　Meine Tochter ist *beim Arzt*.

- Zeitangabe:
  Ağustosta Türkiye'ye gideceğiz.　　*Im August* fahren wir in die Türkei.
  Saat *birde*.　　　　　　　　　*Um ein* Uhr.

Der Lokativ kommt auch in abstrakter Verwendung vor:

Yaşlılıkta rahatımı isterim.　　　　*Im Alter* möchte ich meine Ruhe haben.
Annem, babam *hayatta* değiller.　　Meine Eltern sind nicht mehr *am Leben*.

Weitere Beispiele: *Dört katlı bir evde* oturuyorum „Ich wohne in einem vierstöckigen Haus", *Ankara Türkiye'dedir* „Ankara liegt in der Türkei", *Evdeyiz* „Wir sind zu Hause", *Doktordayım* „Ich bin beim Arzt", *İstasyondayım* „Ich bin am/im Bahnhof", *Makas masada* „Die Schere ist auf dem Tisch", *Saat ikide* evde olacağım „Um zwei Uhr werde ich zu Hause sein".

Ab und zu kommt der Lokativ als Attribut vor:

Ali *keyfi yerinde* bir gazeteci.　　　Ali ist ein *gut gelaunter* Journalist.
İstanbul'un *en gözde* oteli　　　　　das *renommierteste* Hotel von Istanbul

Es gibt einige phraseologische Verben, die den Lokativ regieren, z. B. *Diskoya gitmekte* sakınca görmüyorum „Ich sehe keine Bedenken, in die Disco zu gehen".

Der Lokativ kommt auch beim *Kontinuativ* vor (s. Verb 10.6):
Ülkü Hanım ütü yapmakta „Ülkü Hanım ist beim Bügeln".

2.6.6 Der Ablativ *(Çıkma Durumu)*

Ein Ausdruck im Ablativ bezeichnet primär die Richtung im Sinne von „aus/von … her" und die Richtung „durch … hindurch". Der Ablativ dient hauptsächlich als

- Örtlicher Ausgangspunkt:
  Sinemadan geliyorum.　　　　　　Ich komme *aus dem Kino*.
  Kars'tan Erzurum'a gittim.　　　　Ich bin *von Kars* nach Erzurum gefahren.

Ebenso kauft oder holt man nicht etwas *in* einem Geschäft (oder *am* Schalter), sondern *von* einem Geschäft (oder *vom* Schalter). Dabei steht die Idee, woher man etwas hat, im Vordergrund. Sollte der Ort im Vordergrund stehen, wird der Lokativ gebraucht: *Bu örtüyü Aldi'den/Türkiye'de aldım* „Diese Decke habe ich bei Aldi/in der Türkei gekauft".

- Übertragener Ausgangspunkt (Ursache):
  Kanserden öldü.   Er ist *an Krebs* gestorben.

- Zeitlicher Ausgangspunkt:
  Şimdiden teşekkür ederim.   Ich danke im Voraus (= *schon jetzt*).
  Bu evde *çoktan* oturuyoruz.   Wir wohnen in diesem Haus *schon seit langem*.

- Ausdruck für „durch …/hindurch …/dran vorbei …":
  Ormandan geçtik.   Wir sind *durch den Wald* gelaufen.
  Siz şimdi *bu anayoldan* gidin.   Gehen Sie jetzt *diese Hauptstraße entlang*.

- Materialangabe sowie Preisangabe, die sich auf eine Gewichts- oder Maßeinheit bezieht:
  Bu çanta *deriden*.   Diese Tasche ist *aus Leder*.
  Kumaşı *kaçtan* aldın?   *Zu wie viel* hast du den Stoff gekauft (= Wie viel hat der Meter des Stoffes gekostet)?

Weitere Beispiele: *Erol **dersten** henüz dönmedi* „Erol ist noch nicht vom Unterricht zurückgekommen", ***Oradan** sağa sapın* „Biegen Sie dort nach rechts ab", ***Köpekten** korkarım* „Vor Hunden habe ich Angst", ***Doktordan** çekiniyorum* „Ich geniere mich vor dem Arzt".

Der Ablativ kommt auch als Attribut vor:
Sıradan bir pantolon aldım.   Ich habe eine Hose *von der Stange* (= aus der Reihe) gekauft.

3   Kurze Zusammenfassung

▸ Erinnern wir uns noch einmal:

(1) kadın doktor	*Ärztin*	
(2) kadın dokto**ru**	*Frauenarzt*	
(3) kadın**ın** dokto**ru**	*der Arzt der Frau*	

In Beispiel (1) stellt *kadın* „Frau" eine Identität zu *doktor* „Arzt" her; es ist ein loses Attribut. Beispiele: *kız kardeş* „Schwester", *komşu dost ülkeler* „benachbarte befreundete Länder", *İngiliz ana ve babalar* „englische Eltern (= englische Mütter und Väter)".

In Beispiel (2) wird *kadın* „Frau" mit dem Grundwort *doktor* „Arzt" verkettet und bildet mit diesem zusammen einen Gesamtbegriff. Beispiele: *çocuk doktoru* „Kinderarzt", *çamaşır makinesi* „Waschmaschine", *bulaşık makinesi* „Geschirrspülmaschine", *İtalyan çocuğu* „Italienerkind".

In Beispiel (3) haben wir es mit einer Genitiv-Possessiv-Verbindung des 1. Typs zu tun. Beispiele: *kadının babası* „der Vater der Frau", *kadının arabası* „das Auto der Frau", *okulun bahçesi* „der Garten der Schule". Der Genitivausdruck behält seine Eigenständigkeit, es wird ihm jedoch ein weiterer Begriff als Information „einverleibt".

▶ Vergleichen Sie:

(4) çocuk para**sı** *Kindergeld* :	çocu**ğun** para**sı** *das Geld des Kindes*
(5) pasaport kontrol**ü** *Passkontrolle* :	pasaport**un** kontrol**ü** *die Kontrolle des Passes*

Obwohl die obigen Beispiele suggerieren könnten, dass es zu jeder Wortverkettung eine Genitiv-Possessiv-Verbindung gibt – oder umgekehrt – zu jeder Genitiv-Possessiv-Verbindung auch eine entsprechende Wortverkettung, muss darauf verwiesen werden, dass das nicht so ist: *fotoğraf makinesi* „Fotoapparat", aber nicht: **fotoğrafın makinesi* „der Apparat des Fotos", *Ülkü'nün bavulu* „der Koffer von Ülkü", aber nicht: **Ülkü bavulu* „(der) Ülkü-Koffer".

▶ Vergleichen Sie:

(6) Berlin Hür Üniversitesi Türkoloji Enstitüsü	*Institut für Turkologie der Freien Universität Berlin*
(7) Berlin Hür Üniversitesi'**nin** Türkoloji Enstitüsü	*das Institut für Turkologie an der Freien Universität Berlin*

Wenn die Wortverkettungen mit den Genitiv-Possessiv-Verbindungen des 1. Typs konkurrieren, bezeichnen erstere einen Gesamtbegriff wie in (6). Als Genitiv-Possessiv-Verbindung hingegen wie in (7) wird dem im Genitiv stehenden Begriff eine Information hinzugefügt. Beispiel (7) impliziert auch, dass nicht nur die *Freie Universität Berlin* ein *Institut für Turkologie* beherbergt.

Türk edebiyatı tarihi	*Geschichte der türkischen Literatur*
Türk edebiyatı**nın** geçmişi	*die Vergangenheit der türkischen Literatur*
İstanbul Üniversitesi Rektörü	*Rektor der Universität Istanbul*
İstanbul Üniversitesi'**nin** rektörü	*der Rektor (von) der Universität Istanbul*

4 Das Adjektiv *(Sıfat)*

Adjektive dienen dazu, eine Eigenschaft anzugeben: *tembel öğrenci* „(der) faule(r) Schüler", *mavi gömlek* „das blaue Hemd", *gözlüklü adam* „der Mann mit der Brille", *doğru cevap* „die richtige Antwort".

Adjektive bezeichnen

* sinnlich Wahrnehmbares, z. B. Farben, Geschmack, Formen: *tatlı* „süß": *ekşi* „sauer": *acı* „scharf, bitter"; *geniş* „breit" : *dar* „eng"; *yuvarlak* „rund": *köşeli* „eckig"; *yumuşak* „weich": *sert* „hart"; *taze* „frisch": *bayat* „alt" (z. B. Brot), *yaş* „frisch": *kuru* „trocken" (z. B. Obst);
* eine Bewertung, z. B. *güzel* „schön": *çirkin* „hässlich"; *çalışkan* „fleißig": *tembel* „faul"; *şişman* „dick" : *zayıf* „dünn"; *zeki* „intelligent": *akıllı* „klug": *aptal* „dumm";
* eine klassifizierende Art, z. B. *uluslararası* „international", *resmi* [res'mi:] „amtlich/offiziell", *klasik* „klassisch";
* eine einordnende Beziehung, z. B. *Müslüman* „Muslim/muslimisch", *Türk* „Türke/türkisch", *Frankfurtlu* „Frankfurter"; *altın* „Gold", *bakır* „Kupfer".

Sehen wir uns folgendes Beispiel an, in dem die Adjektive der sinnlichen Wahrnehmung vor denen der Bewertung stehen, wie es im Regelfall ist: *Uzun boylu, sarı kıvırcık saçlı, mavi gözlü, sarı kaşlı, çok sevimli ve güzel bir gençti* (ZS, Hat, 160) „Er war ein großer, sehr sympathischer und schöner junger Mann mit blond gelocktem Haar, blauen Augen und hellen Augenbrauen". Die

einordnenden Begriffe stehen am dichtesten beim Bezugswort: *yeni bir Türk filmi* „ein neuer türkischer Film", *dindar bir Hıristiyan öğretmen* „ein gläubiger christlicher Lehrer" (zur Stellung der Zahlwörter s. in diesem Kapitel 5.3).

Viele Adjektive im Türkischen sind Adjektiv und Substantiv zugleich: *yanlış* „falsch/Fehler" oder sie wechseln in die Wortklasse der Substantive: *Hastalar hastanede* „Die Kranken sind im Krankenhaus". Als Substantiv gebraucht, können an die Adjektive das Pluralsuffix und die Possessivsuffixe angehängt werden; sie sind auch deklinierbar: *Türk gençlerinin ülküsü* „das Ideal der türkischen Jugendlichen".

Überwiegend als Adjektiv gebraucht werden die mit *-gin, -ik* oder *-(i)li* gebildeten Begriffe: *dur-* „anhalten/stehen" → *durgun* „still/regungslos", *yor-* „ermüden" → *yorgun* „ermüdet"; *aç-* „öffnen" → *açık* „geöffnet/offen", *kır-* „zerbrechen" → *kırık* „zerbrochen", *boz-* „kaputtmachen" → *bozuk* „kaputt";
sar- „einwickeln/verbinden" → *sarılı* „eingewickelt/verbunden", *kapa-* „zumachen" → *kapalı* „zu/geschlossen".

Ebenso überwiegend als Adjektiv gebraucht werden diejenigen Begriffe, die auf das arabische Suffix *-i* ausgehen. Es wird lang gesprochen, betont und kommt auch als *-î* vor: *tarih* „Geschichte" → *tarihi/tarihî* „historisch", *siyaset* „Politik" → *siyasi/siyasî* „politisch" (aber: *siyasiler* „die Politprominenz").

Fast ausschließlich als Adjektiv werden diejenigen gebraucht, die mit *-(i)msi* oder *-(i)mtırak* gebildet sind, wie *göl* „See" → *gölümsü* „seeähnlich", *mavi* „blau" → *mavimsi* „bläulich" bzw. *mavi* „blau" → *mavimtırak* „ins Blaue spielend", *ekşi* „sauer" → *ekşimtırak* „säuerlich".

Unter den Adjektiven gibt es ursprüngliche wie *yeni* „neu" und abgeleitete wie *işsiz* „arbeitslos". Es gibt Adjektive wie *büyük* „groß" und *küçük* „klein", bei denen der Sprecher entscheidet, was er als „groß" oder „klein" einstuft, und es gibt Adjektive wie *iri* „groß" und *ufak* „klein", bei denen der Sprecher keinen Vergleich im Sinn hat: *iri adam* „ein Hüne" (= ein großer Mann), *ufak para* „Kleingeld".

Weiterhin gibt es Adjektive, die
- attributiv, prädikativ und adverbial gebraucht werden können, wie *güzel* „schön", z. B. *güzel kız* „das schöne Mädchen", *Kız güzel* „Das Mädchen ist schön", *Kız güzel dans ediyor* „Das Mädchen tanzt schön".
  Werden die Adjektive als Attribut verwendet, sind sie unveränderlich: *küçük çocuklar* „kleine Kinder". Auch im Prädikat sind sie unveränderlich, können jedoch Personalsuffixe oder z. B. *idi, imiş* annehmen; ein Beispiel für angehängtes *idi*: *Çocuklar küçüktü* „Die Kinder waren klein". Oft können Adjektive auch unveränderlich als Adverb gebraucht werden.
- attributiv und prädikativ gebraucht werden, wie *çalışkan* „fleißig", z. B. *çalışkan kız* „fleißiges Mädchen", *Kız çalışkan* „Das Mädchen ist fleißig". Ein Satz wie „Das Mädchen arbeitet fleißig" dagegen („fleißig" als Adverb) kann nicht mit *çalışkan* gebildet werden, es heißt dann *Kız çok çalışıyor* „Das Mädchen arbeitet viel";
- nur attributiv gebraucht werden, wie *dünkü* „gestrig" oder *Frankfurt'taki* „in Frankfurt befindlich", z. B. *dünkü gazete* „die gestrige Zeitung", *Frankfurt'taki opera* „die Oper in Frankfurt";
- gesteigert werden können (aber *çocuksuz* „kinderlos" ist z. B. nicht steigerbar);
- eine Rektion ausüben und eine Ergänzung zu sich nehmen können, wie *açık* „offen", z. B. *her şeye açık* „allem (gegenüber) offen".

4.1   Der Vergleich *(Karşılaştırma)*

▸ Vergleichen Sie:

(1) Frankfurt **büyük**.	*Frankfurt ist **groß**.*
(2) Hamburg daha **büyük**.	*Hamburg ist **größer**.*
(3) Berlin en **büyük**.	*Berlin ist am **größten**.*

Adjektive (und Adverbien) werden mit *daha* „mehr/noch" gesteigert. Die Meist- und Höchststufe wird durch *en* wiedergegeben:

küçük	*klein*	→	daha küçük	*kleiner*	→	en küçük	*am kleinsten, das kleinste*
uzun	*lang*	→	daha uzun	*länger*	→	en uzun	*am längsten, das längste*
kısa	*kurz*	→	daha kısa	*kürzer*	→	en kısa	*am kürzesten, das kürzeste*
iyi	*gut*	→	daha iyi	*besser*	→	en iyi	*am besten, das beste*
çok	*viel*	→	daha çok	*mehr*	→	en çok	*am meisten, das meiste*
az	*wenig*	→	daha az	*weniger*	→	en az	*am wenigsten, das wenigste, mindestens*

1.   Der Positiv *(Eşitlik Derecesi)*

▸ Vergleichen Sie:

(1) Erol tembel.	*Erol ist faul.*
(2) Erol **gibi** tembelsin.	*Du bist faul **wie** Erol.*
(3) Erol **kadar** tembelsin.	*Du bist **genauso** faul **wie** Erol.*

Der *Positiv* (deutsch: *Grundstufe*) bezeichnet entweder keinen Vergleich wie oben in (1) oder es werden zwei Größen miteinander verglichen und gleichgesetzt wie in (2) und (3).

Für die Gleichsetzung werden *gibi* und *kadar* verwendet. *Gibi* „wie" steht im Sinne von „gleich wie/ähnlich wie", *kadar* „wie" steht im Sinne von „in dem Maße wie" und wird bei Aussagen „so viel wie, so wenig wie, so groß wie, so lange wie" verwendet. Substantive stehen vor *gibi* und *kadar* im Nominativ wie in (2) und (3). Bei den Personalpronomina und *kim* sieht das folgendermaßen aus:

kimin gibi ~ kadar?	benim/senin/onun/bizim/sizin/on**lar** gibi ~ kadar
kimler gibi ~ kadar?	bizler/sizler/onlar gibi ~ kadar

Beispiele: *benim gibi güzel* „schön wie ich" : *benim kadar güzel* „so schön wie ich", *senin gibi çalışkan* „fleißig wie du" : *senin kadar çalışkan* „so fleißig wie du"; *sizin gibi kibar* „höflich wie Sie" : *sizin kadar kibar* „so höflich wie Sie".

Merke: *Benim kadar şişmansın* „Du bist so dick wie ich" : *Benim gibi şişmansın* „Du bist dick wie ich", aber: ***Ben** gibi şişmansın* „Du bist wie ich dick" (kein Vergleich, sondern Identität).

Achten Sie auch auf folgenden Unterschied: *Erol gibi* „wie Erol" : *Erol gibisi* „einer wie Erol", *bizim gibi* „wie wir" : *bizim gibisi* „wie unsereiner".

Die Demonstrativpronomina *bu, şu, o* können in Verbindung mit *gibi* oder *kadar* im Nominativ oder Genitiv stehen: *bu gibi* „solcherart, derartig" : *bunun gibi* „so wie dies", *bu kadar* „so viel/so sehr" : *bunun kadar* „so (sehr, viel, wenig) wie dies".

Der Komparativ *(Artıklık Derecesi)*

Vergleichen Sie:

1)	**Daha büyük** biber yok mu?	*Gibt es keine **größeren** Paprikaschoten?*
(2)	Bu kavunlar çok büyük. **Daha küçük** yok mu?	*Diese Hongimelonen sind sehr groß. Sind keine **kleineren** da?*
(3)	Bu kavunlar çok büyük. **Daha küçüğü** yok mu? / **Daha küçükleri** yok mu?	*Diese Hongimelonen sind sehr groß. Sind keine **kleineren** da?*
(4)	Hamburg Frankfurt'**tan büyük**.	*Hamburg ist **größer als** Frankfurt.*
(5)	Berlin Hamburg'**dan daha büyük**.	*Berlin ist **noch größer als** Hamburg.*

Der *Komparativ* (deutsch: *Steigerung, Mehrstufe*) bezeichnet einen Vergleich. Das Nomen, das im Deutschen mit „als" angeschlossen wird, erhält im Türkischen das Ablativsuffix. Vor dem Adjektiv muss *daha* nicht stehen. Wenn es gebraucht wird, dann im Sinne von „noch".

Das Beispiel (3) ist zu interpretieren als: *(Kavunların) daha küçüğü/daha küçükleri yok mu?* „Sind keine kleineren (der Honigmelonen) da?". Das Possessivsuffix am Adjektiv stellt den Bezug zu schon Erwähntem/Bekanntem her.

Übrigens, auch Pronomina mit -*ki* oder Verbalnomina können Teil eines Vergleichs sein: *Benim arabam seninkinden eski* „Mein Auto ist älter als deins", *Çalışmak oturmaktan iyi* „Arbeiten ist besser als Herumsitzen".

Merke auch: *Ali Veli'den daha çok çalışkan* „Ali ist noch viel fleißiger als Veli" und *Ali Veli'den çok daha çalışkan* „Ali ist sehr viel fleißiger als Veli".

▸ Vergleichen Sie jetzt:

(6)	Komşumuz **yaşlıca** bir adam.	*Unser Nachbar ist ein **älterer** Mann.*
(7)	Komşumuz **yaşlı** bir adam.	*Unser Nachbar ist ein **alter** Mann.*

Im Deutschen wird der *Komparativ* manchmal auch ohne Vergleich verwendet wie in Beispiel (6). Im Türkischen wird dann das Ähnlichkeitssuffix -*ce* (s. Wortbildung 2) angehängt, das je nach Kontext sowohl einen geringeren Grad als auch einen höheren Grad angeben kann.

3. Der Superlativ *(Üstünlük Derecesi)*

▸ Vergleichen Sie:

(1)	Almanya'da **en büyük** şehir Berlin'dir.	*Die **größte** Stadt in Deutschland ist Berlin.*
(2)	Berlin **en büyüğü**dür.	*Berlin ist **die größte**.*
(3)	Berlin **en büyük**.	*Berlin ist **am größten**.*
(4)	**en iyi** dileklerle	*mit **den besten** Wünschen*

Der *Superlativ* (deutsch: *Meist- und Höchststufe*) bezeichnet den ersten Platz bei einem Vergleich wie in (1) und (2), kann jedoch auch ohne Vergleich gebraucht werden wie in (3) und (4). Auch beim Superlativ stellt das Possessivsuffix am Adjektiv den Bezug zu schon Erwähntem/Bekanntem her wie in (2).

Beispiele: *En küçük kardeşimiz Ali* „Unser jüngster Bruder ist Ali", *Ailemizin en küçüğü Ali* „Der jüngste unserer Familie ist Ali".

Merke auch *çok* „viel" und *çoğu* „die meisten": *Okulumuzda çok öğrenci var* „In unserer Schule sind viele Schüler", *Çoğu öğrenciler tatile gitmiyor* „Die meisten Schüler fahren nicht in die Ferien", *Öğrencilerin çoğu tatile gitmiyor* „Die meisten der Schüler fahren nicht in die Ferien" sowie *Kayhan, sınıfının çalışkanlarındandır* „Kayhan gehört zu den Fleißigen seiner Klasse", *Gülhan, sınıfının en çalışkanlarından biridir* „Gülhan ist eine der fleißigsten ihrer Klasse".

Eine Steigerung kann man auch mit *pek* „sehr", *çok* „viel", *pek çok* „wunderbar, enorm", *gayet* (A) „überaus/äußerst", *fevkalade* (A) / *olağanüstü* „überdurchschnittlich/außerordentlich" ausdrücken: *çok güzel* „sehr schön" (bezeichnet die Menge), *pekiyi* „sehr gut" (als Note, bezeichnet die Qualität), *pek çok güzel bir tatil* „ein wunderschöner Urlaub", *gayet büyük* „äußerst groß", *fevkalade lezzetli* „außerordentlich schmackhaft".

Eine Entsprechung für die deutsche Partikel „zu" gibt es im Türkischen nicht: *Suzan yeni manto almak istiyor. Eskisi küçük* „Suzan will einen neuen Mantel kaufen. Ihr alter ist zu klein". Möchte man ein „zu" ausdrücken, kann *çok* oder *fazla* „zu viel, Über-" hinzugefügt werden: *Bu et çok tuzlu* „Dieses Fleisch ist sehr salzig" : *Bu et fazla tuzlu* „Dieses Fleisch ist übermäßig salzig".

4.2   Intensivierungen

► Vergleichen Sie:

yeşil	grün	→	**yem**yeşil	grasgrün
kırmızı	rot	→	**kıp**kırmızı	knallrot
mavi	blau	→	**mas**mavi	himmelblau
çabuk	schnell	→	**çar**çabuk	blitzschnell
yalnız	allein	→	**yapa**yalnız	mutterseelenallein

Aus Adjektiven, insbesondere Farbadjektiven, aber auch aus Adverbien – und manchmal aus Substantiven – können Intensivformen gebildet werden. Allerdings geht das nicht mit jedem Adjektiv oder Adverb. Diese Intensivformen werden in absolutem Sinn eingesetzt, an eine weitere Steigerung denkt der Sprecher nicht („mehr allein" als „mutterseelenallein" kann man nicht sein). So ist *ipince* „spindeldürr" (von *ince* „dünn") das Absolutmaß an Dünnheit, während *incecik* „ganz dünn" (s. Wortbildung 2) noch Dünneres zulässt.

Wenn das Wort mit Vokal beginnt, wird nur dieser Vokal wiederholt und *p* angehängt. Wenn das Wort mit Konsonant beginnt, werden die ersten beiden Laute des jeweiligen Begriffes wiederholt, mit *m*, *p*, *r* oder *s* versehen und gemeinsam vorn angefügt. Die reduplizierte Silbe wird betont. Diese Intensivformen sollten als Vokabel gelernt werden. Hin und wieder gibt es sprecherabhängige Schwankungen, z. B. *yeni* „neu" → *yepyeni* oder (seltener) *yesyeni* „nagelneu". Einige dieser Intensivbildungen enthalten außerdem noch den Vokal *a* oder *e*. Hier noch einige Beispiele:

sarı	gelb	→	**sap**sarı	quittegelb
beyaz	weiß	→	**bem**beyaz	schneeweiß
ak	weiß/rein	→	**ap**ak	schneeweiß/blütenrein
siyah	schwarz	→	**sim**siyah	pechschwarz
kara	schwarz	→	**kap**kara	tiefschwarz

kızıl	rot	→	**kıp**kızıl	glänzendrot
temiz	sauber	→	**ter**temiz	blitzsauber
boş	leer/frei	→	**bom**boş	leergefegt
dolu	voll	→	**dop**dolu	proppenvoll
açık	offen	→	**ap**açık	offenkundig
ıslak	nass	→	**ıp**ıslak	klatschnass
taze	frisch	→	**tap**taze	ganz frisch (Brot: ofenfrisch)
doğru	gerade	→	**dos**doğru	schnurgeradeaus
belli	klar	→	**bes**belli	sonnenklar/offenkundig
karanlık	Dunkelheit/dunkel	→	**kap**karanlık	stockdunkel
gündüz	(lichter) Tag	→	**güpe**gündüz	der helllichte Tag

Merke auch: *düz* „eben" → *dümdüz* „völlig eben" oder *düpedüz* „geradezu" (z. B. geradezu gelogen) sowie *çıplak* „nackt" → *çırılçıplak* „splitterfasernackt", *karışık* „durcheinander" → *karmakarışık* „restlos durcheinander/chaotisch".

- Intensivierungen werden auch durch Wortwiederholungen ausgedrückt: *Komşunun oğlu **terbiyesiz mi terbiyesiz*** „Der Sohn des Nachbarn ist ja so was von ungezogen", ***güzel güzel** kızlar* „lauter schöne Mädchen", ***güzelin güzeli** bir kız* „ein wunderschönes Mädchen", ***dünyalar güzeli** bir oğlan* „ein Knabe von einsamer Schönheit"; ***Yorgun argın** eve geldim* „Ich bin todmüde nach Hause gekommen", *Böyle **yırtık pırtık** dolaşma!* „Lauf nicht so abgerissen umher".

5 Die Zahl- und Zählwörter sowie Zeit- und Maßangaben *(Sayı Sıfat ve Adları ile Vakit ve Ölçü Bildiren Birimler)*

5.1 Die Kardinalzahlen *(Asıl Sayı Sıfatları)*

0	sıfır	10	on	20	yirmi	30	otuz
1	bir	11	on bir	21	yirmi bir	31	otuz bir
2	iki	12	on iki	22	yirmi iki	32	otuz iki
3	üç	13	on üç	23	yirmi üç	33	otuz üç usw.
4	dört	14	on dört	24	yirmi dört	40	kırk
5	beş	15	on beş	25	yirmi beş	50	elli
6	altı	16	on altı	26	yirmi altı	60	altmış
7	yedi	17	on yedi	27	yirmi yedi	70	yetmiş
8	sekiz	18	on sekiz	28	yirmi sekiz	80	seksen
9	dokuz	19	on dokuz	29	yirmi dokuz	90	doksan

100	yüz (nie: *bir yüz!*)	1000	bin (nie: *bir bin!*)
101	yüz bir	1998	bin dokuz yüz doksan sekiz (nie: *on dokuz yüz doksan sekiz!*)
111	yüz on bir	2000	iki bin
200	iki yüz	2001	iki bin bir
354	üç yüz elli dört	3657	üç bin altı yüz elli yedi
1.000.000	bir milyon	1.000.000.000	bir milyar

5.2 Die Ordinalzahlen *(Sıra Sayı Sıfatları)*

1.	bir**inci**	10.	on**uncu**	100.	yüz**üncü**
2.	ik**inci**	20.	yirm**inci**	1000.	bin**inci**
3.	üç**üncü**	30.	otuz**uncu**		
4.	dör**düncü**	40.	kırk**ıncı**		
5.	beş**inci**	50.	ell**inci**		
6.	alt**ıncı**	60.	altmış**ıncı**		
7.	yed**inci**	70.	yetmiş**inci**		
8.	sekiz**inci**	80.	seksen**inci**		
9.	dokuz**uncu**	90.	doksan**ıncı**		

Das Suffix der Ordnungszahlen ist vierförmig; nach Vokal wird *-nci*, nach Konsonant *-inci* ange-hängt. Das *t* in *dört* „vier" wird zu *d*. Statt einem Punkt nach der Zahl findet man häufig folgende Schreibweise: *1'nci, 2'nci, 3'ncü* usw. Beispiel: *Kaçıncı katta oturuyorsunuz? – İkinci katta otu-ruyorum* „Im wievielten Stockwerk wohnen Sie? – Ich wohne im zweiten Stock" (In der Türkei entspricht das meistens dem ersten Stock im deutschen Sprachgebrauch).

Neben *birinci* „erster" kommt auch *ilk* „erster" vor; *ilk* wird im Sinne von „allererster" gebraucht: *İlk insanlar Âdem ve Havva idi* „Die ersten Menschen waren Adam und Eva".

Römische Ziffern werden im Türkischen auch verwendet: 02/IX/2000, *XX. yüzyıl (yirminci yüzyıl)* „das zwanzigste Jahrhundert", *IV. Murat (Dördüncü Murat)* „Murat IV. (der Vierte)".

5.3 Attributive Stellung der Zahlwörter *(Sayıların Tamlamadaki Yeri)*

▸ Vergleichen Sie:

(1)	film	*Film/Filme*	(2)	film	*Film/Filme*
	bir film	*ein Film*		güzel film	*der schöne Film/schöne Filme*
	güzel **bir** film	*ein schöner Film*		**bir** güzel film	*ein schöner Film*

• Im Türkischen steht häufig das Zahlwort *bir* „eins" zwischen dem Adjektiv und dem Substantiv wie in (1). Zuerst wird aus der Klasse (hier: „Filme") ein Exemplar ausgewählt und dann mit der Information (hier: *güzel* „schön") versehen. Wenn man sagt: *Güzel bir film gördük* „Wir haben einen schönen Film gesehen", meint man, dass wir einen Film gesehen haben, den wir schön fanden. Das betrifft auch attributiv gebrauchte Substantive oder sonstige, attributiv stehende Wortarten.

Beispiele: *kalın **bir** defter* „ein dickes Heft", *kırmızı renkli **bir** araba* „ein rotfarbenes Auto", *akılsız **bir** iş* „eine unkluge Sache", *üniversite mezunu **bir** polis* „ein Polizist mit Universitätsab-schluss", *Ali'nin tam zıddı **bir** tip* „ein Typ vom genauen Gegenteil Alis", *senin gibi **bir** herif* „ein Kerl wie du".

Merke auch: *Önde [...] iriyarı **iki** kişi yüksek sesle konuşuyorlardı* (AN, Kol, 123) „Vorn sprachen zwei kraftstrotzende Personen mit lauter Stimme".

- In (2) jedoch meint man, dass es schöne Filme gibt, von denen einer gemeint ist: *Bir güzel film gördük* „Wir haben einen schönen Film gesehen (einen der schönen Filme)", d. h., das Adjektiv bildet mit dem Substantiv einen Gesamtbegriff. Das gibt es im Deutschen auch, wenn man „schön" betont.

Vergleichen Sie dazu auch:

yabancı **bir** dil *eine fremde Sprache*	:	**bir** yabancı dil *eine Fremdsprache*
erken **bir** doğum *eine frühe Geburt*	:	**bir** erken doğum *eine Frühgeburt*

▶ Vergleichen Sie jetzt:

(3) **küçük karanlık** bir oda	*ein **kleines, dunkles** Zimmer*
(4) **karanlık küçük** bir oda	*ein **dunkles, kleines** Zimmer*
(5) **genç** bir **yakışıklı** subay	*ein **junger gut aussehender** Offizier* (kein Komma!)
(6) **iyi giyinmiş** bir hanım	*eine **gut gekleidete** Dame*

Die Attribute können das Bezugswort in engerer oder loserer Form charakterisieren, d. h., sie können beiordnend sein wie in (3) und (4), unterordnend wie in (5) oder sie können selbst erweitert werden wie in (6).

▶ Vergleichen Sie jetzt:

(7) **beş** yeni eyalet	*die fünf neuen Bundesländer*
(8) yeni **beş** eyalet	*die neuen fünf Bundesländer*
(9) **bir** ikinci sınıf	*eine zweite Klasse* (= Klasse II)
(10) ikinci **bir** sınıf	*eine zweite Klasse* (eine weitere Klasse)

Der Reihenfolge, die Zahlen vor das Adjektiv zu stellen, gibt man beim Zählen den Vorzug: *Bir büyük ve üç küçük şeftali yedim* „Ich habe einen großen und drei kleine Pfirsiche gegessen".

Besonders zu beachten sind Zahlen in Verbindung mit Nomina, die *-li* und *-siz* (s. Wortbildung 2) enthalten. Einige Beispiele: *çocuklu **bir** aile* „eine Familie mit Kindern", *üç çocuklu **bir** aile* „eine Familie mit drei Kindern", *çocuksuz **bir** aile* „eine Familie ohne Kinder", *üç odalı küçük **bir** ev* „ein kleines Haus mit drei Zimmern", *silahlı **üç** kişi* „drei bewaffnete Personen".

Andererseits ist es möglich, den Aufeinanderbezug von zwei nebeneinander stehenden Begriffen zu trennen. In der gesprochenen Sprache macht man dazwischen eine kurze Pause, in der Schrift setzt man ein Komma oder trennt durch *ve* „und":

çalışkan, terbiyeli iki kız	*zwei fleißige, wohlerzogene Mädchen*
çalışkan ve terbiyeli iki kız	*zwei fleißige und wohlerzogene Mädchen*
çalışkan ve terbiyeli **bu iki** kız	*diese fleißigen und wohlerzogenen zwei Mädchen*
aber:	
bu iki çalışkan ve terbiyeli kız	*diese beiden fleißigen und wohlerzogenen Mädchen*

5.4 Zur Verwendung der Kardinal- und Ordinalzahlen

1. Rechnen

5 + 4 = 9	beş **artı** dört **eşittir** dokuz	2 x 3 = 6	iki **çarpı** üç **eşittir** altı
9 – 5 = 4	dokuz **eksi** beş **eşittir** dört	9 : 3 = 3	dokuz **bölü** üç **eşittir** üç

Die Beispiele oben zeigen, wie „plus, minus, mal, dividiert durch" sowie „ist gleich" wiedergegeben werden. Es bedeuten: *toplamak* „addieren", *çıkarmak* „subtrahieren", *çarpmak* „multiplizieren", *bölmek* „dividieren".

In der Umgangssprache werden die vier Rechnungsarten häufig anders wiedergegeben:

5 + 4 = 9	beş, dört **daha**, dokuz eder	2 x 3 = 6	iki **kere** üç altı eder
9 – 5 = 4	dokuz**dan** beş çıktı, dört kaldı	9 : 3 = 3	dokuz**da** üç, üç **defa** var

Für „halb" gibt es zwei Ausdrücke: *yarım* und *buçuk*. *Yarım* wird ohne weitere Zahl, *buçuk* jedoch nach einer Zahl gebraucht: *Yarım kilo domates* „Ein halbes Kilo Tomaten", *Bir buçuk kilo domates* „Ein einhalb Kilo Tomaten".

Yüzde „Prozent" und *binde* „Promille" werden vor der Zahl geschrieben und gesprochen: *% 2 yüzde iki, ‰ 1 binde bir*. Beispiele: *Krediyi % 7,5 faizle aldım* (gesprochen: *yüzde yedi buçuk*) „Ich habe den Kredit zu 7,5 % Zinsen bekommen", *Sınıfımızdaki çocukların % 30'u yabancıdır* „30 % der Kinder in unserer Klasse sind Ausländer". Merke auch: *Sınavı kazanabilme şansım* **binde bir** „Meine Chance, die Prüfung zu bestehen, steht eins zu Tausend".

2. Das Alter

(1)	Kaç yaşındasınız?	*Wie alt sind Sie?*
(2)	Yirmi yaşındayım.	*Ich bin zwanzig Jahre alt* (= Ich bin im Alter von zwanzig).
(3)	Suzan'ın yaşı kaç?	*Wie alt ist Suzan* (= Wie viel ist Suzans Alter)?
(4)	Yaşı yirmi dokuz.	*Sie ist neunundzwanzig Jahre alt* (= Ihr Alter ist neunundzwanzig).

Das Alter wird entweder in der Form … *yaşındayım, yaşındasın* usw. oder in der Form *yaşım, yaşın* … usw. angegeben. Manchmal kommt auch … *yaşımdayım* vor, wenn der Sprecher speziell auf sich verweisen möchte. Viele Türken zählen übrigens das Lebensjahr, in dem sie sich gerade befinden, bei der Altersangabe mit – das hängt mit der Formulierung … *yaşındayım* „ich bin im Alter von …" zusammen. Aus deutscher Sicht geben sie somit ein Jahr mehr an. Will man es genau wissen, muss man nachfragen, z. B. *Yirmiyi bitirdiniz mi?* „Haben Sie die zwanzig beendet?" Als Antwort kann dann kommen:

a) Bitirdim.   *Ich habe sie beendet* (= Ja).
b) Yirminin içindeyim.   *Ich bin innerhalb der zwanzig* (Also etwa neunzehn einhalb).
c) Yirmiye bastım.   *Ich habe die zwanzig betreten* (Das 20. Lebensjahr wurde begonnen).

Noch einige Beispiele: *Suzan Ali'den üç yaş küçük* „Suzan ist drei Jahre jünger als Ali", *Büyük ablam benden dört, küçük ablam benden iki yaş büyük* „Meine älteste Schwester ist vier, meine zweitälteste Schwester ist zwei Jahre älter als ich", *Mehmet yetmiş yaşında öldü* „Mehmet ist im Alter von siebzig gestorben", *İleri yaşta Tatarca öğrendim* „Ich habe in fortgeschrittenem Alter Tatarisch gelernt", *Kocam yetmişi geçti* „Mein Mann hat die siebzig überschritten", *Ahmet altmışa merdiven dayadı* „Ahmet geht auf die sechzig zu" (= hat eine Leiter an die sechzig gestellt).

Merke auch: *Doktorda ben **yaşta** bir adam daha vardı* „Beim Arzt war noch ein Mann in meinem Alter" (Altersdifferenz gering), *Doktorda ben **yaşlarda** bir adam daha vardı* „Beim Arzt war noch ein Mann so etwa in meinem Alter" (Altersdifferenz in größerem Bereich), *Ben o zamanlar bir, bir buçuk yaş**lar**ındaymışım* „Ich soll damals so etwa ein bis anderthalb Jahre alt gewesen sein".

Wenn der Geburtstag oder das Geburtsdatum von jemandem interessiert, können Sie so fragen: *Doğum gününüz ne zaman? – Doğum günüm altı Ağustos'ta* „Wann ist Ihr Geburtstag?" – „Mein Geburtstag ist am 6. August", *Ne zaman doğdunuz? – Yirmi üç Mayıs bin dokuz yüz yetmiş birde doğdum* „Wann sind Sie geboren? – Ich bin am 23. Mai 1971 geboren". Beachten Sie, dass vor den Monatsnamen Grundzahlen und *keine* Ordnungszahlen stehen und dass man auf Türkisch nicht „neunzehnhunderteinundsiebzig", sondern „eintausendneunhunderteinundsiebzig" sagt.

3. Die Uhrzeit

Saat kaç? „Wie spät ist es?"

Saat üç.   Saat beş.   Saat on bir.   Saat yedi buçuk.   Saat yarım.

Saat heißt „Uhr" und „Stunde": *bir saat* „eine Stunde / eine Uhr", *Saat bir* „Es ist ein Uhr". Die Umgangssprache zählt im 12-er Rhytmus. *Saat yarım* heißt „Es ist halb eins" (= Die Uhr ist halb); ab *bir* „eins" wird *buçuk* „halb" hinzugezählt: *Saat bir buçuk* „Es ist halb zwei", *Saat iki buçuk* „Es ist halb drei". *Dakika* heißt „Minute" und *saniye* [sa:niye] „Sekunde".

Die Minuten bis zur halben Stunde werden mit dem Verb *geçmek* „vorbeigehen/passieren" gebildet, das den Akkusativ regiert. Auf die Frage *Saat kaç?* können die unten in Klammern stehenden Ausdrücke *saat* und *dakika* ungenannt bleiben. Beachten Sie, dass das *t* in *dört* „vier" zu *d* wird:

(Saat) Bir**i** beş (dakika) geçiyor.	*Es ist fünf nach eins.*
(Saat) İki**yi** on (dakika) geçiyor.	*Es ist zehn nach zwei.*
(Saat) Üç**ü** on beş (dakika)/çeyrek geçiyor.	*Es ist fünfzehn/Viertel nach drei/viertel vier.*
(Saat) Dör**d**ü yirmi (dakika) geçiyor.	*Es ist zwanzig nach vier.*
(Saat) Beş**i** yirmi beş (dakika) geçiyor.	*Es ist fünfundzwanzig nach fünf.*

Die Minuten ab der halben Stunde werden mit *var* „vorhanden/es gibt" gebildet, wobei die vollen Stunden das Dativsuffix erhalten: *Saat bire bir dakika var* „Es ist eine Minute vor eins" (= Es gibt eine Minute bis eins):

(Saat) Bir**e** beş (dakika) var.	*Es ist fünf vor eins.*
(Saat) İki**ye** on (dakika) var.	*Es ist zehn vor zwei.*
(Saat) Üç**e** on beş (dakika)/çeyrek var.	*Es ist fünfzehn/Viertel vor drei/drei viertel drei.*
(Saat) Dör**d**e yirmi (dakika) var.	*Es ist zwanzig vor vier.*
(Saat) Beş**e** yirmi beş (dakika) var.	*Es ist fünfundzwanzig vor fünf.*

Es ist auch möglich, die halben Stunden als Ausgangspunkt zu nehmen:

(Saat) Bir buçuğ**u** beş (dakika) geçiyor.	*Es ist fünf nach halb zwei.*
(Saat) Bir buçuğ**a** beş (dakika) var.	*Es ist fünf vor halb zwei.*

Offizielle Uhrzeiten (Rundfunk, Flughafen, Bahnhof usw.) lauten folgendermaßen: *Saat on yedi kırk (dakika)* „Es ist siebzehn Uhr vierzig (Minuten)".

Merke auch: *Otobüsün kalkmasına beş dakika var* „Es sind noch fünf Minuten bis zur Abfahrt des Busses".

Saat kaçta? „Um wie viel Uhr?"

| Saat üçte. | Saat beşte. | Saat on birde. | Saat yedi buçukta. | Saat yarımda. |

Auf die Frage *Saat kaçta?* werden die vollen und die halben Stunden mit dem Lokativsuffix gebildet. Die Minuten bis zur halben Stunde werden mit der Verbform *geçe* „vorbeigehend" gebildet, die den Akkusativ verlangt:

(saat) bir**i** beş (dakika) geçe	*um fünf nach eins*
(saat) iki**yi** on (dakika) geçe	*um zehn nach zwei*
(saat) üç**ü** on beş (dakika)/çeyrek geçe	*um fünfzehn/Viertel nach drei/viertel vier*
(saat) dör**d**ü yirmi (dakika) geçe	*um zwanzig nach vier*
(saat) beş**i** yirmi beş (dakika) geçe	*um fünfundzwanzig nach fünf*

Die Minuten ab der halben Stunde werden mit *kala* „bleibend" gebildet, wobei die vollen Stunden das Dativsuffix erhalten:

(saat) bir**e** beş (dakika) kala	*um fünf vor eins*
(saat) iki**ye** on (dakika) kala	*um zehn vor zwei*
(saat) üç**e** on beş (dakika)/çeyrek kala	*um fünfzehn/Viertel vor drei/drei viertel drei*
(saat) dör**d**e yirmi (dakika) kala	*um zwanzig vor vier*
(saat) beş**e** yirmi beş (dakika) kala	*um fünfundzwanzig vor fünf*

Es ist auch möglich, die halben Stunden als Ausgangspunkt zu nehmen:

| (saat) bir buçuğ**a** beş (dakika) kala | *um fünf vor halb zwei* |
| (saat) bir buçuğ**u** beş (dakika) geçe | *um fünf nach halb zwei* |

Bei den offiziellen Uhrzeiten (Rundfunk, Flughafen, Bahnhof usw.) werden nicht nur die vollen und halben Stunden, sondern auch die Minuten mit dem Lokativ gebildet: *Saat on yedi kırkta* „um siebzehn Uhr vierzig"; *Uçak saat sıfır onda kalkacak* „Das Flugzeug wird um null Uhr zehn starten".

- An Prädikate mit Uhrzeiten kann das Suffix *-dir* (s. Verb 5) angefügt werden: *Saat kaçtır?, Saat üçtür, Film saat kaçtadır?, Saat sekizdedir.* An *kala* und *geçe* hingegen wird *-dir* nicht angehängt.

Für ein „um so und so viel Uhr herum" gibt es mehrere Möglichkeiten: *Saat beşlerde* oder *Saat beş sıralarında* (T)/*sularında* (P)/*civarında* (A) „um fünf Uhr herum". In den letzten Jahren ist dafür noch der Modeausdruck *Saat beş gibi* aufgekommen. Merke auch: aşağı yukarı saat dokuzda „so ungefähr um neun Uhr", *(saat) dokuzdan biraz önce* „kurz vor neun (Uhr)", *(saat) dokuzdan biraz sonra* „kurz nach neun (Uhr)".

Merke ebenfalls: *en fazla bir saat sonra* „spätestens in einer Stunde" : *en geç bir saat sonra* „in spätestens einer Stunde".

▸ Vergleichen Sie jetzt:

(1)	Saat beş**e doğru** geleceğim.	*Ich komme **gegen** fünf Uhr.*
(2)	İki saat**e kadar** döneceğim.	***Bis in** zwei Stunden werde ich zurückkommen.*
(3)	Bir saat **kadar** kalacağım.	*Ich werde **etwa** eine Stunde **lang** bleiben.*
(4)	Saat iki üç **arası** döneceğim.	*Ich komme **zwischen** zwei und drei Uhr zurück.*
(5)	Bir saat **içinde/zarfında** döneceğim.	*Ich werde **innerhalb** einer Stunde zurückkommen.*
(6)	Bir saat **sonra** döneceğim.	*Ich komme **in** einer Stunde zurück.*

Weitere Beispiele:

*Saat sekiz buçuk on **arası** ders var* „Zwischen halb neun und zehn Uhr ist Unterricht", *Saat sekiz buçuk**tan** on**a kadar** ders var* „Von halb neun bis zehn Uhr ist Unterricht", *Postacı her gün saat sekiz buçuk **ile** dokuz **arası** gelir* „Der Briefträger kommt jeden Tag zwischen halb neun und neun Uhr";

*İşim on dakika **içinde** biter* „Meine Arbeit ist innerhalb von zehn Minuten fertig", *İşim on dakika **sonra** biter* „Meine Arbeit ist in zehn Minuten fertig" (nach Ablauf von zehn Minuten), *İşim on dakika**ya kadar** biter* „Meine Arbeit ist bis in zehn Minuten fertig" (vor Ablauf von zehn Minuten), *İşim on dakika**da** biter* „Meine Arbeit ist in zehn Minuten fertig" (Dauer der Arbeitszeit: zehn Minuten);

Müzeyi iki saat gezdik „Wir haben uns das Museum zwei Stunden (lang) angesehen", *Müzeyi **iki saatte** gezdik* „Wir haben uns das Museum in zwei Stunden angesehen";

*Bu ilacı **iki saatte bir** alacaksınız* „Dieses Medikament müssen Sie alle zwei Stunden (einmal) einnehmen", ***On dakikada bir** sizi aradım ama, telefon cevap vermedi* „Alle zehn Minuten (einmal) habe ich Sie angerufen, aber es hat sich niemand gemeldet".

4. Das Datum

1 yıl = 12 ay = 52 hafta = 365 ~ 366 gün

dün *gestern*	⬅ **bugün** *heute* ➡	**yarın** *morgen*
önceki gün *vorgestern*		**öbür gün** *übermorgen*
üç gün önce *vor drei Tagen*		**üç gün sonra** *in drei Tagen*

Beispiele: *Bugün işe gitmeyeceğim* „Heute werde ich nicht zur Arbeit gehen", *Dün hastaydım* „Gestern war ich krank", *Önceki gün bize misafir gelmişti* „Vorgestern war zu uns Besuch gekommen", *Yarın yağmur yağacakmış* „Morgen soll es Regen geben", *Öbür gün yola devam ederiz* „Wir fahren übermogen weiter", *Dört gün sonra Türkiye'ye gideceğiz* „Wir fahren in vier Tagen in die Türkei".

▸ Vergleichen Sie:

(1)	Bugün **iki** Nisan mı?	*Ist heute der 2. April?*
(2)	Evet, bugün **iki** Nisan.	*Ja, heute ist der 2. April.*
(3)	Bugün ay**ın** kaçı?	*Den Wievielten (des Monats) haben wir heute?*
(4)	Bugün ay**ın** seki**zi**.	*Heute ist der achte (des Monats).*

(5)	**Dün** ayın dokuzuydu.		*Gestern* war der neunte (des Monats).		
(6)	**Önceki/evvelki gün** ayın sekiziydi.		*Vorgestern* war der achte.		
(7)	**Üç gün önce** ayın yedisiydi.		*Vor drei Tagen* war der siebte.		
(8)	**Yarın** ayın on biri olacak.		*Morgen* ist der elfte (wird … sein).		
(9)	**Öbür gün** ayın on ikisi olacak.		*Übermorgen* ist der zwölfte.		
(10)	**Üç gün sonra** ayın on üçü olacak.		*In drei Tagen* ist der dreizehnte.		

Das Datum kann in der Reihenfolge Zahl (Grund-, nicht Ordnungszahl!) und Monatsname oder als Genitiv-Possessiv-Verbindung wiedergegeben werden. Die Genitiv-Possessiv-Verbindung ist häufiger anzutreffen. Viele Türken zählen außerdem die Monate ab, anstatt sie mit ihrem Namen zu nennen.

• Die **Monate** *(aylar)* lauten:

ocak, -ağı	*Januar*	temmuz	*Juli*	ocakta	*im Januar*
şubat	*Februar*	ağustos	*August*	şubatta	*im Februar*
mart	*März*	eylül	*September*	martta	*im März*
nisan	*April*	ekim	*Oktober*	usw.	
mayıs	*Mai*	kasım	*November*	ocak ayında	*im Monat Januar*
haziran	*Juni*	aralık, -ığı	*Dezember*	şubat ayında	*im Monat Februar*

Beispiele: *Haziranın beşinde (5'inde) izne çıkacağım* (auch: *Haziran beşte*) „Am 5. Juni werde ich in Urlaub gehen" oder: *Altıncı ayın beşinde izne çıkacağım* „Am 5. des 6. Monats werde ich in Urlaub gehen", *Kocam, on dört Ağustos'ta İzmir'e gidecek. Ağustosun on dokuzunda dönecek* „Mein Mann wird am 14. August nach Izmir fahren. Er wird am neunzehnten August zurückkommen", *Ali ayın kaçında gelecek? – Beşinde gelecek. Nisan'ın onunda yine gidecek* (aber: *Nisan'ın* **onuncu** *günü yine gidecek*) „Am Wievielten (des Monats) wird Ali kommen? – Er wird am fünften kommen. Am 10. April wird er wieder wegfahren".

• Die **Wochentage** *(haftanın günleri)* heißen:

pazartesi	*Montag*	cuma	*Freitag*
salı	*Dienstag*	cumartesi	*Samstag*
çarşamba	*Mittwoch*	pazar	*Sonntag*
perşembe	*Donnerstag*		

Im Türkischen benötigt man bei Zeitangaben mit Wochentagen deutsches „am" nicht; dafür sagt man häufig z. B. *salı günü* „(am) Tag Dienstag" statt nur *salı*: *Salı günü Türkiye'ye gideceğim* „Am Dienstag werde ich in die Türkei fahren", *Gelecek/önümüzdeki pazartesi Türkçe dersine başlayacağım* „Kommenden/nächsten Montag (= am Montag vor uns) werde ich mit Türkisch-unterricht beginnen", *Geçen pazartesi Türkçe dersine başladım* „Am vergangenen Montag habe ich mit Türkischunterricht begonnen".

• Grundsätzlich kann zu den Angaben von Wochentagen, Monatsnamen und Jahreszahlen *gün* „Tag", *ay* „Monat" und *sene* (A) / *yıl* „Jahr" hinzugefügt werden: *Temmuzda/Temmuz ayında döneceğim* „Ich werde im Juli zurückkommen", *1965'te/1965 yılında/senesinde doğdum* „Ich bin 1965/im Jahre 1965 geboren", *9 Ağustos 1999'da/9 Ağustos 1999 günü/9 Ağustos 1999 tarihinde* „am 9. August 1999", *1 Ağustos 2000 Salı günü saat birde* „am Dienstag, dem 1. August 2000, um ein Uhr".

Weitere Beispiele: *Perşembe günü geleceğim* „Ich werde am Donnerstag kommen", *Lokantamız salıdan perşembeye kadar kapalıdır* „Unsere Gaststätte ist von Dienstag bis Donnerstag geschlossen", *Önümüzdeki ay içinde döneceğiz* „Wir werden innerhalb des nächsten Monats/im nächsten Monat zurückkommen".

Merke auch: *ertesi* „der/die/das darauffolgende": *Bir yıl Almanya'da kaldık. Ertesi yıl döndük* „Wir sind ein Jahr in Deutschland geblieben. Im darauf folgenden Jahr sind wir zurückgekommen" und *Gelecek sene/yıl Türkiye'ye gideceğim* „Kommendes Jahr fahre ich in die Türkei", *Geçen sene/yıl Türkiye'ye gittim* „Vergangenes Jahr bin ich in die Türkei gefahren".

Beachten Sie, dass in folgendem Beispiel *ayda bir* „einmal im Monat" als Einheit gesprochen wird: *Ayda bir doktora giderim* „Einmal im Monat gehe ich zum Arzt". Aber: *Üç günde bir kilo verdim* „In drei Tagen habe ich ein Kilo abgenommen".

Anstelle von *haftada bir/ayda bir* kann auch *haftada bir defa/ayda bir defa* „einmal in der Woche/ einmal im Monat" gesagt werden, während bei Zahlen ab *iki* „zwei" ein zusätzlicher Begriff stehen muss:
Kızıma haftada iki defa uğrarım „Ich besuche meine Tochter zweimal in der Woche", *Haftada iki akşam Türkçe dersi var* „An zwei Abenden in der Woche ist Türkischunterricht".

Merke auch: *aşağı yukarı sekiz gün sonra* „ungefähr nach acht Tagen" : *yaklaşık sekiz gün sonra* „nach ungefähr acht Tagen".

- Die **Jahreszeiten** *(mevsimler)* lauten:

ilkbahar *(auch nur*: bahar)	*Frühling*	→	ilkbahar**da**		*im Frühling*
yaz	*Sommer*	→	'yaz**ın**		*im Sommer*
sonbahar *(oder*: güz)	*Herbst*	→	sonbahar**da** *(oder*: 'güz**ün**)	*im Herbst*
kış	*Winter*	→	'kış**ın**		*im Winter*

Anmerkung: Die Begriffe *yazın, kışın, güzün* enthalten das Suffix *-(i)n*, das früher einmal ein Kasussuffix war. Dieser ausgestorbene Kasus wird *Instrumental(is)* genannt.

Beispiele: *Yazın Türkiye'ye gideceğim* „Im Sommer werde ich in die Türkei fahren", *Kışın izin yapmam* „Im Winter mache ich keinen Urlaub", *Oğlum sonbaharda okula başlayacak* „Mein Sohn wird im Herbst eingeschult (= wird mit der Schule beginnen)", *İlkbaharda Türkiye'ye dönmeyi düşünüyoruz* „Wir gedenken, im Frühjahr in die Türkei zurückzukehren".

- Zusammen mit einer Jahreszahl werden die Jahreszeiten folgendermaßen angegeben: *1971 yılının ilkbaharında Almanya'ya geldik* „Wir sind im Frühjahr 1971 nach Deutschland gekommen (= im Frühjahr des Jahres)", *1974 sonbaharında Köln'e geldim* „Ich bin im Herbst 1974 nach Köln gekommen", *1996 yılı yazında Türkiye'ye gitmiştik* „Wir waren im Sommer 1996 in der Türkei (= waren in die Türkei gefahren)", *1999 yılında kışın izin yaptık* „Im Jahre 1999 haben wir im Winter Urlaub gemacht".

5.5 Die Distributivzahlen *(Üleştirme Sayı Sıfatları)*

▸ Vergleichen Sie:

(1)	Bir**er** limonata içelim.	*Trinken wir **eine** (= je eine) Limonade!*
(2)	İki**şer** yataklı iki oda istiyoruz.	*Wir möchten zwei Zimmer mit **je** zwei Betten.*

Die im Deutschen mit „je" ausgedrückten *Distributivzahlen* (deutsch: *Einteilungszahlen*) werden im Türkischen mit den Suffixen *-şer* (nach Vokal) und *-er* (nach Konsonant) gebildet:

bir**er**	*je ein(e)*	on**ar**	*je zehn*	yüz**er**	*je hundert*
iki**şer**	*je zwei*	yirmi**şer**	*je zwanzig*	bin**er**	*je tausend*
üç**er**	*je drei*	otuz**ar**	*je dreißig*		
dör**der**	*je vier*	kırk**ar**	*je vierzig*		
beş**er**	*je fünf*	elli**şer**	*je fünfzig*		
altı**şar**	*je sechs*	altmış**ar**	*je sechzig*		
yedi**şer**	*je sieben*	yetmiş**er**	*je siebzig*		
sekiz**er**	*je acht*	seksen**er**	*je achtzig*		
dokuz**ar**	*je neun*	doksan**ar**	*je neunzig*		

Die Einteilungszahlen werden im Türkischen häufiger gebraucht als im Deutschen. Im Deutschen kann man sagen „Wir haben eine Limonade getrunken" und damit meinen, dass jeder eine getrunken hat. Weiteres Beispiel: *Odalar kaçar yataklı olsun?* „Wie viele Betten sollen die Zimmer haben?".

• *Yarım* „halb" nimmt trotz des konsonantischen Auslauts *-şar* an: *Yarımşar şeftali yedik* „Wir haben je einen halben Pfirsich gegessen".

Merke auch: *İkişer ikişer yürüyün* „Lauft in Zweierreihen" (= zu je zweien) sowie *Öğrencilerime teker teker teşekkür ettim* „Meinen Studenten habe ich einzeln gedankt".

In folgendem Beispiel ist das Distributivsuffix nicht an ein Zahlwort angefügt: *Tuzu azar azar koy* „Füge das Salz nach und nach hinzu".

5.6 Die Bruchzahlen *(Kesir Sayı Sıfatları)*

1/2	yarım	ein halb (aber: *yarı* „die Hälfte")
1/3	üçte bir	ein Drittel
1/4	çeyrek/bir çeyrek/dörtte bir	ein Viertel
3/4	üç çeyrek/dörtte üç	drei Viertel
3/8	sekizde üç	drei Achtel
1/10	onda bir	ein Zehntel
1/100	yüzde bir	ein Hundertstel
1 1/2	bir buçuk	eineinhalb
2 2/3	iki tam üçte iki	zwei zwei Drittel
0,4	sıfır onda dört/sıfır *virgül* (= Komma) dört	
3,8	üç onda sekiz/üç *virgül* sekiz	
5,69	beş tam yüzde altmış dokuz/beş *virgül* altmış dokuz	
2,005	iki tam binde beş/iki *virgül* sıfır sıfır beş	

Beispiel: *Gelirimizin **üçte birini** kiraya harcıyoruz* „Wir geben ein Drittel unseres Einkommens für Miete aus".

- Yarı „die Hälfte" ist das Halbe von zwei gleichen Teilen umfassenden Ganzen: sandvicin yarısı „die Hälfte des Sandwiches". Wenn yarı attributiv gebraucht wird, übersetzen wir es auch mit „halb", z. B. Yarı Türküm, yarı Almanım „Ich bin halb Türke und halb Deutscher". Dabei steht jedoch immer das Ganze im Blickpunkt. Bei yarım hingegen ist offen, was mit der anderen Hälfte ist: Yarım kilo elma aldı „Er hat ein halbes Kilo Äpfel gekauft". Vergleichen Sie dazu yarı final „Halbfinale" mit yarımada „Halbinsel".

5.7 Kollektivbegriffe

Merken Sie sich gesondert: *ikiz* „Zwillinge", *üçüz* „Drillinge", *dördüz* „Vierlinge", *beşiz* „Fünflinge". Wenn der Sprecher spezifische Zwillinge usw. meint, verwendet er das Pluralsuffix: *İris'in iki yaşındaki ikizleri* „die zweijährigen Zwillinge von İris".

5.8 Wiederholungs- und Vervielfältigungszahlwörter

Für „mal / Mal" als Wiederholungszahlwort kennt Türkisch mehrere Begriffe: Beim Multiplizieren sagt man *kere*, das ist ein „mal" der Vervielfältigung, *defa* (A) ist ein „mal" im Sinne einzelner Male, *sefer* (A) ist ein „Mal" des Ablaufs. Für *defa* und *sefer* wird alternativ oft *kez* „mal" gesagt.

Beispiele: *Yalnız bir kere denize girebildik* „Wir konnten nur einmal ins Meer (schwimmen) gehen", *Üç defa Amerika'ya gittik* „Wir waren dreimal in Amerika (sind nach … gefahren)", *Dün beş sefer alışverişe çıktım* „Gestern war ich fünfmal einkaufen", *Bir kez ne istediğini söyledi mi?* „Hat er einmal gesagt, was er will?", *İzmir'e ilk defa geldik* „Wir sind zum ersten Mal nach Izmir gekommen", *Bu lokantaya son defa iki yıl önce gelmişti* „In dieser Gaststätte sind wir das letzte Mal vor zwei Jahren gewesen", *Borcumuzun tamamını bir defada verdik* „Wir haben unsere gesamten Schulden auf einmal zurückgezahlt".

Vervielfältigungszahlen werden mit *misil, -sli* (A) „Gleiches, Vielfaches" (dafür auch *kat*) gebildet. Sowohl *bir misli* als auch *iki misli* werden im Sinne von „doppelt so viel" und *iki misli* bzw. *üç misli* im Sinne von „dreimal so viel" gebraucht, je nachdem, welches Ausgangsmaß zugrunde gelegt wird. Beispiele: *Fiyatlar bir misli arttı* „Die Preise sind aufs Doppelte gestiegen" (= um ein Gleiches), *Bugün, her gün yediğimin iki mislini yedim* „Heute habe ich doppelt soviel wie jeden Tag gegessen" (= das Zweifache), *Bu kumaş, ondan dört kat pahalı* „Dieser Stoff ist viermal so teuer wie jener".

Merke auch: *üç rekor sahibi yüzücü* „der dreimalige Schwimmeister" : *üstüste üç rekor kıran yüzücü* „der dreifache Schwimmmeister" sowie *üçlü tango* „der Dreiertango" und *iki türlü çorap* „zweierlei Strümpfe".

- Hier noch einige Beispiele, in denen „erstens, zweitens" usw. adverbial gebraucht ist: *Yapılacak işleri şöyle sıralayayım: Önce yerleri süpüreceksin, bir; sonra toz alacaksın, iki; ondan sonra paspas yapacaksın, üç* „Ich will die auszuführenden Arbeiten folgendermaßen aufführen: Erstens wirst du die Fußböden kehren, zweitens wirst du (dann) Staub wischen und drittens wirst du (danach) aufwischen", *Bu evden çıkmamız lazım. – Niye? – Birincisi, her yıl kirayı artırıyorlar; ikincisi, evin eski sükûneti kalmadı; üçüncüsü de, ev de oldukça bakımsız* „Aus dieser Wohnung müssen wir ausziehen – Weshalb? – Erstens setzen sie jedes Jahr die Miete herauf, zweitens ist von der früheren Ruhe in diesem Hause nichts mehr geblieben und drittens ist das Haus auch ziemlich ungepflegt".

5.9 Zählwörter und Maßangaben

▸ Vergleichen Sie:

> (1) Anneme dört **tane** resim gönderdim. *Ich habe meiner Mutter vier (Stück) Bilder geschickt.*
> (2) Altı **adet** vesikalık fotoğraf yaptırdım. *Ich habe sechs (Stück) Passbilder machen lassen.*
> (3) Bir **parça** ekmek ver. *Gib mir ein Stück Brot.*

Nach Zahlwörtern werden oft Zählwörter wie *tane* „Stück" gebraucht, besonders wenn sie sich auf ein vorher genanntes Substantiv beziehen: *Ekmek almak istiyorum* „Ich möchte Brot kaufen" – *Kaç tane?* „Wie viel Stück?" – *İki tane* „Zwei Stück" – *Kaç dediniz?* „Wie viel haben Sie gesagt?" – *İki (tane) dedim* „Ich habe zwei (Stück) gesagt". Außer *tane* gibt es auch *adet* „Stückzahl" sowie *parça* „Stück"; bei *tane* ist offen, ob man „dieselbe Art" meint oder nicht, bei *adet* ist immer „dieselbe Art" gemeint. *Parça* hingegen bezeichnet ein Stück von einem Ganzen.

Mit Maßangaben wie *kilo* oder *metre* wird im Sinne von „zu wie viel?" entweder *kaça?* oder *kaçtan?* gebraucht. Ohne Maßangabe bezieht sich *kaça?* in der Regel auf den Gesamt- und *kaçtan?* auf den Teilpreis: *Kumaşı kaça aldın?* „Was hat der Stoff gekostet" (= Für wie viel hast du den Stoff gekauft?), *Kumaşı kaçtan aldın?* „Was hat der Meter des Stoffes gekostet?" (= Zu wie viel hast du den Stoff gekauft?).

Weitere Beispiele: *50 gram tereyağı* „50 Gramm Butter", *1/2 kilo beyaz peynir* „1 Pfund Schafskäse", *250 gram su* „1/4 Liter Wasser", *1 kilo süt* „1 Liter Milch", aber: *20 litre benzin* „20 Liter Benzin"; *5 milimetre* „5 Millimeter", *10 santimetre* „10 Zentimeter", *1 metre* „1 Meter", *6 kilometre* „6 Kilometer";
Bir çift çorap aldım „Ich habe ein Paar Strümpfe gekauft", *Bir şişe viski alalım mı?* „Wollen wir eine Flasche Whisky kaufen?", *İki bardak bira içtim* „Ich habe zwei Glas Bier getrunken", *Bana bir fincan kahve yapar mısın?* „Machst du mir eine Tasse Kaffee?", *İki lokma bir şey ye!* „Iss doch zwei Bissen!";
dört dilim ekmek „vier Scheiben Brot", *üç kaşık şeker* „drei Löffel Zucker", *iki kutu kibrit* „zwei Schachteln Streichhölzer"; *bir karton sigara* „eine Stange Zigaretten", *üç kasa su* „drei Kasten Wasser", *bir tutam tuz* „eine Prise Salz", *iki baş soğan* „zwei (Köpfe) Zwiebeln", *beş diş sarımsak/sarmısak* „fünf Zehen Knoblauch", *bir demet maydanoz* „ein Sträußchen Petersilie".

Merke gesondert: *tek **bir** çorap* „ein einziger Strumpf" : ***bir** tek çorap* „ein einzelner Strumpf".

Die Pronomina *(Adıllar)*

1 Überblick

Die Pronomina stehen – außer *ben* „ich", *sen* „du", *biz* „wir", *siz* „ihr/Sie" – als Stellvertreter eines Nomens/einer Nomengruppe oder als Begleiter eines Nomens/einer Nomengruppe. Sie haben verschiedene Funktionen: Sie verweisen auf etwas, sie geben u. a. Besitz an.

2 Die Personalpronomina *(Kişi Adılları)*

▸ Vergleichen Sie:

(1) **Ben** çıkıyorum. **Siz** kalıyor musunuz?	*Ich gehe. Bleiben **Sie**? / Bleibt **ihr**?*
(2) Nasılsın? - İyiyim. **Sen** nasılsın?	*Wie geht es dir? – Mir geht es gut. **Und** wie geht es **dir**?*
(3) Ahmet Bey, banka memuru. **O**, küçük bir memur.	*Ahmet Bey ist Bankangestellter. **Er** ist ein kleiner Angestellter.*

Bei den Personalpronomina richtet sich die 2. Pers. Pl. sowohl an mehrere Personen, die man duzt (deutsch: „ihr"), als auch an eine oder mehrere Personen, die man siezt (deutsch: „Sie"). Für die 3. Pers. kennt Türkisch keine Personalpronomina, sondern verwendet ersatzweise die *Demonstrativpronomina o* „jener, jene, jenes" und *onlar* „jene".

Die Personalpronomina *ben, sen, o* usw. werden nur in bestimmten Fällen verwendet, z. B. bei plötzlicher Erstnennung wie in (1): *Ben çıkıyorum* oder bei einem Subjektwechsel wie in (1): *Siz kalıyor musunuz?* und (2): *Sen nasılsın?* (Im letzten Beispiel ist der Hörer die angeredete und antwortende Person. In der Gegenfrage wechselt er von sich zu seinem Partner.) Sie können verwendet werden, wenn auf die Person oder die Sache, über die gesprochen wird, besonders verwiesen werden soll wie in (3).

Die Personalpronomina der 1. und 2. Pers. sind für den Hörer identifizierbar, die Personalpronomina der 3. Pers. zunächst nicht. Bevor sie identifizierbar werden, muss der Sprecher klarstellen, über wen oder was er spricht. Dennoch fehlt im Türkischen im Folgesatz häufig das Pronomen: *Ahmet Bey, banka memuru. Küçük bir memur* „Ahmet Bey ist Bankangestellter. Ein kleiner Angestellter".

• Gelegentlich wird die 1. Pers. Pl. verwendet, obwohl der Sprecher nur sich meint. Entweder möchte er dann sein Ich nicht hervorheben (Plural der Bescheidenheit) oder er schließt abhängige Personen in seine Individualität ein wie *E, nasılız bugün?* „Na, wie geht's uns denn heute?". Auch Politiker äußern sich oft in der 1. Pers. Pl.

Im Türkischen können *biz* „wir" und *siz* „ihr/Sie" mit dem Pluralsuffix versehen werden: *biz* „wir" (ich und diejenigen, die mit mir sind) → *bizler* „wir" (wir und diejenigen, die mit uns sind), *siz* „ihr/Sie" (du/Sie und diejenigen, die mit dir/Ihnen sind) → *sizler* „ihr/Sie" (ihr/Sie und diejenigen, die mit euch/Ihnen sind). Man kann diese Pluralformen mit „wir alle" bzw. „ihr/Sie alle" übersetzen: *Sizler nasılsınız? – Bizler iyiyiz* „Wie geht es Ihnen allen? – Uns allen geht es gut".

Die Genitivformen der Personalpronomina sind identisch mit den Possessivpronomina. (Die 1. Pers. Sg. und Pl. haben sich jedoch verändert und enthalten heute ein *m*.) Die Dativformen *bana* „mir" und *sana* „dir", die so aussehen, als gäbe es Ablaut im Türkischen, also so etwas wie „s**i**ngen, s**a**ng", sind durch ursprüngliche starke Nasalität des *n* bedingt.

• Die Deklination der Personalpronomina

	1. Person Singular		2. Person Singular		3. Person Singular	
Nom	ben	*ich*	sen	*du*	o	*er/sie/es*
Gen	ben**im**	*meines/meiner*	senin	*deines/deiner*	onun	*seines/ihres*
Akk	beni	*mich*	seni	*dich*	onu	*ihn/sie/es*
Dat	**bana**	*(zu) mir*	**sana**	*(zu) dir*	ona	*(zu) ihm/ihr*
Lok	bende	*bei mir*	sende	*bei dir*	onda	*bei ihm/ihr*
Abl	benden	*von mir*	senden	*von dir*	ondan	*von ihm/ihr*

	1. Person Plural			2. Person Plural			3. Person Plural	
Nom	biz	bizler	*wir*	siz	sizler	*ihr/Sie*	onlar	*sie*
Gen	biz**im**	bizlerin	*unseres*	sizin	sizlerin	*eures/Ihres*	onların	*ihres*
Akk	bizi	bizleri	*uns*	sizi	sizleri	*euch/Sie*	onları	*sie*
Dat	bize	bizlere	*(zu) uns*	size	sizlere	*(zu) euch/Ihnen*	onlara	*(zu) ihnen*
Lok	bizde	bizlerde	*bei uns*	sizde	sizlerde	*bei euch/Ihnen*	onlarda	*bei ihnen*
Abl	bizden	bizlerden	*von uns*	sizden	sizlerden	*von euch/Ihnen*	onlardan	*von ihnen*

Beispiele: *Ben çıkıyorum. Sen ne yapacaksın?* „Ich gehe. Was wirst du machen?", *Ben Türküm. O Alman* „Ich bin Türke. Er ist Deutscher", *Bunlar benim arkadaşlarım. Onlar İtalyan* „Das sind meine Freunde. Sie sind Italiener";
Sana yardım etmek istiyorum „Ich möchte dir helfen", *Sana ne?* „Was geht das dich an?" (= Was ist es dir?), *Bugün bize misafir geldi* „Heute ist zu uns Besuch gekommen", *Sizi rahatsız etmek istemiyorum* „Ich möchte euch/Sie nicht stören", *Anahtar sizde mi?* „Haben Sie den Schlüssel?" (= Ist der Schlüssel bei Ihnen?), *Benden çekiniyor musun?* „Genierst du dich vor mir?", *Senden bir ricam var* „Ich habe eine Bitte an dich".

Beispiele für die Verwendung der Genitivformen: *Senin kalemin bu mu?* „Ist das dein Stift?", *Bu kalem senin mi? – Hayır, Ali'nin* „Gehört dieser Stift dir? – Nein, er gehört Ali".

Angesichts der Tatsache, dass *o* und *onlar* Demonstrativpronomina sind, wird anstelle dieser – wenn es sich um Personen handelt – häufig *kendisi* „er/sie/es selbst", Pl. *kendileri* „sie selbst" eingesetzt. Damit hebt der Sprecher die Person, über die er spricht, als Einzelwesen mit Persönlichkeit hervor: *Ali isimli bir arkadaşım var. Kendisi öğretmen* „Ich habe einen Freund namens Ali. Er ist Lehrer". Wenn der Person, über die gesprochen wird, besonderer Respekt erwiesen werden soll, wird die Pluralform gebraucht: *Tanıştırayım: Adnan Bey. Kendileri doktor* „Darf ich bekannt machen: Herr Adnan. Er (persönlich) ist Arzt".

Wenn in türkischen Nachrichten über Politiker berichtet wird, kommt nach der Erstnennung des Titels und Namens in den Folgesätzen weder *o* noch *kendisi/kendileri* vor, sondern es wird der Titel und/oder der Name wiederholt. Damit wird sowohl die Deutefunktion als auch Hervorhebung vermieden.

► Vergleichen Sie jetzt:

(4)	Arkadaşımla sinemaya **gittim**.	*Ich bin mit meinem Freund ins Kino gegangen.*
(5)	Arkadaşımla sinemaya **gittik**.	*Wir, mein Freund und ich, sind ins Kino gegangen.*

Sowohl (4) als auch (5) kann im Türkischen geäußert werden; die üblichere, weil nicht *ich*-betonte Variante ist (5). In (4) ist der Freund sozusagen nur „Beipack", in (5) nicht.

• Die Personalpronomina mit *-ce, ile* und *-siz* (s. Wortbildung 2)

(6)	**Sizce** Türkçe kolay mı? – **Bence** kolay değil.	*Ist **Ihrer Meinung nach** Türkisch leicht?* *– **Meiner Meinung nach** ist es nicht leicht.*
(7)	Bugün arkadaşım gelecek. **Onunla** sinemaya gideceğiz.	*Heute kommt mein Freund. **Mit ihm** werde ich ins Kino gehen.*
(8)	**Sensiz** yaşayamam.	***Ohne dich** kann ich nicht leben.*

Mit *-ce, ile* und *-siz* sieht das so aus:

'bence	*meiner Meinung nach*	be'nimle	*mit mir*	ben'siz	*ohne mich*
'sence	*deiner Meinung nach*	se'ninle	*mit dir*	sen'siz	*ohne dich*
		o'nunla	*mit ihm*	on'suz	*ohne ihn*
'bizce/biz'lerce	*unserer Meinung nach*	bi'zimle/biz'lerle	*mit uns*	biz'siz/bizler'siz	*ohne uns*
'sizce/siz'lerce	*eurer Meinung nach*	si'zinle/siz'lerle	*mit euch*	siz'siz/sizler'siz	*ohne euch*
		on'larla	*mit ihnen*	onlar'sız	*ohne sie*

Vergleichen Sie jetzt die türkische und deutsche Satzstellung (die Übersetzungen beziehen sich auf die zweite Variante):

Ali'ye kitap verdim. → Ona kitap verdim.	*Ich habe ihm ein Buch/Bücher gegeben.*
Ali'ye bir kitap verdim. → Ona bir kitap verdim.	*Ich habe ihm ein Buch gegeben.*
Ali'ye kitaplar verdim. → Ona kitaplar verdim.	*Ich habe ihm Bücher gegeben.*
Kitabı Ali'ye verdim. → Onu ona verdim.	*Ich habe es ihm gegeben.*
Kitapları Ali'ye verdim. → Onları ona verdim.	*Ich habe sie ihm gegeben.*
Ali'yi dün gördüm. → Onu dün gördüm.	*Ich habe ihn gestern gesehen.*
Dün Ali'yi gördüm. → Dün onu gördüm.	*Gestern habe ich ihn gesehen.*

Wir hatten schon gesehen, dass im Türkischen auf eine Frage wie *Mektubumu aldın mı?* „Hast du meinen Brief erhalten?" mit *Aldım* „Ich habe (ihn) erhalten" geantwortet wird; mit anderen Worten, das im Deutschen notwendige Pronomen „ihn" ist im Türkischen entbehrlich, weil „der Brief" genannt war und in der Antwort mitschwingt.

3 Das Zugehörigkeitssuffix *-ki* (*İlgi Eki*)

1. Das Zugehörigkeitssuffix *-ki* als substantivierendes Element

▶ Vergleichen Sie:

(1) Bu şemsiye **seninki** mi?	*Ist dieser Schirm **deiner**?*
(2) Yok, **benimki** değil, **Ülkü'nünki**.	*Nein, nicht **meiner**, sondern **Ülküs**.*

Wird an Possessivpronomina oder an Nomina im Genitiv das unveränderliche Suffix *-ki* angehängt, ist der Begriff substantivisch gebraucht und vertritt ein Bezugswort mit. Sehen wir uns folgende Beispiele an:

Bu *kimin* şemsiyesi? – (Bu) *Ülkü'nün* (şemsiyesi).
　Wessen Schirm ist das? – (Das ist) *Ülküs* (Schirm).
Bu şemsiye *kimin*? – (Bu şemsiye) *Ülkü'nün*.
　Wem gehört dieser Schirm? – (Dieser Schirm gehört) *Ülkü*.
Bu şemsiye *kiminki*? – (Bu şemsiye) *Ülkü'nünki*.
　Wem (= wessen) ist dieser Schirm? – (Dieser Schirm ist) *Ülküs*.
Bu kalem *kimin*? – *(Bu kalem)* *benim*.
　Wem gehört dieser Stift? – (Dieser Stift *gehört*) *mir*.
Bu kalem *kiminki*? – (Bu kalem) *benimki*.
　Wem (= wessen) ist dieser Stift? – (Dieser Stift ist) *meiner*.

Diese mit *-ki* versehenen Begriffe können das Pluralsuffix und – obwohl sie schon das Genitiv-suffix enthalten – noch einmal Kasussuffixe annehmen. *Wichtig*: Vor Kasussuffixen wird *-ki* mit dem pronominalen *n* erweitert.

▶ Sehen wir uns folgende Frage und die möglichen Antworten an:
– Arabanızda kasetçalar var mı? „*Haben Sie einen Kassettenrekorder in Ihrem Auto?*"
　a) **Benim arabamda** yok, ama **Robert'in arabasında** var. „*In meinem Auto ist keiner, aber in Roberts Auto ist einer.*" →
　　Benimkinde yok, ama **Robert'inkinde** var. „*In meinem ist keiner, aber in Roberts ist einer.*"
　b) **Benim arabamda** yok, ama **babamın arabasında** var. „*In meinem Auto ist keiner, aber im Auto meines Vaters ist einer.*" →
　　Benimkinde yok, ama **babamınkinde** var. „*In meinem ist keiner, aber in dem meines Vaters ist einer.*"

Die Deklination ist regelmäßig. Beispiele:

	der (z. B. Ball) *des Mädchens*	*die* (z. B. Bälle) *des Mädchens*	*der* (z. B. Ball) *der Mädchen*	*die* (z. B. Bälle) *der Mädchen*
Nom	kızınki	kızınkiler	kızlarınki	kızlarınkiler
Gen	kızınkinin	kızınkilerin	kızlarınkinin	kızlarınkilerin
Akk	kızınkini	kızınkileri	kızlarınkini	kızlarınkileri
Dat	kızınkine	kızınkilere	kızlarınkine	kızlarınkilere
Lok	kızınkinde	kızınkilerde	kızlarınkinde	kızlarınkilerde
Abl	kızınkinden	kızınkilerden	kızlarınkinden	kızlarınkilerden

Pronomina mit *-ki* kommen auch mit Possessivsuffix der 3. Pers. vor. Damit wird eine Teilmenge aus Gleichartigem bezeichnet: *Bavulların bir tanesi benim değil. Benimkisi nerede acaba?* „Einer der Koffer gehört mir nicht. Wo ist wohl meiner?" (= meiner von denen). Die Deklination ist regelmäßig. Beispiel:

	das meinige		*die meinigen*	
Nom	benimki	benimkisi	benimkiler	benimkileri
Gen	benimkinin	benimkisinin	benimkilerin	benimkilerinin
Akk	benimkini	benimkisini	benimkileri	benimkilerini
Dat	benimkine	benimkisine	benimkilere	benimkilerine
Lok	benimkinde	benimkisinde	benimkilerde	benimkilerinde
Abl	benimkinden	benimkisinden	benimkilerden	benimkilerinden

Weitere Beispiele: *Seninkiler nasıl?* „Wie geht es den Deinen?", *Benim kalemim yazmıyor. Seninkini/Ülkü'nünkini verir misin?* „Mein Stift schreibt nicht. Gibst du mir deinen/Ülküs?", *Müfettiş, teker teker defterlerimize baktı. Hiçbirimizinkinde imlâ yanlışı bulamadı* (AN, ŞÇH, 25) „Der Schulrat schaute unsere Hefte eins nach dem anderen an. In keinem von unseren konnte er Rechtschreibfehler finden".

2. Das Zugehörigkeitssuffix *-ki* als adjektivierendes Element

▶ Vergleichen Sie:

(1) **Bugünkü** ders bitti.	*Der **heutige** Unterricht ist zu Ende.*
(2) **Buradaki** sandalye rahat değil.	*Der Stuhl **hier** ist nicht bequem.*
(3) **Berlin'deki** teyzem evli.	*Meine **Berliner** Tante ist verheiratet.*

Mit dem unveränderlichen Suffix *-ki* (nach *bugün* „heute" und *dün* „gestern" steht jedoch *-kü*) werden aus Zeit- und Ortsbegriffen, die adverbial gebraucht werden, Adjektive gebildet (vgl. deutsch „heute" → „heutig", „dort" → „dortig"). Die primäre Funktion dieser Adjektive ist, die Stelle eines Attributes einzunehmen, also *vor* einem Nomen oder einer Nomengruppe zu stehen und somit dessen Zugehörigkeit zum nachfolgenden Nomen zu unterstreichen. Das, was im Türkischen nach einem einheitlichen System gebildet wird, sieht – wie die Beispiele (1) – (3) zeigen – im Deutschen unterschiedlich aus. So kann man zwar von „hier" das Adjektiv „hiesig" bilden, aber nicht von „da" *„dasig". Bei einem attributiv gebrauchten Ausdruck wie *Berlinde'ki* können wir auch „Berliner" sagen. Ein Ausdruck wie „im Institut für Turkologie" kann im Deutschen nicht adjektiviert werden, wir können uns aber für das Verständnis mit der Konstruktion „zum Institut für Turkologie gehörig" behelfen, um auszudrücken, was im Türkischen durch *-ki* genau wiedergegeben wird: *Türkoloji Enstitüsü'ndeki kütüphane* „die Bibliothek im Institut für Turkologie".

Es gibt Sätze im Deutschen, die – wenn man keine Zäsur macht – in dieser Hinsicht doppeldeutig sind, im Türkischen nicht:

Berlin'deki teyzeme hediye aldım.	Ich habe *für meine Tante in Berlin* ein Geschenk gekauft.
Teyzeme *Berlin'de hediye aldım.*	Ich habe für meine Tante *in Berlin* ein Geschenk gekauft.

Auch deutsche Konstruktionen wie „die Verwandten von meiner türkischen Freundin in Steglitz" sind doppeldeutig – wer befindet sich nun in Steglitz, die Verwandten oder die Freundin? Im Türkischen ist dies eindeutig: *Türk arkadaşımın Steglitz'teki akrabaları* (die Verwandten sind in Steglitz) : *Steglitz'teki Türk arkadaşımın akrabaları* (die Freundin ist in Steglitz).

▶ Vergleichen Sie jetzt:

(4) **Bugünkü** ders bitti, **yarınki** saat onda.	Der **heutige** Unterricht ist zu Ende, **der morgige/der von morgen** ist um zehn Uhr.
(5) **Bugünkü** gazeteler şurada, **dünküler** rafta.	Die Zeitungen **von heute** liegen da und **die von gestern** im Regal.
(6) **Berlin'deki** teyzem evli, **Frankfurt'taki** değil.	Meine **Berliner** Tante ist verheiratet, **die in Frankfurt** nicht.
(7) **İstanbul'daki** amcalarım yaşlı, **Bitlis'tekiler** genç.	Meine **Istanbuler** Onkel sind alt, **die in Bitlis** jung.

Das Bezugswort kann entfallen, wenn klar ist, worauf sich der Begriff mit *-ki* bezieht. Dann ist dieses Adjektiv substantiviert gebraucht und es kann Plural- und Kasussuffixe annehmen. Die Deklination ist regelmäßig. Beispiele:

	unselbstständig	selbstständig	unselbstständig	selbstständig
	der Nachbar oben	*der oben*	*die Nachbarn nebenan*	*die nebenan*
Nom	üstteki komşu	üstteki	yandaki komşular	yandakiler
Gen	üstteki komşunun	üstteki**nin**	yandaki komşuların	yandakilerin
Akk	üstteki komşuyu	üstteki**ni**	yandaki komşuları	yandakileri
Dat	üstteki komşuya	üstteki**ne**	yandaki komşulara	yandakilere
Lok	üstteki komşuda	üstteki**nde**	yandaki komşularda	yandakilerde
Abl	üstteki komşudan	üstteki**nden**	yandaki komşulardan	yandakilerden

	der morgige Unterricht		*die morgigen Unterrichtsstunden*	
Nom	yarınki ders	yarınki	yarınki dersler	yarınkiler
Gen	yarınki dersin	yarınki**nin**	yarınki derslerin	yarınkilerin
Akk	yarınki dersi	yarınki**ni**	yarınki dersleri	yarınkileri
Dat	yarınki derse	yarınki**ne**	yarınki derslere	yarınkilere
Lok	yarınki derste	yarınki**nde**	yarınki derslerde	yarınkilerde
Abl	yarınki dersten	yarınki**nden**	yarınki derslerden	yarınkilerden

Weitere Beispiele: *Şimdiki çocuklar harika* (AN, ŞÇH) „Die jetzigen Kinder sind Wunderkinder", *Dün geceki fırtına korkunçtu* „Der Sturm gestern Nacht war fürchterlich", *Sonraki kısa yolculuğum ise çevreyi incelemekle geçti* (MCA, Raz, 8) „Meine spätere kurze Reise hingegen verging damit, die Gegend zu inspizieren", *Ağustos ayındaki sıcaklar feciydi* „Die Hitze im Monat August war katastrophal", *1999 yılındaki deprem* „das Erdbeben im Jahre 1999", *Ülkü yanımızdaki büroda çalışıyor* „Ülkü arbeitet in dem Büro neben uns", *Ankara'daki Turizm Bürosu bilgi verebilir* „Das Fremdenverkehrsbüro in Ankara kann Auskunft geben", *Bendeki para yetişmiyor* „Das Geld, das ich bei mir habe, reicht nicht", *Toplantıdakilerden bir adam ayağa kalktı* (AN, ŞÇH, 130) „Einer von den Leuten bei der Versammlung stand auf", *Buradaki sandalye rahat değil, oradakine otur* „Der Stuhl hier ist nicht bequem, setz dich auf den dort".

4   Das Reflexivpronomen *kendi* „eigen; selbst" *(Dönüşlü Adıl)*

▶ Vergleichen Sie:

(1) Bu bilgisayar **kendi** bilgisayarım.	*Dieser Computer ist mein **eigener** Computer.*
(2) Eti **kendim** pişirdim.	*Das Fleisch habe **ich selbst** gekocht.*
(3) **Kendime** bir kahve yapayım.	*Ich mache **mir** (= für meine Person) einen Kaffee.*
(4) **Kendi** bilir.	*Das wird er **selbst** wissen.*
(5) Ali **kendisi** gelsin.	*Ali soll **selbst** kommen.*
(6) Ali'ye sor, **kendisi** bilir.	*Frag doch Ali, **er** weiß das.*
(7) Pervin **kendini** iyi hissetmiyor.	*Pervin fühlt **sich** nicht gut.*

Wird *kendi* unveränderlich vor einem Nomen gebraucht wie in (1), steht es für „eigen": *kendi arabamız* „unser eigenes Auto", *Kendi çocuklarınız var mı?* „Haben Sie eigene Kinder?".

Mit Possessivsuffixen steht es für „ich selbst, du selbst usw." wie in (2) und kann dekliniert werden wie in (3). In der 3. Pers. Sg. kommt *kendi* oder *kendisi* vor wie in (4) – (6). *Kendi* zielt nur auf die Person, *kendisi* hingegen auf die Persönlichkeit.

Die Deklination ist regelmäßig. Die 3. Pers. Sg. nimmt in beiden Varianten pronominales *n* an:

	ben	*sen*	*o*	*o*	*biz*	*siz*	*onlar*
Nom	kendim	kendin	kendi	kendisi	kendimiz	kendiniz	kendileri
Gen	kendimin	kendinin	kendinin	kendisinin	kendimizin	kendinizin	kendilerinin
Akk	kendimi	kendini	kendini	kendisini	kendimizi	kendinizi	kendilerini
Dat	kendime	kendine	kendine	kendisine	kendimize	kendinize	kendilerine
Lok	kendimde	kendinde	kendinde	kendisinde	kendimizde	kendinizde	kendilerinde
Abl	kendimden	kendinden	kendinden	kendisinden	kendimizden	kendinizden	kendilerinden

- *Kendi* wird, wie in (7), auch als Reflexivpronomen „sich" eingesetzt. Das geschieht bei Verben, deren Reflexivform bereits mit einer bestimmten lexikalischen Bedeutung belegt ist, z. B. *etmek* „tun" → *edinmek* „sich zulegen" oder *sevmek* „lieben" → *sevinmek* „sich freuen", z. B. *Kendini seviyor* „Er liebt sich". Es gibt auch Verben, die keine Reflexivform bilden wie *asmak* „aufhängen": *Ahmet kendini asmış* „Ahmet hat sich aufgehängt". Auch *kendisi* wird als Reflexivpronomen eingesetzt. Vergleichen wir: *Ayşe kendine hayran* „Ayşe bewundert sich (in ihrer Person, findet sich gut)" : *Ayşe kendisine hayran* „Ayşe bewundert sich (in ihrer Persönlichkeit)". *Kendi* und *kendisi* sind jedoch nur bedingt austauschbar.

- Bei einem Rückbezug auf eine Person muss manchmal *kendisi* stehen. Vergleichen wir: *Babam bir bankada çalışıyor, kendisi bankanın müdürüdür* „Mein Vater arbeitet in einer Bank, er ist der Direktor der Bank", *Babam bir bankada çalışıyor, kendi bankasının müdürüdür* „Mein Vater arbeitet in einer Bank, er ist der Direktor seiner eigenen Bank", *Babam bir bankada çalışıyor, o bankanın müdürüdür* „Mein Vater arbeitet in einer Bank, er ist der Direktor jener Bank".

- Während *kendi* „selbst" sich immer auf das Subjekt zurückbezieht, kann mit *kendisi* auch auf eine andere Person verwiesen werden: *Tarkan şarkıcı. Ayşe kendisine bakıyor* „Tarkan ist Sänger. Ayşe schaut ihm zu". Da wir schon beim Verweisen sind, noch ein Beispiel: *Tarkan şunu biliyor: Ayşe kendisine/kendine/ona bakıyor* „Tarkan weiß Folgendes: Ayşe schaut ihm/sich/jenem zu". Mit *ona* kommt hier noch eine dritte Person ins Spiel.

Weitere Beispiele: *Eteklerimi kendim dikiyorum* „Meine Röcke nähe ich mir selbst", *Bu elbiseyi kendin mi diktin?* „Hast du dieses Kleid selbst genäht?", *Biraz kendini düşün* „Denke ein wenig an dich selbst", *Ahmet ile Mehmet alışverişe gittiler. Ahmet ona bir kitap aldı, kendine de kompakt disk* „Ahmet und Mehmet sind einkaufen gegangen. Ahmet hat ihm ein Buch gekauft und sich eine CD", *Kendine iyi bak* „Pass gut auf dich auf", *Pervin henüz kendine gelemedi* „Pervin hat noch nicht zu sich kommen können", *Suçu kendinizde arayın* „Suchen Sie die Schuld bei sich", *Kendinizden bahsedin* „Erzählen Sie von sich", *Bir habere göre, kendi rekorunu kendisi kırmış* „Einer Nachricht zufolge hat er seinen eigenen Rekord selbst gebrochen", *Brigitte Bardot kendisini hayvanları korumaya ve sevmeye adamış* (AB, OMY, 304) „Brigitte Bardot hat sich gelobt, die Tiere zu schützen und zu lieben".

Nach einem Nomen im Genitiv steht *kendisi*: *Üç-beş yıl önceleri, 40 yaş benim için yaşlılığın ta kendisiydi* (DA, AADY, 47) „Vor etwa drei bis fünf Jahren bedeuteten 40 Jahre für mich Altsein im ureigensten Sinne", *Çünkü benim kanaatime göre basın özgürlüğü kavramının kendisi zaten yanlıştır* (Oktay Ekşi, In: Radikal 02.08.98/6) „Denn meiner Überzeugung nach ist der Begriff Pressefreiheit sowieso falsch".

Vergleiche auch: *Bu kitap kendinizin mi?* „Ist dieses Buch Ihr eigenes?" (= Sind Sie der Verfasser?), *Bu kitap sizin mi?* „Ist dieses Buch Ihres?" (= Gehört Ihnen das Buch?).

Merke auch *bizzat* (A) „höchstpersönlich", *şahsen* (A) „persönlich" (= vom Sehen her), *ismen* (A) „namentlich": *Tarkan'ı bizzat/şahsen/ismen tanıyorum* „Ich kenne Tarkan höchstpersönlich/vom Sehen her/namentlich".

Merke ebenso *öz* „rein/leiblich" und *üvey* „Stief-": *Öz Türkçe* „das reine Türkisch", *öz kardeşlerim* „meine leiblichen Geschwister", *üvey kardeşlerim* „meine Stiefgeschwister".

- *Kendi* „selbst" wird auch mit *kendi* „eigen" kombiniert, sozusagen das „eigene Selbst". Diese Verdoppelung zeigt an, dass jemand eine Handlung mit sich selbst ausführt oder auch nicht ausführt: *Kendi kendime Türkçe öğrendim* „Ich habe ganz allein Türkisch gelernt", *Susanne kendi kendine Arapça öğreniyor* „Susanne lernt ganz allein Arabisch", *Siz kendi kendinizi yönetmekten acizsiniz* (TA, 68'li, 59) „Ihr seid unfähig, mit euch selbst zurechtzukommen", *Kendi kendimle Tatarca konuşuyorum* „Ich spreche mit mir selbst Tatarisch".

- *Kendisi* kann *ile* annehmen: *Dün Gudrun'a rastladım. Kendisiyle uzun uzun konuştuk* „Gestern habe ich Gudrun getroffen. Ich habe mit ihr ganz lang gesprochen". *Kendi* kann auch das Ähnlichkeitssuffix *-ce* annehmen, davor wird ein pronominales *n* eingefügt: *Herkes yurdunu kendince sever ve yüceltilmesine çalışır* (TA, 68'li, 52) „Jeder liebt seine Heimat auf seine Weise und versucht, sie erhaben zu machen".

Merke auch: *kendisince* „seiner/ihrer Meinung nach", *kendilerince* „ihrer Meinung nach". *Kendi* kann auch *-ki* annehmen: *Bu bilgisayar kendiminki* „Dieser Computer ist mein eigener", *Kendindeki bıçağı ver* „Gib (mir) das Messer, das bei dir ist".
Mit *-siz* wird *kendi* nicht versehen. Möchte man z. B. „ohne sie/ihn" mit *kendi* formulieren, geht das nur in Form von *kendisi olmadan* in der Bedeutung „ohne dass er/sie dabei ist".

- *Kendi* kommt auch mit *-lik* + Possessivsuffixen + Ablativ vor: *kendiliğinden* „von selbst". Diese Form wird gebraucht, wenn die Ursache offen ist oder etwas von sich heraus geschieht: *Kapı kendiliğinden açıldı* „Die Tür hat sich von selbst geöffnet", *Kendiliğimden sofrayı topladım* „Ich habe von selbst den Esstisch abgeräumt".

Vergleichen Sie jetzt die türkische und deutsche Satzstellung (die Übersetzungen beziehen sich auf die zweite Variante):

Ali'ye kitap verdim. → Kendisine kitap verdim.	*Ich habe ihm ein Buch/Bücher gegeben.*
Ali'ye bir kitap verdim. → Kendisine bir kitap verdim.	*Ich habe ihm ein Buch gegeben.*
Ali'ye kitaplar verdim. → Kendisine kitaplar verdim.	*Ich habe ihm Bücher gegeben.*
Kitabı Ali'ye verdim. → Onu kendisine verdim.	*Ich habe es ihm gegeben.*
Kitapları Ali'ye verdim. → Onları kendisine verdim.	*Ich habe sie ihm gegeben.*

5 Das Reziprokpronomen *birbiri* „einander" (*İşteş Adıl*)

▸ Vergleichen Sie:

(1) **Birbirimizi** unutmayalım.	*Vergessen wir **einander** nicht.*
(2) **Birbirinize** dikkat edin.	*Passt auf **einander** auf!*
(3) **Birbirleriyle** iyi anlaşıyorlar.	*Sie verstehen **sich untereinander** gut.*

Wechselseitigkeit im Sinne „einer den anderen" wird durch *birbiri* „einander" ausgedrückt. Dieses *birbiri* kann kontextabhängig auch mit „untereinander/miteinander/aufeinander/gegenseitig/sich" übersetzt werden. *Birbiri* kommt nur in der 3. Pers. Sg. sowie in den Pluralformen vor. Die Deklination ist regelmäßig.

Nom	birbiri	birbirimiz	birbiriniz	birbirleri
Gen	birbirinin	birbirimizin	birbirinizin	birbirlerinin
Akk	birbirini	birbirimizi	birbirinizi	birbirlerini
Dat	birbirine	birbirimize	birbirinize	birbirlerine
Lok	birbirinde	birbirimizde	birbirinizde	birbirlerinde
Abl	birbirinden	birbirimizden	birbirinizden	birbirlerinden

Beispiele: *Birbirimizi seviyoruz* „Wir lieben einander", *Birbirine girdiler* „Sie sind aneinander geraten", *İkisini birbirinden ayırdım* „Ich habe die beiden voneinander getrennt", *Birbirimizden haberimiz olsun* „Lass uns von einander hören".

Merke auch: *Birbirine vurdular* „Sie schlugen sich (gegenseitig)" : *Birbirlerine vurdular* „Sie schlugen aufeinander ein" (*vurmak* mit Dativergänzung) sowie *Birbirini vurdular* „Sie töteten sich (gegenseitig)" : *Birbirlerini vurdular* „Sie brachten einander um" (*vurmak* mit Akkusativobjekt).

Siehe auch *Das Reziprok* 18.1.

6   Die Demonstrativpronomina *(İşaret Adılları)*

▸ Vergleichen Sie:

(1) **Bu** ne? – Gazete.	*Was ist das (hier)? – (Eine) Zeitung.*
Bu gazete Türkçe mi?	*Ist die Zeitung auf Türkisch?*
Bu Türkçe mi?	*Ist die auf Türkisch?*
(2) **Şu** ne? – Dergi.	*Was ist das (da)? – (Eine) Zeitschrift.*
Şu dergi de Türkçe mi?	*Ist auch diese Zeitschrift auf Türkisch?*
Şu da Türkçe mi?	*Ist auch diese auf Türkisch?*
(3) **O** ne? – Kitap.	*Was ist das (dort)? – (Ein) Buch.*
O kitap da Türkçe mi?	*Ist auch jenes Buch auf Türkisch?*
O da Türkçe mi?	*Ist auch jenes auf Türkisch?*

Türkisch kennt drei Demonstrativpronomina; es sind *bu* „das (hier)/dieses", *şu* „das (da)/dieses" und *o* „das (dort)/jenes". Mit ihnen weist der Sprecher auf eine Person, eine Sache oder einen Sachverhalt hin. Die Demonstrativpronomina können dekliniert werden sowie mit den Personalsuffixen des 1. Typs und – seltener – mit dem Possessivsuffix der 3. Pers. Sg. versehen werden. Sie gehen auch mit Begriffen wie *için, gibi, göre* (s. Postpositionen) Verbindungen ein.

Mit *bu* formuliert der Sprecher einen Fixpunkt, dem er sich nah fühlt und zu dem er auch den Hörer hinziehen will. Mit *şu* betrachtet der Sprecher das, auf das er hinweist, mit etwas Distanz. Die Deutefunktion ist stark. Insofern kann *şu* auch leicht abwertende Bedeutung haben: *Şu da kim?* „Wer ist das denn?". Mit *o* hingegen verweist der Sprecher auf etwas, das er als fern einstuft. Diese Nähe oder Entfernung sind oft keine messbaren Größen. Wenn z. B. drei Bücher in verschiedenen Sprachen nebeneinander auf einem Tisch liegen, kann der Sprecher sehr wohl sagen: *Bu kitap Türkçe, şu kitap Almanca, o kitap da Arapça* „Das Buch hier ist auf Türkisch, dieses Buch auf Deutsch und jenes Buch auf Arabisch". Für Dinge, die außerhalb des Sprecher-Hörer-Bereichs liegen, wird *o* verwendet: *Şemsiyem de sende mi? – O arabada* „Hast du auch meinen Schirm? – Der ist im Auto".

Die Demonstrativpronomina werden im Türkischen häufig gebraucht und sind oft nur mit „der/die/das" zu übersetzen. Übrigens, *Bu kitap* kann sowohl „das Buch" als auch „Das ist ein Buch" bedeuten. Im Sinne von „Das ist …" wird nach *bu, şu, o* beim Sprechen eine kleine Pause gemacht; in der Schrift kann ein Komma gesetzt werden.

▸ Vergleichen Sie auch:

(4) **Bunlar** ne? – Gazete.	*Was sind das (hier)? – Zeitungen.*
Bu gazeteler Türkçe mi?	*Sind die Zeitungen auf Türkisch?*
Bunlar Türkçe mi?	*Sind die auf Türkisch?*
(5) **Şunlar** ne? – Dergi.	*Was sind diese? – Zeitschriften.*
Şu dergiler de Türkçe mi?	*Sind auch diese Zeitschriften auf Türkisch?*
Şunlar da Türkçe mi?	*Sind auch die auf Türkisch?*
(6) **Onlar** ne? – Kitap.	*Was sind jene? – Bücher.*
O kitaplar da Türkçe mi?	*Sind auch jene Bücher auf Türkisch?*
Onlar da Türkçe mi?	*Sind auch jene auf Türkisch?*

Bunlar/şunlar/onlar werden nur in der Bedeutung „Das (sind) …" verwendet, d. h. sie stehen anstelle von *bu/şu/o* + einem Nomen im Plural als sogenannter *Nomenstellvertreter*.

- Die Deklination der Demonstrativpronomina

	Singular			*Plural*		
Nom	bu	şu	o	bunlar	şunlar	onlar
Gen	bunun	şunun	onun	bunların	şunların	onların
Akk	bunu	şunu	onu	bunları	şunları	onları
Dat	buna	şuna	ona	bunlara	şunlara	onlara
Lok	bunda	şunda	onda	bunlarda	şunlarda	onlarda
Abl	bundan	şundan	ondan	bunlardan	şunlardan	onlardan

Beispiele: *Bu o, bu o, bu Aydın …* (DA, AADY, 46) „Das ist er, das ist er, das ist Aydın …", *Hayvanat Bahçesi bu mu?* „Ist das der Zoologische Garten?", *Tuz şu mu?* „Ist das da das Salz?", *Yahu ne akıllı şu bizim müdürümüz be!* (Mİ, DVD, 13) „Menschenskind, welch schlauer Kopf ist doch dieser unser Direktor!", *Bunun bilincinde değildim* „Ich war mir dessen nicht bewusst", *Bunu bilmiyordum* „Das wusste ich nicht", *Sevindim buna* „Gefreut habe ich mich darüber", *Şuna bak* „Schau dir den/die/das an", *Şundan ister misin?* „Möchtest du davon haben?", *Onu geçelim* „Lassen wir das (Thema fallen)", *Ondan haberim yoktu* „Davon wusste ich nichts" (= hatte keine Ahnung), *Ben buyum işte!* „Ich bin eben der!" (Ich bin eben so und nicht anders.)

Beachten Sie, dass bei Doppelnennung der Demonstrativpronomina die Reihenfolge *o – bu* oder *şu – bu* lautet, während im Deutschen „dieser – jener" gesagt wird: *Her şeyi ona buna anlatma!* „Erzähle nicht alles diesem und jenem!", *Ali'nin şusu busu beni ilgilendirmiyor* „Was Ali betrifft (= dies und das von Ali), interessiert mich nicht".

Manchmal wird ein Demonstrativpronomen nachgetragen: *Öksürdü. Sigara tiryakilerinin öksürüşüydü bu…* (NH, YE, 22) „Sie hustete. Die Hustenart von passionierten Rauchern war das". Nachgetragen wird auch in folgendem Sinn: *Berlin bu* „Das ist halt Berlin".

Die Demonstrativpronomina stehen im Regelfall vor adjektivischen Attributen: *bu yeni sözlük* „dieses neue Wörterbuch", *şu yırtık pantolon* „diese zerrissene Hose da", *o güzel film* „jener schöne Film", *bu iki çalışkan ve terbiyeli kız* „diese beiden fleißigen und wohlerzogenen Mädchen", jedoch: *çalışkan ve terbiyeli bu iki kız* „diese fleißigen und wohlerzogenen zwei Mädchen".

- Die Verweisrichtung

(7) Biraz gezmeye çıkalım.	*Gehen wir doch ein wenig spazieren.*
– **Bu** iyi bir fikir. / **O** iyi bir fikir.	*– **Dies** ist eine gute Idee. / **Jenes** ist eine gute Idee.*

Soll ein Bezug zu etwas Erwähntem oder Bekanntem hergestellt werden, steht im Regelfall *bu* oder *o*; *şu* kann auch in diesem Fall leicht abwertende Bedeutung haben: *Neredeydin? – Şu soruş tarzına bak, işteydim* (DA, AADY, 91) „Wo warst du? – Sieh dir diese Frageweise an, ich war bei der Arbeit". *Bu* hingegen stellt eine unmittelbare Verbindung her, *o* nimmt den Begriff oder Sachverhalt neu auf: *Bir kitap aldım. Bu kitabı beğenmedim / O kitabı beğenmedim* „Ich habe ein Buch gekauft. Dieses Buch hat mir nicht gefallen / Das Buch hat mir nicht gefallen".

Wenn Mehreres genannt wurde, greift *o* den erstgenannten Begriff auf: *Onu değil, bunu ver* „Gib mir nicht dies, sondern das". *Şu* wird jedoch immer verwendet, wenn ein Sachverhalt erst im

Anschluss genannt wird: *Sana şunu söyleyeceğim: Bundan sonra vaktinde eve geleceksin* „Ich will dir Folgendes sagen: Ab jetzt wirst du pünktlich nach Hause kommen".

Vergleichen Sie jetzt die türkische und deutsche Satzstellung:

Öğretmenine/Kendisine bunu söyle.	*Sage deinem Lehrer/ihm das.*
Bunu öğretmenine/kendisine söyle.	*Sage das deinem Lehrer/ihm.*
Öğretmenine/Kendisine onu söyle.	*Sage deinem Lehrer/ihm jenes.*
Onu öğretmenine/kendisine söyle.	*Sage jenes deinem Lehrer/ihm.*
Öğretmenine/Kendisine şunu söyle.	*Sage deinem Lehrer/ihm Folgendes.*
Şunu öğretmenine/kendisine söyle.	*Sage Folgendes deinem Lehrer/ihm.*

Für zeitlichen Gebrauch gilt: *bu* verweist auf das unmittelbar als nah Empfundene, z. B. *bu sıra* „zur Zeit"; *şu* hat auch hier starke Deutefunktion, z.B. *şu sıra* „derzeit"; *o* verweist auf das weiter entfernt eingestufte Vergangene oder Kommende, z.B. *o zamanlarda* „da/damals", *o zaman* „zu der/jener Zeit (für Vergangenes)/dann (für Zukünftiges)".

- Die Demonstrativpronomina mit *-ce, ile* und *-siz* (s. Wortbildung 2)

(8)	**Bunca** yıl seni bekledim.	*Ich habe **so viele** Jahre auf dich gewartet.*	
(9)	**Bununla/Bunlarla** ne yapacaksın?	*Was wirst du **damit/mit denen** machen?*	
(10)	**Bunsuz** çıkma.	*Gehe nicht **ohne den/das** (aus dem Hause).*	

Mit *-ce, ile* und *-siz* sieht das so aus:

'bunca	*so viel*	bu'nunla	*damit*	bun'suz	*ohne dieses*
'şunca	*so viel* (selten)	şu'nunla	*damit*	şun'suz	*ohne dieses da*
'onca	*so viel*	o'nunla	*damit; mit ihm/ihr*	on'suz	*ohne jenes*
		bun'larla	*mit denen hier*	bunlar'sız	*ohne diese*
		şun'larla	*mit diesen da*	şunlar'sız	*ohne diese da*
		on'larla	*mit jenen/ihnen*	onlar'sız	*ohne jene*

- Von den Demonstrativpronomina abgeleitet sind die Adverbien *'böyle, 'şöyle, 'öyle* „so/solch", die auch als Adjektiv und substantiviert gebraucht werden:

(11)	**Böyle** bir bilgisayar almak istiyorum.	*Ich möchte **so** einen Computer kaufen.*
(12)	**Şöyle** bir bilgisayar almak istiyorum.	*Ich möchte **solch** einen Computer kaufen.*
(13)	**Öyle** bir bilgisayar almak istiyorum ki, işimi görsün.	*Ich möchte **so** einen Computer kaufen, dass er mir bei meiner Arbeit nützt.*

In (11) wird mit konkretem Vergleich auf einen Computer verwiesen, der Sprecher möchte genau so einen. In (12) ist der Vergleich nur annähernd. In (13) weist der Sprecher auf keinen konkreten Computer hin, sondern äußert seine Vorstellung dazu.

Beispiele: *Böyle bir günde piknik yapmalı!* „An so einem Tag (wie heute) sollte man Picknick machen!", *Şöyle bir bıçak al!* „Kauf etwa so ein Messer", *Türkiye öyle güzel ki!* „Die Türkei ist so schön!", *Öylesini hiç duymadım* „So etwas habe ich noch nie gehört".

Bitte beachten Sie: Deutsches „so" hat sehr viele Bedeutungen. Einige Beispiele zum Vergleich: *Bu da öyle bir şey* „Das ist auch so etwas", *Bu da öyle birisi* „Das ist auch so einer", *Şöyle ya da böyle ödemen gerek* „Du musst so oder so zahlen", *Öyle mutluyum ki!* „Ich bin so glücklich!", *Ne tesadüf!* „So ein Zufall!", *Neler anlatıyorlar!* „Was sie (= die Leute) so alles reden!", *bu kadar sıcak bir gün* „so ein heißer Tag".

- Die Demonstrativa *işte* und *işbu*

  İşte wird häufig verwendet und hat im Satz keine fest definierte Stellung. Es wird sowohl als nachdrückliches Deutewort „(sieh) da" als auch als resümierende Partikel „eben/halt; doch" eingesetzt: *İşte, geldiler* „Da, sie sind gekommen", *Gözlüğüm nerede ? – İşte burada* „Wo ist meine Brille? – Hier ist sie doch", *Gördün işte, bir gün kaybettik* „Und nun, siehst du, haben wir einen Tag verloren", *İşte, mesele bu* „Eben, die Sache ist diese", *O gün işte geç gelmişlerdi* „An jenem Tag waren sie halt zu spät gekommen", *Gelmediler işte* „Sie sind eben nicht gekommen". Auf eine Frage mit „warum?" wird *işte* auch im Sinne von deutschem „darum" verwendet: *Bunu niçin yaptın? – İşte* „Warum hast du das getan? – Darum".

  In der Behördensprache kommt noch *işbu* „ebendies" vor: *İşbu belgeyle ...* „Mit ebendieser Bescheinigung ...", wo im Deutschen mit „Hiermit wird bescheinigt ..." eingeleitet würde.

  Merke auch: *aynı* „der/die/dasselbe" oder „der/die/das gleiche": *İkimiz aynı evde oturuyoruz* „Wir beide wohnen im selben Haus", *İkimiz aynı tişörtü giyiyoruz* „Wir beide ziehen dasselbe T-Shirt an", *İkimiz aynı tişörtten aldık* „Wir beide haben das gleiche T-Shirt gekauft".

- Vorausweisende Demonstrativpronomina wie „derjenige, der" kennt Türkisch nicht. Solche Konstruktionen werden mit Partizipien gebildet (s. Verbalnomina 4).

7   Die Ortspronomina

▸ Vergleichen Sie:

(1) Türkiye'nin **neresi** güzel?	*Wo in der Türkei ist es schön?*
(2) **Burası** çekilmiyor artık.	*Hier ist es nicht mehr zu ertragen.*
(3) Kitabın **şurası** yanlış.	*Die Stelle da in dem Buch ist falsch.*
(4) **Orası** nasıl?	*Wie ist es dort?*

Türkisch kennt vier Ortspronomina, die einen Ort oder eine Stelle erfragen bzw. auf diese hinweisen. Sie sind von *ne* „was?", *bu* „dieses", *şu* „dieses da", *o* „jenes" abgeleitet und können dekliniert werden, das Pluralsuffix und Possessivsuffixe annehmen:

nére	*welcher Ort?, welche Stelle?*	néreler	*welche Orte?, welche Gegend?*
búra	*der Ort hier, die Stelle hier*	búralar	*die Orte hier, die Gegend hier*
şúra	*der Ort da, die Stelle da*	şúralar	*die Orte da, die Gegend da*
óra	*der Ort dort, die Stelle dort*	óralar	*die Orte dort, die Gegend dort*

Die Singularformen im Nominativ kommen selten vor, und wenn, stehen sie attributiv oder sind mit dem Genitiv versehen: *Sizin takım da hangisi? – Bura takımı...* „Und welches ist Ihre Mannschaft? – Die Mannschaft von hier...", *Buranın halkı çok sempatik* „Die Leute von hier sind sehr sympathisch". Weitaus häufiger werden die Singularformen im Nominativ mit dem Possessivsuffix der 3. Pers. versehen, um eine Teilmenge zu bezeichnen: *Burası güzel* „Hier (= dieser Ort hier) ist es schön".

Zwei Beispiele im Akkusativ:

(5) Ora**yı** sevmiyorum.	*Ich mag jene Gegend nicht.*
(6) Ora**sını** sevmiyorum.	*Ich mag die Gegend dort nicht.*

In (5) betrachtet der Sprecher „jene Gegend" in ihrer Gesamtheit, in (6) teilt er ein Stück Gegend aus der Gesamtheit ab. Merke auch: *postanenin orada* „dort bei der Post" : *postanenin orasında* „etwa dort bei der Post".

Die Deklination ohne und mit Possessivsuffix ist regelmäßig. Die Ortspronomina ohne Possessivsuffix, aber mit Dativ-, Lokativ- oder Ablativsuffix, entsprechen folgenden deutschen Adverbien:

nereye	*wohin?*	buraya	*hierhin, hierher*	şuraya	*dahin*	oraya	*dorthin*
nerede	*wo?*	burada	*hier*	şurada	*da*	orada	*dort*
nereden	*woher?*	buradan	*von hier*	şuradan	*von da(her)*	oradan	*von dort(her)*

▶ Vergleichen Sie jetzt:

(7) Ankara Radyosu **orada**.	*Radio Ankara ist **dort** (= befindet sich dort).*
(8) **Burası** Ankara Radyosu.	***Hier** (= diese Stelle) ist Radio Ankara.*

Beispiele: *Burası neresi?* „Wo ist das hier?" (= Welcher Ort ist dieser Ort? – Sie zeigen z. B. auf eine Ansichtskarte), *Orası neresi?* „Wo ist das dort?" (oder am Telefon: „Welche Stelle ist das dort?"). Wenn Sie jemanden anrufen und z. B. sagen wollen „Hier ist Ulf", passt *burası* nicht; es passt aber auch nicht *burada*, weil niemand gefragt hat, wo Sie sind. Sagen Sie nur *Ben Ulf*.

Weitere Beispiele: *Türkiye'nin nerelerini gördünüz?* „Welche Gegenden der Türkei haben Sie gesehen?", *Makalenin şurasını anlamadım* „Die Stelle da in dem Artikel habe ich nicht verstanden", *Adresini kâğıdın şurasına yaz* „Schreib deine Anschrift dahin aufs Papier", *Türkiye'nin neresindensiniz?* „Aus welcher Gegend der Türkei stammen Sie?".

Auf einen Sachverhalt bezogen, steht *şurası/orası* für „folgender/jener Punkt (der Angelegenheit)": *Meselenin şurasına da değinmek istiyorum* „Ich möchte auch noch folgenden Punkt des Problems ansprechen".

Merke auch: *Neren ağrıyor?* „Wo tut es dir weh? = Welche deine Stelle tut weh?", *Buram ağrıyor* „Hier tut es mir weh = Meine Stelle hier tut weh", *Dersler artık **burama** geldi* „Der Unterricht steht mir jetzt bis hier = die Unterrichtsstunden sind mir jetzt bis zu meinem hier gekommen".

Die Ortspronomina können *-li, -ce* und *-cik* annehmen. Beispiele dazu: *Ben buralı değilim* „Ich stamme nicht von hier", *Siz nerelisiniz?* „Und woher stammen Sie?", *oralı arkadaşlar* „Kumpel von dort". In übertragener Bedeutung: *Oralı olmadım* „Ich habe das geflissentlich überhört/übersehen". *Buraca* und *oraca* bedeuten „seitens dieser/jener Stelle": *Buraca yapılacak bir şey yok* „Von hier aus kann nichts unternommen werden". *Şuracıkta* und *oracıkta* bedeuten „gleich an dieser/jener Stelle": *Oracıkta bayılıverdim* „Gleich dort bin ich in Ohnmacht gefallen".

8   Die Interrogativa

▶ Vergleichen Sie:

(1) Berlin güzel **mi**?	*Ist Berlin schön?*
(2) **Kim** telefon etti?	*Wer hat angerufen?*
(3) **Ne** aldın?	*Was hast du gekauft?*
(4) **Hangi** pastadan istersiniz?	*Von **welchem** Kuchen möchten Sie?*
(5) **Kaç** kişisiniz?	*Wie viele Personen seid ihr?*
(6) **Ne kadar** istiyorsun?	*Wie viel möchtest du?*
(7) **Ne gibi** bir hediye olsun?	*Wie (= wie was) soll das Geschenk sein?*
(8) **Nasıl** bir hediye olsun?	*Was für ein Geschenk soll es sein?*
(9) **Ne zaman** geldin?	*Wann bist du gekommen?*
(10) **Nerede** oturuyorsunuz?	*Wo wohnen Sie?*
(11) **Nereye** gidiyorsunuz?	*Wo gehen Sie **hin**?*
(12) **Nereden** geliyorsunuz?	*Wo kommen Sie **her**?*
(13) **Neden** gelmedin?	*Warum bist du nicht gekommen?*
(14) **Niçin** gelmedin?	*Weswegen bist du nicht gekommen?*
(15) **Niye** gelmedin?	*Weshalb bist du nicht gekommen?*
(16) **Kiminle** sinemaya gittin?	*Mit wem bist du ins Kino gegangen?*
(17) **Neyle** üniversiteye geliyorsunuz?	*Womit kommen Sie zur Universität?*
(18) **Ne için** Türkçe öğreniyorsunuz?	*Wozu lernen Sie Türkisch?*

Unter dem Begriff *Interrogativa* sollen alle Fragewörter zusammengefasst werden, gleichgültig, ob sie den Pronomina, Adjektiven oder Adverbien zuzuordnen sind. Im Fragesatz ändert sich die Wortstellung im Türkischen nicht. Fragen werden entweder durch das vierförmige Fragewörtchen *mi,* auch *Interrogativpartikel* genannt, gebildet oder durch andere Fragewörter wie *kim* „wer?", *ne* „was?".

• Das Fragewörtchen *mi* in Beispiel (1) ist eigentlich ein Suffix. Es hat keine Eigenbedeutung, schließt sich eng an das vorhergehende Wort an und wird nicht betont. Es wird *nicht* mit dem vorhergehenden Wort zusammengeschrieben. Beispiele:

Bu Dilek **mi**?	*Ist das Dilek?*	Bu Teoman **mı**?	*Ist das Teoman?*
Bu Deniz **mi**?	*Ist das Deniz?*	Bu Yıldız **mı**?	*Ist das Yıldız?*
Bu Güngör **mü**?	*Ist das Güngör?*	Bu Erol **mu**?	*Ist das Erol?*
Bu Gönül **mü**?	*Ist das Gönül?*	Bu Timur **mu**?	*Ist das Timur?*

Das Fragewörtchen *mi* ist nicht stellungsfest; es steht nach dem Wort oder Satzglied, das erfragt wird: *Çocuklar yorgun **mu**?* „Sind die Kinder *müde*?" : *Çocuklar **mı** yorgun?* „Sind *die Kinder* müde?".

• *Kim* „wer?" wird als Stellvertreter eines Nomens gebraucht: *Ali geldi* „Ali ist gekommen" → *Kim geldi?* „Wer ist gekommen?". Merke auch die Echofrage: *Ben kim miyim?* „Wer ich bin?".

- *Ne* „was?" wird als Stellvertreter oder Begleiter eines Nomens verwendet: *Ekmek aldım* „Ich habe Brot gekauft" → *Ne aldın?* „Was hast du gekauft?"; *Ne tesadüf!* „So ein Zufall!".

Kim „wer?" und *ne* „was?" können das Pluralsuffix annehmen, wenn der Sprecher will, dass die Frage mehreren Personen oder Sachen gelten soll, also *kimler* „wer alles?", *neler?* „was alles?". Die Deklination ist regelmäßig:

kim?	wer?	kimler?	wer alles?	ne?	was?	neler?	was alles?
kimin?	wessen?	kimlerin?		neyin?	wovon?	nelerin?	
kimi?	wen?	kimleri?		neyi?	was?	neleri?	
kime?	(zu) wem?	kimlere?		neye?	wozu?	nelere?	
kimde?	bei wem?	kimlerde?		nede?	wobei?	nelerde?	
kimden?	von wem?	kimlerden?		neden?	woraus?	nelerden?	

Beispiele: *Bu kim?* „Wer ist das?", *Kimin annesi emekli?* „Wessen Mutter ist Rentnerin?", *Bu şemsiye kimin?* „Wem gehört dieser Schirm?", *Kimi gördün?* „Wen hast du gesehen?", *Sözlüğü kime verdin?* „Wem hast du das Wörterbuch gegeben?", *Kimde sözlük yok?* „Wer hat kein Wörterbuch?", *Kimden çekiniyorsun?* „Vor wem genierst du dich?", *Kursta kimler var?* „Wer ist alles im Kurs?", *Kimlerden korkuyorsun?* „Vor wem alles hast du Angst?", *Senden başka kimleri var?* „Wen hat er noch außer dir?";

Bu ne? „Was ist das?", *Ne karışıyorsun?* „Was mischst du dich ein?", *Bu neyin nesi?* „Was soll das sein?" (= Was ist das wovon?), *Neyi anlamadın?* „Was hast du nicht verstanden?", *Bu alet neye yarar?* „Wozu taugt dieses Gerät?", *Nede tereddüdün var?* „Wobei zauderst du?", *Bu çanak neden yapılmış?* „Woraus ist diese Schale hergestellt?" (Das letzte Beispiel kann kontextabhängig auch „Warum ist diese Schale hergestellt worden?" bedeuten), *Derste neler yapıyorsunuz?* „Was macht ihr alles im Unterricht?", *Neleri beğendin?* „Was hat dir alles gefallen?";
Ne güzel! „Wie schön!", *ne zaman?* „wann?".

Merke gesondert: *Ne yapalım!* > *N'apalım!* [na:palım] „Was kann man da machen!", *Ne olacak!* > *N'olacak!* [no:lacak] „Was soll's!"; aber: *Bu ne olacak?* „Was soll das werden/sein?".

Ne kann Possessivsuffixe annehmen (zu *ne* s. Nomen 2.4): *Neyin var?* „Was hast du?", *Çocuğun nesi var?* „Was hat das Kind?". Merke auch: *Neme lazım!* „Was geht mich das an!".

Es gibt die neutrale Frage *kiminle?* „mit wem?" und die Frage *kimle?,* wobei der Sprecher der Person, die er erfragt oder über die er spricht, keinen besonderen Wert beimisst.

Von *ne* abgeleitet gibt es die beiden nicht sehr höflichen Fragewörter *nece?* „auf welche (sprachliche) Art?" und *neci?* „was für ein Beschäftigter?": *Bu adamlar nece konuşuyorlar?* „In welchem Kauderwelsch reden diese Leute?", *Necisiniz?* „Womit geben Sie sich ab?". Höflicher ist es, folgendermaßen zu fragen: *Hangi dili konuşuyorlar?* „Welche Sprache sprechen sie?" bzw. *Ne iş yapıyorsunuz?* „Was machen Sie beruflich?", *Mesleğiniz ne?* „Was sind Sie von Beruf?".

- *'Hangi* „welcher/welche/welches?" wird als Begleiter oder Stellvertreter eines Nomens verwendet. Als Begleiter steht es unveränderlich vor einem Bezugswort. Als Stellvertreter nimmt es das Possessivsuffix der 3. Person an: *hangisi*; die Pluralform lautet *hangileri*. Die Deklination ist regelmäßig. *Hangi* kann in den Pluralformen Possessivsuffixe annehmen.

hangisi?	*welcher?*	hangileri?	*welche?*
hangisinin?	*welchen?*	hangilerinin?	*welchen?*
hangisini?	*welchen?*	hangilerini?	*welche?*
hangisine?	*(zu) welchem?*	hangilerine?	*(zu) welchen?*
hangisinde?	*bei welchem?*	hangilerinde?	*bei welchen?*
hangisinden?	*von welchem?*	hangilerinden?	*von welchen?*

Beispiele: *Bursa'dan hangi gün döneceksin?*„An welchem Tag wirst du von Bursa zurückkommen?", *Hangi numarayı aradınız?* „Welche Nummer haben Sie gewählt (= gesucht)?", *Hangi çocuklar Türk?* „Welche Kinder sind Türken?";
Şu iki resme bak. Hangisi daha güzel? „Sieh dir diese beiden Bilder an. Welches (davon) ist schöner?", *Hangisini istiyorsun?* „Welches möchtest du?", *Pazara gittim – Hangisine?* „Ich bin auf den Markt gegangen – Auf welchen?", *Meyve suları aldım – Hangilerinden?* „Ich habe Obstsäfte gekauft – Welche? (= Von welchen)". Merke auch: *Çocuklardan hangisi Türk?* „Welches der Kinder ist Türke?";
Hangimiz gelsin? „Wer von uns soll kommen?" (= welcher von uns), *Hangimizi ziyaret edeceksin?* „Wen von uns wirst du besuchen?", *Hanginize yardım edeyim?* „Wem von euch soll ich helfen?".

Verallgemeinernde Fragewörter werden durch Voranstellung von *her* „jeder" gebildet; die Aussage steht dann in einer Bedingungsform: *Her kim isterse gelsin* „Wer immer auch will, soll kommen", *Her ne istersen yap* „Was immer du willst, mach's" (s. Verb 17.2 und 17.4).

- Für „wie viel?" gibt es zwei Ausdrücke: *kaç?* und *ne kadar? Kaç* fragt nach einzelnen zählbaren Dingen und wird im Regelfall zusammen mit einem Nomen im Singular verwendet: *Kaç kilo/şişe/çocuk?* „Wie viel(e) Kilo/Flaschen/Kinder?". Nach nicht zählbaren Dingen wird mit *ne kadar?* „wie viel?" gefragt. Ein Verkäufer kann jedoch auch bei zählbaren Dingen, wie z.B. „Kilo" oder „Gramm", *ne kadar?* fragen, um dem Kunden die Wahl der Antwort zu überlassen.

- Mit *ne gibi?* wie in (7) wird die Frage nach der Ähnlichkeit/Vergleichbarkeit gestellt, mit *'nasıl?* wie in (8) die Frage nach der Beschaffenheit.

- Zu *ne zaman, nerede* usw. vgl. auch *Adverb*.

- Mit *ne'den?* wie in (13) wird die Frage nach dem Grund, mit *'niçin?* wie in (14) die Frage nach dem Zweck, mit *'niye?* wie in (15) die Frage nach dem Motiv gestellt. Diese drei Fragewörter sind oft austauschbar. Eine starke Frage nach dem Motiv bildet *ne diye?* „weshalb?": *Ne diye geç geldin?* „Weshalb bist du zu spät gekommen?" (Was hast du dir dabei gedacht?).

- Zu *ile, için, gibi, kadar* vgl. auch *Postpositionen*.

9   Die Indefinita

▸ Vergleichen Sie:

(1) Firmamızda **herkesi** tanıyorum.	*Ich kenne **jeden** in unserer Firma.*
(2) **Hepsini** gördüm.	*Ich habe **alle** gesehen.*
(3) **Her şey** pahalı.	***Alles** ist teuer.*
(4) **Her şeyi** anladım.	*Ich habe **absolut alles** verstanden.*
(5) **Hepsini** anladım.	*Ich habe **alles** verstanden.*
(6) **Bütün bu** öteberiyi nasıl taşıyacaksın?	*Wie wirst du **alle diese** Sachen tragen?*
(7) **Bu bütün** öteberiyi nasıl taşıyacaksın?	*Wie wirst du **diese ganzen** Sachen tragen?*
(8) **Hepsini** nasıl taşıyacaksın?	*Wie wirst du **alles** tragen?*
(9) **Kimse** telefon etti mi?	*Hat **jemand** angerufen?*
(10) **Kimse** telefon etmedi.	***Niemand** hat angerufen.*
(11) **Kimse** görmedim.	*Ich habe **niemanden** gesehen.*
(12) **Kimseyi** görmedim.	*Ich habe **absolut niemanden** gesehen.*
(13) **Hiç kimseyi** görmedim.	*Ich habe **überhaupt niemanden** gesehen.*
(14) **Hiçbirini** görmedim.	*Ich habe **nicht einen** gesehen.*
(15) **Hiçbirisini** görmedim.	*Ich habe **überhaupt keinen von ihnen** gesehen.*
(16) **Herbirine** beşer Euro ver.	*Gib **jedem von ihnen** fünf Euro.*
(17) Önemli **bir şey** söyledi mi?	*Hat er **etwas** Wichtiges gesagt?*
(18) Önemli **bir şey** söylemedi.	*Er hat **nichts** Wichtiges gesagt.*
(19) **Bir şey** anlamadım.	*Ich habe **nichts** verstanden.*
(20) **Bir şeyi** anlamadım.	***Eine Sache** habe ich nicht verstanden.*
(21) **Hiçbir şey** anlamadım.	*Ich habe **gar nichts** verstanden.*

Unter dem Begriff *Indefinita* sollen alle „nicht bestimmt" verwendeten Wörter zusammengefasst werden, gleichgültig, ob sie den Nomina, Pronomina oder Zahladjektiven zuzuordnen sind.

1. jeder/alle(s)

Ohne Bezugswort

• wird für Personen *herkes* „jeder, jedermann" wie in (1) oder *hepsi* „alle" gebraucht wie in (2). *Hepsi* nimmt vor einem Kasussuffix pronominales *n* an und schließt an etwas Erwähntes/Bekanntes an: *Arkadaşların geldi mi? – Hepsi geldi* „Sind deine Freunde gekommen? – Alle sind gekommen", *Öğrencilerimin hepsi az çok Türkçe biliyor* „Alle meine Studenten können mehr oder weniger Türkisch". Vergleiche auch: *Öğrencilerimin hepsi geldi* „Alle meiner Studenten sind gekommen" : *Öğrencilerimin hepsi gelmedi* „Nicht alle meiner Studenten sind gekommen".

Hepsi ist von *hep* „alle" abgeleitet (*hep* wird auch für „ständig" gebraucht). Beispiele: *Hepimiz Türküz* „Wir alle sind Türken", *Ali hepimizi davet etti* „Ali hat uns alle eingeladen", *Hepinize iyi günler dilerim* „Ich wünsche euch allen angenehme Tage", *Hep beraber sinemaya gidelim* „Gehen wir alle zusammen ins Kino", *Hep birlikte sinemaya gidelim* „Gehen wir alle gemeinsam ins Kino". Merke: *Hep araya giriyorsun* „Ständig redest du dazwischen".

- wird für Sachen *her şey* „alles" oder für Erwähntes/Bekanntes ebenfalls *hepsi* „alles" verwendet: *Oğlum her şeyi komşulara anlatır* „Mein Sohn erzählt alles den Nachbarn", *Oğlum hepsini komşulara anlattı* „Mein Sohn hat alles den Nachbarn erzählt" (z. B. alles, was wir besprochen haben).

Bütün „ganz/alle" hingegen steht immer in Verbindung mit einem Bezugswort und im Regelfall davor: *Bütün bunları nasıl taşıyacaksınız?* „Wie werdet ihr das alles tragen?". Statt *bütün* wird seit einiger Zeit auch *tüm* „Ganzes" gebraucht, sollte jedoch „richtiger" nach einem Bezugswort stehen: *Bunların tümünü nasıl taşıyacaksınız?* „Wie werdet ihr das Ganze tragen?". (*Anmerkung*: Wenn irgend etwas lang genug „falsch" gemacht wird, dann ist es irgendwann „richtig" – das gilt auch fürs Deutsche.)

Mit einem Bezugswort
- sagt man *her* „jeder/jede/jedes": *Her çocuğa iki euro ver* „Gib jedem Kind zwei Euro", *Her gün altıda kalkarım* „Ich stehe jeden Tag um sechs auf".

2. jemand/niemand

Kimse „Person/jemand" verhält sich im Satz wie ein Substantiv, kann also nicht nur dekliniert werden, sondern auch das Pluralsuffix annehmen. In bejahten Sätzen kann *kimse* als Subjekt nur in der Form *bir kimse* bzw. *kimseler* stehen (*Kimse geldi* kann man nicht sagen, weil das ganz unbestimmt wäre, dann gebraucht man *biri* oder *birisi*): *öyle zengin bir kimse* „eine solch reiche Person", *öyle zengin kimseler* „solch reiche Personen".

In bejahten *Fragesätzen* hingegen kann *kimse* stehen: *Evde kimse var mı?* „Ist jemand zu Hause?".

Deutsches „niemand" wird durch *kimse* oder *hiç kimse* „gar niemand" mit *verneintem* Prädikat ausgedrückt: *Evde kimse yok mu?* „Ist niemand zu Hause?", *Bugün kimse telefon etti mi? – Hiç kimse telefon etmedi* „Hat heute jemand angerufen? – Überhaupt niemand hat angerufen".

Kimse kann Possessivsuffixe, das Suffix *-siz* oder *-cik* annehmen: *Burada kimsem yok* „Ich habe niemanden hier", *Ankara'da kimseniz var mı?* „Haben Sie jemanden in Ankara?", *Senin kimin kimsen yok mu?* „Hast du gar keinen Angehörigen?", *Kimsesizim* „Ich bin allein auf der Welt", *Kimsecik yok* „Gar niemand ist da".

- *Biri* bedeutet „einer" oder „irgendjemand": *Demin biri geldi* „Vorhin ist da irgendjemand gekommen". *Birisi* bedeutet „einer, jemand" und wird spezifisch gebraucht: *Demin birisi geldi, seni sordu* „Vorhin ist jemand gekommen und hat nach dir gefragt", *Yolu birisine sordum* „Ich habe jemanden nach dem Weg gefragt". Wenn man einen Anruf erwartet hat, kann man fragen: *Birisi telefon etti mi?* „Hat einer angerufen?". Merke: *herbiri* „jeder von ihnen".

Biri, manchmal auch *birisi*, wird mit *hiç* verneint: *hiçbiri* „keiner" und bezieht sich auf Personen oder Sachen; das Verb nach *hiçbiri* wird verneint: *Çocuklar geldi mi? – Hiçbiri gelmedi* „Sind die Kinder gekommen? – Keines ist gekommen", *İşlerini bitirdin mi? – Hiçbirini bitiremedim* „Hast du deine Arbeiten erledigt? – Keine habe ich erledigen können".

In folgenden Beispielen überwiegt die Bedeutung des Zahlwortes:

Bugün **bir** Türk geldi.	*Heute ist ein Türke gekommen. (kein Italiener)*
Bugün Türk**ün biri** geldi.	*Heute ist so ein Türke gekommen.*
Bugün Türk**lerden biri** geldi.	*Heute ist einer der Türken gekommen.*
Kitaplardan **birisini** Gülnur'a verdim.	*Eines von den Büchern habe ich Gülnur gegeben.*
Bugün üç mektup geldi, **birisi** Ali'den.	*Heute sind drei Briefe gekommen, einer ist von Ali.*

Merke: *adamlardan biri* „einer der Männer" (aus einer spezifischen Gruppe) : *adamların biri* „einer von den Männern" (aus der Männerreihe).

Biri und *hiçbiri* können in den Pluralformen Possessivsuffixe annehmen: *Babam birimizi çağırdı* „Mein Vater hat einen von uns gerufen", *Biriniz alışverişe gitsin* „Einer von euch soll einkaufen gehen!", *Bunu hiçbirimiz anlamadı* „Das hat keiner von uns verstanden", *Hiçbirimizin yanında para yok* „Keiner von uns hat Geld dabei", *Hiçbirinizi çağırmadım* „Ich habe keinen von euch herbeigerufen".

Auch andere Zahlwörter können Possessivsuffixe annehmen: *Ali ile Veli Almanca öğreniyor. İkisi aynı kursa katılıyor* „Ali und Veli lernen Deutsch. Beide nehmen am selben Kurs teil", *İkimize döner aldım* „Ich habe für uns beide Döner gekauft", *Üçünüzü de kutlarım* „Ich gratuliere euch allen dreien".

Merken wir uns noch *adam* „Mann, Mensch", *insan* „der Mensch", *halk* „das Volk", *millet* „die Nation" in folgender Verwendung: *Bir adam bunu nasıl söyler* „Wie kann eine Person so etwas sagen", *Bir insan bunu nasıl söyler* „Wie kann ein Mensch so etwas sagen", *İnsanlar sokaklara döküldü* „Die Menschen strömten auf die Straße", *Halk sokaklara döküldü* „Das Volk strömte auf die Straße", *Millet sokaklara döküldü* „Die Leute strömten auf die Straße", *Milleti güldürme* „Bring die Leute nicht zum Lachen".

- In bejahten Sätzen steht *bir şey* für „etwas" und in verneinten Sätzen für „nichts". Merke auch: *Bir şeyler aldım* „Ich habe einige Dinge gekauft" und *Ne yapıyorsun? – Hiç!* „Was machst du? – Nichts!".
  Şey „Ding" wird in der gesprochenen Sprache sprecherabhängig auch als Füllwort benutzt: *Bugün şeye gideceğim, doktora* „Ich werde heute zum Dings gehen, zum Arzt", *Viskiyi şeyden aldım, Aldi'den* „Den Whisky habe ich bei Dings gekauft, bei Aldi". Merke auch: *Şeyin şey(i)si yok* „Das Ding vom Ding ist nicht da".

Merke in diesem Zusammenhang auch die mit *m-* versehenen Reimdoppelungen: *enflasyon menflasyon* „Inflation und dergleichen" (s. Wortbildung 3).

Merke ebenso *falan/filan* „der und der", *falanca* „der und die", *falan filan* „und so weiter und so fort": *falan gün* „an dem und dem Tag", *Gül gelemeyecekmiş, işi çokmuş, temizlik yapacakmış, alışverişe gidecekmiş falan filan* „Gül wird, wie sie gesagt hat, nicht kommen können, sie habe viel zu tun, müsse saubermachen und einkaufen gehen und so weiter und so fort".

Merken Sie sich auch *herhangi* „irgend-": *herhangi bir kimse/biri(si)* „irgendjemand", *herhangi bir* „irgend ein", *herhangi bir şey* „irgendetwas": *Bunu herhangi birisine ver* „Gib das irgendjemandem", *Herhangi bir köye gitmem* „Ich gehe nicht in irgendein Dorf", *Okuyacak herhangi bir şeyin var mı?* „Hast du irgendetwas zum Lesen?".

3. manche/etliche/einige

Bazı „manche" und *kimi* „mancher/etliche" werden als Nomenbegleiter, *bazısı* „mancher" bzw. *bazıları* „manche" sowie *kimi* „mancher" bzw. *kimisi* „einige" als Nomenstellvertreter verwendet. *Bazı* und *kimi* sind weitgehend austauschbar: *Bazı/kimi arkadaşlar Almanca öğrenemedi* „Manche/ Etliche Kollegen haben Deutsch nicht erlernen können", *Bazısı/Kimi Almanca öğrenemedi* „Mancher hat Deutsch nicht erlernen können", *Bazıları/kimisi Almanca öğrenemedi* „Manche/ Einige haben Deutsch nicht erlernen können".

Merke auch: *bazımız* „manche von uns" und *kimimiz* „einige von uns": *Kimimiz öğretmen, kimimiz öğrenci* „Einige von uns sind Lehrer und einige Studenten".

4. ein paar/wenige/viele

Birkaç „ein paar (einzelne)", *az sayıda* „wenige" und *birçok* „viele (einzelne)", *çok sayıda* „zahlreiche", *bir hayli* „beachtlich viel", *bir sürü* „eine Menge" werden als Nomenbegleiter (das Nomen steht meistens im Singular), *birkaçı, azı* und *birçoğu* „viele (einzelne)" sowie *birçokları* „viele von ihnen", *çoğu* „die meisten", *bir haylisi* „beachtlich viele", *bir sürüsü* „eine Menge von ihnen/ davon" als Nomenstellvertreter verwendet: *Birkaç mektup yazdım* „Ich habe ein paar Briefe geschrieben", *Birkaç öğrencimi davet ettim* „Ich habe ein paar meiner Studenten eingeladen", *Az sayıda/birçok/çok sayıda öğrencim burs alıyor* „Wenige/Viele/Zahlreiche meiner Studenten bekommen ein Stipendium". Wenn „viele" sich auf eine nicht-spezifische Masse bezieht, wird *çok* gebraucht: *Türkiye'de çok öğrenci burs alıyor* „In der Türkei bekommen viele Studenten ein Stipendium";
Yirmi dört öğrencim var. Tatilde azı/birkaçı/birçoğu/çoğu/bir haylisi/bir sürüsü Antalya'ya gidecek „Ich habe vierundzwanzig Studenten: In den Ferien werden wenige/ein paar/viele/die meisten/beachtlich viele/eine Menge von ihnen nach Antalya fahren".

Merke auch: *birtakım kimseler* „eine Anzahl Personen", *birçok kimseler* „recht viele Personen", *birçok kitaplar* „vielerlei Bücher", *türlü türlü sebzeler* „allerlei Gemüse", *çeşit çeşit sebzeler* „verschiedenerlei Gemüse" sowie *Nice yıllara!* „Auf viele Lebensjahre!".

5. (ein) wenig/viel

Az „wenig" , *biraz* „ein wenig/ein bisschen" und *çok* „viel": *Az/biraz/çok uyudum* „Ich habe wenig/ein wenig/viel geschlafen". Merke auch: *az çok* „mehr oder weniger" sowie *Azıcık yemek ye!* „Iss ein klein bisschen!" und *Almancayı az buçuk anlıyor* „Er versteht Deutsch leidlich".

Merke ebenfalls: *bu kadar* „so viel" (mit genauem Vergleich), *şu kadar* „so viel" (mit annäherndem Vergleich), *o kadar* „soviel" (ohne Vergleich, absolut gebraucht) sowie *eksik* „fehlend/zu wenig" und *noksan* „unvollständig".

6. anderes/anderer/andere

Es gibt im Türkischen vier Begriffe, die im Deutschen mit „ander-" wiedergegeben werden:

* *Başka* bedeutet „ein anderer/andere" im Sinne von „andersartig", bezogen auf etwas Vorhandenes: *Eskiden her şey başka idi* „Früher war alles anders", *Bugün otele başka turistler geldi* „Heute sind in das Hotel andere Touristen gekommen", *Başka bir gün gelirim* „Ich komme an einem anderen Tag".

Başka wird auch ohne Possessivsuffix gebraucht, wenn das Bezugswort vorher genannt wurde: *Bu peynir iyi değil. Başka yok mu?* „Dieser Käse ist nicht gut. Gibt es keinen anderen?".

Darüber hinaus wird *-den başka* für „außer" oder „nichts anderes außer" gebraucht: *Hasan'dan başka kim çay içmek ister?* „Wer noch außer Hasan möchte Tee trinken?", *Bunlardan başka elbiselik kumaşımız yok* „Wir haben keine anderen Kleiderstoffe außer diesen".

- *Diğer* (P) bedeutet „der andere" und *diğer bir* „ein anderer" im Sinne von „eines anderen Typs" und stellt keinen Vergleich zu etwas Vorhandenem her: *Bugün otele diğer turistler geldi* „Heute sind in das Hotel die anderen Touristen gekommen", *Diğer bir gömlek giy* „Zieh ein anderes Hemd an", *Diğer pantolonu giy* „Zieh die andere Hose an", *Diğerleri hoşuma gitmiyor* „Die anderen gefallen mir nicht".

- *Öbür* „der andere" gibt eine Reihenfolge an und nähert sich der Bedeutung von „der folgende", deswegen heißt es auch *öbür gün* „übermorgen": *Eh, ilk gün evde kaldın, öbür günler ne yaptın? – Öbürlerinde gezmeğe çıktım* „Na ja, am ersten Tag bist du zu Hause geblieben; und was hast du an den anderen Tagen gemacht? – An den anderen bin ich spazieren gegangen".

- *Öteki* „der andere" nähert sich der Bedeutung von „der zweite" auf gleicher Ebene, aber mit gefühlsmäßiger Distanz. *Öteki* und *öbür* sind oft austauschbar: *Bir teyzem Köln'de, öteki/öbür teyzem Zürih'te oturuyor* „Eine Tante von mir wohnt in Köln, die andere (Tante) in Zürich".

Alle diese Begriffe können mit oder ohne Bezugswort gebraucht werden. Ohne Bezugswort gebraucht, nehmen *başka, diğer, öbür* die Possessivsuffixe der 3. Pers. an, *öteki* kann sie annehmen. In diesem Fall können diese Begriffe auch dekliniert werden und das Pluralsuffix annehmen: *Pantolonun kirli. Başkasını giy* oder *Ötekini/Öbürünü/Diğerini giy* „Deine Hose ist schmutzig. Zieh eine andere an *oder* Zieh die andere an", *Başkasına söyleme* „Sage es keinem anderen", *Öbür/Öteki turistler nerede? – Öbürleri/Ötekiler henüz gelmedi?* „Wo sind die anderen Touristen? – Die anderen sind noch nicht gekommen".

Merke auch: *Birimiz bu taraftan, diğerimiz öbür taraftan gitsin* „Einer von uns soll auf dieser Seite, der andere von uns auf der anderen Seite entlanggehen" und *Bir kardeşim Berlin'de, bir kardeşim de Frankfurt'ta oturuyor* „Eine Schwester von mir wohnt in Berlin und eine (Schwester von mir) wohnt in Frankfurt".

Zur Übersicht:

kimsem	∅	∅	∅	∅	∅	∅
kimsen	∅	∅	∅	∅	∅	∅
kimsesi	biri, birisi	kimi, kimisi	bazısı	hangisi	öbürü	diğeri
kimsemiz	birimiz	kimimiz	bazımız	hangimiz	öbürümüz	diğerimiz
kimseniz	biriniz	kiminiz	bazınız	hanginiz	öbürünüz	diğeriniz
kimseleri	birileri	kimileri	bazıları	hangileri	öbürleri	diğerleri

∅	∅	∅	∅	∅	∅	∅
∅	∅	∅	∅	∅	∅	∅
birçoğu	birkaçı	hepsi	çoğu	birazı	başkası	azı
birçoğumuz	birkaçımız	hepimiz	çoğumuz	birazımız	∅	∅
birçoğunuz	birkaçınız	hepiniz	çoğunuz	birazınız	∅	∅
birçokları	∅	∅	∅	∅	başkaları	∅

Das Adverb

1 Überblick

Adverbien bestimmen einen Vorgang bzw. einen Zustand näher hinsichtlich
- Zeit (wann?),
- Ort oder Richtung (wo?/wohin?/woher?),
- Art und Weise (wie?).

Für das Deutsche wird gesagt, dass die Wortart Adverb nicht flektierbar ist. Setzt man dieses Kriterium an, dann hat Türkisch relativ wenige Adverbien als Wortart; schon ein *bugün* „heute" (< *bu* „dieser" und *gün* „Tag") steht in folgender Konstruktion im Dativ: *bugüne kadar* „bis heute". Auch ein *burada* „hier", das ein Pronomen im Lokativ ist, ein *nereden?* „woher?", das eines im Ablativ ist oder ein *ne zaman?* „wann?" (= was Zeit?) sind als Wortart keine Adverbien. Mit anderen Worten, in diesem Kapitel wird es um Adverbien, aber auch um adverbial gebrauchte Begriffe gehen.

Im Türkischen können viele Adjektive unverändert auch als Adverbial gebraucht werden, z. B. *Kız güzel dans ediyor* „Das Mädchen tanzt schön". Vergleichen Sie jedoch:

(1)	Ali **sert** konuştu.	*Ali hat **hart** gesprochen.*
(2)	Ali **sert sert** merdivenlerden çıktı.	*Ali ist **ungestüm** die Treppen hinaufgestiegen.*
(3)	Ali '**sertçe** merdivenlerden çıktı.	*Ali ist **recht heftig** die Treppen hinaufgestiegen.*
(4)	Ali **sert** merdivenlerden çıktı.	*Ali ist die **harten** Treppen hinaufgestiegen.*

Soll ein Adjektiv, das vor einem Substantiv steht wie in (2) – (4), nicht als Attribut, sondern als Adverbial interpretiert werden, wird dieses Adjektiv im Regelfall entweder doppelt gebraucht wie in (2) oder mit dem Ähnlichkeitssuffix *-ce* versehen wie in (3).

Typische Adverbien sind die mit dem alten Instrumentalsuffix *-(i)n* gebildeten Begriffe, wie *kış* „Winter" → '*kışın* „im Winter" oder dem unveränderlichen *-leyin* gebildeten Begriffe, wie *gece* → „Nacht" → *ge'celeyin* „bei Nacht". (Zu typischen Adverbien nichttürkischen Ursprungs s. unten 4)

Darüber hinaus gibt es im Türkischen von Verben abgeleitete Adverbien (s. Verbaladverbien).

Adverbien beziehen sich häufig auf den ganzen Satz, können sich aber auch auf nur ein Satzglied beschränken. Sie
- werden adverbial gebraucht wie *şimdi* „jetzt", *orada* „dort", z. B. *Şimdi olmaz* „Jetzt geht es nicht", *Orada bir araba duruyor* „Dort steht ein Auto";
- werden adjektiviert auch attributiv gebraucht wie *şimdiki* „jetzig", *oradaki* „dortig", z. B. *şimdiki zamanlar* „die jetzigen Zeiten", *oradaki bina* „das Gebäude dort";
- werden als nähere Bestimmung eines Adjektivs oder Adverbs gebraucht wie *çok* „viel/sehr", z. B. *Araba çok hızlı gidiyordu* „Das Auto fuhr sehr schnell", *Komşumuz bize çok sık uğrar* „Unser Nachbar kommt sehr oft bei uns vorbei";
- können zum Teil gesteigert werden wie *önce* „zuerst" → *daha önce* „vorher/früher" → *en önce* „zu allererst";
- können zum Teil den Kasus einer Ergänzung bestimmen wie *önce* „zuerst", z. B. *Senden önce geldim* „Ich bin vor dir gekommen".

2   Zeitangaben

1. Ne zaman? *Wann?* und **Ne vakit?** *Wann?* (= zu welcher festgesetzten Zeit?)

Zaman und *vakit, -kti* bedeuten beide „Zeit" und sind oft, aber nicht immer, austauschbar. *Zaman* gibt einen Zeitraum an, *vakit* hingegen einen Zeitpunkt. So kann man *Bugün zamanım yok* oder *Bugün vaktim yok* „Heute habe ich keine Zeit" sagen, aber es heißt immer *beş vakit namaz* „die fünf täglichen Gebete".

Merke auch: *zamanında* „beizeiten/rechtzeitig" und *vaktinde* „pünktlich".

Weitere Beispiele: *Seni her zaman/daima/hep hatırlayacağım* „Ich werde mich an dich jederzeit/ immer/ständig erinnern" : *Bunu hiçbir zaman/hiç unutmayacağım* „Das werde ich niemals/nie vergessen". Merke auch: *Moskova'ya hiç gittiniz mi?* „Waren Sie schon jemals in Moskau?"; *Ülkü zaman zaman bize uğrar* „Ülkü sucht uns von Zeit zu Zeit auf", *Ali vakitli vakitsiz geliyor* „Ali kommt zu allen passenden und unpassenden Zeiten";
Suzan ne zaman geldi? – Şimdi/henüz/biraz önce/demin/on dakika önce/yarım saat önce/ geçende/geçenlerde „Wann ist Suzan gekommen? – Jetzt/gerade erst/gerade vorhin/vorhin/vor zehn Minuten/vor einer halben Stunde/neulich/letztens";
Ne zaman bilet alacaksın? – Şimdi/biraz sonra/on dakika sonra/yarım saat sonra/yarın/öbür gün „Wann wirst du Fahrkarten kaufen? – Jetzt/gleich nachher/in zehn Minuten/in einer halben Stunde/morgen/übermorgen".

- *Şimdi* und *artık* können in bejahten Sätzen beide mit „jetzt" wiedergegeben werden; *şimdi* fixiert das Jetzt, *artık* hingegen gibt einen Wendepunkt im Sinne von „nunmehr" an: *Şimdi gidiyorum* „Ich gehe jetzt" : *Artık gidiyorum* „Jetzt gehe ich (endlich)". In verneinten Sätze bedeutet *artık* „nicht mehr": *Artık sigara içmiyorum* „Ich rauche nicht mehr". Merke auch: *şu anda* „in diesem Moment".

Sehen wir uns auch folgendes Beispiel an: *Suzan geldi mi? – Daha/henüz/hâlâ gelmedi* „Ist Suzan da? – Sie ist noch nicht/noch nicht/immer noch nicht da". Beachten Sie, dass bei den Antworten das Prädikat im Türkischen verneint ist. Merke auch: *İzne daha bir hafta var* „Bis zum Urlaub ist es noch eine Woche" : *İzne bir hafta daha var* „Bis zum Urlaub ist es noch eine weitere Woche".

- Ungefähre Zeitangaben können Sie so formulieren: *Bazen/kimi zaman/arada sırada canım çalışmak istemez* „Manchmal/zuweilen/hin und wieder habe ich keine Lust zu arbeiten"; *Bir saat kadar teyzemde kalacağım* „Ich werde etwa eine Stunde lang bei meiner Tante bleiben"; *Bir gün bize gel* „Komm doch mal an einem Tag zu uns", *Günün birinde gelirim* „Eines Tages werde ich kommen", *Günlerden bir gün oğlumuz hastalandı* „Eines schönen Tages ist unser Sohn erkrankt", *Timur ne zaman gelecek? – Bu günlerde* „Wann wird Timur kommen? – In diesen Tagen", *Münih'te havalar nasıl? – Şu günlerde yağmur yağıyor* „Wie ist das Wetter in München? – Dieser Tage regnet es";
Eskiden her şey başkaydı. O zamanlar ozon sorunu da yoktu „Früher war alles anders. Damals gab es auch kein Ozonproblem", *Yarın ders yok – O zaman evde kalırım* „Morgen ist kein Unterricht – Dann bleibe ich zu Hause", *Yakında geleceğiz* „Wir kommen bald", *Yakınlarda geleceğiz* „Wir kommen in der nächsten Zeit".

Merke auch: *Hemen hemen bir hafta geçti* „Fast eine Woche ist vergangen" sowie *Erken/geç kalktım* „Ich bin früh/spät aufgestanden" und *Ergeç evleneceksin* „Früher oder später wirst du heiraten".

Folgende Begriffe werden nicht flektiert: *daima/hep/hiç/artık/daha/henüz/hâlâ/bazen/geç/ergeç*.

Noch einige Beispiele: *O gün boş geçti* „Jener Tag ist unnütz verlaufen" (als ganzer) : *O günü boş geçirdim* „Jenen Tag habe ich untätig verbracht" (jede Minute davon, *günü* mit Akkusativsuffix); *Yaşlı adamın ilk deniz yolculuğu idi. Birinci günü durgun mavi denizden mutluydu* (AB, OMY, 299) „Es war die erste Seefahrt des alten Mannes. Am ersten Tag war er über das ruhige blaue Meer glücklich" (*günü* mit Possessivsuffix, bezogen auf die Seefahrt).

„Irgendwann" heißt auf Türkisch *herhangi bir zaman*.

2. Tageszeiten

sabah ➡ öğleden önce	öğle ➡ öğleden sonra	akşam	gece
sabahleyin	öğleyin	akşamleyin	geceleyin
➡	gündüz ⬅		gece
➡	gündüzün ⬅		geceleyin

Für den lichten Tag – im Gegensatz zur Nacht – wird *gündüz* gesagt: *Gündüz içki içme* „Trinke am Tag keinen Alkohol" : *Gündüzün içki içme* „Trinke tagsüber keinen Alkohol".

Vergleichen Sie folgende, häufig verwendete Zeitangaben:

bu sabah/akşam/gece	*heute früh/Abend/Nacht*
dün sabah/akşam/gece	*gestern früh/Abend/Nacht*
önceki (gün) sabah/akşam/gece	*vorgestern früh/Abend/Nacht*
yarın sabah/akşam/gece	*morgen früh/Abend/Nacht*
öbür (gün) sabah/akşam/gece	*übermorgen früh/Abend/Nacht*
gece yarısı	*Mitternacht*

aber:

bugün öğlen vakti/öğlende	*heute Mittag*
dün öğlen vakti/öğlende	*gestern Mittag*
önceki gün öğlende	*vorgestern Mittag*
yarın öğlen vakti/öğlende	*morgen Mittag*
öbür gün öğlende	*übermorgen Mittag*
bugün öğleden önce/öğleden sonra	*heute Vormittag/Nachmittag*
bugün gündüzün	*heute tagsüber*

Beispiele: *Suzan ne zaman geldi? – Dün gece geldi* „Wann ist Suzan gekommen? – Gestern Nacht ist sie gekommen", *Ne zaman bilet alacaksın? – Yarın sabah* „Wann wirst du Fahrkarten kaufen? – Morgen früh", *Bu akşam sinemaya gidelim* „Lass uns heute Abend ins Kino gehen".

• Die Wiederholung wird durch *-leri* ausgedrückt: *sabahları* „morgens", *öğleleri* „mittags", *akşamları* „abends", *geceleri* „nachts": *Şu sıra geceleri çalışıyorum* „Derzeit arbeite ich nachts", *Öğleden önceleri çalışıyorum* „Vormittags arbeite ich".

Öğle „Mittag" kann im Sinne von „am Mittag, mittags" nicht ohne Suffixe stehen (im Gegensatz zu *sabah, akşam, gece*): *Öğlende postaneye gideceğim* „Am Mittag gehe ich auf die Post", *Kocam öğlenleri/öğleleri eve gelir* „Mein Mann kommt mittags nach Hause", *Kocam öğlenlerde eve gelir* „Mein Mann kommt an den Mittagen nach Hause".

- Mit dem unveränderlichen und unbetonten *-leyin* werden folgende Adverbien der Zeit gebildet, die alle einen dynamischen Zeitraum angeben und sich auf den Abschnitt eines Tages oder mehrerer Tage beziehen können:

sabahleyin	*zur Morgenzeit, am Morgen*	akşamleyin	*zur Abendzeit, am Abend*
öğleyin	*zur Mittagszeit, am Mittag*	geceleyin	*zur Nachtzeit, bei Nacht*

Beispiele: *Düzensizlik daha sabahleyin başladı* „Das Durcheinander begann schon am Morgen", *Öğleyin eve gelmeyeceğim* „Zur Mittagszeit komme ich nicht nach Hause", *Geceleyin dışarı çıkma* „Geh bei Nacht nicht nach draußen", aber: *Gece* (nicht: *geceleyin*) *iyi uyuyamadım* „Ich konnte in der Nacht nicht gut schlafen".

Merke auch: *Salı akşamı yüzmeye gideceğim* „Am Dienstagabend werde ich schwimmen gehen", *Salı akşamları yüzmeye giderim* „Dienstagabends gehe ich schwimmen", *Salı günü akşamleyin yüzmeye gideceğim* „Am Dienstagabend werde ich schwimmen gehen".

Vergleichen wir: *Sabah çay içerim* „Ich trinke morgens Tee" : *Sabahları çay içerim* „Morgens trinke ich Tee" : *Sabahleyin çay içerim* „Zur Morgenzeit trinke ich Tee".

Merke auch: *ikindi vakti* „am Spätnachmittag", *akşamüstü/akşamüzeri* „in den Abendstunden", *akşama doğru* „gegen Abend".

- Die Wochentage, die Tageszeiten, die Begriffe *hafta* (P) „Woche" und *sene* (A) „Jahr" können mit dem Dativsuffix versehen werden, die Begriffe *ay* „Monat" und *yıl* „Jahr" jedoch nicht. *Sene* bezeichnet den Zeitraum von einem Jahr, *yıl* hingegen das Kalenderjahr. Beispiele im Vergleich: *Ödevleri **perşembeye** getirin* „Bringt die Aufgaben zum Donnerstag mit" : *Ödevleri **perşembe günü** getirin* „Bringt die Aufgaben am Donnerstag mit"; ***Akşama** gelirim* „Am Abend komme ich" : *Akşam geleceğim* „Ich komme am Abend"; ***Haftaya** Türkiye'ye gideceğiz* „Nächste Woche fahren wir in die Türkei" : *Gelecek hafta Türkiye'ye gideceğiz* „Wir fahren kommende Woche in die Türkei"; ***Seneye** buluşuruz* „Nächstes Jahr treffen wir uns" : ***Gelecek yıl/sene** buluşuruz* „Wir treffen uns kommendes Jahr".

3. *önce* „vor/zuerst" und *sonra* „nach/danach"

Die Begriffe *önce* und *sonra* können selbstständig, aber auch als Postposition gebraucht werden. Das Bezugswort steht dann im Nominativ oder Ablativ.

Beispiele: *Önce bir sigara içeyim, sonra gazete okuyayım; daha sonra çamaşır yıkayacağım, ondan sonra çıkacağım* „Zuerst rauche ich mal eine Zigarette, dann lese ich Zeitung; später werde ich Wäsche waschen und danach gehe ich weg";
Bir ay önce Frankfurt'a gitmiştim „Vor einem Monat war ich in Frankfurt", *(bundan) bir hafta önce* „vor einer Woche" (von einem Anfangspunkt an gerechnet);
Dersten önce nereye gittin? „Wohin bist du vor dem Unterricht gegangen?", *Sinemadan önce ders çalışalım* „Vor dem Kino wollen wir Aufgaben machen", *yarından önce* „vor morgen" (von einem Endpunkt an gerechnet), *ağustostan önce* „vor August";

İki yıl sonra Türkiye'ye döneceğim „In zwei Jahren kehre ich in die Türkei zurück", *(bundan) bir hafta sonra* „in einer Woche" (von einem Anfangspunkt an gerechnet); *üç gün sonra* „in drei Tagen"; *Yarından sonra Türkçe kursuna gideceğim* „Ab übermorgen (= nach morgen) werde ich in einen Türkischkurs gehen", *bu haftadan sonra* „nach dieser Woche" (von einem Endpunkt an gerechnet), *bu üç günden sonra* „nach diesen drei Tagen".

4. Sonstige Zeitangaben

- Eine Zeitdauer ausdrücken:
  Türkiye'de ne kadar kaldınız? „Wie lange waren Sie in der Türkei?" (Eine solche Frage muss mit *kalmak* „bleiben" formuliert werden, damit *ne kadar* als „wie lange" verstanden werden kann. Bildet man den Satz mit *idi* „war", also *Türkiye'de ne kadar idiniz?*, bedeutet das „Wie viel [Kilo, cm u. a.] waren Sie in der Türkei?"), *Türkiye'de ne kadar kalacaksınız?* „Wie lange werden Sie in der Türkei bleiben?", *Kaç yıldır buradasınız?* „Wie viele Jahre sind Sie schon hier?", *Kaç aydır mektup yazmadın* „Du hast schon so viele Monate nicht geschrieben"; *Aylarca mektup yazmadın* „Du hast monatelang nicht geschrieben", *Saatlerce çene çaldın* „Du hast stundenlang geschwätzt";
  İki yıl boyunca her gün bir saat Türkçe çalıştım „Ich habe volle zwei Jahre lang jeden Tag eine Stunde Türkisch gelernt", *Seni ömrüm boyunca unutmayacağım* „Ich werde dich mein Leben lang nicht vergessen";
  Frankfurt'tan İstanbul'a iki günde gittik „Wir sind von Frankfurt nach Istanbul in zwei Tagen gefahren".

  Mit dem Suffix *-liğine* (< *-lik* + Possessivsuffix + pronominales *n* + Dativsuffix), angefügt an Zeitbegriffe: *Bir haftalığına Paris'e gidelim* „Fahren wir doch für eine Woche nach Paris", *İki günlüğüne misafir geldi* „Für zwei Tage ist Besuch gekommen", *İki saatliğine bize gel* „Komm für zwei Stunden zu uns".

- Einen Anfangspunkt ausdrücken:
  Ne zamandan beri Berlin'de oturuyorsunuz? – Altı aydan beri „Seit wann wohnen Sie in Berlin? – Seit sechs Monaten", *Kaç aydan beri Türkoloji okuyorsunuz? – Beş aydan beri* „Seit wie vielen Monaten studieren Sie Turkologie? – Seit fünf Monaten", *Tom çoktan beri Türkçe öğreniyor* „Tom lernt seit langem Türkisch", *Markus öteden beri Berlin'de oturuyor* „Markus wohnt seit eh und je in Berlin"; *Baştan okuyun* „Lest von vorn".

  Merke auch: *şimdi* „jetzt" → *şimdiden* „schon jetzt", *sabah* „der Morgen" → *sabahtan* „schon am Morgen", *akşam* „der Abend" → *akşamdan* „schon am Abend", *erken* „früh" → *erkenden* „schon früh", *biraz* „ein wenig" → *birazdan* „nachher/in Kürze", *eski* „alt" → *eskiden* „früher", *yeni* „neu" → *yeniden* „von neuem/wieder", *önce* „vor/zuerst" → *önceden* „vorher", *sonra* „nach/danach" → *sonradan* „nachher", *çok* „viel" → *çoktan* „seit langem".

  Sie möchten einen Anfangspunkt im Sinne „ab jetzt/heute/morgen" signalisieren: *Artık sigara içmeyeceğim* „Ich werde nicht mehr rauchen", *Bundan böyle sigara içmeyeceğim* „Von nun ab werde ich nicht mehr rauchen", *Bugünden itibaren sigara içmeyeceğim* „Ab heute werde ich nicht mehr rauchen", *Yarından itibaren her gün beşte kalkacağım* „Ab morgen werde ich jeden Tag um fünf aufstehen".

  Merke auch *ilkin* „zuerst/anfänglich" und *ilk olarak* „als erstes": *İlkin ne yapalım?* „Was wollen wir zuerst machen?" : *İlk olarak ne yapalım?* „Was wollen wir als erstes machen?".

- Einen Endpunkt ausdrücken:

  Ne zamana kadar dönersin? „Bis wann bist du zurück?", *Bu işi kaç güne kadar bitirebilirsin?*
  „Innerhalb von wie viel Tagen (= bis in wie vielen Tagen) kannst du diese Arbeit erledigen?";
  Nihayet/sonunda geldin „Endlich/schließlich bist du da". Merke auch: *1980'den bu yana
  Bitlis'e gitmedik* „Seit 1980 bis dato sind wir nicht in Bitlis gewesen".

- Unverzüglichkeit ausdrücken:

  Hemen geleceğim „Ich werde gleich kommen", *anında yardım* „sofortige Hilfe", *bir an önce* „so
  schnell wie möglich", *Derhal susacaksın!* „Du bist unverzüglich still!", *Ansızın/Birdenbire
  yağmur yağmaya başladı* „Urplötzlich/auf einmal hat es angefangen zu regnen". Merke auch:
  Bir bakayım „Lass mich mal sehen".

- Wiederholung ausdrücken:

  Bir daha tekrarlar mısınız? „Wiederholen Sie noch einmal?";
  Yine yağmur yağıyor „Es regnet wieder" (im Sinne „aufs neue") : *Gene aynı şeyleri tekrarlıyorsun* „Du wiederholst wieder dasselbe" (im Sinne „wiederum");
  Sık sık aynı şeyleri söylüyorsun „Du sagst oft dasselbe"; *Ali tek tük/nadiren uğrar* „Ali kommt
  sporadisch/selten vorbei";
  Bugün ikide bir telefon çaldı „Heute hat immerzu das Telefon geklingelt", *Bugün art arda telefon çaldı* „Heute hat unentwegt (= nacheinander) das Telefon geläutet", *Durmadan konuşuyorsun* „Du sprichst unaufhörlich", *Bu ilacı iki günde bir alacaksın* „Dieses Medikament musst du
  alle zwei Tage einnehmen", *Gün aşırı ders veririm* „Ich gebe jeden zweiten Tag Unterricht",
  Kırk yılda bir tiyatroya gideriz „Wir gehen alle Jubeljahre einmal (= in vierzig Jahren einmal)
  ins Theater".

- Eine relative Zeit ausdrücken:

  Bu arada yağmur yağmaya başladı „Inzwischen hat es angefangen zu regnen", *O arada Mehmet
  geldi* „Unterdessen ist Mehmet gekommen".

  Folgende Begriffe flektieren nicht: Die mit *-leyin* und *-ce* gebildeten Begriffe sowie *ilkin/
  ansızın/hemen/derhal/bir/yine/gene/sık sık/tek tük/nadiren/durmadan/aşırı*.

3 Ortsangaben

1. Nerede? *Wo?,* **Nereye?** *Wohin?,* **Nereden?** *Woher?*

Erinnern wir uns (s. Pronomina 7):

(1) **Nerede** oturuyorsunuz? – **Şurada**.	*Wo wohnen Sie?– Da.*
(2) Ali **nerede**? – **Orada**.	*Wo ist Ali?– Dort.*

- Zur Verwendung von *burada, şurada, orada*:

  Mit *burada* verweist der Sprecher auf etwas, was er nah zu seinem Standort einstuft. Mit *şurada*
  deutet er auf etwas stark hin und will aufmerksam machen. Mit *orada* verweist er auf etwas,
  was er fern zu seinem Standort einstuft. Auf eine Frage wie *Buralarda postane var mı?* „Gibt es
  hier in der Gegend eine Post?" kann entsprechend *Burada/Şurada/Orada* „Hier/da/dort"
  geantwortet werden. Deutsches „dort" ist jedoch mit „da" austauschbar; das leistet *şurada* nicht.
  Vergleichen wir: *İki yıl önce Berlin'e taşındım. Orada kalmak istiyorum* „Ich bin vor zwei

Jahren nach Berlin gezogen. Dort/da möchte ich bleiben" (Der Sprecher befindet sich nicht in Berlin) : *İki yıl önce Berlin'e taşındım. Burada kalmak istiyorum* „Ich bin vor zwei Jahren nach Berlin gezogen. Hier möchte ich bleiben" (Der Sprecher befindet sich in Berlin).

Weitere Beispiele: *Postane nerede? – Sağda/Solda/Sağ tarafta/Sol tarafta* „Wo ist die Post? – Rechts/links/auf der rechten Seite/auf der linken Seite", *Nerelerdesin?* „Wo steckst du denn?", *Sen burada mısın?* „Bist du hier?", *Kavanoz şurada duruyor* „Das Gefäß steht da"; *Nereye gidiyorsun?* „Wo gehst du hin?", *Buraya gel!* „Komm her!"; *Nereden geliyorsun?* „Wo kommst du her?", *Buradan ayrılma* „Geh nicht von hier weg".

Merke auch die mit *yer* „Stelle/Ort/Platz/Fußboden" gebildeten Begriffe:
her yerde „überall", *her yere* „überallhin", *her yerden* „von überall her";
hiçbir yerde „nirgendwo", *hiçbir yere* „nirgendwohin", *hiçbir yerden* „nirgendwoher";
herhangi bir yerde „irgendwo", *herhangi yere* „irgendwohin", *herhangi yerden* „irgendwoher";
başka bir yerde „anderswo", *başka bir yere* „anderswohin", *başka bir yerden* „anderswoher".

Beispiele: *Seni her yerde aradık* „Wir haben dich überall gesucht", *Tatilde hiçbir yere gitmeyeceğim* „In den Ferien werde ich nirgendwohin hinfahren/hingehen"; *Bu gazeteyi herhangi bir yerden alabilirsiniz* „Diese Zeitung können Sie irgendwoher bekommen", *Bugün başka bir yerde yemek yiyelim* „Essen wir heute woanders".

2. Die Ortsbereichnomina

(1) Çiçekleri **ortaya** koy.	*Stell die Blumen **in die Mitte**.*
(2) **Yanıma** otur.	*Setz dich **an meine Seite/neben mich**.*

Eine schillernde Gruppe von Begriffen bezeichnet einen Ortsbereich. Schillernd deswegen, weil sie vielseitig einsetzbare Nomina sind und sogar wie eine *Postposition* verwendet werden können. Es sind das: *orta* „Mitte", *yan* „Seite", *ara* „(das) Zwischen/Abstand", *iç* „(das) Innen/Innere", *dış* „(das) Außen/Äußere", *ön* „(das) Vorn/Vordere", *arka* „(das) Hinten/Hintere/Rückwärtige", *art, -dı* „Hinter-, Kehrseite", *üst* „(das) Oben/Obere", *alt* „(das) Unten/Untere", *karşı* „(das) Gegenüber".

• Beispiele mit Possessivsuffixen und Dativsuffix:

(benim)	önüme	*vor mich*	arkama	*hinter mich*
(senin)	önüne	*vor dich*	arkana	*hinter dich*
(onun)	önüne	*vor ihn/sie*	arkasına	*hinter ihn/sie*
(bizim)	önümüze	*vor uns*	arkamıza	*hinter uns (hin)*
(sizin)	önünüze	*vor euch/Sie*	arkanıza	*hinter euch/Sie (hin)*
(onların)	önlerine	*vor sie*	arkalarına	*hinter sie*

- Beispiele mit Possessivsuffixen und Lokativsuffix:

(benim)	üstümde	*über mir*	altımda	*unter mir*
(senin)	üstünde	*über dir*	altında	*unter dir*
(onun)	üstünde	*über ihm/ihr*	altında	*unter ihm/ihr*
(bizim	üstümüzde	*über uns*	altımızda	*unter uns*
(sizin)	üstünüzde	*über euch/Ihnen*	altınızda	*unter euch/Ihnen*
(onların)	üstlerinde	*über ihnen*	altlarında	*unter ihnen*

- Beispiele mit Possessivsuffixen und Ablativsuffix:

(benim)	yanımdan	*an mir vorbei*	ardımdan	*mir nach*
(senin)	yanından	*an dir vorbei*	ardından	*dir nach*
(onun)	yanından	*an ihm/ihr vorbei*	ardından	*ihm/ihr nach*
(bizim)	yanımızdan	*an uns vorbei*	ardımızdan	*uns nach*
(sizin)	yanınızdan	*an euch/Ihnen vorbei*	ardınızdan	*euch/Ihnen nach*
(onların)	yanlarından	*an ihnen vorbei*	artlarından	*ihnen nach*

Beispiele: *Öne/arkaya otur* „Setz dich nach vorn/nach hinten", *Tam evimizin karşısında taksi durağı var* „Genau gegenüber unserem Haus ist ein Taxistand"; *Kapı ardına kadar açık* „Die Tür ist sperrangelweit offen" (= bis an ihre Kehrseite);
Bu ara çok fazla „Dieser Abstand ist zu groß", *Bavulun içi boş* „Das Innere des Koffers ist leer";
Evin dışını boyadık „Wir haben die Außenseite des Hauses gestrichen";
Altta bir İngiliz aile oturuyor „Unten wohnt eine englische Familie", *Yanımızda/üstümüzde/ altımızda Türkler oturuyor* „Neben/über/unter uns wohnen Türken";
Postane karşıda „Die Post ist gegenüber/da drüben";
arka koltuk „Rücksitz" : *koltuk arkası* „Sitzlehne";
İç Anadolu „Inneranatolien" : *börek içi* „Blätterteigtaschenfüllung";
Dışişleri Bakanlığı „Auswärtiges Amt" (= Ministerium für Außenangelegenheiten): *yurtdışı* „Ausland", *yurtiçi* „Inland".

Die Ortsbereichnomina werden auch im übertragenen Sinn gebraucht: *Timur ortadan kaybolmuş* „Timur ist von der Bildfläche verschwunden", *Önümüzde yaz var* „Vor uns liegt der Sommer", *Kışı arkada bıraktık* „Wir haben den Winter hinter uns gelassen", *Bugün art arda telefon çaldı* „Heute hat unentwegt (= nacheinander) das Telefon geläutet". *Ortalık* bedeutet übrigens „(mentale) Bildfläche".

Arka und *art* sind nur begrenzt austauschbar. *Arka* bezeichnet keinen oder geringen Abstand, *art* größeren und oft auch zeitlichen Abstand. *Arkamdan geldi* „Er kam hinter mir her", *Ardımdan geldi* „Er kam mir nach". Merke in diesem Zusammenhang auch: *Şefe git!* „Geh zum Chef!" (auf die Person wird verwiesen), *Şefin yanına git!* „Geh zum Chef hin!" (auf den Ort wird verwiesen).

- Ortsanzeigende Pronominaladverbien wie „darin, darauf, darunter, daneben" kennt Türkisch nicht. Wie diese wiedergegeben werden, zeigen folgende Beispiele: *Benim çantam orada. İçinde/Üstünde/Altında/Yanında gazete var* „Meine Tasche liegt dort. Darin/Darauf/Darunter/Daneben ist eine Zeitung", *Benim bavulum orada. Pasaportu içine/üstüne/yanına koy* „Mein Koffer liegt dort. Leg den Pass hinein/darauf/daneben".

- Auch folgende Nomina geben einen Ortsbereich an: *yer* „Fußboden/Platz/Stelle/Ort", *dip, -bi* „Boden, Grund; hinterster Teil" (*dip* ist immer als unterster/hinterster Teil eines Volumens gedacht), *beri* „Diesseitiges", *öte* „Jenseitiges", *etraf* (A) oder *çevre* „Umgebung".

Beispiele: *Yere oturmayınız* „Setzen Sie sich nicht auf den Fußboden", *Yerime oturunuz* „Setzen Sie sich auf meinen Platz", *Gölün dibi görünmüyor* „Der Grund des Sees ist nicht zu sehen", *Dershanenin dip tarafında projektör duruyor* „Ganz hinten im Unterrichtsraum steht ein Projektor";
duvarın berisinde „diesseits der Mauer", *duvarın ötesinde* „jenseits der Mauer", *Biraz beriye geliniz* „Kommen Sie etwas näher", *Evinizin biraz ötesinde bekleyeceğim* „Ich werde etwas weiter weg von eurem Haus warten", *Ankara'dan öteye hiç gitmedik* „Wir sind über Ankara nie hinausgefahren";
İstanbul'un çevresinde/etrafında kamp yerleri var mı? „Gibt es Campingplätze in der Umgebung von Istanbul?".

Siehe auch *Postpositionen*.

3. Die Raumnomina

(1) Buyurun, **içeri** girin!	*Bitte, kommen Sie **herein**!*
(2) **Yukarı** çık!	*Komm **herauf**!*

Eine weitere recht schillernde Gruppe von Begriffen bezeichnet einen Raum. Sie werden nicht nur als Substantiv oder Adjektiv gebraucht, sondern geben bereits im Nominativ eine Richtung an. (Es handelt sich dabei um einen alten, heute vergessenen Richtungskasus.) Es sind das: *içeri* „der Innenraum/das Drinnen; herein/hinein", *dışarı* „der Außenraum/das Draußen; heraus/hinaus", *yukarı* „der Oberraum/das Droben; herauf/hinauf", *aşağı* „der Unterraum/das Drunten; herunter/hinuter", *ileri* „das Vorngelegene; vorwärts/voran", *geri* „das Hintengelegene; rückwärts/zurück".

Auch diese Begriffe kommen zur Bezeichnung einer Teilmenge mit Possessivsuffix vor:

Nom	içeri	*der Innenraum; herein/hinein*	dışarı	*der Außenraum; heraus/hinaus*
Gen	içerinin	*des Innenraums*	dışarının	*des Außenraums*
Akk	içeriyi	*den Innenraum*	dışarıyı	*den Außenraum*
Dat	içeriye	*herein, hinein*	dışarıya	*heraus, hinaus*
Lok	içeride	*drinnen*	dışarıda	*draußen*
Abl	içeriden	*von drinnen*	dışarıdan	*von draußen*

Nom	içerisi	*drinnen*	dışarısı	*draußen*
Gen	içerisinin	*des Raumes innerhalb*	dışarısının	*des Raumes außerhalb*
Akk	içerisini	*den Raum innerhalb*	dışarısını	*den Raum außerhalb*
Dat	içerisine	*in hinein*	dışarısına	*nach außerhalb*
Lok	içerisinde	*innen drin*	dışarısında	*außerhalb*
Abl	içerisinden	*von drinnen raus*	dışarısından	*von außerhalb her*

Beispiele: *Evden dışarı çıkma!* „Geh nicht aus dem Haus!", *Pencereden aşağı sarkma!* „Lehn dich nicht aus dem Fenster (nach unten)!", *Merdivenden yukarı çıkamadım* „Ich konnte die Treppe nicht hochkommen";
İçerisi çok sıcak „Drinnen ist es sehr heiß", *İçerisi görünmüyor* „Man sieht drinnen nichts" (Der Sprecher befindet sich außerhalb eines geschlossenen Raumes), *Dışarısı görünmüyor* „Man sieht

draußen nichts" (Der Sprecher befindet sich in einem geschlossenen Raum), *Geceyi dışarıda geçirdim* „Die Nacht habe ich draußen verbracht"; *İçerinin havası bozuk* „Die Luft drinnen ist schlecht", *Emir yukarıdan geldi* „Der Befehl ist von oben gekommen", *Arabayı yolun ilerisinde park ettik* „Wir haben den Wagen weiter vorn auf der Straße geparkt", *Postane biraz geride* „Die Post ist ein wenig weiter hinten", *Kitabın gerisini okumadım* „Ich habe den Rest des Buches nicht gelesen" (aber den vorderen Teil), *Saatim ileri/geri* „Meine Uhr geht vor/nach".

Die im Deutschen mit „hin-" und „her-" gebildeten Ausdrücke, also vom Sprecher weg und zum Sprecher hin, kann Türkisch nicht wiedergeben: *Buyurun, içeri(ye) girin!* „Bitte, treten Sie ein! / Bitte, gehen Sie hinein!", *Aşağı(ya) in!* „Komm herunter! / Geh hinunter!".

4 Modalangaben

(1) Bunu **iyi** yaptın.	*Das hast du gut gemacht.*
(2) Eti **iyice** pişir.	*Koche das Fleisch ordentlich gut!*
(3) Kocam bana **dikkatli** baktı.	*Mein Mann hat mich aufmerksam angesehen.*
(4) Kocam bana **dikkatsiz** baktı.	*Mein Mann hat mich unaufmerksam angesehen.*
(5) Kocam bana **dikkatle** baktı.	*Mein Mann hat mich mit Aufmerksamkeit angesehen.*
(6) **Haklı olarak** paramı geri istedim.	*Berechtigterweise habe ich mein Geld zurückverlangt.*
(7) **Fena halde** kızdım.	*Ich habe entsetzlich geschimpft/mich entsetzlich geärgert.*
(8) **Feci şekilde** yaralandım.	*Ich bin katastrophal verletzt worden.*
(9) **Hafif surette** sallandık.	*Wir haben leicht geschaukelt.*
(10) **Belki** yarın gelirim.	*Vielleicht komme ich morgen.*
(11) **Kesinlikle** gelmem.	*Ich komme auf keinen Fall.*
(12) **Maalesef** Japonca bilmiyorum.	*Leider kann ich kein Japanisch.*
(13) Uluerler **aslen** Bitlislidir.	*Die Uluers stammen ursprünglich aus Bitlis.*
(14) **Muhtemelen** yağ pompası bozuk.	*Wahrscheinlich ist die Ölpumpe kaputt.*

Das wichtigste adverbbildende Suffix ist *-ce* (s. Wortbildung 2):
Çünkü karı koca arasında hisçe, zevkçe, terbiyece bir uygunluk yoktu (HRG, KYABE, 28) „Denn unter den Eheleuten war gefühls-, geschmacks- und erziehungsmäßig keine Übereinstimmung".

Oft verdoppelt man auch ein Adjektiv, damit es adverbial zu interpretieren ist: *Öğretmenimiz dikkatli dikkatli kız kardeşime baktı* „Unser Lehrer schaute ganz aufmerksam auf meine Schwester". Ohne die Verdoppelung kann man auch „aufmerksame Schwester" verstehen.

Merke gesondert: *İçin için ağladım* „Ich habe leise vor mich hin geweint".

In folgendem Beispiel kann *önemle* „mit Dringlichkeit" nicht durch *önemli* „wichtig" ausgetauscht werden: *Frankfurt'a gidecek yolcuların 308 numaralı kapıya teşrifleri önemle rica olunur* „Es wird dringendst gebeten, dass die Fluggäste nach Frankfurt sich zum Ausgang 308 begeben".

Adverbiale werden auch unter Zuhilfenahme von *olarak* „seienderweise", *hal* (A) „Zustand", *şekil* (A) „Form" oder *suretiyle* (A) „in der Art und Weise" gebildet, z. B. *Bu derneğe kesin olarak katılırım* „Diesem Verein schließe ich mich bestimmt an", *Bu yemek yenmez hale gelmiş* „Dieses

Essen ist ungenießbar geworden", *Kıymayı, arada bir karıştırmak suretiyle kavurunuz* „Braten Sie das Hackfleisch unter gelegentlichem Umrühren".

Böyle, şöyle, öyle sind Adverbien. Vergleichen wir nun folgende Aufforderung mit den entsprechenden Antworten; bei (a) und (b) hat der Hörer den Auftrag angenommen: *Domatesleri kes!* „Schneide die Tomaten!" –

(a) *Böyle mi?* „So?" (Der Hörer erwartet weitere Anweisung)
(b) *Şöyle mi?* „So?" (Der Hörer fragt, ob seine Schneidweise dem anderen genehm ist)
(c) *Öyle mi?* „So?" (Erstaunen: „Wirklich?")

Beispiele: *Nasılsınız? – Şöyle böyle* „Wie geht es Ihnen? – So lala", *Almancayı şöyle böyle bilir* „Na ja, Deutsch kann er so ein bisschen", *Şöyle bir göz attım* „Ich habe da mal einen Blick darauf geworfen", *Olay böyle gelişti* „Der Vorfall hat sich so zugetragen", *Olay şöyle gelişti* „Der Vorfall hat sich folgendermaßen zugetragen".

Böyle, şöyle, öyle können mit *-ce* erweitert werden: *Böylece dersi bitirmiş olduk* „Somit haben wir den Unterricht beendet". Es kommen auch *böylelikle (şöylelikle, öylelikle)* vor: *Böylelikle dersi bitirmiş olduk* „Damit haben wir den Unterricht beendet".

Beispiele für … *bile* „schon/selbst = sogar", *hatta* „sogar" und *ancak* „erst gerade/(leider) nur":
Duş yaptım bile „Ich habe schon geduscht" : *Ben bile duş yaptım* „Selbst ich habe geduscht";
Hatta duş yaptım „Ich habe sogar geduscht" : *Hatta duş bile yaptım* „Ich habe sogar schon geduscht";
Ali ancak geldi „Ali ist gerade erst eingetroffen" : *Ancak Ali geldi* „Es ist (leider) nur Ali gekommen".

Hier noch eine Reihe adverbial gebrauchter Begriffe:
- *ezbere* „auswendig", *yazılı* „schriftlich", *sözlü* „mündlich", *mektupla* „brieflich"; *bedava* „umsonst", *boşuna* „vergebens";
- *çabuk* „schnell", *yavaş* „langsam", *aceleyle* „eilends"; *yüksek sesle* „laut", *alçak sesle* „leise";
- *aşırı* „übermäßig", *çok* „viel", *az* „wenig", *yalnız* „allein/nur", *sadece* „lediglich"; *az kalsın* „beinahe", *neredeyse* „fast";
- *ayrıca* „außerdem", *aynı şekilde* „ebenfalls", *birincisi* „erstens", *özellikle* „insbesondere", *nihayet* (A) / *sonunda* „endlich";
- *şüphesiz* „zweifellos", *herhalde* „sicherlich" oder „auf jeden Fall", *her halükârda* „unter allen Umständen", *belki de* „womöglich", *hiçbir şekilde* „keinesfalls"; *aksi halde* „andernfalls", *gerektiğinde* „gegebenenfalls", *ne yazık ki* „bedauerlicherweise", *aslına bakılırsa* „genaugenommen".

Typische Adverbien sind auch die mit dem persischen Suffix *-ane* [-'a:ne] gebildeten Begriffe wie *şah* „König" → *şahane* „herrlich/großartig" oder eine Reihe aus dem Arabischen entlehnter Begriffe, die auf *-en* oder *-a* ausgehen und am besten als Vokabel zu lernen sind, z. B: *resmi* [res'mi:] „offiziell" → *resmen* „offiziellerweise", *daimi* [da:imi:] „stetig" → *daima* [da:ima:] „immer". Weitere Beispiele: *tamamen* „vollends", *aynen* „genauso", *kasten* „absichtlich", *zaten* „sowieso", *kısmen* „teilweise", *mesela* „zum Beispiel", *galiba* „höchstwahrscheinlich", *mutlaka* „auf jeden Fall", *acaba* „ob wohl", *evvela* „zuerst". Manche dieser Adverbien haben Nebenformen mit dem Suffix *-ce*: *şeklen* → *şe'kilce* „der Form nach", *dostane* → *'dostça* „freundschaftlich" oder es wird dem Begriff ein *olarak* „als" nachgestellt: *şekil olarak, dost olarak*.

Vergleichen wir noch:

Nihayet gelebildin!	*Endlich bist du eingetroffen!*
Bu, nihayet bir şakadır.	*Das ist schließlich und endlich nur ein Spaß.*
Ali acaba gelecek mi?	*Ob Ali wohl kommt?*
Ali gelecek mi acaba?	*Kommt Ali wohl?*
Acaba ne zaman gelecek?	*Wann wird er wohl kommen?*
Ali daima Hürriyet'i okur.	*Ali liest immer die Hürriyet.*
Ali Hürriyet'i daima okur.	*Ali liest die Hürriyet immer.*
Ali belki bugün Hürriyet'i okur.	*Ali liest vielleicht heute die Hürriyet.*
Ali bugün belki Hürriyet'i okur.	*Ali liest heute vielleicht die Hürriyet.*
Zaten beni anlamazsın.	*Ohnehin verstehst du mich nicht.*
Beni zaten anlamazsın.	*Du verstehst mich sowieso nicht.*

- Adverbial gebraucht werden auch
  doğrudan doğruya „direkt"; *dosdoğru* „geradeaus", *boşuboşuna* „ganz umsonst", *körükörüne* „blindlings";
  sowie lautmalende Begriffe wie *hüngür hüngür ağlamak* „laut schluchzend weinen".

  Hier einige satzwertige Adverbiale:
  Evet „ja", *hayır* „nein", *yok* „nein" oder *yooo* „neee", *öyle* „so ist es", *peki* „gut/OK", *olur* „es geht", *olmaz* „es geht nicht" *tabii* „natürlich", *elbette* „gewiss", *işte* „sieh da", *tamam mı?* „fertig?/alles klar?", *asla* „niemals", *yazık* „schade", *aferin!* „gut gemacht!", *bravo!* „bravo!", *inşallah* „so Gott will!/hoffentlich!", *maşallah!* „was Gott will!" (bei Erstaunen oder Bewunderung), *aman!* „ach Mensch!".

  Wenn der Sprecher sich selbst erniedrigt, wird der Hörer das durch den Ausdruck *estağfurullah* „ich bitte Gott um Verzeihung" abwehren.

Die Postpositionen *(İlgeçler)*

1   Überblick

Türkisch kennt *Verhältniswörter* wie z. B. *için* „für", *ile* „mit", *beri* „seit". Es sind jedoch keine *Präpositionen*, die *vor* ihrem Bezugswort stehen, sondern *Postpositionen*, die *nach* ihrem Bezugswort stehen. Übrigens, viele Wörter, die wie Postpositionen gebraucht werden, sind Nomina.

Die Postpositionen regieren Kasus; der jeweilige Kasus muss gelernt werden, da er nur selten mit dem Deutschen übereinstimmt. So sagt man im Türkischen z. B. *benim için*, was „für mich" bedeutet, jedoch wörtlich übersetzt „für mein" heißt.

2   Postpositionen ohne Possessivsuffix

2.1   Postpositionen, die den Nominativ (bzw. Genitiv) regieren

(1)	Bilgisayarı tornavida **ile** açtım.	*Ich habe den Computer **mit** einem Schraubenzieher geöffnet.*	
(2)	Arkadaşım**la** sinemaya gittik.	*Ich bin **mit** meinem Freund ins Kino gegangen.*	
(3)	Üniversiteye otobüs**le** gidiyorum.	*Zur Universität fahre ich **mit** dem Bus.*	
(4)	Bu kurs, yeni başlayanlar **için** değil.	*Dieser Kurs ist nicht **für** Anfänger.*	
(5)	Erol **gibi** ben de Türkçe biliyorum.	*So wie Erol kann auch ich Türkisch.*	
(6)	Erol **kadar** ben de Türkçe biliyorum.	*So viel wie Erol kann auch ich Türkisch.*	

Die Postposition *ile* „mit" kommt selbstständig, häufiger jedoch als Suffix vor. Als Suffix wird *ile* zweiförmig und lautet nach Vokal *-yle* und nach Konsonant *-le* z. B. *taksiyle* „mit dem Taxi", *bisikletle* „mit dem Fahrrad". Wenn *ile* getrennt steht, wird die Selbstständigkeit des Bezugswortes im Sinne von „mit Hilfe von / in Begleitung von" hervorgehoben.

Die Postpositionen *için* „für", *ile* „mit", *gibi* „wie" (= in der Form wie), *kadar* (A) „wie" (= in dem Maße wie) regieren bei Substantiven und einigen Pronomina den Nominativ, bei *kim* „wer", den Personalpronomina und den Demonstrativpronomina (die Pluralformen auf *-ler* ausgenommen) den Genitiv. Bei *kim* und den Personalpronomina sieht das so aus:

ki'minle?	*mit wem?*	kim'lerle?	*mit wem alles?*	kendi'siyle	*mit ihm/ihr*
be'nimle	*mit mir*	bi'zimle	*mit uns*	biz'lerle	*mit uns (allen)*
se'ninle	*mit dir*	si'zinle	*mit euch/Ihnen*	siz'lerle	*mit euch/Ihnen (allen)*
o'nunla	*mit ihm/ihr*	on'larla	*mit ihnen*	kendile'riyle	*mit ihnen*
kimin için	*für wen?*	kimler için?	*für wen alles?*	kendisi için	*für ihn/sie*
benim için	*für mich*	bizim için	*für uns*	bizler için	*für uns (alle)*
senin için	*für dich*	sizin için	*für euch/Sie*	sizler için	*für euch/Sie (alle)*
onun için	*für ihn/sie*	onlar için	*für sie*	kendileri için	*für sie*

Beispiele: *Üniversiteye neyle (< ne ile) geliyorsunuz?* „Womit kommen Sie zur Universität?", *Üniversiteye bisikletle/tramvayla/metroyla/taksiyle geliyorum* „Ich komme mit dem Fahrrad/mit der Straßenbahn/mit der U-Bahn/mit dem Taxi zur Universität", *Tatile kiminle gideceksiniz?* – *Hiç kimseyle* „Mit wem werden Sie in die Ferien fahren? – Mit niemandem";
Timur ile evlenmene karşıyım „Ich bin dagegen, dass du Timur heiratest", *Ben gecemi iki elma, bir sandviç ya da yumurta, birkaç sosis ile geçiştirebilirim* (DA, AADY, 61) „Ich kann meine Nächte mit zwei Äpfeln, einem Sandwich oder Ei und einigen Würstchen bestreiten";
Sizinle konuşmak istiyorum „Ich möchte mit Ihnen sprechen", *Bununla ne yapacaksın?* „Was wirst du damit machen?".

Merke auch: *ile ilgili* „in Zusammenhang mit" *Sınavla ilgili bir sorum var* „Ich habe eine Frage in Zusammenhang mit der Prüfung"; *ile beraber* „zusammen mit" *Hakan'la beraber sinemaya gittik* „Ich bin mit Hakan zusammen im Kino gewesen"; *ile birlikte* „gemeinsam mit" *Filiz'le birlikte kitap yazıyorum* „Ich schreibe gemeinsam mit Filiz ein Buch".

Bitte beachten Sie: *ile* wird auch als Konjunktion im Sinne von „und" verwendet. Dann steht es zwischen zwei Nomina: *Ayşe ile Ali* (oder: *Ayşe'yle Ali*) *diskoya gittiler* „Ayşe und Ali sind in die Disco gegangen".

► Vergleichen wir jetzt die Verwendung von *için*:
Saat iki buçuk sizin için erken mi? „Ist halb drei für Sie zu früh?" : *Bunun için ne kadar ödedin?* „Wie viel hast du dafür bezahlt?";
Ali, okumak için Türkçe gazete istiyor „Ali möchte türkische Zeitungen zum Lesen";
Bir iş için geldim „Ich bin wegen einer Angelegenheit gekommen";
Türkçe öğrenmek için bu kitabı aldım „Ich habe dieses Buch gekauft, um Türkisch zu lernen",
Türkçe öğrenmen için bu kitabı aldım „Ich habe dieses Buch gekauft, damit du Türkisch lernst".

Weitere Beispiele für *gibi* und *kadar* (vgl. auch Nomen 3.1 und Pronomina 9):
Ne gibi bir iş arıyorsunuz? „Welcherart Arbeit suchen Sie?"; *Bunun gibi mayo isterim* „Ich möchte einen Badeanzug wie diesen", *Senin gibi şaşırmadım* „Ich war nicht verblüfft wie du";
Bunun kadar terbiyesiz çocuk görmedim „Ich habe noch kein so ungezogenes Kind wie dieses gesehen", *Senin kadar şaşırmadım* „Ich war nicht so sehr verblüfft wie du";
Arabamız sizinki gibidir „Unser Auto ist so wie eures", *Kiramız sizinki kadardır* „Unsere Miete beträgt so viel wie eure", *Her zamanki gibi geç geldin* „Du bist wie immer zu spät gekommen", *Bugünkü sıcaklık, dünkü kadar olacakmış* „Heute soll die Temperatur genau so hoch wie gestern werden".

2.2   Postpositionen, die den Dativ regieren

(1)	Radyo**ya göre** bugün kar yağacakmış.	***Laut*** *Rundfunk soll es heute schneien.*
(2)	İki saat**e kadar** döneceğim.	***Bis*** *in zwei Stunden werde ich zurückkommen.*
(3)	Park**a doğru** koştum.	*Ich bin **in Richtung** Park gerannt.*

Postpositionen, die den Dativ regieren, sind:

göre „gemäß, zufolge": *Türk Anayasasına göre, Türk babanın veya Türk ananın çocuğu Türktür* „Dem Türkischen Grundgesetz zufolge ist das Kind eines türkischen Vaters oder einer türkischen Mutter Türke".

kadar/dek/değin „bis": *Antalya'ya kadar gittik* „Wir sind bis Antalya gefahren".

doğru „in Richtung auf, gegen": *Saat beşe doğru uyandım* „Ich bin gegen fünf Uhr aufgewacht". Achtung: *doğru* wird auch attributiv verwendet *doğru cevaplar* „richtige Antworten".

karşı „gegen": *Kime karşı oynayacaksınız?* „Gegen wen werdet ihr spielen?". Achtung: *karşı* wird auch attributiv verwendet *karşı saldırılar* „die Gegenangriffe".

yönelik „gerichtet auf": *Sınava yönelik bir sorum var* „Ich habe eine Frage zur Prüfung".

rağmen (A)/***karşın*** „trotz": *Yağmura rağmen cam sildim* „Trotz des Regens habe ich Fenster geputzt", *Çalışmama rağmen sınavı kazanamadım* „Trotz meiner Anstrengung habe ich die Prüfung nicht bestehen können".

inat (A) „zum Trotz": *Bana inat çok sigara içiyorsun* „Mir zum Trotz rauchst du so viel".

ait (A) „betreffend, angehend; zugehörig": *Bodrum'a ait kartpostallarınız var mı?* „Haben Sie Ansichtskarten von Bodrum?", *Bu kitap bana ait* „Dieses Buch gehört (zu) mir".

dair (A) „betreffs, über": *Neye dair konuştunuz?* „Worüber habt ihr gesprochen?". Anstelle von *dair* wird auch *üzerine* „auf/über" verwendet: *Ne üzerine konuştunuz?* „Worüber habt ihr gesprochen?".

Es gibt noch folgende Postpositionen, die inzwischen oft durch die zweite Variante ersetzt werden:

istinaden (A)/***dayanarak*** „gestützt auf; auf Grund von": *İş sözleşmesine dayanarak hakkınızı isteyebilirsiniz* „Auf Grund des Arbeitsvertrages können Sie Ihr Recht verlangen" (= indem Sie sich auf den Arbeitsvertrag stützen).

mukabil (A) / ***karşılık*** „(als Ersatz) für; gegen": *Bankalar şu sıra yüz Euro'ya karşılık kaç lira veriyorlar?* „Wie viel Lira geben die Banken derzeit für € 100?".

nazaran (A)/***bakarak*** „in Hinblick auf; zufolge": *Gazete haberlerine bakarak Türk parası değerinin düşürüleceğini sanıyorum* „Ausgehend von den Zeitungsnachrichten glaube ich, dass die türkische Währung (= der Wert des türkischen Geldes) abgewertet wird".

nispeten ~ nispetle (A)/***oranla*** „im Verhältnis zu": *Geçen yaza oranla bu yaz daha sıcak geçiyor* „Im Verhältnis zum vergangenen Sommer verläuft dieser Sommer heißer".

Merke auch: *buna göre* „demzufolge, dementsprechend", *buna karşı* „dagegen, entgegen diesem", *buna karşılık* „demgegenüber", *buna rağmen* „trotzdem".

2.3 Postpositionen, die den Ablativ regieren

(1) On yıl**dan beri** Berlin'deyim.	*Ich bin **seit** zehn Jahren in Berlin.*
(2) Yarın**dan itibaren** erken kalkacağım.	***Ab** morgen werde ich früh aufstehen.*
(3) Yoğurt**tan başka** bir şey yemedim.	*Ich habe nichts **außer** Joghurt gegessen.*

Postpositionen, die den Ablativ regieren, sind:

beri „seit": *Saat üçten beri telefonunu bekliyorum* „Seit drei Uhr warte ich auf deinen Anruf", *Çoktan beri hastayım* „Ich bin seit langem krank".

itibaren (A) „ab": *Saat üçten itibaren telefonunu bekleyeceğim* „Ab drei Uhr werde ich auf deinen Anruf warten".

evvel (A) / ***önce*** „vor": *Senden önce kalktım* „Ich bin vor dir aufgestanden".

sonra „nach": *Senden sonra kalktım* „Ich bin nach dir aufgestanden", *Saat üçten sonra telefonunu bekleyeceğim* „Nach drei Uhr werde ich auf deinen Anruf warten".

başka „außer": *Senden başka kimseyi sevmiyorum* „Ich liebe niemanden außer dir", *Yardım istemekten başka çare yok* „Es gibt keinen Ausweg außer um Hilfe zu bitten".

dolayı „infolge, wegen": *İşimden dolayı hep geç kalırım* „Infolge meiner Arbeit verspäte ich mich ständig".

ötürü „wegen": *Senden ötürü azarlandım* „Deinetwegen bin ich gerügt worden".

Weitere Begriffe, die wie Postpositionen gebraucht werden und den Ablativ regieren, sind *içeri, dışarı, aşağı, yukarı* (vgl. Adverb 3):

Postanenin arka kapısından içeri girdim „Ich habe die Post durch den Hintereingang betreten", *Evden dışarı çıkma!* „Geh nicht aus dem Haus!", *Pencereden aşağı sarkma!* „Lehn dich nicht aus dem Fenster (nach unten)!", *Merdivenden yukarı çıkamadım* „Ich konnte die Treppe nicht hochkommen".

Merken Sie sich auch die Ausdrücke *-den bu yana*, *-den yana* und *bir yana*:
Şubattan bu yana hiç kimseye yazmadım „Von Februar bis heute habe ich überhaupt niemandem geschrieben", *Herkes senden yanadır* „Jeder ist auf deiner Seite", *Paradan yana sıkıntım yok* „In Bezug auf Geld habe ich keinen Mangel";
Celâl bir yana, çocuklarının geleceği ne olacak diye düşündük „Von Celâl abgesehen (beiseite gelassen), überlegten wir, wie wohl die Zukunft der Kinder sein wird".

Merke auch: *bundan önce* „davor", *bundan sonra* „danach", *bundan başka* „außerdem, außer diesem", *bundan dolayı* „deshalb", *bundan ötürü* „deswegen".

2.4   Postpositionen, die den Akkusativ regieren

| (1) | elli**yi aşkın** bir hanım | *eine Dame **über** fünfzig* |
| (2) | akşam yemeğin**i takiben** | ***im Anschluss an** das Abendessen* |

Statt *takiben* (A) wird seltener auch der Ausdruck *müteakip* (A) verwendet, der ebenfalls den Akkusativ regiert.

3 Postpositionen mit Possessivsuffix

3.1 Die Ortsbereichnomina als Postpositionen

(1)	Masayı, sandalyeleri ev**in arkasına** bırak.	*Stell den Tisch und die Stühle **hinters Haus**.*
(2)	Ülkü'**nün arkasında** Erol oturuyor.	***Hinter** Ülkü sitzt Erol.*
(3)	Ülkü'**nün arkasından** baktım.	*Ich habe Ülkü **hinterher**geschaut.*

Die Ortsbereichnomina kennen Sie schon (vgl. Adverb 3). Weitere Beispiele: *Derste Erol yanımda/ önümde/arkamda oturuyor* „Im Unterricht sitzt Erol neben/vor/hinter mir", *Bavulun içinde ne var?* „Was ist im Koffer?", *Biletin masanın üstündedir* „Deine Fahrkarte liegt auf dem Tisch", *Resimler, şu gazetenin altındadır* „Die Bilder liegen unter dieser Zeitung da", *Yolcuların arasında Ali de var* „Unter (= zwischen) den Reisenden ist auch Ali", *Hakan annesinin, babasının yanında oturuyor* „Hakan wohnt bei seinen Eltern", *Dersin ortasında konuşma!* „Sprich nicht mitten im Unterricht!", *Kimsenin ardından koşmam* „Ich laufe niemandem nach", *Pulları şunun arasına koy. – Neyin arasına?* „Lege die Briefmarken da dazwischen. – Wo dazwischen?";

Bu akşam kendi aramızda olacağız „Heute Abend werden wir unter uns sein", *Aranızda bir mesele mi var?* „Gibt es ein Problem zwischen euch?", *Dün akşam karşımıza bir polis çıktı* „Gestern Abend trat uns ein Polizist entgegen".

▸ Vergleichen Sie:

(4)	Ülkü ile Ali'**nin arasında** Erol oturuyor.	***Zwischen** Ülkü und Ali sitzt Erol.*
(5)	Ülkü ile Ali **arasında** bir sorun var.	***Zwischen** Ülkü und Ali gibt es ein Problem.*

Wie Sie sehen, steht Ali im Beispiel (4) im Genitiv, in (5) jedoch im Nominativ. Wir wissen schon, dass die Genitiv-Possessiv-Verbindungen mit den Wortverkettungen konkurrieren können (vgl. Nomen 3). Diese Konkurrenz ist bei Satzgliedern, die mit den Ortsbereichnomina gebildet werden, sehr stark. In (4) ist *arasında* „zwischen" das, was der Sprecher hervorheben will; deswegen steht *Ali* im Genitiv. In (5) hingegen hat der Sprecher sein Augenmerk nicht auf *arasında*, sondern auf *Ülkü ile Ali arasında,* dem er die Information *bir sorun var* hinzufügt. Als „kleine" Lernhilfe kann man sich merken, dass im letzten Fall das „zwischen" nicht in wörtlicher (= örtlicher) Bedeutung gebraucht ist.

Aber auch wenn die wörtliche Bedeutung erhalten ist, kann die Genitiv-Possessiv-Verbindung mit der Wortverkettung konkurrieren. In folgendem Beispiel ist im ersten Satz *önünde* die neue Information, im zweiten die bekannte: *Çocuklar okul binasının önünde toplandılar. Okul binası önünde şarkılar söylediler* „Die Kinder versammelten sich *vorm* Schulgebäude. *Vor dem* Schulgebäude sangen sie Lieder". Noch zwei Beispiele: *Bu ayın ortasında param bitti* „Mitten in diesem Monat ging mein Geld zu Ende" : *Ay ortasında param bitti* „In der Monatsmitte ging mein Geld zu Ende".

• Eine Besonderheit stellt *üzer-* „Oberfläch-, auf/über" dar, da es nur mit Suffixen vorkommt: *Şarabın üzerine rakı içti* „Er hat Raki auf Wein getrunken", *Bunun üzerine bağırmaya başladı* „Daraufhin hat er angefangen zu schreien", *Politika üzerine konuştuk* „Wir haben über Politik gesprochen", *Masanın üzerindeki ekmeği getir* „Bring das Brot, das auf dem Tisch liegt, her", *Havaalanında üzerimizi aradılar* „Auf dem Flughafen sind wir durchsucht worden", *Üzerinizde kaç para var?* „Wie viel Geld haben Sie dabei?".

Üst und *üzer-* sind nur begrenzt austauschbar: *Mektupları masanın üzerine/üstüne koydum* „Ich habe die Briefe auf den Tisch gelegt", *Stuttgart üzerinden Münih'e gittik* „Wir sind über Stuttgart nach München gefahren" (nicht *üstünden!*).

Merken wir uns noch *hariç* (A) [ha:riç] „außerhalb, exklusive", *dahil* (A) [da:hil] „innerhalb, inklusive" sowie *peş* (P) „rückwärtiger Teil": *Türkiye'nin haricinde yaşayan Türklerin sayısı ne kadar?* „Wie hoch ist die Zahl der Türken, die außerhalb der Türkei leben?", *KDV dahildir* (= Katma Değer Vergisi) „Die Mehrwertsteuer ist inklusive", *Peşimden gel!* „Komm mir nach!".

- *Baş* „Kopf" wird in der Form *başına* im Sinne von „pro, für je" gebraucht: *Bu tercüme için satır başına beş Euro ödedim* „Für diese Übersetzung habe ich je Zeile fünf Euro bezahlt", *Adam başına yüz Euro aldık* „Wir haben pro Kopf hundert Euro erhalten".

  Merke gesondert: *Masanın başına oturun* „Setzen Sie sich an den Kopf des Tisches", *Masa başına oturalım* „Setzen wir uns an den Tisch", *Masa başında uyuyakalmışım* „Ich bin am Tisch eingeschlafen", *Çocukların başından ayrılma!* „Weiche nicht von der Seite der Kinder!".

3.2 Weitere Postpositionalausdrücke

(1) Yemek **sırasında** sigara içme.	*Rauche nicht **während** des Essens.*
(2) Bir hafta **içinde** döndüm.	*Ich bin **binnen** einer Woche zurückgekommen.*
(3) İzin **konusunda** anlaştık mı?	*Sind wir **betreffs** des Urlaubs übereingekommen?*
(4) Türkiye **hakkında** bir kitap okudum.	*Ich habe ein Buch **über** die Türkei gelesen.*
(5) Ali **adına** konuştum.	*Ich habe **im Namen** von Ali gesprochen.*
(6) Para **bakımından** sıkıntımız yok.	***Hinsichtlich** des Geldes haben wir keine Notlage.*

Es gibt eine Reihe weiterer Nomina, die wie Postpositionen gebraucht werden. Sie enthalten ein Possessivsuffix und einen konstanten Kasus für die angegebene Bedeutung. Bei Substantiven regieren diese Postpositionen den Nominativ, bei *kim* sowie den Personal- und Demonstrativpronomina – mit Ausnahme der Pluralformen – den Genitiv. Bei den Postpositionen der Beispiele (1) – (3) ist das Possessivsuffix stets die 3. Pers. Sg., bei den Beispielen (4) – (6) kann man die Person wechseln:

Im Lokativ stehen:

esnasında (A)/*sırasında* „während": *Yemek esnasında konuşma* „Sprich nicht während des Essens".

zarfında (A)/*içinde* „binnen, innerhalb": *Bir yıl zarfında Türkçe öğrendim* „Ich habe binnen einem Jahr Türkisch gelernt".

hususunda (A)/*konusunda* „betreffs, in Bezug auf": *İzin hususunda anlaştık mı?* „Sind wir betreffs des Urlaubs übereingekommen?".

hakkında (A) „über": *Benim hakkımda ne biliyorsunuz?* „Was wissen Sie über mich?".

Im Dativ stehen:

hesabına (A) / *adına* „für die Person von": *Ali hesabına konuştum* „Ich habe für Ali gesprochen";
Onun adına konuştum „Ich habe für ihn / in seinem Namen gesprochen".

namına (P) „im Namen von": *Annem namına imza ettim* „Ich habe im Namen meiner Mutter
unterschrieben".

yerine „anstelle": *Pervin yerine Nermin geldi* „Anstelle von Pervin ist Nermin gekommen".

uğruna „um … willen, zugunsten": *Anne, çocuğu uğruna el kapısında çalışıyor* „Die Mutter
arbeitet ihrem Kind zuliebe bei fremden Leuten".

Im Ablativ stehen:

bakımından „hinsichtlich, in Bezug auf": *Oğlumuz bakımından endişemiz yok* „Hinsichtlich
unseres Sohnes haben wir keine Bedenken".

yüzünden „wegen/durch" (in Verbindung mit einer Negativaussage): *Dikkatsizlik yüzünden
kaza yaptın* „Du hast durch Fahrlässigkeit einen Unfall verursacht", *Sizin yüzünüzden geç kaldım*
„Ihretwegen habe ich mich verspätet".

tarafından (A) „von": *Bu çiçekler annem tarafından gönderilmiş* „Diese Blumen sind von meiner
Mutter geschickt worden".

Mit Ausnahme von *hakkında* kann man diese Nomina auch in einer Genitiv-Possessiv-Verbindung
verwenden. Dann schlägt die wörtliche Bedeutung durch, z. B. *Ali'nin hesabına bira içtim* „Ich
habe auf Alis Rechnung Bier getrunken", *Pervin'in yerine Nermin oturdu* „Auf den Platz von
Pervin hat sich Nermin gesetzt".

> Merke gesondert: *saye* [sa:ye] (P) „Schatten; Unterstützung": *Kocam sayesinde Türkçemi
> geliştirdim* „Dank meines Mannes habe ich mein Türkisch erweitert" : *Kocamın sayesinde
> Türkçemi geliştirdim* „Dank der Unterstützung meines Mannes habe ich mein Türkisch erweitert".

> Merke auch: *bu konuda* „dazu (= zu diesem Thema)" *Bu konuda söylenecek başka bir şey yok*
> „Dazu gibt es nichts mehr zu sagen"; *bu bakımdan* „insofern" *Bu bakımdan rahatım* „Insofern
> bin ich beruhigt".

Es gibt noch weitere Begriffe, die wie eine Postposition gebraucht werden. Eine kleine Auswahl:

boyu „längs" / *boyunca* „(ent)lang": *Yol boyu park etmek yasaktır* „Längs der Straße ist Parken
verboten" : *Yol boyunca park etmek yasaktır* „Auf der ganzen Straße lang ist Parken verboten"
(das Parkverbot wird auf die Straße begrenzt), *Bir yıl boyunca beşte kalktım* „Ein Jahr lang bin ich
um fünf aufgestanden".

devamınca (A) „während der Dauer": *Bu kurs devamınca akşamları işe gitmeyeceğim* „Solange
dieser Kurs dauert, werde ich abends nicht zur Arbeit gehen".

uyarınca „gemäß" (adressatenorientiert): *4209 sayılı kanun uyarınca tütün ve tütün mamullerinin
içilmesi yasaktır* (Flughafen Istanbul) „Gemäß dem Gesetz Nr. 4209 ist es verboten, Tabak und
Tabakprodukte zu rauchen".

gereğince „entsprechend, laut": *Arzum gereğince hareket ediyorum* „Ich verhalte mich meinem Wunsch entsprechend", *kanun gereğince* „laut Gesetz".

sebebiyle (A) / ***nedeniyle*** „aufgrund": *Kaza nedeniyle bu yol kapatılmıştır* „Aufgrund eines Unfalls ist dieser Weg gesperrt worden".

dolayısıyla „wegen": *Kuraklık dolayısıyla sıkıntı çekecekler* „Wegen der Dürre werden sie Not leiden".

yoluyla „über": *Yunanistan yoluyla Avrupa'ya yaklaşmak istendi* „Über Griechenland wollte man sich Europa nähern".

vasıtasıyla (A) / ***kanalıyla*** „mittels, durch": *Ali kanalıyla haber yolladık* „Wir haben durch Ali Nachricht geschickt".

münasebetiyle (A) / ***vesileyle*** (A) „anlässlich": *Türkoloji Enstitüsü'nün kuruluşunun onuncu yıldönümü münasebetiyle bir eğlence gecesi düzenlenmiştir. Bu vesileyle birçok kimse tanıdım* „Anlässlich des zehnten Jahrestages der Gründung des Instituts für Turkologie ist ein bunter Abend ausgerichtet worden. Bei dieser Gelegenheit habe ich viele Leute kennengelernt".

Merken Sie sich noch *lehte ve aleyhte* (A) „pro und contra" sowie folgende Beispiele: *Siz, Ecevit'in lehinde mi yoksa aleyhinde misiniz?* „Sind Sie für oder gegen Ecevit?", *Ali aleyhimde konuşuyormuş* „Ali spricht angeblich zu meinem Nachteil".

Die Konjunktionen *(Bağlaçlar)*

1 Überblick

Konjunktionen (deutsch: *Bindewörter*) sind z. B. *ve* „und", *ama* „aber", *eğer* „wenn". Sie verbinden Satzglieder bzw. Sätze oder leiten Sätze ein. Viele Konjunktionen im Türkischen sind nichttürkischen Ursprungs. Darüber hinaus gibt es zahlreiche andere Möglichkeiten, Satzglieder oder Sätze miteinander zu verbinden.

▸ Vergleichen Sie:

(1)	Şimdi eve **giderim ve** uyurum.	*Ich gehe jetzt nach Hause und ich schlafe.*
(2)	Şimdi eve **giderim,** uyurum.	*Ich gehe jetzt nach Hause und ich schlafe.*
(3)	Şimdi eve **gider,** uyurum.	*Ich gehe jetzt nach Hause und schlafe.*
(4)	Şimdi eve **gidip** uyurum.	*Ich gehe jetzt nach Hause und schlafe.*

Die obigen vier Beispiele unterscheiden sich in der Enge der Verbindung: In (1) werden das Nachhausegehen und das Schlafen als zwei getrennte Ereignisse betrachtet, in (2) ebenso, aber der Sprecher verzichtet auf *ve* „und". In (3) spart der Sprecher das Personalsuffix an *gider* aus, weil man sich die Person durch das Personalsuffix am folgenden Verb erschließen kann. In (4) sagt der Sprecher, dass beide Ereignisse eng zusammengehören.

Eine ganze Reihe deutscher Konjunktionen wie „dass, indem, obwohl" gibt es im Türkischen nicht. Sie werden durch eigene Verbformen ausgedrückt. Siehe dazu die Kapitel *Verbalnomina, Verbaladverbien* und *Weitere adverbial gebrauchte Verbformen*.

Manche Konjunktionen sind in der gesprochenen Sprache nicht stellungsfest, z. B. *çünkü* (P) „denn": *Ekmek yiyeceğim, çünkü açım* „Ich werde Brot essen, denn ich bin hungrig" oder *Ekmek yiyeceğim, açım çünkü* „Ich werde Brot essen, ich bin nämlich hungrig". Für die gängigsten Umstellungen werden Beispiele gegeben.

• Wenn eine Konjunktion auch als Abtönungspartikel verwendet wird, welche die Sprechereinstellung signalisiert, wird das an Ort und Stelle mitbehandelt. Beispiele:
Ben Köln'de oturuyorum. **Ya** siz?   *Ich wohne in Köln. **Und** Sie?* (Konjunktion)
Orada bir büfe var **ya**!   *Dort ist **doch** ein Kiosk!* (Abtönungspartikel)

2 Konjunktionen, die Satzglieder bzw. Sätze verbinden

ve (A) „und": *Ali ve Ayşe Türktür* „Ali und Ayşe sind Türken" (Dieses Beispiel kann auch mit türkischem *ile* gebildet werden und verbindet dann stärker: *Ali ile Ayşe Türktür*);
Ali bilgisayarda çalışıyor ve Ayşe yemek pişiriyor „Ali arbeitet am Computer und Ayşe kocht".

ile „und": *Bana bu et ile kaldırım taşı arasındaki farkı söyleyebilir misiniz?* (AB, OMY, 43) „Können Sie mir den Unterschied zwischen diesem Fleisch und einem Pflasterstein erklären?".

de / da „und (dazu) / auch" hat eine hinzufügende Funktion, steht immer **nach** der Wortform, auf die es sich bezieht, und wird nur schwach betont: *Sen de gelecek misin?* „Kommst du auch mit?", *Ben de açım* „Ich bin *auch* hungrig (= auch ich)", *Ben açım da* „Ich bin auch *hungrig* (= und nicht nur durstig)";

Bir tanıdık çoktan beri hastanede. Canı da sıkılıyor „Ein Bekannter ist seit langem im Krankenhaus. Auch langweilt er sich";
Bu hiç de güzel değil „Das ist überhaupt nicht schön!", *Ali her gün daha da geç geliyor* „Ali
kommt jeden Tag (noch) später";
Çalıştım da çalıştım „Ich habe gearbeitet und gearbeitet", *Çocuk ağladı da ağladı* „Das Kind hat
geweint und geweint";
Ülkü'ye telefon edeyim de haber vereyim „Ich will Ülkü mal anrufen und Bescheid geben", *Gel de
kendin gör!* „Komm und sieh selbst!", *Gel de güven!* „Komm und hab Vertrauen!", *Oturun da
yemek yiyin!* „Setzt euch und esst".

Wenn *de* Sätze verbindet, können wir im Deutschen – je nach Sinnzusammenhang – auch eine
andere Konjunktion als die obengenannten wählen: *Bize gel! Türkçe çalışalım* „Komm zu uns. Lass
uns Türkisch lernen" → *Bize gel de Türkçe çalışalım* „Komm zu uns, damit wir Türkisch lernen";
Mektubu ver de okuyayım „Gib schon den Brief, damit ich ihn lese", *Berlin'e geldim de, sizi
bulamadım* „Ich bin nach Berlin gekommen, aber ich habe Sie nicht angetroffen", *Ne iyi ettin de
geldin* „Wie schön, dass du gekommen bist", *Nasıl oldu da sınavı kazanamadın?* „Wie ist es denn
passiert, dass du die Prüfung nicht bestehen konntest?", *Otur da rahat edelim* „Setz dich, so dass
wir Ruhe haben".

In folgenden Beispielen muss *de* nach *ikisi* und *üçünüzü* stehen, damit das Prädikat jedem separat
zugewiesen werden kann: *Bu Sandra, bu da Birgit. İkisi de Alman* „Das ist Sandra und das Birgit.
Beide sind Deutsche", *Üçünüzü de kutlarım* „Ich gratuliere euch dreien".

Merke gesondert: *Adam, sen de!* „Mensch, du!". Hier wird dem Angesprochenen kein Wert beige-
messen.

- *de* wird auch als erläuternde Partikel genutzt. Der Sprecher geht dann davon aus, dass der Hörer
  den erläuterten Sachverhalt nicht kennt: *Bu yıl tatil yapamayacağım. Param yok **da** (ondan)*
  „Dieses Jahr werde ich keinen Urlaub machen können. Ich habe nämlich kein Geld (und deswegen)". Wenn der Sprecher jedoch davon ausgeht, dass der Hörer den Sachverhalt kennt, sieht
  das so aus: *Bu yıl tatil yapamayacağım. Sınavım var **ya** (ondan)* „Dieses Jahr werde ich keinen
  Urlaub machen können. Ich habe doch Prüfung (und deswegen)".

de ... de „und (außerdem)/sowie" (im Sinne einer Anreihung): *Ali de, Ayşe de Türktür* „Ali und
auch Ayşe sind Türken", *Sen de ben de İzmir'e gidiyoruz* „Du sowie ich fahren nach Izmir", *Ben
de sen de Türkiye'ye gidelim* „Du und auch ich, fahren wir doch beide in die Türkei";
Çalışıyorum da, okuyorum da „Ich arbeite und ich studiere auch".

Wenn das Verb verneint ist, übersetzen wir *de ... de* mit „sowohl ... wie/als auch": *Beni sen de,
Ayşe de, Ali de anlamıyor* „Sowohl du wie Ayşe als auch Ali verstehen mich nicht".

dahi „auch/sogar". Dieses Wort kommt nicht mehr so häufig vor: *Kazayı ben dahi gördüm* „Den
Unfall habe sogar ich gesehen" (und andere auch).

hem (P) „sogar/und (dazu)": *Evimiz ucuz, hem çok ucuz* „Unsere Wohnung ist billig, sogar sehr
billig";
Hem ne lüzum var? „Und wozu ist das notwendig?".

hem ... hem (de) „sowohl ... als auch" (verbindet Verschiedenes): *Türkiye hem Asya'da, hem
Avrupa'dadır* „Die Türkei liegt sowohl in Asien als auch in Europa", *Hem Bodrum, hem Antalya,*

hem de Alanya'ya gidelim „Fahren wir doch sowohl nach Bodrum als auch nach Antalya und auch nach Alanya", *Ben hem bugün, hem de yarın dişçiye gideceğim* „Ich werde sowohl heute als auch morgen zum Zahnarzt gehen";
Bugün hem çamaşır yıkayacağım, hem de evi temizleyeceğim „Heute werde ich sowohl Wäsche waschen als auch die Wohnung saubermachen".

Merke auch: *Köfteler yanmış. Hem de nasıl!* „Die Klopse sind angebrannt. Und wie!", *150 milyon kira veriyorum. Hem de nerede? Ta Zeytinburnu'nda* „Ich zahle 150 Millionen Miete. Und wo (erst)? Dahinten in Zeytinburnu".

gerek … gerek(se) „sowohl … als auch" (wählt aus): *Gerek ben, gerek sen bunu bilmeliyiz* „Sowohl ich als auch du müssen das wissen".

veya (A+P) „oder": *Efes veya Tuborg al* „Kaufe Efes oder (auch) Tuborg".

veyahut (A+P) „oder": *Efes veyahut Tuborg al* „Kaufe Efes oder (besser) Tuborg".

veyahut (P) *da* „oder": *Efes veyahut da Tuborg al* „Kaufe Efes oder (aber) Tuborg".

ya „und" (als Kontrast): *Ben Steglitz'te oturuyorum. Ya siz?* „Ich wohne in Steglitz. Und Sie?"; *Ali gelecek diyorsunuz, ya gelmezse?* „Ihr sagt, Ali wird kommen; und wenn er nicht kommt?".

- **ya** „doch" (der Aussage nachgestellt, ruft dem Hörer etwas in Erinnerung): *Gülünecek bir şey mi var? – Var ya…* „Gibt es etwas zum Lachen? – Aber ja!", *Araba alma işiniz ne oldu? – Aldık ya…* „Was ist aus eurer Sache mit dem Autokauf geworden? – Wir haben doch (eins) gekauft!".

- **ya** „ach ja": *Ali'nin babası ölmüş – Ya, öyle mi?* „Alis Vater ist gestorben. – Ach ja, so?".

ya da „entweder … oder / beziehungsweise": *Efes ya da Tuborg al* „Kaufe entweder Efes oder Tuborg", *Ali yarın ya da öbür gün gelecek* „Ali wird morgen bzw. übermorgen kommen".

ya … ya „entweder … oder": *Ya bugün ya yarın gelirim* „Ich komme entweder heute oder morgen"; *Ya siz bize gelin, ya biz size gelelim* „Kommt entweder ihr zu uns oder wir kommen zu euch".

ya … ya da „entweder … oder aber": *Ya pazartesi, ya salı, ya da çarşamba günü geliriz* „Wir kommen entweder am Montag oder am Dienstag oder aber am Mittwoch".

yoksa „oder (aber)" (= wenn nicht / andernfalls): *Bugün yoksa yarın gelirim* „Ich komme heute oder aber morgen", *Efes yoksa Tuborg al* „Kaufe Efes oder, wenn keines da ist, Tuborg";
Ali bugün gelecek mi, yoksa gelmeyecek mi? „Wird Ali heute kommen oder etwa nicht?".

Bei Fragen ist es möglich, eine Alternative ohne Konjunktion auszudrücken, weil die doppelt gesetzte Fragepartikel *mi* die Funktion der Konjunktion mitübernimmt: *Efes mi, Tuborg mu içmek istiyorsun?* „Möchtest du Efes oder Tuborg trinken?", *Alman mısın, Türk müsün?* „Bist du Deutsche oder Türkin?".

ha … ha „(entweder) … oder" (im Sinne „egal"): *Ha sen, ha ben, fark etmez!* „Du oder ich, das ist egal!";
Ha geldi, ha gelmedi, ne fark eder? „Er ist gekommen oder auch nicht, was macht es schon?".

ister … ister „entweder … oder / ob … ob" (der Sachverhalt wird zur Wahl gestellt): *İster bugün, ister yarın gel* „Komm entweder heute oder morgen";
İster inan, ister inanma! „Glaub's oder glaub's nicht", *İster arabayı alayım, ister otobüse bineyim,*

üniversiteye kadar gitmem 50 dakika sürüyor „Ob ich den Wagen nehme oder ob ich den Bus besteige, meine Fahrt bis zur Universität dauert 50 Minuten".

olsun … olsun „sei … sei es": *Bugün olsun, yarın olsun, karar senin!* „Sei es heute oder morgen, das ist deine Entscheidung!", *İster bugün olsun, ister yarın olsun, gel!* „Gleichgültig, ob heute oder morgen, komm!".

kâh … kâh (P) „mal … mal / bald … bald": *Kâh Ali damlıyor, kâh Veli* „Mal schneit Ali herein, mal Veli", *Kâh yağmur yağıyor, kâh kar yağıyor* „Bald regnet es, bald schneit es".

- Die Konjunktion „sondern" kennt Türkisch nicht: Stattdessen wird die zweite Silbe von *değil* mit Steigton gesprochen: *Adım Hasan değil, Hüseyin* „Mein Name ist nicht Hasan, sondern Hüseyin", *Pesimist değilim, optimistim* „Ich bin kein Pessimist, sondern Optimist". Wenn die Gegenüberstellung und Korrektur stark sein soll, kann man *bilakis* (A) / *aksine* (A) / *tersine* „im Gegenteil" oder *zıddına* (A) / *tam tersine* „ganz im Gegenteil" einsetzen: *Pesimist değilim, tersine, optimistim* „Ich bin kein Pessimist, im Gegenteil, ich bin Optimist".

ne … ne (P) oder **ne … ne de** „weder … noch". Diese Konjunktion wird mit bejahtem und auch mit verneintem Prädikat verwendet. Vergleichen wir:

(a) Ne içeride, ne de dışarıda sigara **içilir**.   *Weder drinnen noch draußen **wird geraucht**.*

(b) Ne içeride, ne de dışarıda sigara **içilemez**.   *Nicht nur drinnen, sondern auch draußen **darf nicht geraucht werden**.*

- Das Prädikat ist bejaht, wenn Satzglieder oder Sätze im Sinne von „weder … noch" verbunden werden:
  Ne arabam var, ne de bisikletim „Ich habe weder ein Auto noch ein Fahrrad", *Ne dün ekmek aldım, ne de bugün* „Ich habe weder gestern Brot gekauft noch heute", *Ne dün, ne de bugün kimse telefon etti / Ne dün, ne de bugün telefon eden oldu* „Weder gestern noch heute hat jemand angerufen", *Ne İngilizce, ne Almanca, ne Fransızca biliyorum* „Ich kann weder Englisch noch Deutsch noch Französisch", *Bana ne yazdın, ne de telefon ettin* „Du hast mir weder geschrieben noch mich angerufen", *Bugüne kadar ne Truva'yı, ne Bergama'yı, ne de Efes'i gördük* „Bis heute haben wir weder Troja noch Pergamon noch Ephesus gesehen", *Mizahın amacı ne güldürmektir ne ağlatmak* (AB, OMY, 13) „Das Ziel des Humors ist weder zum Lachen zu bringen noch zum Weinen";
  Gazeteyi ne okudum, ne attım „Ich habe die Zeitung weder gelesen noch weggeworfen", *Ne filmi gördüm, ne de kitabı okudum* „Ich habe weder den Film gesehen noch habe ich das Buch gelesen".

- Das Prädikat ist verneint,
  wenn das Verb vorausgeht: *Bugün mektup almadım, ne annemden ne babamdan* „Heute habe ich keinen Brief erhalten, weder von meiner Mutter noch von meinem Vater";
  wenn die Bedeutung einem „nicht nur … sondern auch" entspricht: *Ne kaynanam, ne de karım, sofraya oturmadılar* „Nicht nur meine Schwiegermutter, sondern auch meine Frau haben sich nicht zu Tisch gesetzt", *Ne dün, ne de bugün kimse telefon etmedi* „Nicht nur gestern, sondern auch heute hat niemand angerufen", *Ali'ye ne sen ne de ben uğrayamazsak ayıp olur* „Wenn nicht nur du, sondern auch ich bei Ali nicht vorbeigehen können, wäre das eine Schande".

derken „da / in diesem Moment" (s. auch Verbaladverbien 8): *Size geliyordum, derken Ali geldi* „Ich war gerade dabei zu euch zu kommen, da kam Ali".

diye „meinend / in der Meinung" (s. auch Verbaladverbien 3): *Başım ağrıyor diye yattım* „Ich habe mich hingelegt, weil mein Kopf wehtut", *Doktora, gelsin diye telefon ettik* „Wir haben den Arzt angerufen, damit er kommt".

ise „(wo)hingegen, aber" (s. auch Bedingungsformen 17.1): *Erol'un babası Türk, annesi ise Alman* „Erols Vater ist Türke, seine Mutter hingegen Deutsche".

3   Konjunktionen, die Sätze verbinden bzw. einleiten

ama (A) „aber": *Türkçe bilmiyorum ama, öğreniyorum* „Ich kann kein Türkisch, aber ich lerne es".

Merke: *Bu biber amma da acı!* „Ist diese Paprika aber scharf!".

fakat (A) „aber" (im Sinne „nur dass"): *İşim iyi, fakat yorucu* „Meine Arbeit ist gut, aber anstrengend".

lakin (A) / ***ne var ki*** „aber" (im Sinne „freilich / jedoch"): *İşim iyi, lakin / ne var ki yorucu* „Meine Arbeit ist gut, aber anstrengend".

amma ve lakin (A) „aber allerdings": *İşim iyi, amma ve lakin yorucu* „Meine Arbeit ist gut, aber allerdings anstrengend".

ancak „allerdings": *Ekmek alacağım, ancak şimdi değil* „Ich werde Brot holen, allerdings nicht jetzt".

yalnız „allein / nur": *Ekmek alacağım, yalnız şimdi değil* „Ich werde Brot holen, nur jetzt nicht".

gerçi (P) *... **ama*** (A) „zwar ... aber": *Gerçi uygun bir fiyata yeni bir ev arıyoruz ama, bulabileceğimizi sanmıyorum* „Zwar suchen wir eine neue Wohnung zu einem günstigen Preis, aber ich glaube nicht, dass wir eine finden (werden) können".

çünkü (P) „denn" (im Sinne „weil"): *Türkçe öğreniyorum, çünkü Türk arkadaşlarım var* „Ich lerne Türkisch, denn ich habe türkische Freunde" oder *Türkçe öğreniyorum. Türk arkadaşlarım var çünkü* „Ich lerne Türkisch. Ich habe nämlich türkische Freunde".

zira (P) „denn" (im Sinne „schließlich" oder „zumal"): *Türkçe öğreniyorum, zira merak ediyorum* „Ich lerne Türkisch, schließlich interessiere ich mich dafür". *Zira* kann mit *çünkü* ausgetauscht werden, aber nicht jedes *çünkü* mit *zira*.

nitekim „(wie) denn auch": *Geç kalacaksın diye düşündüm. Nitekim geç de geldin* „Ich habe gedacht, dass du dich verspätest. Und so bist du denn auch zu spät gekommen".

meğer (P) „dabei (aber) / jedoch / indessen" wird zur Richtigstellung eines Sachverhaltes gebraucht. Das Prädikat enthält dann oft *imiş* oder *-miş*: *Öğleden sonra Topkapı Sarayını gezecektik, meğer bugün kapalıymış* „Wir wollten uns am Nachmittag den Topkapı-Serail ansehen, dabei hat der heute geschlossen", *Sinirleniyorum, ağlıyorum, üzülüyorum, elime kitap alıyorum, üç sayfa okuyorum, meğer okumamışım* (DA, AADY, 90) „Ich werde nervös, weine, werde traurig, nehme ein Buch in die Hand, lese drei Seiten und habe dabei doch nichts gelesen", *Benim bir tane gördüğüm küçük kırmızı fil, meğer beş taneymiş* (NH, YE, 23) „Der kleine rote Elefant, den ich als ein Exemplar gesehen hatte, stellte sich indessen als fünf Stück heraus", *Postacı geldi sandım. Sütçü imiş meğer* „Ich dachte, der Briefträger sei gekommen. Es war aber der Milchmann".

Etwas stärker sind *meğerse* und *meğerki*. Vergleichen wir: *Ben Ali'yi trenle gelecek biliyordum, meğer uçakla gelecekmiş* „Ich glaubte, Ali kommt mit dem Zug. Er kommt jedoch mit dem Flugzeug", *Ben Ali'yi trenle gelecek biliyordum, meğerse uçakla gelecekmiş* „Ich glaubte, Ali kommt mit dem Zug. Dabei kommt er mit dem Flugzeug", *Ben Ali'yi trenle gelecek biliyordum, meğerki uçakla gelecekmiş* „Ich glaubte, Ali kommt mit dem Zug. Jetzt kommt er doch mit dem Flugzeug".

Meğerki wird auch im Sinne von „es sei denn, (dass)" verwendet. Dann steht im Nachsatz der Optativ oder Imperativ: *Bu iş bitmeyecek, meğerki siz de yardım edesiniz* „Diese Arbeit wird nicht fertig, es sei denn, Sie helfen auch".

ki (P) „(so) dass, auf dass, damit, um … zu" führt einen Gedanken weiter und lenkt die Aufmerksamkeit darauf. Im Wörterbuch findet man für *ki* sehr viele Übersetzungsmöglichkeiten. Am besten ersetzt man dieses *ki* im Geiste durch einen Doppelpunkt und verbindet dann die beiden Hauptsätze, entsprechend ihres Zusammenhanges, durch eine passende deutsche Konjunktion, z.B. *Biliyorum ki yazmayacaksın* „Ich weiß: Du wirst nicht schreiben" → „Ich weiß, dass du nicht schreiben wirst";

İyi ki haber verdin „Gut, dass du Bescheid gegeben hast", *Derim ki önce çay içelim* „Ich meine, trinken wir zuerst Tee", *Hazırlanayım ki çıkalım* „Ich mach mich mal fertig, auf dass wir gehen können", *Hemen çamaşır yıkamam lazım ki akşama kadar kurusun* „Ich muss sofort Wäsche waschen, auf dass sie bis zum Abend trocknet".

▸ Vergleichen wir: *Az yiyorum ki şişmanlamayayım* „Ich esse wenig, auf dass ich nicht dick werde" : *Şişmanlamayayım diye az yiyorum* „Ich esse wenig, damit ich nicht dick werde".

• *Film o kadar sıkıcı idi ki, sinemayı terk ettim* „Der Film war so langweilig, dass ich das Kino verlassen habe", *Bugün enstitüde gürültü o kadar çoktu ki çalışamadım* „Heute war im Institut ein solcher Lärm, dass ich nicht arbeiten konnte", *Bu yeni bilgisayar öylesine komplike bir şey ki anlatamam* „Dieser neue Computer ist ein dermaßen kompliziertes Ding, dass ich es nicht beschreiben kann".

• Mit *ki* werden auch Einschübe oder Nachträge formuliert; *ki* erhält dann einen starken Steigton: *Ali bugün gelirse – ki gelmez – bu işi bitirebiliriz* „Wenn Ali heute kommt – ich meine aber, er wird nicht kommen – können wir diese Arbeit abschließen" oder *Ali bugün gelirse bu işi bitirebiliriz – Ki gelmez!* „Wenn Ali heute kommt, können wir diese Arbeit beenden – Ich meine aber, er wird nicht kommen!".

Merke: *Çiğ yemedim ki, karnım ağrısın* „Ich habe es doch nicht roh gegessen, dass mein Bauch weh tun müsste".

• Mit *ki* kann ein Satzglied (insbesondere Subjekt oder Objekt) hervorgehoben werden: *Sen ki beni tanıyorsun...* „Du, der du mich kennst …".

• Merke gesondert: Wird *ki* nach einem Prädikat gebraucht, ohne dass andere Satzteile angeschlossen werden, verstärkt es die Aussage: *Anlamıyorum ki!* „Ich verstehe doch nicht!", *Doktor gelmedi ki!* „Der Arzt ist doch nicht gekommen!", *Öyle çok çalıştım ki!* „Ich habe so viel gearbeitet!", *Hava öyle güzel ki!* „Das Wetter ist unglaublich schön!". Merke auch: *Acaba gelmez mi ki?* „Ob er wohl etwa nicht kommt?".

ne var ki „allerdings": *Teyzem benden bir sürü öteberi istedi. Ne var ki onları uçakla götürmek biraz zor oluyor* „Meine Tante hat von mir eine Menge Sachen gewollt. Allerdings ist es etwas schwierig, sie im Flugzeug mitzunehmen".

kaldı ki „obendrein": *Kaldı ki teyzemin oturduğu yere de gidemeyeceğim* „Obendrein werde ich auch nicht dahin fahren können, wo meine Tante wohnt".

üstelik „darüber hinaus": *Üstelik teyzemin oturduğu yere de gidemeyeceğim* „Darüber hinaus werde ich auch nicht dahin fahren können, wo meine Tante wohnt".

halbuki (hal bu ki: A + T + P) / *oysa ~ oysaki* „dabei/indessen" (im Sinne „die Sachlage ist aber"): *Bana bir kere dahi olsun yazmadın. Oysaki ben sana ayda bir mektup yazarım* „Du hast mir nicht ein einziges Mal geschrieben. Dabei schreibe ich dir einmal im Monat".

eğer (P) „wenn": *Eğer bagaj kilitliyse merak etmeyin / Bagaj kilitliyse eğer, merak etmeyin* „Wenn der Kofferraum verschlossen ist, dann machen Sie sich keine Sorgen".

şayet (P) „falls": *Şayet bagaj kilitliyse merak etmeyin / Bagaj kilitliyse şayet, merak etmeyin* „Falls der Kofferraum verschlossen ist, dann machen Sie sich keine Sorgen".

mademki (A + P) (auch: *madem*) „wenn schon / nachdem schon / da nun einmal": *Mademki eve geldim, rahatımı da isterim* „Wenn ich schon nach Hause gekommen bin, will ich auch meine Ruhe haben", *Mademki pilavı yemek istemiyorsun, bari eti bitir* „Nachdem du schon den Reis nicht essen willst, iss wenigstens das Fleisch auf".

- Weitere Konjunktionen: *aksi halde* (A) „ansonsten", *aksi takdirde* (A) „andernfalls", *aynı zamanda* „gleichzeitig/ebenso", *bir yandan ... öte yandan* „einesteils ... anderteils", *bu sebepten* (A) / *bu nedenle* „aus diesem Grund", *bu yüzden* „deswegen", *bu suretle* „auf diese Weise";
  buna göre „demzufolge, dementsprechend", *buna karşı* „dagegen, entgegen diesem", *buna rağmen* „trotzdem";
  Berbere gitmen için sana para vermiştim; buna rağmen gitmemişsin „Ich hatte dir Geld gegeben, damit du zum Friseur gehst; trotzdem bist du anscheinend nicht hingegangen";
  bundan başka „außerdem", *bundan ötürü* „deswegen", *bunun dışında* „abgesehen davon", *bunun üzerine* „daraufhin";
  bununla birlikte „dennoch, nichtsdestotrotz";
  onun için „deshalb".

- Weitere kommentierende oder abtönende Begriffe:

ayıp (A) „Schande! / Schändlich!": *Ayıp, böyle bir şey söylememelisin* „Schändlich (im Sinne „schäm dich!"), so etwas darfst du nicht sagen!".

demek „das heißt (also)": *'Computer' Türkçe ne demek?* „Wie heißt ,Computer' auf Türkisch?"; *Demek, bugün gelmeyeceksiniz* „Das heißt also, Sie werden heute nicht kommen", *Bugün gelmeyeceksiniz demek* „Sie werden heute nicht kommen, heißt das also".

yani (A) „das heißt / also": *Yani bugün gelmeyecek misiniz?* „Heißt das, Sie kommen heute nicht?", *Bugün gelmeyecek misiniz yani?* „Werden Sie heute also nicht kommen?".

sanki „als ob": *Sanki beni anlamıyormuş* „Als ob er mich nicht verstünde", *Sanki gece olmuş gibi* „Es ist, als ob es Nacht geworden sei". Merke auch: *Ne olur sanki, sen de gelsen* „Was wäre schon, wenn du auch kämst".

güya (P) „angeblich": *Güya yedide gelecektin* „Angeblich wolltest du um sieben kommen". *Güya* kann durch *sözümona* „angeblich" oder *sözde* „vorgeblich" ausgetauscht werden.

bari (P) „wenigstens": *Bari salatayı ye!* „Iss wenigstens den Salat", *Otur bari!* „Setz dich wenigstens".

hoş (P) „ja sowieso/nun ja": *Hoş, ikisi de aynı kapıya çıkar* „Es läuft ja sowieso beides auf das gleiche hinaus", *Hoş, gelmese de olur ya* „Nun ja, wenn er nicht kommt, geht es doch auch".

hele „erst einmal/erst bloß mal": *Hele otele yerleşelim!* „Lasst uns erst einmal im Hotel ankommen!", *Sınavı kazanayım hele* „Ich will erst einmal die Prüfung bestehen", *Hele gelmesin, gösteririm kendisine* „Soll der bloß mal nicht kommen, dann zeige ich es ihm". Merke: *Hele hele!* „Schau einer an!".

hani bedeutete ursprünglich „wo?" und wird im Sinne von „Na, wo ist denn …?/Na, wo steckt denn …?" verwendet oder im Sinne von „wie ist's denn…", um dem Hörer einen ihm bekannten Sachverhalt in Erinnerung zu rufen: *Hani baban?* „Na, wo ist denn dein Vater? (zeig mal)", *Hani o günler!* „Wo sind jene Tage geblieben!";

Hani, orada jandarma var ya! „Also, da ist doch die Gendarmerie!", *Hani sinemaya gidecektik?* „Ei wie, wollten wir nicht ins Kino gehen?".

işte „da" oder „eben/halt" (s. auch Demonstrativpronomina): *Hani gözlüğüm? – İşte burada* „Wo ist denn meine Brille? – Hier liegt sie doch";
Anlamadım işte „Ich habe eben nicht verstanden".

Die Interjektionen *(Ünlemler)*

Hier sind die wichtigsten Interjektionen aufgeführt:

ayol „he/na" (meistens von Frauen gebraucht): *Ayol, sen nerelerde kaldın?* „He, wo steckst du denn?".

haydi ~ hadi „auf, los/na schön, also gut": *Hadi bakalım* „Auf, los!", *Haydi gidelim* „Auf, gehen wir";

Hadi senin istediğin olsun „Na schön, machen wir, was du willst", *Hadi hadi, ben seni bilirim* „Also also, ich kenn dich schon".

sakın „wörtlich: Hüte dich": *Sakın (ha) bunu elleme! / Sakın bunu elleme ha!* „Fass das bloß nicht an!", *Sakın bunu Ali yapmış olmasın* „Dass das nur nicht der Ali gemacht hat".

• Weitere Interjektionen oder als Interjektion gebrauchte Begriffe:

Freude: *Yaşa!* (wörtlich: *Lebe!*) „Juhu!".
Wohlbehagen: *Oh!* „Ah!".
Sehnsucht: *Ah!* „Ach!".
Schmerz: *Ay!* „Auweh!", *İş!* „Au!/Autsch!", *Of!* „Ach!".
Ekel: *Iı!* „Igitt!".
Verwunderung, Erstaunen: *Allah Allah* „O Gott, o Gott!", *Bak şimdi* „Hoppla", *Hayrola* „Nanu!", *Hoppala* „Was du nicht sagst", *Öf öf!* „Oha!".
Liebkosung: *Cici!* „Eia!".
Bedauern: *Vah vah!* „Ojemine!", *Öf!* „O je!".
Spott: *Oh olsun!* „Ätsch!".
Zustimmung: *Haaa!* „Ach so!" (der Hörer hat verstanden); *He!* „Hm!".
Verwirklichung von etwas Erwartetem: *Ha şöyle* „Na also!".
Aufforderung zum Weitererzählen: *Ee?* „Und, wie weiter?".

Nicht gerade höflich ist die Interjektion *be*: *Gel be!* „Komm Menschenskind!", *Yapma be!* „Lass das doch!".

• Einige Tierlaute:

Hund: *hav hav*, Katze: *miyav*, Esel: *a-i a-i*, Kuh: *mö*, Hahn: *ü-ü-ü-rü*.

Das Verb

1   Überblick

Die Grundform des türkischen Verbs (*der Infinitiv*) geht auf *-mek* oder *-mak* aus: *gelmek* „kommen", *almak* „nehmen". Wird das Suffix abgetrennt, erhält man den Verbstamm. Der Verbstamm ist gleichzeitig der Imperativ 2. Person Singular.

Im Türkischen gibt es noch einen zweiten Infinitiv, den *Kurzinfinitiv*: *gel'me* „(das) Kommen", *al'ma* „(das) Nehmen".

- Türkische Verben werden nicht durch ein eigenes Wort wie deutsch „nicht" verneint, sondern durch ein *unbetontes* Verneinungssuffix *-me-/-ma-*, auch *Negationssuffix* genannt. Dieses Verneinungssuffix steht nach dem Verbstamm: *'gelmemek* „nicht kommen", *'almamak* „nicht nehmen". Die Silbe vor dem Verneinungssuffix trägt einen starken Ton. Trennt man bei einem solchen Infinitiv *-mek/-mak* ab, erhält man den verneinten Verbstamm.

- Das Türkische kennt kein Verb „sein". Der in manchen Grammatiken und Lehrbüchern dafür angegebene Infinitiv *imek* existiert eigentlich nicht. Es gibt aber vier Funktionswörter – das sind Wörter, die primär eine grammatische und keine lexikalische Funktion erfüllen –, die mit einem *i* beginnen. Dieses *i* wird als Rest eines Verbs „sein" angesehen. Diese Funktionswörter sind *idi* (s. Verb 4), *imiş* (s. Verb 6), *ise* (s. Verb 17.1) und *iken* (s. Verbaladverbien 8).

  Das Türkische kennt auch kein Verb „haben", und zwar weder in der Bedeutung „besitzen" noch als Hilfsverb wie z. B. beim deutschen Perfekt „Ich habe gegessen".

- Es gibt viele sogenannte „phraseologische Verben" im Türkischen, deren erster Teil ein selbständiges Nomen und deren zweiter Teil ein Verb darstellt, z. B. *telefon etmek* „telefonieren", *tıraş olmak* „sich rasieren", *duş yapmak* „duschen", *namaz kılmak* „das rituelle Gebet verrichten", *nikâh kıymak* „die Trauung vollziehen". Diese Nomina sind im Regelfall nichttürkischen Ursprungs.

- Das Türkische kennt keine Präfixverben wie deutsch „aufladen, entladen, abladen". (Das Verb *öngörmek* „vorsehen/ins Auge fassen" ist eine Neubildung.) Für solche deutschen Präfixverben existieren entweder verschiedene Verben wie *yüklemek* „aufladen", *boşaltmak* „entladen/entleeren", *indirmek* „abladen" oder ein- und dasselbe Verb lässt kontextabhängig mehr als eine Übersetzungsmöglichkeit zu, z. B. *dinlemek* „zuhören, abhören, anhören, verhören, (auf jemanden) hören". Eine Reihe türkischer Verben signalisieren je nach Kontext unterschiedliche Phasen, z. B. *oturmak* „sich setzen" (Beginn)/„sitzen" (Dauer); *durmak* „anhalten" (Beginn)/„stehen" (Dauer); *tanımak* „erkennen, kennenlernen" (Beginn)/„kennen" (Dauer) oder z. B. *yanmak* „in Brand geraten" (Beginn)/„brennen" (Dauer)/„verbrennen" (Ende).

- Das Türkische kennt mehr Zeitformen (*Tempora*) als das Deutsche. Fünf sogenannte „Einfache Zeitformen (*Basit Zamanlar*)" werden vom Verbstamm abgeleitet, eine sechste vom Infinitiv. (Wir wollen sie „Grundzeiten" nennen.) Weitere Zeitformen werden von diesen abgeleitet oder durch Erweiterungen anderer Art gebildet. Welche Zeitstufen und Bedeutungen mit den türkischen Zeitformen transportiert werden, wird Ihnen im Einzelnen gezeigt.

2   Die vier personenbezogenen Suffixtypen

Das Türkische kennt vier verschiedene Suffixreihen, mit denen man an Nomen- oder Verbformen die jeweilige Person, um die es geht, kenntlich machen kann. Zwei dieser Suffixreihen haben eine zusätzliche Funktion.

1. Die Personalsuffixe des 1. Typs *(1'inci Küme Kişi Ekleri)*

▶ Vergleichen Sie:

Ben yorgun**um**.	*Ich bin müde.*	Ben soruyor**um**.	*Ich frage.*
Sen yorgun**sun**.	*Du bist müde.*	Sen soruyor**sun**.	*Du fragst.*
O yorgun.	*Er/Sie ist müde.*	O soruyor.	*Er/Sie fragt.*
Biz yorgun**uz**.	*Wir sind müde.*	Biz soruyor**uz**.	*Wir fragen.*
Siz yorgun**sunuz**.	*Ihr seid/Sie sind müde.*	Siz soruyor**sunuz**.	*Ihr fragt./Sie fragen.*
Onlar yorgun(lar).	*Sie sind müde.*	Onlar soruyor(lar).	*Sie fragen.*

Das Türkische kennt für die 1. und 2. Pers. Sg. und Pl. sowohl *Personalpronomina* als auch *Personalsuffixe*. Die letzteren sind aus nachgestellten Personalpronomina entstanden und kennzeichnen ebenfalls die jeweilige Person. Wenn sie nicht an Verbformen, sondern an Nomina vorkommen, übersetzen wir sie mit „ich bin, du bist usw.". Diese Suffixe werden auch *kopulative Personalsuffixe* genannt. Die 3. Personen haben kein Personalsuffix. (Zur 3. Pers. Pl. s. Verb 3)

Die 2. Pers. Pl. richtet sich entweder an mehrere Personen, die man duzt oder aber an eine bzw. mehrere Personen, die man siezt. Die Varianten der Personalsuffixe des 1. Typs werden Ihnen in diesem Kapitel unter 4, Punkt 1 vorgestellt.

2. Die Personalsuffixe des 2. Typs *(2'nci Küme Kişi Ekleri)*

▶ Vergleichen Sie:

Ben yorgund**um**.	*Ich war müde.*	Ben sord**um**.	*Ich habe gefragt.*
Sen yorgund**un**.	*Du warst müde.*	Sen sord**un**.	*Du hast gefragt.*
O yorgundu.	*Er/Sie war müde.*	O sordu.	*Er/Sie hat gefragt.*
Biz yorgundu**k**.	*Wir waren müde.*	Biz sordu**k**.	*Wir haben gefragt.*
Siz yorgundu**nuz**.	*Ihr wart/Sie waren müde.*	Siz sordu**nuz**.	*Ihr habt/Sie haben gefragt.*
Onlar yorgundu(lar).	*Sie waren müde.*	Onlar sordu(lar).	*Sie haben gefragt.*

Diese Suffixe ähneln den Possessivsuffixen. Sie kommen zur Kennzeichnung der Personen nur an *idi* „war" sowie im Präteritum der Verben und bei den Bedingungsformen vor. Sie werden auch *possessivische Personalsuffixe* genannt und treten nur in der 2. Pers. Pl. in vierfacher Form auf. (Zur 3. Pers. Pl. s. Verb 3)

Die Varianten der Personalsuffixe des 2. Typs werden Ihnen in diesem Kapitel unter 4, Punkt 2 vorgestellt.

3. Die Aufforderungssuffixe (İsteme ve Buyuru Ekleri)

▸ Vergleichen Sie:

Ben sor**ayım**.	*Ich frage mal!*	Biz sor**alım**.	*Fragen wir! / Lasst uns fragen!*
Sen sor.	*Frag du!*	Siz sor**un**/sor**unuz**.	*Fragt ihr! / Fragen Sie!*
O sor**sun**.	*Er/Sie soll fragen!*	Onlar sor**sun**(lar).	*Sie sollen fragen!*

Das Türkische kennt für alle Personen Aufforderungsformen. Sie sind eine Mischreihe und kennzeichnen Funktion und Person gleichzeitig.

Die 2. Personen bilden den *Imperativ (Befehlsform)*. Die 2. Pers. Sg. besteht aus dem reinen Verbstamm.

Die 1. Pers. Sg. steht für den zur Sprechzeit getroffenen freien, aber unabdingbar formulierten Entschluss des Sprechers, eine Handlung in die Tat umsetzen zu wollen oder bei Verneinung nicht umsetzen zu wollen. *Ben sorayım* kann kontextabhängig auch mit „Lass mich mal fragen" oder „Ich will mal fragen" übersetzt werden. Die 1. Pers. Pl. wird als Aufforderung an den/die Hörer verwendet, etwas gemeinsam zu unternehmen oder zu unterlassen. Mit den 3. Personen wird ein starkes Begehren – etwas, was der Sprecher definitiv verwirklicht oder nicht verwirklicht sehen möchte – geäußert. Die 1. Personen und 3. Personen bilden den *Voluntativ*. (Zur 3. Pers. Pl. s. Verb 3)

Die Varianten der Aufforderungssuffixe werden Ihnen in diesem Kapitel unter 14 vorgestellt.

4. Die Possessivsuffixe (İyelik Ekleri)

▸ Vergleichen Sie:

Benim çay**ım** nerede?	*Wo ist mein Tee?*	Benim çay**ım** var.	*Ich habe Tee.*
Senin çay**ın** nerede?	*Wo ist dein Tee?*	Senin çay**ın** var.	*Du hast Tee.*
Onun çay**ı** nerede?	*Wo ist sein/ihr Tee?*	Onun çay**ı** var.	*Er/Sie hat Tee.*
Bizim çay**ımız** nerede?	*Wo ist unser Tee?*	Bizim çay**ımız** var.	*Wir haben Tee.*
Sizin çay**ınız** nerede?	*Wo ist euer/Ihr Tee?*	Sizin çay**ınız** var.	*Ihr habt/Sie haben Tee.*
Onların çay**ı** nerede?	*Wo ist ihr Tee?*	Onların çay**ı** var.	*Sie haben Tee.*

Wie wir schon gesehen haben (s. Nomen 2.4), kennt das Türkische nicht nur *Possessivpronomina*, sondern auch *Possessivsuffixe*. Sie entsprechen deutschem „mein, dein, sein" usw., werden u. a. aber auch zur Bildung von *haben*- oder *müssen*-Konstruktionen benötigt (s. Verb 8 und 16.6). Für die 3. Pers. Pl. gibt es noch das Suffix *-leri*.

3   Singular und Plural im Prädikat

Eine Besonderheit des Türkischen ist, dass nach einem Subjekt in der 3. Pers. Pl. das Prädikat im Singular *oder* im Plural stehen kann. Im Deutschen ist das hin und wieder auch möglich: „Essen und Trinken *hält* Leib und Seele zusammen". Hier wird „Essen und Trinken" als Einheit gesehen. Wenn man auf türkisch sagt *Çocuklar ağlıyor* „Die Kinder weinen", werden die Kinder auch als Einheit gesehen. Auch wenn das Subjekt nicht als Einheit gesehen wird, kann das Prädikat im Singular stehen: *Teoman ve Suzan evde* „Teoman und Suzan sind zu Hause". Das letzte Beispiel ist umschreibbar mit „Teoman ist zu Hause und Suzan ist auch zu Hause". Ein Prädikat im Singular wird nicht besonders hervorgehoben. Wählt der Sprecher hingegen die Pluralform, möchte er die Aufmerksamkeit des Hörers darauf ziehen: *Çocuklar ağlıyorlar* „Die Kinder *weinen*".

Sehen wir uns noch folgenden Satz an: „Ein Haufen Äpfel lag / lagen auf dem Tisch". Dieses Beispiel ist zwar mit dem Türkischen nicht direkt vergleichbar, aber wichtig ist, dass der Sprecher die Wahl hat, über Einzelexemplare zu reden (oder auch nicht). Die Möglichkeit der Individualisierung nutzt der türkische Sprecher im Sinne „jeder von ihnen".

► Es besteht eine Tendenz im Türkischen, bei unbelebten Subjekten der 3. Pers. Pl. das Prädikat im Singular zu verwenden: *Fiyatlar çok yüksek* „Die Preise sind sehr hoch" (s. jedoch unten 5).

Wird in einem Folgesatz das Subjekt der 3. Pers. Pl. nicht noch einmal genannt, steht das Prädikat im Plural: *Bunlar arkadaşlarım. Türktürler* „Das sind meine Freunde. Sie sind Türken". Es kann, muss aber nicht im Plural stehen, wenn es die Antwort auf eine Frage ist: *Öğrencileriniz Alman mıdır? – Almandır(lar)* „Sind Ihre Studenten Deutsche? – Es sind Deutsche". Auch bei langen Sätzen steht oft das Prädikat im Plural.

4   Wiedergabe von „sein"

1. Wiedergabe von „sein" für die Gegenwart: Die Personalsuffixe des 1. Typs

► Vergleichen Sie:

(Ben) Aktif**im**.	*Ich bin aktiv.*	(Ben) Aktif **değilim**.	*Ich bin nicht aktiv.*
(Ben) Aktif **miyim**?	*Bin ich aktiv?*	(Ben) Aktif **değil miyim**?	*Bin ich nicht aktiv?*

Das Türkische kennt kein Verb „sein". Im Präsens entsprechen die Personalsuffixe des 1. Typs, wenn sie an Nomina vorkommen, in der deutschen Übersetzung „ich bin, du bist usw.". Diese Personalsuffixe sind vierförmig, werden mit dem vorhergehenden Wort zusammengeschrieben und nicht betont.

Geht ein Wort auf Vokal aus, beginnt das Personalsuffix der 1. Pers. Sg. und 1. Pers. Pl. mit einem *y*. Dieses *y* ist in der Tabelle unten in Klammern gesetzt. Die 3. Pers. Sg. und Pl. haben kein Personalsuffix. Man sagt auch, sie enthalten ein Null-Element. Dieses Null-Element ist in der Tabelle mit ∅ gekennzeichnet. Allerdings kann die 3. Pers. Pl. unter Umständen mit *-ler* versehen werden (dazu weiter unten in diesem Kapitel). Damit deutlich wird, dass dieses *-ler* eine prädikative Funktion hat und nicht z. B. aus *hasta* „krank" → *hasta'lar* „die Kranken" bildet, wird die Silbe davor stärker betont und *-ler* bekommt einen Nebenton.

| Personalpronomina | Die Personalsuffixe des 1. Typs | | | |
| | Der letzte Vokal eines Wortes ist | | | |
	e oder **i**	ö oder **ü**	a oder **ı**	o oder **u**
ben *ich*	-(y)**im**	-(y)**üm**	-(y)**ım**	-(y)**um**
sen *du*	-s**in**	-s**ün**	-s**ın**	-s**un**
o *er/sie/es*	∅	∅	∅	∅
biz *wir*	-(y)**iz**	-(y)**üz**	-(y)**ız**	-(y)**uz**
siz *ihr/Sie*	-s**iniz**	-s**ünüz**	-s**ınız**	-s**unuz**
onlar *sie*	∅/-ler	∅/-ler	∅/-lar	∅/-lar

a) Die bejahten Formen

• Vokalischer Auslaut/Konsonantischer Auslaut

| Nach | e oder **i** | ö oder **ü** | a oder **ı** | o oder **u** |
	geizig/reich	*dritter/traurig*	*geduldig/blond*	*brav/müde*
ben	cimri**yim**/zengin**im**	üçüncü**yüm**/üzgün**üm**	sabırlı**yım**/sarışın**ım**	uslu**yum**/yorgun**um**
sen	cimri**sin**	üçüncü**sün**	sabırlı**sın**	uslu**sun**
o	cimri	üçüncü	sabırlı	uslu
biz	cimri**yiz**/zengin**iz**	üçüncü**yüz**/üzgün**üz**	sabırlı**yız**/sarışın**ız**	uslu**yuz**/yorgun**uz**
siz	cimri**siniz**	üçüncü**sünüz**	sabırlı**sınız**	uslu**sunuz**
onlar	cimri(ler)	üçüncü(ler)	sabırlı(lar)	uslu(lar)

• Wörter mit lautlichen Besonderheiten (s. Lautlehre 1.1.3, 2.2)

| | liberal, -li | kıskanç, -cı | korkak, -ağı | miyop, -bu | cömert, -di |
	liberal	*eifersüchtig*	*ängstlich*	*kurzsichtig*	*freigebig*
ben	liberal**im**	kıskan**cım**	korka**ğım**	miyo**bum**	cömer**dim**
sen	liberal**sin**	kıskanç**sın**	korkak**sın**	miyop**sun**	cömert**sin**
o	liberal	kıskanç	korkak	miyop	cömert
biz	liberal**iz**	kıskan**cız**	korka**ğız**	miyo**buz**	cömer**diz**
siz	liberal**siniz**	kıskanç**sınız**	korkak**sınız**	miyop**sunuz**	cömert**siniz**
onlar	liberal(ler)	kıskanç(lar)	korkak(lar)	miyop(lar)	cömert(ler)

Beispiele: *Öğretmenim* „Ich bin Lehrer", *Ben böyleyim* „Ich bin eben so", *Sensizim* „Ich bin ohne dich", *Küçüksün* „Du bist klein", *Sen delisin* „Du bist verrückt", *Ali burada* „Ali ist hier", *Kahve tatlı* „Der Kaffee ist süß", *Çalışkanız* „Wir sind fleißig", *Mutluyuz* „Wir sind glücklich", *Tembelsiniz* „Ihr seid faul", *Özgürsünüz* „Ihr seid frei", *Millerler İngiliz* „Millers sind Engländer".

▶ Vergleichen Sie jetzt:

(1)	Biz **Türk**üz.	*Wir sind **Türken**.*
(2)	Biz bu okulun **öğretmeni**yiz.	*Wir sind **Lehrer** dieser Schule.*
(3)	Biz bu okulun **öğretmenleri**yiz.	*Wir sind **die Lehrer** dieser Schule.*
(4)	Siz iyi **insanlar**sınız.	*Ihr (jeder von euch) seid gute **Menschen**.*

Substantive als Prädikativum – also Nomina, die im Prädikat vorkommen – werden im Türkischen in der 1., 2. und 3. Pers. Pl. im Singular gebraucht wie in (1) und (2), wenn damit gesagt werden soll, dass das Subjekt als Merkmal eine Eigenschaft aufweist. (Im Deutschen stehen Adjektive im Prädikat auch im Singular.) Wenn der Sprecher jedoch an einzelne bestimmte Individuen oder Dinge denkt, wird das Prädikativum mit betontem *-ler* verwendet wie in (3) und (4). In der 3. Pers. Pl. kann in einem solchen Fall kein zweites Pluralsuffix angefügt werden.

Die Personalsuffixe können an Wortformen angehängt werden, die ein Possessivsuffix der 3. Pers. enthalten wie in (2) und (3). Sie können an Wortformen mit Lokativ- und Ablativsuffix angehängt werden: *Evdeyim* „Ich bin zu Hause", *Biz İzmir'deniz* „Wir sind aus Izmir". Sehr selten stehen sie nach einem Dativsuffix: *Ben senden yanayım* „Ich bin auf deiner Seite". Wenn die Bedeutung es zulässt, können sie auch an Postpositionen angefügt werden: *Ben senin gibiyim* „Ich bin wie du", *Hep seninleyim* „Ich bin immer mit dir".

b) Die verneinten und fragenden Formen

Für die Verneinung benötigen wir das Wort *değil*, an das die Personalsuffixe angehängt werden. Es wird mit „nicht" oder „kein" übersetzt. Da *değil* in der letzten Silbe ein *i* enthält, werden die Suffixe nur in der Variante mit *i* bzw. *-ler* verwendet.

Beispiele: *Öğretmen değilim* „Ich bin kein Lehrer", *Ben böyle değilim* „Ich bin eben nicht so", *Ben senin gibi değilim* „Ich bin nicht wie du", *Küçük değilsin* „Du bist nicht klein", *Ali burada değil* „Ali ist nicht hier", *Ülkü evde değil* „Ülkü ist nicht zu Hause", *Mutlu değiliz* „Wir sind nicht glücklich", *İzmir'den değiliz* „Wir sind nicht aus Izmir", *Çalışkan değilsiniz* „Ihr seid nicht fleißig", *Müllerler Alman değil* „Müllers sind keine Deutschen".

Merke auch: *Türk müsünüz? – Türk değilim* „Sind Sie Türke? – Ich bin kein Türke" und *Türk müsünüz? – Değilim* „Sind Sie Türke? – Ich bin nicht (Türke)".

• Die Wortstellung im Fragesatz ändert sich im Türkischen nicht. Fragen werden entweder durch das Fragewort *mi* gebildet oder durch andere Fragewörter wie *kim* „wer?" (s. auch Pronomina).

Die Personalsuffixe werden an *mi* angefügt, *-ler* steht jedoch davor:

Nach letztem	**e** oder **i**	**ö** oder **ü**	**a** oder **ı**	**o** oder **u**
	reich	*traurig*	*blond*	*müde*
ben	zengin **miyim?**	üzgün **müyüm?**	sarışın **mıyım?**	yorgun **muyum?**
sen	zengin **misin?**	üzgün **müsün?**	sarışın **mısın?**	yorgun **musun?**
o	zengin **mi?**	üzgün **mü?**	sarışın **mı?**	yorgun **mu?**
biz	zengin **miyiz?**	üzgün **müyüz?**	sarışın **mıyız?**	yorgun **muyuz?**
siz	zengin **misiniz?**	üzgün **müsünüz?**	sarışın **mısınız?**	yorgun **musunuz?**
onlar	zengin **mi?**	üzgün **mü?**	sarışın **mı?**	yorgun **mu?**
	zenginler **mi?**	üzgünler **mi?**	sarışınlar **mı?**	yorgunlar **mı?**

Beispiele: *Deli miyim?* „Bin ich verrückt?", *Ben senin gibi miyim?* „Bin ich wie du?", *Hasta mısın?* „Bist du krank?", *Türk müsün?* „Bist du Türke?", *Benden yana mısın?* „Bist du auf meiner Seite?", *Ali burada mı?* „Ist Ali hier?", *Biz yoksul muyuz?* „Sind wir arm?", *Evde misiniz?* „Seid ihr/sind Sie zu Hause?", *Çocuklar yorgun mu?* „Sind die Kinder müde?".

Beispiele für fragend-verneinte Sätze: *Sempatik değil miyim?* „Bin ich nicht sympathisch?", *Alman değil misin?* „Bist du kein Deutscher?", *Bu Teoman değil mi?* „Ist das nicht Teoman?", *Zengin değil miyiz?* „Sind wir nicht reich?", *İspanyol değil misiniz?* „Seid ihr/sind Sie keine Spanier?", *Turistler İngiliz değil mi?* „Sind die Touristen keine Engländer?".

- Auch an Fragewörter mit Eigenbedeutung werden die Personalsuffixe angehängt. Beispiele:

	kim? *wer?*		nerede? *wo?*	
(Ben)	Kim**im**?	*Wer bin ich?*	Nerede**yim**?	*Wo bin ich?*
(Sen)	Kim**sin**?	*Wer bist du?*	Nerede**sin**?	*Wo bist du?*
O	kim?	*Wer ist er/sie?*	nerede?	*Wo ist er/sie?*
(Biz)	Kim**iz**?	*Wer sind wir?*	Nerede**yiz**?	*Wo sind wir?*
(Siz)	Kim**siniz**?	*Wer seid ihr/sind Sie?*	Nerede**siniz**?	*Wo seid ihr/sind Sie?*
Onlar	kim?	*Wer sind sie?*	nerede?/Neredeler?	*Wo sind sie?*

- Die Frage *Nasılsın?* (= Wie bist du?) entspricht deutschem „Wie geht es dir?" und *Nasılsınız?* „Wie geht es euch/Ihnen?". Auf die Frage *Kimsin(iz)?* bzw. wenn man sich vorstellt oder sich am Telefon meldet, antwortet man im Regelfall ohne das Personalsuffix, also z. B. *Ben Suzan Akman* „Ich bin Suzan Akman". Man fragt *O kim?* „Wer ist das?", wenn man jemanden nicht kennt und auf diese Person verweist. Aber man fragt *Kim o?*, wenn es z. B. an der Tür klopft und man wissen will, wer klopft.

- Auf eine Frage wie *Soyadınız Hoffmann mı?* „Ist Ihr Nachname Hoffmann?" kann die Antwort lauten: *(Soyadım) Hoffmann değil, (soyadım) Müller* „(Mein Nachname ist) nicht Hoffmann, sondern (mein Nachname ist) Müller". Für diesen *sondern*-Kontrast wird *değil* auf der zweiten Silbe mit Steigton gesprochen.
  Andererseits wird *değil mi?* auch wie deutsches „nicht wahr?" verwendet. Dann hört man häufig nur ['demi]: *Ahmet memnun değil mi?* „Ist Ahmet nicht zufrieden?" : *Ahmet memnun, değil mi?* „Ahmet ist zufrieden, nicht wahr?".

Vergleichen Sie jetzt die türkische und deutsche Satzstellung:

Memnun musun?	– Memnunum.	*Bist du zufrieden?*	*– Ich bin zufrieden.*
Memnun değil misin?	– Memnun değilim.	*Bist du nicht zufrieden?*	*– Ich bin nicht zufrieden.*
Sen Timur musun?	– Değilim.	*Bist du Timur?*	*– Ich bin's nicht.*
Timur *sen* misin?	– 'Benim.	*Bist dú Timur?/Bist du der Timur?*	*– Bin ich.*
Siz profesör müsünüz?		*Sind Sie Professor?*	
Profesör *siz* misiniz?		*Sind Sie der Professor?*	

Zur 3. Person Plural

▶ Vergleichen Sie:

(1) Teoman ve Suzan hasta.	*Teoman und Suzan sind krank.*
(2) Teoman ve Suzan hasta**lar**.	*Teoman und Suzan sind (beide) krank.*

In diesen Beispielen bestehen die Prädikate aus einem Adjektiv. In (1) hebt der Sprecher das Prädikat nicht besonders hervor. In (2) hebt der Sprecher das Prädikat hervor. In dieser Variante individualisiert er nicht, sondern fasst *Teoman* und *Suzan* zusammen. (Zur Individualisierung s. in diesem Kapitel 5).

Die Subjekte in (1) und (2) sind für den Sprecher „bestimmte" (spezifische) Subjekte. Nur bei solchen Subjekten hat der Sprecher die Wahl, ein Adjektiv *außer* im Singular auch im Plural zu verwenden. Ist das Subjekt hingegen ein Substantiv im Plural wie *kızlar* „(die) Mädchen", muss der Kontext gewährleisten, dieses als „bestimmt" zu interpretieren; geht das nicht, steht der Singular. Ein kontextloser Satz wie **Kızlar çalışkanlar* klingt unnatürlich, weil die Zusammenfassung dazu führt, ihn nicht als „Die Mädchen sind fleißig", sondern als „Mädchen sind fleißig" zu interpretieren, man sich also „fleißig" als Charakteristikum von Mädchen vorstellt; es muss *Kızlar çalışkan* heißen.

Um an ein als Prädikativum verwendetes Substantiv dieses *-ler* direkt anzufügen, muss dieses als Eigenschaft interpretierbar sein: *Bunlar hırsızlar* „Das sind Diebe (und keine Engel)". Deshalb werden Substantive im Verhältnis zu Adjektiven seltener mit *-ler* versehen, und wenn, in der gesprochenen Sprache, weil dann hörbar ist, was gemeint ist: *Hoffmannları seviyorum. İyi komşúlàr* „Ich mag Hoffmanns. Es sind gute Nachbarn" (Eigenschaft: gute Nachbarn), aber *Baş müşterim çocuklár* „Meine Hauptkunden sind die Kinder" (keine Eigenschaft, sondern Kinder und nicht Erwachsene).

- Nach *değil* oder einem mit Lokativsuffix versehenem Prädikativum findet sich das Pluralsuffix häufiger: *Komşular evde değiller* „Die Nachbarn sind nicht zu Hause", *Erol ile Aylâ neredeler? – Münih'teler* „Wo sind Erol und Aylâ? – Sie sind (beide) in München".

- Bei unbelebten Subjekten wird an das Prädikativum kein *-ler* angehängt.

2. Wiedergabe von „sein" für die Vergangenheit: Das temporale Funktionswort *idi* und die Personalsuffixe des 2. Typs

▶ Vergleichen Sie:

Ali hasta **idi**. → Ali hasta**ydı**.		*Ali wár krank.* → *Ali war krank.*	
(Ben) Aktif**tim**.	*Ich war aktiv.*	(Ben) Aktif **değildim**.	*Ich war nicht aktiv.*
(Ben) Aktif **miydim**?	*War ich aktiv?*	(Ben) Aktif **değil miydim**?	*War ich nicht aktiv?*

Mit dem temporalen Funktionswort *idi* verweist der Sprecher auf ein Ereignis, das für die Gegenwart nicht bedeutsam ist. Das entspricht in Kombination mit einem Prädikativum deutschem „war", aber auch „ist gewesen". Damit gebildete Prädikate stellt der Sprecher als Tatsache hin.

Das Funktionswort *idi* wird selbstständig, weitaus häufiger jedoch als Suffix gebraucht. Verwendet der Sprecher es als selbstständige Wortform, hat er das *Subjekt* im Blickpunkt und sagt, dass er seine Aussage *darüber* als definitiv betrachtet, und er hält das Ereignis punktuell fest. Im Deutschen muss man dann „war" betonen. Diese Nebennuance enthält *idi* nicht, wenn es angehängt wird. So kann man sagen *Ali çoktan hastaydı* „Ali war seit langem krank", aber nicht **Ali çoktan hasta idi*. (Selbstständiges *idi* kommt übrigens in der türkischen Juristensprache oft vor.)

Als Suffix gebraucht, wird es vierförmig und nicht betont. Nach vokalischem Auslaut steht dann *-ydi*; nach konsonantischem Auslaut verliert es sein erstes *i* und lautet *-di* bzw. *-ti*. An *idi* werden die Personalsuffixe des 2. Typs angehängt.

- Selbstständig   Nach Vokal

		e oder i	ö oder ü	a oder ı	o oder u
ben	idi**m**	-ydim	-ydüm	-ydım	-ydum
sen	idi**n**	-ydin	-ydün	-ydın	-ydun
o	idi	-ydi	-ydü	-ydı	-ydu
biz	idi**k**	-ydik	-ydük	-ydık	-yduk
siz	idi**niz**	-ydiniz	-ydünüz	-ydınız	-ydunuz
onlar	idi(ler)	-ydi(ler)	-ydü(ler)	-ydı(lar)	-ydu(lar)

- Nach stimmhaften und stimmlosen Konsonanten

	e oder i	ö oder ü	a oder ı	o oder u
ben	-dim/-tim	-düm/-tüm	-dım/-tım	-dum/-tum
sen	-din/-tin	-dün/-tün	-dın/-tın	-dun/-tun
o	-di/-ti	-dü/-tü	-dı/-tı	-du/-tu
biz	-dik/-tik	-dük/-tük	-dık/-tık	-duk/-tuk
siz	-diniz/-tiniz	-dünüz/-tünüz	-dınız/-tınız	-dunuz/-tunuz
onlar	-di(ler)/-ti(ler)	-dü(ler)/-tü(ler)	-dı(lar)/-tı(lar)	-du(lar)/-tu(lar)

a) Die bejahten Formen

- Vokalischer Auslaut

Nach letztem	e oder i	ö oder ü	a oder ı	o oder u
	geizig	*dritter*	*geduldig*	*brav*
ben	cimri**ydim**	üçüncü**ydüm**	sabırlı**ydım**	uslu**ydum**
sen	cimri**ydin**	üçüncü**ydün**	sabırlı**ydın**	uslu**ydun**
o	cimri**ydi**	üçüncü**ydü**	sabırlı**ydı**	uslu**ydu**
biz	cimri**ydik**	üçüncü**ydük**	sabırlı**ydık**	uslu**yduk**
siz	cimri**ydiniz**	üçüncü**ydünüz**	sabırlı**ydınız**	uslu**ydunuz**
onlar	cimri**ydi**(ler)	üçüncü**ydü**(ler)	sabırlı**ydı**(lar)	uslu**ydu**(lar)

- Konsonantischer Auslaut

Nach letztem	e oder i	ö oder ü	a oder ı	o oder u
	reich	*traurig*	*blond*	*müde*
ben	zengin**dim**	üzgün**düm**	sarışın**dım**	yorgun**dum**
sen	zengin**din**	üzgün**dün**	sarışın**dın**	yorgun**dun**
o	zengin**di**	üzgün**dü**	sarışın**dı**	yorgun**du**
biz	zengin**dik**	üzgün**dük**	sarışın**dık**	yorgun**duk**
siz	zengin**diniz**	üzgün**dünüz**	sarışın**dınız**	yorgun**dunuz**
onlar	zengin**di**(ler)	üzgün**dü**(ler)	sarışın**dı**(lar)	yorgun**du**(lar)

Beispiele: *Öğretmendim* „Ich war Lehrer", *Doçenttim* „Ich war Dozent", *Açtım* „Ich war hungrig", *Astronottum* „Ich war Astronaut", *Ben böyleydim* „Ich war so", *Sensizdim* „Ich war ohne dich", *Ben senin gibiydim* „Ich war wie du", *Hep seninleydim* „Ich war immer mit dir", *Ben senden yanaydım* „Ich war auf deiner Seite", *Küçüktün* „Du warst klein", *Ali buradaydı* „Ali war hier", *Adınız neydi?* „Wie war Ihr Name?", *Mutluyduk* „Wir waren glücklich", *Evdeydik* „Wir waren zu Hause", *Biz futbolculardandık* „Wir gehörten zu den Fußballspielern (= Wir waren von den Fußballspielern)", *Biz bu okulun öğretmeniydik* „Wir waren Lehrer dieser Schule", *Çalışkandınız* „Ihr wart fleißig", *Özgürdünüz* „Ihr wart frei", *Onlar yorgundu* „Sie waren müde", *Müllerler Frankfurt'taydı* „Müllers waren in Frankfurt";

Televizyonun bilmece programıydı. Konu futbol idi (AB, OMY, 311) „Es war das Quizprogramm des Fernsehens. Das Thema war Fußball", *Kenan Paşa'nın babası, büyük babası da paşa idi. Kayınpederi, büyük kayınpederi, onlar da paşaydılar* (AN, Af, 36) „Der Vater von Kenan Pascha und auch sein Großvater waren Pascha. Sein Schwiegervater und der Vater seines Schwiegervaters, auch sie waren Paschas".

- Manchmal kommt mitten in einem Satz ein Begriff mit *-di* vor; das ist ein Stilmittel, das der Hervorhebung dient: *Bezginliğim sabahları erkenden kalkmaktandır. O olmasa, yoldu, otobüstü, dersti, beni etkilemez* „Mein Verdruss kommt vom morgens Frühaufstehen. Wenn das nicht wäre, würde mich der Weg, der Bus und der Unterricht nicht beeinträchtigen".

b) Die verneinten und fragenden Formen

Die Verneinung wird mit *değil* gebildet, an das *idi* angehängt wird. Da *değil* in der letzten Silbe ein *i* enthält, werden die Suffixe nur in der Variante mit *i* bzw. *e* verwendet.

Beispiele: *Öğretmen değildim* „Ich war kein Lehrer", *Ben böyle değildim* „Ich war eben nicht so", *Küçük değildin* „Du warst nicht klein", *Ali burada değildi* „Ali war nicht hier", *Ülkü evde değildi* „Ülkü war nicht zu Hause", *Mutlu değildik* „Wir waren nicht glücklich", *Tembel değildiniz* „Ihr wart nicht faul", *Müllerler evde değildi* „Müllers waren nicht zu Hause".

Das Fragewort *mi* steht vor angehängtem *idi* und wird mit diesem zusammengeschrieben:

Nach letztem	**e** oder **i**	**ö** oder **ü**	**a** oder **ı**	**o** oder **u**
	reich	*traurig*	*blond*	*müde*
ben	zengin **miydim?**	üzgün **müydüm?**	sarışın **mıydım?**	yorgun **muydum?**
sen	zengin **miydin?**	üzgün **müydün?**	sarışın **mıydın?**	yorgun **muydun?**
o	zengin **miydi?**	üzgün **müydü?**	sarışın **mıydı?**	yorgun **muydu?**
biz	zengin **miydik?**	üzgün **müydük?**	sarışın **mıydık?**	yorgun **muyduk?**
siz	zengin **miydiniz?**	üzgün **müydünüz?**	sarışın **mıydınız?**	yorgun **muydunuz?**
onlar	zengin **miydi**(ler)?	üzgün **müydü**(ler)?	sarışın **mıydı**(lar)?	yorgun **muydu**(lar)?

Beispiele: *Deli miydim?* „War ich verrückt?", *Ben senin gibi miydim?* „War ich wie du?", *Hasta mıydın?* „Warst du krank?", *Üzgün müydün?* „Warst du traurig?", *Benden yana mıydın?* „Warst du auf meiner Seite?", *Ali burada mıydı?* „War Ali hier?", *Biz yoksul muyduk?* „Waren wir arm?", *Evde miydiniz?* „Wart ihr zu Hause?", *Çocuklar yorgun muydu?* „Waren die Kinder müde?".

Beispiele für fragend-verneinte Sätze: *Sempatik değil miydim?* „War ich nicht sympathisch?", *Memnun değil miydin?* „Warst du nicht zufrieden?", *Bu Teoman değil miydi?* „War das nicht Teoman?", *Mutlu değil miydik?* „Waren wir nicht glücklich?", *Üniversitede değil miydiniz?* „Wart ihr nicht an der Universität?", *Turistler İngiliz değil miydi?* „Waren die Touristen keine Engländer?".

- Auch an Fragewörter mit Eigenbedeutung wird *idi* angehängt. Beispiele:

	nerede? *wo?*		nasıl? *wie?*	
(Ben)	Nerede**ydim**?	*Wo war ich?*	Nasıl**dım**?	*Wie war ich?*
(Sen)	Nerede**ydin**?	*Wo warst du?*	Nasıl**dın**?	*Wie warst du?*
(O)	Nerede**ydi**?	*Wo war er/sie?*	Nasıl**dı**?	*Wie war er/sie?*
(Biz)	Nerede**ydik**?	*Wo waren wir?*	Nasıl**dık**?	*Wie waren wir?*
(Siz)	Nerede**ydiniz**?	*Wo wart ihr/waren Sie?*	Nasıl**dınız**?	*Wie wart ihr/waren Sie?*
Onlar	nerede**ydi**(ler)?	*Wo waren sie?*	nasıl**dı**(lar)?	*Wie waren sie?*

Vergleichen Sie jetzt die türkische und deutsche Satzstellung:

(Sen) Dün akşam evde miydin?	*Warst du gestern Abend zu Hause?*
(Ben dün akşam) Evdeydim.	*Ich war (gestern Abend) zu Hause.*
(Sen) Dün akşam evde değil miydin?	*Warst du gestern Abend nicht zu Hause?*
(Ben dün akşam) Evde değildim.	*Ich war (gestern Abend) nicht zu Hause.*

Zur 3. Person Plural

(1) Ahmet ve Mehmet evdé**ydi**.	*Ahmet und Mehmet waren zu Hause.*
(2) Ahmet ve Mehmet evdé**ydilèr**.	*Ahmet und Mehmet waren (jeder) **zu Hause**.*
(3) Ahmet ve Mehmet evde**lérdi**.	***Ahmet und Mehmet** waren (beide) zu Hause.*
(4) Ahmet ve Mehmet evde değíl**di**.	*Ahmet und Mehmet waren nicht zu Hause.*
(5) Ahmet ve Mehmet evde değíl**dilèr**.	*Ahmet und Mehmet waren nicht **zu Hause**.*
(6) Ahmet ve Mehmet evde değil**lérdi**.	***Ahmet und Mehmet** waren nicht zu Hause.*

Die 3. Person Plural kommt in drei Varianten vor – und diese drei Varianten gibt es im Deutschen nicht. In (1) wird gesagt, dass Ahmet *zu Hause war* und Mehmet auch. In (2) sagt der Sprecher, dass *jeder einzelne von ihnen zu Hause* war. In (3) sagt der Sprecher, dass *Ahmet und Mehmet beide* zu Hause waren. Vergleichen wir dazu *Çocuklar bahçede miydi? – Evdeydiler* „Waren die Kinder im Garten? – Sie waren zu Hause" (der Ort steht zur Debatte) mit *Çocuklar neredeydi? – Evdelerdi* „Wo waren die Kinder? – Sie waren zu Hause" (die Kinder stehen zur Debatte). Dieselbe Interpretation, aber verneint, gilt auch für (4) – (6).

Beispiele: *Dört arkadaştılar* „Sie waren vier Freunde", *Hem bu polisler […] korumam falan değildiler* (Mİ, DVD, 55) „Und diese Polizisten […] waren nicht etwa meine Leibwache oder dergleichen", *Bu renksiz yüzde boyalı dudakları kıpkırmızıydılar* (NH, YE, 13) „In diesem farblosen Gesicht standen (= waren) ihre geschminkten Lippen knallrot", *Büyükbabamla anneannem de bizdelerdi* (AN, ŞÇH, 99) „Auch mein Opa und meine Oma waren beide bei uns".

- Auch das Prädikativum kann im Plural stehen: *O zamanın gazete patronları çok cimri insanlardı* (AN, YLBD, 29) „Die Zeitungschefs jener Zeit waren sehr geizige Leute".

Merke auch: *Çocuklar neredeydi? – Arkadaşlarındaydılar* „Wo waren die Kinder? – Sie waren bei ihren Freunden" (*-ları* steht für „ihre" und *-ydılar* für „sie waren").

3. Wiedergabe von „sein" für die Zukunft

Für die Zukunft kennt das Türkische kein eigenes Funktionswort, sondern es wird das Verb *olmak* „werden" verwendet. An den Verbstamm *ol-* wird das Futursuffix *-acak* angehängt, und daran werden die Personalsuffixe des 1. Typs angefügt. Im Futur kann *olmak* mit „werden" *oder* „sein" übersetzt werden: *Üye olacağım* „Ich werde Mitglied werden/sein".

Evde olacağım.	*Ich werde zu Hause sein.*
Evde olacaksın.	*Du wirst zu Hause sein.*
Evde olacak.	*Er/Sie wird zu Hause sein.*
Evde olacağız.	*Wir werden zu Hause sein.*
Evde olacaksınız.	*Ihr werdet/Sie werden zu Hause sein.*
Evde olacaklar.	*Sie werden zu Hause sein.*
Evde olmayacağım.	*Ich werde nicht zu Hause sein.*
Evde olmayacaksın.	*Du wirst nicht zu Hause sein.*
Evde olmayacak.	*Er/Sie wird nicht zu Hause sein.*
Evde olmayacağız.	*Wir werden nicht zu Hause sein.*
Evde olmayacaksınız.	*Ihr werdet/Sie werden nicht zu Hause sein.*
Evde olmayacaklar.	*Sie werden nicht zu Hause sein.*
Evde olacak mıyım?	*Werde ich zu Hause sein?*
Evde olacak mısın?	*Wirst du zu Hause sein?*
Evde olacak mı?	*Wird er/sie zu Hause sein?*
Evde olacak mıyız?	*Werden wir zu Hause sein?*
Evde olacak mısınız?	*Werdet ihr/werden Sie zu Hause sein?*
Evde olacaklar mı?	*Werden sie zu Hause sein?*

5　Das Hilfsverbsuffix *-dir* *(Ek-Eylem)*

▶ Vergleichen Sie:

(1) İstanbul güzel**dir**.	***Istanbul** ist schön.*
(2) Çocuklar evde**dir**.	***Die Kinder** sind zu Hause.*

Das Türkische kennt ein Hilfsverbsuffix *-dir*, mit dem der Sprecher/Autor seine Überzeugung zu einem Thema *nachhaltig* einbringen kann. Das Suffix wird an das Prädikat angehängt.

Wenn es in der gesprochenen Sprache vorkommt, bleibt die deutsche Übersetzung eines Satzes mit oder ohne *-dir* oft gleich; man kann jedoch die Betonung verschieben: *Berlin büyük* „Berlin ist groß" : *Berlin büyüktür* „*Berlin* ist groß". Damit einher geht eine Perspektivenverlagerung: *Çocuklar nerede?* „Wo sind die Kinder?" (nach dem Aufenthaltsort wird gefragt) : *Çocuklar nerededir?* „Wo sind denn die Kinder?" (nach den Kindern wird gefragt).

Wenn es in Texten oder offiziellen Ansprachen vorkommt, bleibt die deutsche Übersetzung eines Satzes mit oder ohne *-dir* ebenfalls oft gleich. Manchmal kann man jedoch im Deutschen ein Zustandsverb einsetzen, da *-dir* in solchen Fällen der Bestätigung und Nachhaltigkeit dient: *Berlin Almanya'dadır* „Berlin liegt in Deutschland", *Can yeleği koltuğunuzun altındadır* „Die Schwimmweste befindet sich unter Ihrem Sitz".

Die Überzeugung des Sprechers/Autors kann interpretiert werden als Bestätigung seines Wissens wie in (1), oder sie kann zwischen Wissen und Einschätzung schwanken wie in (2). Wenn die Überzeugung zwischen Wissen und Einschätzung schwankt, kann es kontextabhängig notwendig werden, im Deutschen ein passendes Wort hinzuzufügen, das dieses ebenfalls signalisiert. Auf eine Frage wie *Doktor Bey nerede?* „Wo ist der Herr Doktor?" sind z. B. folgende Antworten denkbar: *Evde* „Zu Hause" : *Evdedir* „Er ist sicher zu Hause". Zuweilen kann man bei der deutschen Übersetzung auch unbetontes „eben" oder „doch" hinzufügen: *Berlin böyledir* „Berlin ist eben so", *Frankfurt güzeldir* „Frankfurt ist doch schön".

- Das Suffix kommt an allen Personen vor, wird aber am häufigsten in der 3. Pers. Sg. oder Pl. eingesetzt. Eine 3. Person eignet sich gut, die eigene Überzeugung darzustellen: *Almanya pembe ve büyük bir elmadır. Ama içi kurtludur* (A. Haşim, FS, 1933, 31) „Deutschland ist ein rosafarbener und großer Apfel. Aber sein Inneres ist wurmstichig". Verwendet der Sprecher/Autor es an anderen Personen, steht seine Einschätzung im Vordergrund.

- Dieses Suffix wird auch *Kopulasuffix* genannt. Es kommt aber nicht nur bei Prädikaten vor, denen wir im Deutschen „sein" hinzufügen, sondern kann auch an alle Personen einer Reihe von Zeit- und Modalformen angehängt werden; wir kommen darauf zurück.

Das Suffix *-dir/-tir* ist vierförmig und wird schwach betont. Bei einer Einschätzung erhält die Silbe vor *-dir* einen leichten Steigton. Die Pluralform lautet *-dirler*. Das Suffix *-dir* wird an das Fragewort *mi* und an *değil* „nicht/kein" angehängt:

Bu, Berlin'**dir**.	*Das ist Berlin.*	Bu, Berlin **değildir**.	*Das ist nicht Berlin.*
Bu, Berlin **midir**?	*Ist das Berlin?*	Bu, Berlin **değil midir**?	*Ist das nicht Berlin?*

Beispiele: *Dünyada her şey değişir. Bu bir kanundur* „Auf der Welt ändert sich alles. Das ist ein Gesetz", *İyiliğin varlık nedeni kötülüktür* „Der Existenzgrund für das Gute ist das Schlechte", *Kadın duygusaldır, kadın yüreksizdir, korkaktır, kadın korunmaya muhtaçtır* (DA, DBY, 138) „Eine Frau ist emotional, eine Frau ist mutlos, ängstlich, eine Frau bedarf des Schutzes".

Fragen mit *-dir* kommen nur in der 3. Person vor: *Komşularınız Türk müdür? – Türktür* „Sind Ihre Nachbarn Türken? – Es sind Türken", *Komşularınız Türk değil midir?* „Sind Ihre Nachbarn etwa keine Türken?".

- Mutmaßende Begriffe wie *herhalde* „sicher/sicherlich", *inşallah* „so Gott will/hoffentlich", *belki* „vielleicht" lösen häufig das Suffix *-dir* aus: *Doktor Bey evde mi? – Herhalde evdedir* „Ist der Herr Doktor zu Hause? – Er ist sicherlich zu Hause", *İnşallah iyisinizdir* „Es geht euch doch hoffentlich gut", *Edebiyatın başlangıcı belki de masallardır* (AB, OMY 28) „Der Anfang der Literatur sind vielleicht ja die Märchen".

Wenn *-dir* an die 1. und 2. Personen angefügt wird, steht es *nach* dem Personalsuffix. Es steht auch *nach* einem Possessivsuffix oder einem Kasussuffix. Beispiele: *Hiç şakacı değilimdir* „Ich bin überhaupt kein Spaßvogel", *Komisyonlarımıza sadığızdır* (Mİ, BNA, 32) „Wir sind unseren Provisionen treu", *Siz onun tavuğusunuzdur çünkü* (DA, DBY, 18) „Ihr seid nämlich seine Henne", *Ayı babandır!* (Mİ, BNA, 12) „Der Grobian (= der Bär) ist dein Vater!", *Biz üç kardeşiz. Evimiz üçümüzündür* „Wir sind drei Geschwister. Unser Haus gehört uns dreien".

Zur 3. Person Plural:

In der 3. Pers. Pl. gibt es die Reihenfolge *-dirler* und *-lerdir*; *-dirler* besagt „jeder von ihnen": *Ruslar Slavdırlar* „Die Russen sind Slawen". Bei *-lerdir* ist die einfachste Variante, dass das *-ler* ein Prädikativum im Plural anzeigt; dann steht auch nur *-dir*: *Bugünün çocukları mutlu ve talihli çocuklardır* (ZS, Hat, 33) „Die Kinder von heute sind glückliche und vom Schicksal begünstigte Kinder".

Aber *-ler* zeigt nicht immer ein Nomen im Plural an, z. B. nach Lokativsuffix, wie wir schon gesehen haben. Auch an dieses *-ler* kann *-dir* angefügt werden. Fassen wir also zusammen:

(1) Ahmet ve Mehmet evdé.	(4) Ahmet ve Mehmet evdé**lèr**.
(2) Ahmet ve Mehmet evdé**dir**.	(5) Ahmet ve Mehmet evdel**érdir**.
(3) Ahmet ve Mehmet evdé**dirler**.	

In (1) wird gesagt, dass Ahmet zu Hause ist und Mehmet auch. In (2) bekräftigt der Sprecher, dass Ahmet sich zu Hause aufhält und Mehmet auch. In (3) gilt das für (2) Gesagte, jedoch wird zusätzlich ausgedrückt, dass *jeder einzelne von ihnen sich zu Hause* aufhält. In (4) wird gesagt, dass *beide* zu Hause sind, Ahmet und Mehmet werden zusammengefasst. In (5) bringt der Sprecher seine Überzeugung ein, dass beide zu Hause sind.

- Das Prädikat eines unbelebten Subjektes im Plural steht in der Regel im Singular. Da der Sprecher/Autor jedoch mit *-dir* seine Überzeugung einbringt und *-dirler* nicht zusammenfasst, sondern „jedes von ihnen" bedeutet, kann er auch solche Prädikate im Plural formulieren und dadurch auf die einzelnen Subjekte hinweisen: *Genel seçimler ve yerel seçimler oldukça farklı amaçlara yöneliktirler* (TA, 68'li, 97) „Die allgemeinen Wahlen und die kommunalen Wahlen sind auf ziemlich unterschiedliche Ziele gerichtet".

- Andererseits kann mit dem Suffix *-dir* auch ein kontextloser Minisatz gebildet werden: *Öğretmendir* „Er ist Lehrer/Sie ist Lehrerin", *Yabancılardır* „Es sind Ausländer". Das Suffix *-dir* steht auch, wenn die normale Wortfolge nicht eingehalten wird und das Prädikat sonst nicht erkennbar wäre: *Türktür arkadaşım* „Türke ist er, mein Freund".

- Manchmal kommt auch an einem Subjekt *-dir* vor; das ist ein Stilmittel, das der Hervorhebung dient: *Bir yaygaradır başladı* „Ein fürchterliches Geschrei begann".

- Das Suffix *-dir* kann an Zeitbegriffe angefügt werden. Wir übersetzen solche Ausdrücke mit „seit (einem Zeitraum)" oder „(eine bestimmte Zeit) lang": *Bir yıldır Türkçe öğreniyorum* „Ich lerne schon seit einem Jahr Türkisch (Es ist ein Jahr, dass ich Türkisch lerne)", *Aylardır bize yazmadın* „Du hast uns monatelang nicht geschrieben", *İki saattir yağmur yağıyor* „Es regnet schon seit zwei Stunden".

Vergleichen Sie auch die neutrale mit der hervorhebenden Satzstellung:

İşsiz**im**.	*Ich bin arbeitslos.*	İşsiz ben**im**.	*Arbeitslos bin ich.*
İşsiz**sin**.	*Du bist arbeitslos.*	İşsiz sen**sin**.	*Arbeitslos bist du.*
İşsiz**dir**.	*Er/sie ist arbeitslos.*	İşsiz o**dur**.	*Arbeitslos ist er/sie.*
İşsiz**iz**.	*Wir sind arbeitslos.*	İşsiz biz**iz**.	*Arbeitslos sind wir.*
İşsiz**siniz**.	*Ihr seid/Sie sind arbeitslos.*	İşsiz siz**siniz**.	*Arbeitslos seid ihr/sind Sie.*
İşsiz**dirler**.	*Sie sind arbeitslos.*	İşsiz onlar**dır**.	*Arbeitslos sind sie.*

6   Das modale Funktionswort *imiş*

▸ Vergleichen Sie:

(1) Erol hasta **imiş**. → Erol hasta**ymış**.	(Ich habe gehört) ***Erol sei*** *krank.* → *Erol sei krank.*
(2) Erol dün akşam evde**ymiş**.	*Erol soll gestern Abend zu Hause gewesen sein.*
(3) Bugün dışarısı 37 derece**ymiş**.	*Heute sollen es draußen 37 Grad sein.*
(4) Bu biber amma da acı**ymış**!	*Ist diese Paprika aber scharf!*

Mit dem modalen Funktionswort *imiş* stellt der Sprecher ein Ereignis indirekt dar und verweist auf sein Vorwissen als Erfahrung (*modal* bedeutet, dass der Sprecher seine subjektive Einstellung zum Inhalt der Aussage einbringt). Diese Erfahrung kann er durch Hören-Sagen erworben haben wie in (1) – (3), oder er trifft eine schlussfolgernde Feststellung wie in (4), die auch auf Erfahrungswerten beruht. Setzt der Sprecher *imiş* zum Weitererzählen ein, stellt er das Ereignis nicht als Tatsache hin, sondern lässt offen, ob er an der Richtigkeit zweifelt oder nicht. Kontextabhängig kann der Satz *Erol hastaymış* auch mit „Erol ist angeblich krank" oder mit „Erol wäre krank, wie ich gehört habe" verstanden werden. Der Satz *Bu biber amma da acıymış* hingegen ist interpretierbar als „Wie sich herausstellt, ist diese Paprika sehr scharf!", wobei der Sprecher die Paprika in die für ihn bekannte Gruppe der scharfen Sachen einordnet.

Das Funktionswort *imiş* wird selbständig, weitaus häufiger jedoch als Suffix gebraucht und ver-mittelt keinerlei Zeitstufe. Verwendet der Sprecher es als selbständige Wortform, hat er das *Subjekt* im Blickpunkt. Diese Nebennuance enthält *imiş* nicht, wenn es angehängt wird.

Als Suffix wird es vierförmig und nicht betont. Nach vokalischem Auslaut steht dann *-ymiş*; nach konsonantischem Auslaut verliert es sein erstes *i* und lautet *-miş*. An *imiş* werden die Personal-suffixe des 1. Typs angehängt. Nach einem Subjekt der 3. Pers. Pl. kann das Prädikat wie bei *idi* im Singular oder Plural stehen. Das Fragewort *mi* steht vor angehängtem *imiş* und wird mit diesem zusammengeschrieben.

- Während für die Gegenwart *imiş* einem Prädikativum als Suffix angehängt (bzw. nachgestellt) wird, kann *imiş* nicht an ein Prädikat angefügt werden, das bereits *idi* enthält, weil mit *idi* eine Tatsache formuliert wird. Entweder hält der Sprecher den Sachverhalt für wahr oder er enthält sich einer Wertung bzw. meldet Zweifel an. Wenn also der Sprecher *imiş* verwenden will, hängt er *idi* gar nicht erst an. Dann sehen solche Prädikate für die Gegenwart und die Vergangenheit identisch aus. Jetzt muss der Sprecher z. B. über eine Zeitangabe wie *dün* „gestern" signalisieren, dass er über etwas Vergangenes redet.

- Selbständig   Als Suffix

		e oder **i**	**ö** oder **ü**	**a** oder **ı**	**o** oder **u**
ben	imişim	-(y)mişim	-(y)müşüm	-(y)mışım	-(y)muşum
sen	imişsin	-(y)mişsin	-(y)müşsün	-(y)mışsın	-(y)muşsun
o	imiş	-(y)miş	-(y)müş	-(y)mış	-(y)muş
biz	imişiz	-(y)mişiz	-(y)müşüz	-(y)mışız	-(y)muşuz
siz	imişsiniz	-(y)mişsiniz	-(y)müşsünüz	-(y)mışsınız	-(y)muşsunuz
onlar	imiş(ler)	-(y)miş(ler)	-(y)müş(ler)	-(y)mış(lar)	-(y)muş(lar)

- Vokalischer Auslaut

Nach letztem	e oder i	ö oder ü	a oder ı	o oder u
	geizig	*dritter*	*geduldig*	*brav*
ben	cimriy**mişim**	üçüncü**ymüşüm**	sabırlı**ymışım**	uslu**ymuşum**
sen	cimriy**mişsin**	üçüncü**ymüşsün**	sabırlı**ymışsın**	uslu**ymuşsun**
o	cimriy**miş**	üçüncü**ymüş**	sabırlı**ymış**	uslu**ymuş**
biz	cimriy**mişiz**	üçüncü**ymüşüz**	sabırlı**ymışız**	uslu**ymuşuz**
siz	cimriy**mişsiniz**	üçüncü**ymüşsünüz**	sabırlı**ymışsınız**	uslu**ymuşsunuz**
onlar	cimriy**miş**(ler)	üçüncü**ymüş**(ler)	sabırlı**ymış**(lar)	uslu**ymuş**(lar)

- Konsonantischer Auslaut

Nach letztem	e oder i	ö oder ü	a oder ı	o oder u
	reich	*traurig*	*blond*	*müde*
ben	zengin**mişim**	üzgün**müşüm**	sarışın**mışım**	yorgun**muşum**
sen	zengin**mişsin**	üzgün**müşsün**	sarışın**mışsın**	yorgun**muşsun**
o	zengin**miş**	üzgün**müş**	sarışın**mış**	yorgun**muş**
biz	zengin**mişiz**	üzgün**müşüz**	sarışın**mışız**	yorgun**muşuz**
siz	zengin**mişsiniz**	üzgün**müşsünüz**	sarışın**mışsınız**	yorgun**muşsunuz**
onlar	zengin**miş**(ler)	üzgün**müş**(ler)	sarışın**mış**(lar)	yorgun**muş**(lar)

Beispiele: *Zenginmişim* „Ich bin angeblich reich", *Çok çalışkanmışsın* „Du bist angeblich sehr fleißig", *Gelirler bölümündeymiş, adı Figen'miş, gözlüklüymüş, birazcık tombulcaymış* (Mİ, DVD, 16) „Sie sei in der Einkommensabteilung, hieße Figen, trüge eine Brille, sei ein klein bisschen rundlich", *Birinci değilmişiz* „Wir sind nicht die ersten (wie sich herausstellt)", *Bu neymiş?* „Was soll das eigentlich sein?", *Ülkü hasta mıymış? – Değilmiş* „Ist Ülkü etwa krank? – Angeblich nicht", *Eskiden sempatikmişim* „Früher sei ich angeblich sympathisch gewesen", *Ülkü dün hasta mıymış? – Değilmiş* „War Ülkü gestern etwa krank? – Angeblich nicht".

Die 3. Person Plural kommt wie bei *idi* in drei Varianten vor (s. Verb 4, Punkt 2):

Ahmet ve Mehmet evdé**ymiş**.	*Ahmet und Mehmet seien zu Hause (gewesen).*
Ahmet ve Mehmet evdé**ymişler**.	
Ahmet ve Mehmet evde**lérmiş**.	

7   Die Begriffe *var* „existent" und *yok* „nicht existent"

▶ Vergleichen Sie:

(1) Bugün ders **var**.	*Heute ist Unterricht.*
(2) Bugün ders **yok**.	*Heute ist kein Unterricht.*

Der Begriff *var* bedeutet „existent", und der Begriff *yok* bedeutet „nicht existent". *Var* kann im Deutschen auch mit „ist (da)/es gibt/ist vorhanden" und *yok* auch mit „ist nicht (da)/es gibt nicht/ ist nicht vorhanden" wiedergegeben werden: *Buralarda postane var mı/yok mu?* „Gibt es hier in der Gegend ein/kein Postamt?", *Buralarda nerede banka var?* „Wo gibt es hier in der Gegend eine Bank?".
Merke auch: *Ne var ne yok?* „Was gibt es Neues?".

- An *var* und *yok* können die Personalsuffixe des 1. Typs, das Suffix *-dir* sowie *idi*, *imiş* und die Possessivsuffixe angefügt werden (s. zu *ise* Verb 17 und zu *iken* Verbaladverbien 8).

Beipiele: *Yarın burada mısın? – Yokum* „Bist du morgen da? – Ich bin nicht da", *Yarın burada mısınız? – Yokuz* „Sind Sie morgen da? – Wir sind nicht da", *Bu işte yokum* „Da mache ich nicht mit (= Bei dieser Sache bin ich nicht dabei)", *Bu işte varsın, değil mi?* „Du machst doch mit (= bist doch dabei), nicht wahr?", *Derste dokuz kişi vardır* „Im Unterricht sind neun Personen", *Buralarda postane yoktur* „Hier in der Gegend gibt es kein Postamt", *Dün yok muydunuz? – Yoktum* „Waren Sie gestern nicht da? – Ich war nicht da", *Bugün ders yok muymuş? – Varmış* „Gibt es etwa heute keinen Unterricht? – Es gibt welchen (wie ich erfahren habe)".

Werden Possessivsuffixe an *yok* angefügt, wird *k* zu *ğ*: *Varımı, yoğumu sattım* „Ich habe mein Hab und Gut verkauft".

- Auf eine Frage wie *Erol evde mi?* „Ist Erol zu Hause?" kann sowohl die Antwort *Evde değil* „Er ist nicht zu Hause" als auch *Evde yok* „Er ist (zu Hause) nicht da" kommen. Bei der ersten Variante schwingt mit, dass er sich woanders aufhält, bei der zweiten Variante wird die Anwesenheit kategorisch verneint. *Yok* wird auch anstelle von *hayır* „nein" verwendet, wenn eine Frage gänzlich verneint werden soll: In Beispiel (3) unten wird auf eine Alternative Bezug genommen, denn es gibt fettes und nicht fettes Fleisch. (Die Antwort könnte auch *yok* lauten.) In Beispiel (4) hingegen wird die Frage gänzlich verneint:

(3)	Et yağlı mı? – Hayır. / (Yağlı) Değil.	*Ist das Fleisch fett? – Nein. / Nicht (fett).*	
(4)	Et yağlı mı olsun? – Yok.	*Soll das Fleisch fett sein? – Nein.*	

8   Wiedergabe von „haben"

1. Wiedergabe von „haben" für die Gegenwart

▶ Vergleichen Sie:

(1)	Para**m** var.	*Ich habe Geld.*
(2)	Para**m** yok.	*Ich habe kein Geld.*

Die am häufigsten genutzte Möglichkeit, „haben" oder „nicht haben" auszudrücken, ist, an ein Nomen ein Possessivsuffix anzufügen und dann *var* oder *yok* hinzuzusetzen. Bei dieser Konstruktion steht „haben" oder „nicht haben" im Blickpunkt, und sie wird für „unbestimmt" verwendete Nomina gebraucht. *Param yok* bedeutet *nicht* „Mein Geld ist nicht vorhanden", sondern „Ich habe kein Geld".

Das komplette Schema samt Possessivpronomina sieht folgendermaßen aus:

(Benim) Telefon**um** yok.	*Ich habe kein Telefon.*
(Senin) Telefon**un** yok.	*Du hast kein Telefon.*
(Onun) Telefon**u** yok.	*Er/sie hat kein Telefon.*
(Bizim) Telefon**umuz** yok.	*Wir haben kein Telefon.*
(Sizin) Telefon**unuz** yok.	*Ihr habt/Sie haben kein Telefon.*
Onların telefon**u** yok. / Telefon**ları** yok.	*Sie haben kein Telefon.*

Die Possessivpronomina sind die Genitivformen der Personalpronomina. Allerdings haben sich die 1. Personen verändert und enthalten heute ein *m*. Da der Genitiv eingesetzt wird, müssen Eigennamen oder sonstige Nomina in der 3. Pers. Sg. und Pl. auch im Genitiv stehen:

Ali'**nin** arabası var/yok.	*Ali hat ein Auto/kein Auto.*
Ülkü'**nün** bilgisayarı var/yok.	*Ülkü hat einen Computer/keinen Computer.*
Teoman'**nın** parası vardır/yoktur.	*Teoman hat Geld/kein Geld.*
Erol'**un** kız arkadaşı varmış/yokmuş.	*Erol hat angeblich eine Freundin/keine Freundin.*
Öğrenciler**in** sözlüğü yokmuş.	*Die Studenten haben angeblich kein Wörterbuch.*
Öğrenciler**in** Türkçe kitabı yokmuş.	*Die Studenten haben angeblich kein Türkischbuch.*
Arkadaşım**ın** çok vakti var.	*Mein Freund/Meine Freundin hat viel Zeit.*
Komşularımız**ın** küçük bir kedisi var.	*Unsere Nachbarn haben eine kleine Katze.*
Komşularımız**ın** kedileri var.	*Unsere Nachbarn haben Katzen.*

Beispiele mit *su* „Wasser" und *ne* „was" (s. Nomen 2.4): *Suyumuz yok* „Wir haben kein Wasser", *Çiçeklerin suyu yok* „Die Blumen haben kein Wasser", *Neyin var?* „Was hast du?", *Neyiniz var?* „Was habt ihr/haben Sie?", *Çocuğun nesi var?* „Was hat das Kind?".

Eine *haben*-Konstruktion sagt nichts über die Anzahl aus. Insofern kann sie doppeldeutig sein. *Arabam var* übersetzt man in der Regel mit „Ich habe ein Auto" und *Çorabım var* mit „Ich habe Strümpfe/Socken". Es ist auch möglich, z. B. *Kitaplarım var* „Ich habe Bücher" zu sagen. Hier weist der Sprecher auf mehrere, verschiedenartige Bücher hin.

In einer Gegenfrage entfällt häufig das Wort mit Possessivsuffix, weil klar ist, worüber man redet. Im Deutschen muss dann „eins/keins" oder ähnliches hinzugefügt werden:

Benim sözlüğüm yok. Senin var mı?	*Ich habe kein Wörterbuch. Hast du eins?*
Bizim videomuz var. Sizin yok mu?	*Wir haben ein Videogerät. Habt ihr/Haben Sie keins?*
Benim bilgisayarım var. Senin de var mı?	*Ich habe einen Computer. Hast du auch einen?*
Bizim kahvemiz var. Sizin de var mı?	*Wir haben Kaffee. Habt ihr auch welchen?*

▸ Vergleichen Sie jetzt:

(3) Ali'nin↗ /çocuğu yok.	*Ali hat kein Kind.*
(4) Ali'nin çocuğu↗ /yok.	*Alis Kind ist nicht da.*

Die oben erläuterte *haben*-Konstruktion kann, wie man sieht, noch in anderer Weise doppeldeutig sein: Sie entspricht zunächst „haben/nicht haben", kann aber kontextabhängig auch „ist da/ist nicht da" bedeuten. Die Beispiele (3) und (4) unterscheiden sich nur in der Intonation: Leichter Steigton bei *Ali*, wenn über *Ali* gesprochen wird. Leichter Steigton bei *çocuğu*, wenn über „das Kind" gesprochen wird (vgl. Nomen 4.2).

▸ Vergleichen Sie auch folgendes Beispiel, in dem das Possessivsuffix an *numarası* auf das Telefon zurückverweist:

A – Telefonunuz var mı?	A – *Haben Sie Telefon?*
B – Var.	B – *Ja.*
A – Numarası kaç?	A – *Wie ist **die** Nummer?*

In der 3. Pers. Pl. sind drei Varianten möglich:

(5) Müllerlerin telefonu yok.	*Müllers haben kein Telefon.*
(6) Telefonları yok.	*Sie haben kein Telefon.*
(7) Müllerlerin/Onların telefonları yok.	*Müllers/Sie haben kein Telefon.*

In Beispiel (5) werden „Müllers" in das Gespräch eingeführt. Für Beispiel (6) muss bereits bekannt sein, über wen gesprochen wird, hier wird auf „Müllers" mit dem Possessivsuffix der 3. Pers. Pl., also *-leri*, zurückverwiesen. Möchte der Sprecher das Augenmerk auf die Personen verlegen, verwendet er Beispiel (7).

▸ Vergleichen Sie:

(8) Para bende.	*Ich habe das Geld.* (= Das Geld ist bei mir.)
(9) Para bende değil.	*Ich habe das Geld nicht.* (= Das Geld ist nicht bei mir.)
(10) Ali'nin sözlüğü bende.	*Alis Wörterbuch habe ich.* (= Alis Wörterbuch ist bei mir.)

Soll „haben" mit einem „bestimmt" verwendeten Nomen ausgedrückt werden, wird dieses im Prädikat über das Lokativsuffix lokalisiert.

▸ Vergleichen Sie jetzt:

(11) **Bende** para **var**.	*Ich habe Geld.* (= Bei mir ist Geld vorhanden.)
(12) **Bende** para **yok**.	*Ich habe kein Geld.* (= Bei mir ist kein Geld vorhanden.)
(13) **Bende** Ali'nin adresi **var**.	*Ich habe Alis Adresse.* (= Bei mir ist Alis Adresse vorhanden.)

Eine dritte Möglichkeit, „haben" auszudrücken, ist eine Lokativkonstruktionen in Kombination mit *var/yok*. Dazwischen können sowohl „unbestimmt" als auch „bestimmt" verwendete Nomina stehen. Hier steht die Person im Vordergrund, bei der etwas „vorhanden ist oder nicht". In den bejahten Beispielen bleibt jedoch offen, wo sich „das Geld" bzw. „Alis Adresse" zur Sprechzeit befinden. Kontextabhängig kann *Bende Ali'nin adresi var* auch mit „Ich habe Alis Adresse da" übersetzt werden. Die Nomina müssen sich jedoch für eine solche Konstruktion eignen. So kann man nicht sagen: **Bende kardeş var* „Bei mir sind Geschwister vorhanden".

▸ Vergleichen Sie auch:

(14) **Yanımda/Üzerimde** para **yok**.	*Ich habe kein Geld dabei/bei mir.*
(15) Pasaport **yanımda/üzerimde**.	*Ich habe den Pass dabei/bei mir.*

Wenn die Perspektive auf die bevorstehende Verwendung verlagert wird, werden die Begriffe *yan* „Seite" oder *üzer-* „auf" eingesetzt, an die ein Possessivsuffix sowie der Lokativ angefügt werden (*üzer-* kommt für sich allein nicht vor).

2. Wiedergabe von „haben" für die Vergangenheit

▸ Vergleichen Sie:

(1) Para**m vardı/yoktu**.	*Ich hatte Geld/kein Geld.*
(2) Para ben**deydi/**bende **değildi**.	*Ich hatte das Geld/das Geld nicht.*
(3) Ben**de** para **vardı/yoktu**.	*Ich hatte Geld/kein Geld da.*

Für die Vergangenheit wird an *var* und *yok* das temporale Funktionswort *idi* angehängt; seltener steht es getrennt: *Benim çok güzel bir karım vardı* „Ich hatte eine sehr schöne Frau".

Anstelle von *vardı/yoktu* kann *varmış/yokmuş* treten: *Ali'nin eskiden arabası varmış/yokmuş* „Ali hatte früher angeblich ein Auto/kein Auto".

Es ist im Türkischen üblich, Märchen mit *imiş* – und auch mit *-miş* (s. Verb 10.5) – wiederzugeben: *Bir varmış, bir yokmuş. İstanbul'da bir adamın bir kızı varmış. Bu kız çok güzelmiş* „Es war einmal, es war keinmal. In Istanbul hatte (einmal) ein Mann eine Tochter. Diese Tochter war sehr schön".

3. Wiedergabe von „haben" für die Zukunft

▸ Vergleichen Sie:

(1)	Para**m olacak/olmayacak**.	*Ich werde Geld haben/kein Geld haben.*
(2)	Yarın araba ben**de olacak/olmayacak**.	*Morgen werde ich das Auto haben/nicht haben.*

Var und *yok* können nicht in die Zukunft gesetzt werden. Ersatzweise springt das Verb *ol-* „werden" ein, und zwar in der 3. Pers. Sg. in Form von *olacak* oder *olmayacak*, so dass dieses Verb – je nach Kontext – in der deutschen Übersetzung „werden" oder „sein" und in Kombination mit Nomina, die ein Possessivsuffix enthalten, auch „haben" repräsentiert. (Es gibt jedoch *varacak* „er wird ankommen", was nicht mit *var* „vorhanden" verwechselt werden darf.)

Auch solche Aussagen können mit *imiş* formuliert werden: *Ali'nin arabası olacakmış/olmayacakmış* „Ali wird angeblich ein Auto/kein Auto haben/bekommen".

Ob eine Lokativkonstruktion mit *olacak/olmayacak* als zukünftiges „haben" zu verstehen ist, muss der Kontext zeigen, denn oft ist – ebenfalls kontextabhängig – auch eine modale Interpretation möglich: *Pasaport bende olacak* „Den Pass müsste ich haben", *Bende mendil olacak* „Ich müsste Taschentücher haben (= Bei mir müssten Taschentücher sein)".

9   Kurze Zusammenfassung „sein/haben/werden"

▸ Vergleichen Sie:

Öğretmen**im**. *Ich bin Lehrer.*	↔	Öğretmen **oluyorum**. *Ich werde Lehrer.*
Öğretmen**dim**. *Ich war Lehrer.*	↔	Öğretmen **oldum**. *Ich wurde Lehrer.*
Çocuğumuz **yok**. *Wir haben kein Kind.*	↔	Çocuğumuz **olmuyor**. *Wir bekommen keine Kinder.*
Çocuğumuz **vardı**. *Wir hatten ein Kind.*	↔	Çocuğumuz **oldu**. *Wir haben ein Kind bekommen.*
Öğretmen **olacağım**. *Ich werde Lehrer sein/werden.*		

Wird das Verb *ol-* für die Gegenwart oder die Vergangenheit eingesetzt, wird die „werden"-Bedeutung aktiviert. Im Futur tritt diese Bedeutung in den Hintergrund. Hier noch ein Beispiel mit *-dir* im Kontrast zu *ol-*:

(1)	Münihliler sempatik**tir**.	*Die Münchner sind sympathisch.*
(2)	Münihliler sempatik **oluyor**.	*Die Leute in München sind sympathisch.*

In (1) versieht der Sprecher diejenigen, die Münchner sind, mit der Eigenschaft „sympathisch". Der Wohnort des Münchners ist dabei unerheblich. In (2) sagt der Sprecher, dass jemand dadurch sympathisch ist (= wird), dass er in München ansässig ist.

10 Die sechs Grundzeiten

10.1 Das Präsens *(Şimdiki Zaman)*

▸ Vergleichen Sie:

(1) Üşü**yor**um.	*Ich friere.*
(2) Frankfurt'ta otur**uyor**uz.	*Wir wohnen in Frankfurt.*
(3) Her gün çamaşır yıkı**yor**um.	*Ich wasche jeden Tag Wäsche.*
(4) Oğlum iyi piyano çalı**yor**.	*Mein Sohn spielt gut Klavier.*

Das Präsens ist eine „aktuelle Gegenwart". Der türkische Sprecher verwendet es für Ereignisse, die zum Sprechzeitpunkt im Verlauf sind wie in (1) und (2). Er verwendet es aber auch für Ereignisse, die zum Sprechzeitpunkt nicht im Gange sind, sondern die er aktuell als Faktum darstellen will wie in (3) und (4). Ebenso kann Zukünftiges, schon Feststehendes mit dem Präsens formuliert werden: *İsmail Cem yarın Berlin'e geliyor* „Ismail Cem kommt morgen nach Berlin". Auch Vergangenes kann der Sprecher aktualisieren. Wenn er äußert *Atatürk diyor ki* „Atatürk sagt", will er hervorheben, dass das Gesagte bedeutsam ist und für ihn auch heute noch Gültigkeit hat. In der Literatur wird das Präsens auch als historisches Präsens verwendet.

Kennzeichen des Präsens ist das unveränderliche Suffix *-yor*, das früher einmal ein selbständiges Wort war. Dabei ist folgendes zu beachten:

- Endet der Verbstamm auf *i, ü, ı* oder *u*, wird direkt *-yor* angefügt: *yürü-* „zu Fuß gehen" → *yürü-yor* „er geht zu Fuß".

- Endet der Verbstamm auf *e* oder *a*, wird das *e* zu einem reduziert gesprochenen *i* bzw. *ü* und das *a* zu einem reduziert gesprochenen *ı* bzw. *u*, jeweils abhängig vom letzten Vokal davor. Das muss auch so geschrieben werden: *söyle-* „sagen" → *söylü-yor* „er sagt". Die Regel trifft auch auf einsilbige Verbstämme zu: *de-* „sagen" → *di-yor* „er sagt", *ye-* „essen" → *yi-yor* „er isst". Das gleiche gilt für den *verneinten* Verbstamm: *bilme-* „nicht wissen" → *bilmi-yor* „er weiß nicht", *anlama-* „nicht verstehen" → *anlamı-yor* „er versteht nicht". Die Tatsache, dass auslautendes *e* oder *a* in der Schrift als *i, ü, ı* oder *u* erscheint, gilt nur für das Präsens und für die vom Präsens abgeleiteten Formen.

- Geht der Verbstamm auf einen Konsonanten aus, wird immer *-iyor* angefügt.

Unten ist zunächst die 3. Pers. Sg. aufgenommen, da die anderen Personen leicht von dieser ableitbar sind. Im Anschluss wird ein Konjugationsmuster gegeben.

Vokalisch auslautende Verbstämme				Konsonantisch auslautende Verbstämme			
		bejaht	*verneint*			*bejaht*	*verneint*
eri-	*schmelzen*	eri**yor**	eri**miyor**	sev-	*lieben*	sev**iyor**	sev**miyor**
üşü-	*frieren*	üşü**yor**	üşü**müyor**	bil-	*wissen*	bil**iyor**	bil**miyor**
tanı-	*kennen*	tanı**yor**	tanı**mıyor**	gör-	*sehen*	gör**üyor**	gör**müyor**
oku-	*lesen*	oku**yor**	oku**muyor**	gül-	*lachen*	gül**üyor**	gül**müyor**
				al-	*nehmen*	alı**yor**	al**mıyor**
bekle-	*warten*	bekli**yor**	bekle**miyor**	kız-	*wütend werden*	kızı**yor**	kız**mıyor**
iste-	*wollen*	isti**yor**	iste**miyor**	sor-	*fragen*	soru**yor**	sor**muyor**
söyle-	*sagen*	söylü**yor**	söyle**miyor**	um-	*hoffen*	umu**yor**	um**muyor**

üfle-	*blasen*	üfl**üyor**	üflem**iyor**			
anla-	*verstehen*	anl**ıyor**	anlam**ıyor**			
yıka-	*waschen*	yık**ıyor**	yıkam**ıyor**			
oyna-	*spielen*	oyn**uyor**	oynam**ıyor**			
uğra-	*vorbeigehen*	uğr**uyor**	uğram**ıyor**			

Merke 1:				Merke 2:		
de-	*sagen*	**di**yor	demiyor	et-	*tun*	**e**diyor	etmiyor
ye-	*essen*	**yi**yor	yemiyor	git-	*gehen*	gi**di**yor	gitmiyor

Zur Kennzeichnung der Personen werden an *-(i)yor* die Personalsuffixe des 1. Typs angehängt. Das Fragewort *mi* steht vor den Personalsuffixen, aber nach *-ler*.

	bejaht	*fragend*	*verneint*	*fragend-verneint*
(ben)	seviyórum	seviyor muyum?	sévmiyorum	sevmiyor muyum?
(sen)	seviyórsun	seviyor musun?	sévmiyorsun	sevmiyor musun?
(o)	seviyór	seviyor mu?	sévmiyor	sevmiyor mu?
(biz)	seviyóruz	seviyor muyuz?	sévmiyoruz	sevmiyor muyuz?
(siz)	seviyórsunuz	seviyor musunuz?	sévmiyorsunuz	sevmiyor musunuz?
(onlar)	seviyórlàr	seviyorlar mı?	sévmiyorlar	sevmiyorlar mı?

Beispiele: *Mektup yazıyorum* „Ich schreibe einen Brief", *Size bir şey sormak istiyorum* „Ich möchte Sie etwas fragen", *Yarın Berlin'e gidiyorum* „Morgen fahre ich nach Berlin", *Niye ağlıyorsun?* „Warum weinst du?", *Dünya dönüyor* „Die Erde dreht sich", *Ali sizi bekliyor* „Ali wartet auf Sie", *Bu çocuk babasına benziyor* „Dieses Kind ähnelt seinem Vater", *Saat sekizde evden çıkıyoruz* „Wir gehen um acht aus dem Haus", *Biz Münih'te oturuyoruz* „Wir wohnen in München", *Siz nerede çalışıyorsunuz?* „Wo arbeiten Sie?", *Sabah kahvaltısını bütün aile mutfakta yapıyorlar* „Das Frühstück nimmt die ganze Familie gemeinsam in der Küche ein", *Sizi tanımıyorum* „Ich kenne Sie nicht", *Beni anlamıyorsun* „Du verstehst mich nicht", *Saatim çalışmıyor* „Meine Uhr geht nicht", *Türkçe biliyor musunuz?* „Können Sie Türkisch?", *Beni anlamıyor musun?* „Verstehst du mich nicht?", *İşe gitmiyor musunuz?* „Gehen Sie nicht zur Arbeit?".

• Die Fragepartikel *mi* steht immer bei dem Satzglied, nach dem gefragt wird: *(Siz) Köln'de mi oturuyorsunuz?* „Wohnen Sie *in Köln*?", *Siz mi Köln'de oturuyorsunuz?* „Wohnen *Sie* in Köln?".

Vergleichen Sie jetzt die türkische und deutsche Satzstellung:

Ben Frankfurt'ta oturuyorum. Sen nerede oturuyorsun?	*Ich wohne in Frankfurt. Und wo wohnst du?*
Ben seni seviyorum. Sen de beni seviyor *musun*?	*Ich liebe dich. Liebst du mich auch?*
Suzan'a mektup yazıyor *musun*?	*Schreibst du (Briefe) an Suzan?*
Suzan'a mektup *mu* yazıyorsun?	*Schreibst du einen Brief an Suzan?*
Suzan'a *mı* mektup yazıyorsun?	*Schreibst du an Suzan?*
Suzan'a değil, Gülnur'a yazıyorum.	*Ich schreibe nicht an Suzan, sondern an Gülnur.*
Kime mektup yazıyorsun?	*Wem schreibst du (einen Brief)?*
Mektubu kime yazıyorsun?	*An wen schreibst du den Brief?*

Nach einem Subjekt der 3. Pers. Pl. kann das Prädikat im Singular oder Plural stehen: *Kırk kişi aynı işi yapıyor* „Vierzig Leute machen die gleiche Arbeit". Merke auch: *Kırk kişi aynı işi yapıyorlar* „Vierzig Leute (jeder von ihnen) machen die gleiche Arbeit" *oder* „Vierzig Leute machen dieselbe Arbeit".

Nach einem Subjekt der 3. Pers. Sg. kann das Prädikat im Plural stehen, wenn Respekt ausgedrückt werden soll: *Müdür bey sizi bekliyorlar* „Der Herr Direktor erwarten Sie".

• Die Präsensformen können zwar in allen Personen mit dem Suffix *-dir* versehen werden, die 1. Pers. Sg. und Pl. kommen jedoch selten damit vor: *Çok konuşuyorumdur* „Ich rede wohl sehr viel". Die 2. und 3. Personen sind für *-dir* besser geeignet: *İçkiyi sevmiyorum. Bunu siz de biliyorsunuzdur* „Ich mag keinen Alkohol. Das wissen Sie doch auch", *Gülnur geliyor mu? – Geliyordur* „Kommt Gülnur? – Sie kommt sicher schon". Mutmaßende Begriffe wie *inşallah* „so Gott will/hoffentlich", *belki* „vielleicht" lösen im Regelfall das Suffix *-dir* aus (oder umgekehrt): *İnşallah sular da akıyordur* „Hoffentlich läuft das Wasser", *Sular da akıyordur inşallah* „Das Wasser läuft doch hoffentlich", *Belki uyuyordur* „Vielleicht schläft er", *Erol belki şu anda geliyordur* „Erol kommt vielleicht gerade schon". Zu den mit *-dir* versehenen Verbformen werden selten und nur in der 3. Person Frageformen gebildet: *Seni öpüyor mudur?* „Ob er dich wohl küsst?".

10.2 Der Aorist *(Geniş Zaman)*

▶ Vergleichen Sie:

(1) Dikkat et, yoksa düş**er***sin*.	*Pass auf, sonst fällst du.*
(2) Yemeğin yanına ne al**ı***rsınız?*	*Was nehmen Sie als Beilage zum Essen?*
(3) Her gün çamaşır yıka**r***ım*.	*Ich wasche jeden Tag Wäsche.*
(4) Kızım sebze sev**er**.	*Meine Tochter mag Gemüse.*
(5) Oğlum iyi piyano çal**ar**.	*Mein Sohn spielt gut Klavier.*

Der Aorist ist eine „generelle Gegenwart". (In manchen Lehrbüchern findet man statt *Aorist* auch den Ausdruck *r-Präsens*.) Mit dieser Zeitform bringt der Sprecher nur den Inhalt des Verbs ein und äußert sich nicht über einen Verlauf oder schließt ihn sogar aus. In Beispiel (1) kann *düşersin* „du fällst" nicht im Präsens stehen, da das Fallen nur als möglich angesehen wird. Das Beispiel (2) beinhaltet eine freundliche Frage, in der das „Nehmen" auch noch nicht stattfindet. Freundliche Fragen werden meistens mit dem Aorist formuliert. Diese beiden Verwendungsarten sind für Türkischlernende leicht einsehbar.

Die Beispiele (3) – (5) hingegen können mit dem Aorist oder dem Präsens formuliert werden. Um den Unterschied verstehen zu können, müssen wir uns noch eine zusätzliche Komponente des Aorist ansehen. Damit hat der Sprecher die Möglichkeit, über sich oder jemanden anderen bzw. etwas anderes seine eigene Überzeugung einzubringen. Diese Überzeugung kann kontextabhängig als subjektive Auffassung, aber auch als sein Wissen über die jeweilige Person oder das jeweilige Thema verstanden werden. (Der Aorist hat enge Berührungspunkte zu *-dir*, s. Verb 5). Wenn der Sprecher z. B. sagt *Bir öğrencim her gün* **geç geliyor** „Ein Student von mir kommt jeden Tag zu spät", hebt er das Zuspätkommen des Studenten hervor. Sagt er jedoch *Bir öğrencim her gün* **geç gelir**, hat er den Studenten im Visier und äußert, wie der sich verhält. Mit anderen Worten, er hat eher die Eigenschaft des Studenten im Blickpunkt. Ein typisches Beispiel für den Aorist: *Birgit evden şemsiyesiz çıkmaz* „Birgit geht nicht ohne Schirm aus dem Haus".

- Die Möglichkeit, die eigene Überzeugung einzubringen, führt dazu, dass der Aorist sehr verschieden interpretiert wird. In Beispiel (3) wird gesagt, dass „ich" jeden Tag Wäsche wasche; das kann man als Verallgemeinerung oder Gewohnheit sehen. In Beispiel (4) wird gesagt, dass „meine Tochter" Gemüse gern mag; das kann man als Aussage über eine Vorliebe interpretieren. In Beispiel (5) wird gesagt, dass „mein Sohn" gut Klavier spielt; das kann man als Fähigkeit interpretieren. Sagt der Sprecher jedoch z. B. über jemanden, der von klein an behindert ist, *Ali topallar* „Ali hinkt", bringt er lediglich sein Wissen über Ali ein und möchte es nicht interpretiert sehen als „Ali hinkt gewöhnlich".

- Wenn der Sprecher mit dem Aorist nicht sein Wissen, sondern seine subjektive Auffassung wiedergibt – und auch das ist kontextabhängig –, müssen wir im Deutschen ein passendes Wort hinzufügen, das die Auffassung ebenfalls signalisiert. Auf eine Frage wie *Erol geziye geliyor mu?* „Kommt Erol zum Ausflug mit?" sind z. B. folgende Antworten denkbar: *Geliyor* „Er kommt mit" : *Bilmiyorum, ama gelir* „Ich weiß es nicht, aber er wird schon mitkommen". Dadurch bekommt der Aorist immer eine modale Nuance. Wenn der Sprecher von sich sagt *Ben de gelirim* „Ich komme schon auch mit", signalisiert er lediglich, dass er bereit ist mitzukommen. Das schon Feststehende würde er mit dem Präsens angeben, die feste Absicht hingegen mit dem Futur.

Aoristaussagen in der 1. Pers. Sg. oder Pl. werden häufiger als in den anderen Personen dazu verwendet, ein Ereignis als nur möglich oder wahrscheinlich darzustellen. Somit bedeutet auch ein Satz *Ne var, Berlin'de otururuz* nicht „Was soll's, wir wohnen in Berlin", sondern „Was soll's, wir lassen uns eben in Berlin nieder".

- Wird der Aorist in der 1. Person verneint gebraucht, steht die entschlossene Haltung des Sprechers im Vordergrund. Vergleichen wir:

(6) Sigara içiyor musunuz? – İçmiyorum. *Rauchen Sie? – Ich rauche nicht.*
(7) Sigara içer misiniz? – İçmem. *Rauchen Sie? – **Ich** rauche nicht.* (= Nein!)

Die Fragen (6) und (7) sind situationsabhängig: Möchte der Sprecher nur wissen, ob sein Gesprächspartner überhaupt raucht, kann er Frage (6) oder (7) stellen. Der Hörer wird die Vorgabe des Sprechers (Präsens *oder* Aorist) aufgreifen und entsprechend antworten; (6) ist eine neutrale Antwort, (7) eine kategorische. Verwendet der Sprecher die Frage (7) jedoch als freundliche Frage, weil er gerade eine Zigarette anbieten will, wird der Hörer nicht im Aorist antworten, sondern ins Präsens wechseln. Statt *İçmiyorum* kann auch *Kullanmıyorum* (= Ich verwende keine) gesagt werden; damit meint der Sprecher, dass er kein Raucher ist.

In folgendem Beispiel fordert der Sprecher die Auffassung des Hörers ein: *Bana niye cevap vermezsin?* „Warum antwortest du mir eigentlich nicht?". Aber auch bei Fragen muss man sich den Kontext ansehen; nicht immer passt in der Übersetzung ein „eigentlich".

- Die Textsorte, in der der Aorist überwiegt, sind Sprichwörter. In Sachtexten und Anekdoten kommt er häufig vor. In Romanen und Erzählungen wird er auch als Stilmittel eingesetzt. Damit formulierte Aussagen bilden den allgemeinen Hintergrund, während Einschübe mit *yor*-Formen einen Kontrast bewirken: Sie stellen den aktuellen Vordergrund dar.

1. Kennzeichen der *bejahten* Formen des Aorist ist ein -*r*. Dabei ist folgendes zu beachten:
- Endet der Verbstamm auf einen Vokal, wird -*r* direkt angefügt.
- Ist der Verbstamm *einsilbig* und endet auf einen Konsonanten, wird -*er* angefügt. Eine Reihe einsilbiger Stämme wichtiger Verben nehmen jedoch -*ir* an.
- Ist der Verbstamm *mehrsilbig* und endet auf einen Konsonanten, wird -*ir* angefügt.

2. Kennzeichen der *verneinten* Formen ist das zu betonende Suffix -*mez*.

Vokalisch auslautende Verbstämme				Konsonantisch auslautende Verbstämme			
		bejaht	*verneint*	1. *einsilbige*		*bejaht*	*verneint*
eri-	*schmelzen*	eri**r**	eri**mez**	sev-	*lieben*	seve**r**	sev**mez**
üşü-	*frieren*	üşü**r**	üşü**mez**	in-	*aussteigen*	ine**r**	in**mez**
tanı-	*kennen*	tanı**r**	tanı**maz**	öp-	*küssen*	öpe**r**	öp**mez**
oku-	*lesen*	oku**r**	oku**maz**	gül-	*lachen*	güle**r**	gül**mez**
				kalk-	*aufstehen*	kalka**r**	kalk**maz**
iste-	*wollen*	iste**r**	iste**mez**	kız-	*wütend werden*	kıza**r**	kız**maz**
söyle-	*sagen*	söyle**r**	söyle**mez**	sor-	*fragen*	sora**r**	sor**maz**
anla-	*verstehen*	anla**r**	anla**maz**	um-	*hoffen*	uma**r**	um**maz**
oyna-	*spielen*	oyna**r**	oyna**maz**				
Merke 1:				**Merke 2:**			
de-	*sagen*	de**r**	de**mez**	et-	*tun*	ede**r**	et**mez**
ye-	*essen*	ye**r**	ye**mez**	git-	*gehen*	gide**r**	git**mez**
				2. *mehrsilbige*		*bejaht*	*verneint*
				göster-	*zeigen*	göster**ir**	göster**mez**
				getir-	*herbringen*	getir**ir**	getir**mez**
				götür-	*hinbringen*	götür**ür**	götür**mez**
				düşün-	*denken*	düşün**ür**	düşün**mez**
				bırak-	*lassen*	bırak**ır**	bırak**maz**
				çağır-	*herbeirufen*	çağır**ır**	çağır**maz**
				otur-	*sitzen*	otur**ur**	otur**maz**
				unut-	*vergessen*	unut**ur**	unut**maz**

Die wichtigsten Ausnahmen bei einsilbigen, konsonantisch auslautenden Stämmen:

al-	*nehmen*	al**ır**	al**maz**	san-	*meinen*	san**ır**	san**maz**
bil-	*wissen*	bil**ir**	bil**mez**	var-	*ankommen*	var**ır**	var**maz**
bul-	*finden*	bul**ur**	bul**maz**	ver-	*geben*	ver**ir**	ver**mez**
dur-	*stehen*	dur**ur**	dur**maz**	vur-	*schlagen*	vur**ur**	vur**maz**
gel-	*kommen*	gel**ir**	gel**mez**				
gör-	*sehen*	gör**ür**	gör**mez**	den-	*gesagt werden*	den**ir**	den**mez**
kal-	*bleiben*	kal**ır**	kal**maz**	yen-	*gegessen werden*	yen**ir**	yen**mez**
ol-	*werden*	ol**ur**	ol**maz**	kon-	*gelegt werden*	kon**ur**	kon**maz**
öl-	*sterben*	öl**ür**	öl**mez**				

Zur Kennzeichnung der Personen werden die Personalsuffixe des 1. Typs angehängt. Allerdings weisen die *verneinte* 1. Pers. Sg. und Pl. Unregelmäßigkeiten auf; das -*mez* ist nicht mehr vorhanden. Es erscheint aber in der Frageform wieder, da die Fragepartikel *mi* vor das Personalsuffix tritt. Die Fragepartikel *mi* steht in der 3. Pers. Pl. nach *-ler*.

	bejaht	fragend	verneint	fragend-verneint
(ben)	sevérim	sever miyim?	sevmém	sevmez miyim?
(sen)	sevérsin	sever misin?	sevmézsin	sevmez misin?
(o)	sevér	sever mi?	sevméz	sevmez mi?
(biz)	sevériz	sever miyiz?	sevméyiz	sevmez miyiz?
(siz)	sevérsiniz	sever misiniz?	sevmézsiniz	sevmez misiniz?
(onlar)	sevérlèr	severler mi?	sevmézlèr	sevmezler mi?
(ben)	görürüm	görür müyüm?	görmem	görmez miyim?
(sen)	görürsün	görür müsün?	görmezsin	görmez misin?
(o)	görür	görür mü?	görmez	görmez mi?
(biz)	görürüz	görür müyüz?	görmeyiz	görmez miyiz?
(siz)	görürsünüz	görür müsünüz?	görmezsiniz	görmez misiniz?
(onlar)	görürler	görürler mi?	görmezler	görmezler mi?
(ben)	sorarım	sorar mıyım?	sormam	sormaz mıyım?
(sen)	sorarsın	sorar mısın?	sormazsın	sormaz mısın?
(o)	sorar	sorar mı?	sormaz	sormaz mı?
(biz)	sorarız	sorar mıyız?	sormayız	sormaz mıyız?
(siz)	sorarsınız	sorar mısınız?	sormazsınız	sormaz mısınız?
(onlar)	sorarlar	sorarlar mı?	sormazlar	sormazlar mı?
(ben)	olurum	olur muyum?	olmam	olmaz mıyım?
(sen)	olursun	olur musun?	olmazsın	olmaz mısın?
(o)	olur	olur mu?	olmaz	olmaz mı?
(biz)	oluruz	olur muyuz?	olmayız	olmaz mıyız?
(siz)	olursunuz	olur musunuz?	olmazsınız	olmaz mısınız?
(onlar)	olurlar	olurlar mı?	olmazlar	olmazlar mı?

In der 1. Pers. Pl. der *verneinten* Formen schwankt die Betonung: *sevméyiz* oder *sévmeyiz*.

Beispiele: *Belki sana telefon ederim* „Vielleicht rufe ich dich an", *Beşte eve giderim* „Um fünf gehe ich nach Hause", *Ne zaman gelirsin?* „Wann kommst du?", *Seni mutlaka bekleriz* „Wir erwarten dich unbedingt", *Komşularımız hafta sonları tiyatroya giderler* „Unsere Nachbarn gehen an den Wochenenden ins Theater", *Meselâ Almanya'da türlü lehçeler konuşulur. Bir de yazı dili vardır. [...] Bunu bütün Almanlar öğrenirler, konuşurlar ve yazarlar* (TB, In: TDİ V, 83) „In Deutschland z. B. werden verschiedene Dialekte gesprochen. Darüber hinaus gibt es eine Schriftsprache. [...] Diese lernen, sprechen und schreiben alle Deutschen".

Seni unutmam „Dich vergesse ich nicht", *İnşallah unutmazsın* „Hoffentlich vergisst du (mich) nicht", *Pervin, ablasına yardım etmez* „Pervin hilft ihrer Schwester überhaupt nicht", *Bunu sana söylemeyiz* „Das werden wir dir nicht sagen", *Defterlerinizi neden göstermezsiniz?* „Warum zeigt ihr eigentlich eure Hefte nicht?".

Akşama sinemaya gider miyiz? „Gehen wir am Abend ins Kino?", *Seni bilmez miyim?* „Kenne ich dich etwa nicht?", *Köpekten korkar mısınız?* „Haben Sie Angst vor Hunden?", *Oturmaz mısınız?*

„Wollen Sie sich nicht setzen?", *Zamanı değerlendirmez misiniz?* „Nutzen Sie die Zeit etwa nicht?" (kann vorwurfsvoll klingen).

Merken Sie sich auch die wichtigen Ausdrücke *Olur mu?* „Geht das?/Ja?", *Olur* „Das geht/O.K." und *Olmaz* „Das/Es geht nicht". Die verneinte Variante ist kategorisch. Im direkten Gespräch sollte man sie nicht allein verwenden, sondern noch einen Grund angeben: *Bu akşam bize gelir misin? – İşim var. Olmaz* „Kommst du heute abend zu uns? – Ich habe zu tun. Es geht nicht". Übrigens, *Bir şey olmaz* bedeutet „Das macht nichts" und *Fark etmez* „Das ist egal".

• Die Formen des Aorist werden nicht mit *-dir* versehen, es sei denn, solch eine Form ist nicht als finite Verbform, sondern wie ein Adjektiv in der Funktion eines Prädikativums gebraucht: *Arızalar kaçınılmazdır* (Radikal, 15.8.98/3) „Defekte sind unvermeidbar".

10.3 Das Futur *(Gelecek Zaman)*

▶ Vergleichen Sie:

(1)	Nereye gid**ecek***siniz*?	*Wohin werden Sie fahren?*
(2)	Türkiye'ye gid**eceğ***im*.	*Ich werde in die Türkei fahren.*
(3)	Bugün çamaşır yıka**yacağ***ım*.	*Heute werde ich Wäsche waschen.*

Mit dem Futur drückt der Sprecher ein zukünftiges Ereignis aus. Im Gegensatz zum Aorist, mit dem auch Zukünftiges formuliert wird, ist eine Aussage mit dem Futur definitiver. Vergleichen wir *Erol geziye gelir* „Erol kommt sicher zum Ausflug" mit *Erol geziye gelecek* „Erol wird zum Ausflug mitkommen". Das türkische Futur wird häufiger gebraucht als das deutsche Futur. Es kann auch modale Nuancen haben, die wir mit „müssen/sollen/wollen" wiedergeben. Auch ein Befehl kann damit umschrieben werden. In der 3. Person kann es eine starke Vermutung oder eine vermutete Notwendigkeit bezeichnen.

Kennzeichen des Futurs ist das zweiförmige Suffix *-(y)ecek*:

Vokalisch auslautende Verbstämme				Konsonantisch auslautende Verbstämme			
		bejaht	*verneint*			*bejaht*	*verneint*
iste-	*wollen*	iste**yecek**	isteme**yecek**	bil-	*wissen*	bil**ecek**	bilme**yecek**
üşü-	*frieren*	üşü**yecek**	üşüme**yecek**	gül-	*lachen*	gül**ecek**	gülme**yecek**
anla-	*verstehen*	anla**yacak**	anlama**yacak**	kız-	*wütend werden*	kız**acak**	kızma**yacak**
oku-	*lesen*	oku**yacak**	okuma**yacak**	sor-	*fragen*	sor**acak**	sorma**yacak**
Merke 1:				Merke 2:			
de-	*sagen*	di**yecek**	demeyecek	et-	*tun*	ed**ecek**	etmeyecek
ye-	*essen*	yi**yecek**	yemeyecek	git-	*gehen*	gid**ecek**	gitmeyecek

Zur Kennzeichnung der Personen werden an *-(y)ecek* die Personalsuffixe des 1. Typs angehängt. Dabei ist zu beachten, dass in der 1. Pers. Sg. und 1. Pers. Pl. das *k* intervokalisch zu *ğ* wird (*intervokalisch* bedeutet, *zwischen* zwei Vokalen stehend). Das Fragewort *mi* steht vor den Personalsuffixen, aber nach *-ler*.

	bejaht	fragend	verneint	fragend-verneint
(ben)	sevecéğim	sevecek miyim?	sévmeyeceğim	sevmeyecek miyim?
(sen)	sevecéksin	sevecek misin?	sévmeyeceksin	sevmeyecek misin?
(o)	sevecék	sevecek mi?	sévmeyecek	sevmeyecek mi?
(biz)	sevecéğiz	sevecek miyiz?	sévmeyeceğiz	sevmeyecek miyiz?
(siz)	sevecéksiniz	sevecek misiniz?	sévmeyeceksiniz	sevmeyecek misiniz?
(onlar)	sevecéklèr	sevecekler mi?	sévmeyecekler	sevmeyecekler mi?
(ben)	alacağım	alacak mıyım?	almayacağım	almayacak mıyım?
(sen)	alacaksın	alacak mısın?	almayacaksın	almayacak mısın?
(o)	alacak	alacak mı?	almayacak	almayacak mı?
(biz)	alacağız	alacak mıyız?	almayacağız	almayacak mıyız?
(siz)	alacaksınız	alacak mısınız?	almayacaksınız	almayacak mısınız?
(onlar)	alacaklar	alacaklar mı?	almayacaklar	almayacaklar mı?

Zur Aussprache:

Abweichend vom Schriftbild bieten die Futurformen in flüssiger Standardsprache – abhängig vom Sprecher und der Sprechgeschwindigkeit – einige Aussprachebesonderheiten:

- Verbstämme, die auf *e* und *a* ausgehen, wie *bekle-, anla-* – und somit auch alle verneinten Verbstämme –, reduzieren diese Vokale unter dem Einfluss des nachfolgenden *y* in *i* und *ı*. Dieser Tatsache wurde früher auch in der Rechtschreibung Rechnung getragen. Man schrieb *bekliyecek, beklemiyecek, anlıyacak, anlamıyacak*.

- Unabhängig davon hört man das erste *e* bzw. *a* von *-(y)ecek* fast gar nicht: *bekleyecek* [bekliy'cek], *beklemeyecek* [bek'lemiycek], *anlayacak* [anlıy'cak], *anlamayacak* [an'lamıycak].

- Nach einsilbigen, konsonantisch auslautenden Verbstämmen gerät das erste e bzw. *a* von *-(y)ecek* in eine unbetonte Position und wird vom Vokal des Verbstammes beeinflusst. Dieses *e* oder *a* wird dann oft in einen reduziert gesprochenen, mehr oder weniger deutlich wahrnehmbaren hohen Vokal, also *i, ü, ı* oder *u*, überführt: *gelecek* [geli'cek], *gülecek* [gülü'cek], *alacak* [alı'cak], *olacak* [olu'cak].

- Darüber hinaus hört man die 1. Personen häufig so: *gideceğim* [gidi'ce:m], *gitmeyeceğim* ['gitmiyce:m], *gideceğiz* [gidi'ce:z], *gitmeyeceğiz* ['gitmiyce:z].

Beispiele: *Sana mektup yazacağım* „Ich werde dir schreiben", *Yedide evde olacağım* „Um sieben werde ich zu Hause sein", *Bugün misafir gelecek* „Heute wird Besuch kommen", *Taşınacağız* „Wir werden umziehen", *Şimdi ödevlerinizi yapacaksınız* „Jetzt werdet ihr eure Hausaufgaben machen", *Çocuklar okulda. Birde dönecekler* „Die Kinder sind in der Schule. Sie kommen um eins zurück", *Temizlikçi bugün gelmeyecek* „Die Putzfrau wird heute nicht kommen", *Bu akşam hiçbir yere gitmeyeceksin!* „Heute abend wirst du nirgendswohin gehen!", *Seni bekleyecek miyim?* „Soll/muss ich auf dich warten?", *Bir şey yemeyecek misiniz?* „Werden/wollen Sie nichts essen?".

- Ein isoliertes *Evde olacak* „Er wird zu Hause sein" ist genau so doppeldeutig wie im Deutschen (bestimmt oder Vermutung). Es kann auch „Er müsste zu Hause sein" bedeuten.

- In der 3. Person kann *-(y)ecek* mit *-dir* versehen werden: *Uçak saat 15.40'ta inecektir* „Das Flugzeug wird um 15.40 Uhr landen". Auch Fragen können dazu gebildet werden. An den anderen Personen kommt *-dir* selten vor.

10.4 Das Präteritum *(Dolaysız Geçmiş Zaman)*

▶ Vergleichen Sie:

(1)	Yemek ye**di**m.	*Ich habe gegessen.*
(2)	Tenis oyna**dı**k.	*Wir haben Tennis gespielt.*
(3)	Eve git**ti**m.	*Ich bin nach Hause gegangen.*

Das Präteritum im Türkischen ist eine Zeitform für „Stattgefundenes". Damit formuliert der Sprecher ein Ereignis, das er zum Sprechzeitpunkt als eingetreten und Tatsache hinstellt. In Verbindung mit einem Adverbial der Zeit kann er das Ereignis in die Vergangenheit transportieren oder auch für wiederholt Stattgefundenes verwenden: *Dün lokantaya gittik* „Wir sind gestern ins Restaurant gegangen" → *Her gün lokantaya gittik* „Wir sind jeden Tag ins Restaurant gegangen". Das türkische Präteritum kann, abhängig vom Verb und von der Textsorte, auch mit dem deutschen Präteritum übersetzt werden: *Konser ikide başladı* „Das Konzert fing um zwei an".

Kennzeichen des Präteritums ist das vierförmige Suffix *-di/-ti*:

Vokalisch auslautende Verbstämme				Konsonantisch auslautende Verbstämme			
		bejaht	*verneint*			*bejaht*	*verneint*
eri-	*schmelzen*	eri**di**	erime**di**	sev-	*lieben*	sev**di**	sevme**di**
üşü-	*frieren*	üşü**dü**	üşüme**di**	gör-	*sehen*	gör**dü**	görme**di**
tanı-	*kennen*	tanı**dı**	tanıma**dı**	al-	*nehmen*	al**dı**	alma**dı**
oku-	*lesen*	oku**du**	okuma**dı**	sor-	*fragen*	sor**du**	sorma**dı**
iste-	*wollen*	iste**di**	isteme**di**	git-	*gehen*	git**ti**	gitme**di**
söyle-	*sagen*	söyle**di**	söyleme**di**	öp-	*küssen*	öp**tü**	öpme**di**
anla-	*verstehen*	anla**dı**	anlama**dı**	düş-	*fallen*	düş**tü**	düşme**di**
oyna-	*spielen*	oyna**dı**	oynama**dı**	kaç-	*fliehen*	kaç**tı**	kaçma**dı**
				çık-	*hinausgehen*	çık**tı**	çıkma**dı**
de-	*sagen*	de**di**	deme**di**	kop-	*abreißen*	kop**tu**	kopma**dı**
ye-	*essen*	ye**di**	yeme**di**	kus-	*erbrechen*	kus**tu**	kusma**dı**

Zur Kennzeichnung der Personen werden an *-di* die Personalsuffixe des 2. Typs angefügt, die auch bei *idi* vorkommen. Das Fragewort *mi* steht *nach* den Personalsuffixen und nach *-ler*.

	bejaht	*fragend*	*verneint*	*fragend-verneint*
(ben)	sevdím	sevdim mi?	sévmedim	sevmedim mi?
(sen)	sevdín	sevdin mi?	sévmedin	sevmedin mi?
(o)	sevdí	sevdi mi?	sévmedi	sevmedi mi?
(biz)	sevdík	sevdik mi?	sévmedik	sevmedik mi?
(siz)	sevdiníz	sevdiniz mi?	sévmediniz	sevmediniz mi?
(onlar)	sevdilér	sevdiler mi?	sévmediler	sevmediler mi?
(ben)	güldüm	güldüm mü?	gülmedim	gülmedim mi?
(sen)	güldün	güldün mü?	gülmedin	gülmedin mi?
(o)	güldü	güldü mü?	gülmedi	gülmedi mi?
(biz)	güldük	güldük mü?	gülmedik	gülmedik mi?
(siz)	güldünüz	güldünüz mü?	gülmediniz	gülmediniz mi?
(onlar)	güldüler	güldüler mi?	gülmediler	gülmediler mi?

(ben)	aldım	aldım mı?	almadım	almadım mı?
(sen)	aldın	aldın mı?	almadın	almadın mı?
(o)	aldı	aldı mı?	almadı	almadı mı?
(biz)	aldık	aldık mı?	almadık	almadık mı?
(siz)	aldınız	aldınız mı?	almadınız	almadınız mı?
(onlar)	aldılar	aldılar mı?	almadılar	almadılar mı?
(ben)	sordum	sordum mu?	sormadım	sormadım mı?
(sen)	sordun	sordun mu?	sormadın	sormadın mı?
(o)	sordu	sordu mu?	sormadı	sormadı mı?
(biz)	sorduk	sorduk mu?	sormadık	sormadık mı?
(siz)	sordunuz	sordunuz mu?	sormadınız	sormadınız mı?
(onlar)	sordular	sordular mı?	sormadılar	sormadılar mı?

Beispiele: *Ülkü misafir geldi* „Ülkü ist zu Besuch gekommen", *Bir mektup aldım* „Ich habe einen Brief bekommen", *Gazete okudum* „Ich habe Zeitung gelesen", *Gazeteyi okudum* „Ich habe die Zeitung gelesen", *Anahtarı buldum* „Ich habe den Schlüssel gefunden", *Ali benimle Türkçe konuştu* „Ali hat mit mir türkisch gesprochen", *Kızım beni öptü* „Meine Tochter hat mich geküsst", *Babam erkenden evden çıktı* „Mein Vater ist früh aus dem Haus gegangen", *Jeton düştü* „Der Groschen ist gefallen", *Çok güldük* „Wir haben viel gelacht";

Ne sordunuz? „Was haben Sie gefragt?", *Anladın mı? – Anlamadım* „Hast du verstanden? – Ich habe nicht verstanden", *Yemek yedin mi? – Yemedim* „Hast du gegessen? – Ich habe nicht gegessen", *Dün ne yaptınız? – Sinemaya gittim* „Was haben Sie gestern gemacht? – Ich bin ins Kino gegangen", *Misafirler geldi mi? – Gelmediler* „Sind die Gäste gekommen? – Sie sind nicht gekommen", *Konsere gitmediniz mi? – Gitmedik* „Sind Sie nicht in das Konzert gegangen? – Wir sind nicht hingegangen".

Nach einem unbelebten Subjekt im Plural steht oft der Singular: *Dersler başladı* „Die Vorlesungen haben angefangen". Dennoch kann der Sprecher auf jedes einzelne hinweisen: *Biri kırmızı, biri beyaz iki Mercedes otomobil aynı anda benzinciye girdiler* (DA, DBY, 37) „Zwei Mercedes-Autos, eines rot, das andere weiß, fuhren im selben Moment in die Tankstelle ein".

- Anstelle von *Olur mu?* „Geht das?/Ja?" und *Olur* „Das geht/O.K." wird seit einigen Jahren auch *Oldu mu?* und *Oldu* gesagt, obwohl noch nichts stattgefunden hat.

- Die Formen des Präteritums werden nicht mit *-dir* versehen.

10.5 Das Perfekt *(Dolaylı Geçmiş Zaman)*

▶ Vergleichen Sie:

(1) Erol dün çok iç**miş**.	*Erol soll gestern viel getrunken haben.*
(2) Bira kalma**mış**.	*Es ist kein Bier mehr da (= übrig geblieben).*
(3) Kar yağ**mış**.	*Es hat geschneit.*

Das Perfekt im Türkischen ist eine „Ergebnisvergangenheit". Damit formuliert der Sprecher ein vergangenes Ereignis, wie es sich ihm nach dem Abschluss darstellt. Der Sprecher hat also nicht das Stattgefundene selbst im Blickpunkt. Diese Vergangenheit erlaubt ihm zu signalisieren, wie er zu seiner Erfahrung gekommen ist. Diese kann er durch Hören-Sagen erworben haben wie in (1), oder er trifft eine schlussfolgernde Feststellung wie in (2) und (3). (Das Perfekt hat Berührungspunkte zu *imiş*, s. Verb 6.) Im Gegensatz zu *imiş* jedoch, das keinerlei Zeitstufe vermittelt, drückt das Perfekt Vergangenheit aus.

Den deutschen Übersetzungen in (2) und (3) könnte man in Klammern „wie sich herausstellt" hinzufügen. Wenn man morgens aus dem Fenster sieht und feststellt, dass Schnee liegt, sagt man „Es hat geschneit" und nicht „Es schneite". Denn zum Sprechzeitpunkt ist das Schneien bereits abgeschlossen und man betrachtet das Ergebnis. In einem solchen Fall „Es schneite" zu sagen, widerspricht dem deutschen Sprachgebrauch. Warum? Weil der Sprecher dem Hörer damit vermittelt, dass er den Vorgang des Schneiens vor Augen hat, den er beschreibt.

Setzt der Sprecher das Perfekt zum Weitererzählen ein, stellt er jedoch das Ereignis nicht als Tatsache hin, sondern lässt offen, ob er an der Richtigkeit zweifelt oder nicht. Kontextabhängig kann der Satz *Erol dün çok içmiş* auch mit „Erol hat gestern viel getrunken, wie er gesagt hat" oder mit „Erol hätte gestern viel getrunken, wie ich gehört habe" verstanden werden.

Der Sprecher kann jedoch auch nicht selbst Erlebtes mit dem Präteritum formulieren und als Tatsache darstellen, wenn er es für angebracht hält. Angenommen, er hat erfahren, dass sein Opa gestorben ist und erzählt das jemandem weiter; dann hat er die Wahl, *Dedem ölmüş* „Mein Opa ist tot" oder *Dedem öldü* „Mein Opa ist gestorben" zu sagen. Nachrichten allerdings werden stets im Präteritum verlesen. Ebenso enthalten Geschichtsbücher oft das Präteritum. Die einzige Textsorte, die regelmäßig das Perfekt (und auch *imiş*) aufweist, sind Märchen.

- Wie sieht es nun in den 1. Personen aus? Angenommen, Sie haben eine Monatskarte für die Verkehrsbetriebe und geraten in eine Fahrscheinkontrolle. Sie suchen danach und stellen fest, dass Sie sie einzustecken vergessen haben. Das wäre ein Fall, um *Unutmuşum* „Die habe ich offenbar vergessen" zu sagen. Sie signalisieren damit auch, dass irgendein Grund dafür verantwortlich ist. Um *Unuttum* „Ich habe sie vergessen" zu sagen, müssten Sie zum Zeitpunkt der Kontrolle bereits wissen, dass Sie sie nicht bei sich haben.

- In Kontexten, in denen das nachträglich Festgestellte nicht relevant ist, wird mit einer Perfektform in der 1. Person signalisiert, dass irgendwelche Gründe den Sachverhalt beeinflusst haben: *Hayatımda süt içmemişim* „Ich habe in meinem Leben noch keine Milch getrunken", *Biz Potsdam'a hiç gitmemişiz* „Wir waren noch nie in Potsdam". Manchmal kann das auch bedeuten, dass ein Ereignis etwas prahlerisch oder – abhängig vom Verb – bedauerlich hingestellt wird; im Deutschen fügen wir dann „nicht" hinzu: *Biz neler görmüşüz!* „Was haben wir nicht alles gesehen!", *Ben neler geçirmişim!* „Was habe ich nicht alles durchgemacht!".

Wird einer Aussage im Präteritum eine Aussage im Perfekt angeschlossen, wird auch auf den eingetretenen Zustand verwiesen: *Bir öğrencim derse vaktinde geldi, ama iyi hazırlanmamış* „Ein Student von mir ist pünktlich zum Unterricht gekommen, aber er war nicht gut vorbereitet".

Kennzeichen des Perfekts ist *-miş*, das an vokalisch und konsonantisch auslautende Verbstämme gleichermaßen angefügt wird:

Vokalisch auslautende Verbstämme				Konsonantisch auslautende Verbstämme				
		bejaht	*verneint*				*bejaht*	*verneint*
üşü-	*frieren*	üşü**müş**	üşüme**miş**	bil-	*wissen*		bil**miş**	bilme**miş**
oku-	*lesen*	oku**muş**	okuma**mış**	gör-	*sehen*		gör**müş**	görme**miş**
iste-	*wollen*	iste**miş**	isteme**miş**	kız-	*wütend werden*		kız**mış**	kızma**mış**
söyle-	*sagen*	söyle**miş**	söyleme**miş**	sor-	*fragen*		sor**muş**	sorma**mış**
anla-	*verstehen*	anla**mış**	anlama**mış**					
oyna-	*spielen*	oyna**mış**	oynama**mış**					

Zur Kennzeichnung der Personen werden an *-miş* die Personalsuffixe des 1. Typs angehängt. Das Fragewort *mi* steht vor den Personalsuffixen, aber nach *-ler*.

	bejaht	*fragend*	*verneint*	*fragend-verneint*
(ben)	sevmíşim	sevmiş miyim?	sévmemişim	sevmemiş miyim?
(sen)	sevmíşsin	sevmiş misin?	sévmemişsin	sevmemiş misin?
(o)	sevmíş	sevmiş mi?	sévmemiş	sevmemiş mi?
(biz)	sevmíşiz	sevmiş miyiz?	sévmemişiz	sevmemiş miyiz?
(siz)	sevmíşsiniz	sevmiş misiniz?	sévmemişsiniz	sevmemiş misiniz?
(onlar)	sevmişlér	sevmişler mi?	sévmemişler	sevmemişler mi?
(ben)	gülmüşüm	gülmüş müyüm?	gülmemişim	gülmemiş miyim?
(sen)	gülmüşsün	gülmüş müsün?	gülmemişsin	gülmemiş misin?
(o)	gülmüş	gülmüş mü?	gülmemiş	gülmemiş mi?
(biz)	gülmüşüz	gülmüş müyüz?	gülmemişiz	gülmemiş miyiz?
(siz)	gülmüşsünüz	gülmüş müsünüz?	gülmemişsiniz	gülmemiş misiniz?
(onlar)	gülmüşler	gülmüşler mi?	gülmemişler	gülmemişler mi?
(ben)	almışım	almış mıyım?	almamışım	almamış mıyım?
(sen)	almışsın	almış mısın?	almamışsın	almamış mısın?
(o)	almış	almış mı?	almamış	almamış mı?
(biz)	almışız	almış mıyız?	almamışız	almamış mıyız?
(siz)	almışsınız	almış mısınız?	almamışsınız	almamış mısınız?
(onlar)	almışlar	almışlar mı?	almamışlar	almamışlar mı?
(ben)	sormuşum	sormuş muyum?	sormamışım	sormamış mıyım?
(sen)	sormuşsun	sormuş musun?	sormamışsın	sormamış mısın?
(o)	sormuş	sormuş mu?	sormamış	sormamış mı?
(biz)	sormuşuz	sormuş muyuz?	sormamışız	sormamış mıyız?
(siz)	sormuşsunuz	sormuş musunuz?	sormamışsınız	sormamış mısınız?
(onlar)	sormuşlar	sormuşlar mı?	sormamışlar	sormamışlar mı?

Beispiele: *Dikkat etmemişim* „Ich habe anscheinend nicht aufgepasst", *Işığı kapatmamışsın* „Du hast das Licht nicht ausgemacht" (wie ich feststelle *oder* wie ich gehört habe), *Komşumuz ev almış* „Unser Nachbar soll eine Wohnung gekauft haben", *Ali yola çıkmış* „Ali soll abgereist sein", *Yolu şaşırmışız* „Wir haben uns offenbar verlaufen", *Gülnur'a sözlüğü geri vermemişsiniz* „Sie sollen

Gülnur das Wörterbuch nicht zurückgegeben haben", *Yolu şaşırmış mıyız?* „Haben wir uns etwa verlaufen?", *Sözlüğü geri vermemiş misin?* „Hast du das Wörterbuch etwa nicht zurückgegeben?".

- Die Perfektformen können in allen Personen mit *-dir* versehen werden. In Sachtexten kommt das Suffix besonders häufig in der 3. Person vor; damit bekräftigt der Sprecher das, was er mit dem Prädikat ausdrückt. In dieser Textsorte enthält eine solche Aussage keine Distanzierung: *Dillerin doğuşu konusunda dilciler, ikiye ayrılmışlardır* (HE, TD, 11) „Hinsichtlich der Entstehung der Sprachen gibt es unter den Linguisten zwei Auffassungen". Wenn in anderem Kontext jedoch die Einschätzung eine Rolle spielt, kann in der deutschen Übersetzung modales „werden" hinzugefügt werden: *Ali okuma yazma öğrenmiştir* „Ali wird wohl Lesen und Schreiben gelernt haben", *Belki de, dedi, Dikilitaş'tır. Onlar sana Dikilitaş demişlerdir, sen Kabataş anlamışsındır* (AN, YLBD, 17) „Sie sagte: „Vielleicht ist es Dikilitaş. Sie werden zu dir Dikilitaş gesagt haben, und du wirst Kabataş verstanden haben". In der 1. Person bestätigt der Sprecher seine Aussage: *Hayatımda süt içmemişimdir* „In meinem Leben habe ich noch keine Milch getrunken", *Biz Potsdam'a hiç gitmemişizdir* „Wir waren noch nie in Potsdam". Fragen mit *-dir* kommen nur in der 3. Person vor.

10.6 Der Kontinuativ *(Süreklilik Kipi)*

▶ Vergleichen Sie:

(1) Ülkü Hanım ütü yap**makta**.	*Frau Ülkü ist am Bügeln.*
(2) Ev ara**maktayız**.	*Wir sind am Wohnungsuchen.*

Der Kontinuativ ist ein Verlaufspräsens. Es aktualisiert das im Prädikat ausgedrückte Ereignis; der Blickpunkt des Sprechers/Autors liegt stark auf dem Ereignis, das Subjekt spielt eine sekundäre Rolle. Dieses Präsens wird in der Umgangssprache selten gebraucht. Wenn es in der gesprochenen Sprache oder in der Literatur neben anderen Zeitformen vorkommt, beschreibt es ein Ereignis, das zu der Zeit, über die geschrieben oder gesprochen wird, bereits im Gange war. Zukünftiges wird damit nicht formuliert.

- In Sachtexten und der Amtssprache, aber auch in Briefen, die offiziellen Charakter tragen, kommt der Kontinuativ anstelle des normalen Präsens oft vor. Dann kann er nur mit dem deutschen Präsens wiedergegeben werden. Vergleichen Sie *06.11.2000 tarihli yazınızla, mektubumu almadığınızı bildirmektesiniz* „Mit Ihrem Schreiben vom 06.11.2000 machen Sie die Mitteilung, dass Sie meinen Brief nicht erhalten haben" mit *06.11.2000 tarihli yazınızla, mektubumu almadığınızı bildiriyorsunuz* „In Ihrem Schreiben vom 06.11.2000 teilen Sie mit, dass Sie meinen Brief nicht erhalten haben".

Der Kontinuativ wird vom Infinitiv abgeleitet, an den das Lokativsuffix angefügt wird. Zur Kennzeichnung der Personen werden die Personalsuffixe des 1. Typs angehängt. Das Fragewort *mi* steht vor den Personalsuffixen. Die 3. Pers. Sg. wird häufig mit *-dir* und die 3. Pers. Pl. häufig mit *-dirler* oder nur mit *-ler* versehen.

	bejaht	*fragend*	*verneint*	*fragend-verneint*
(ben)	sevmektéyim	sevmekte miyim?	sévmemekteyim	sévmemekte miyim?
(sen)	sevmektésin	sevmekte misin?	sévmemektesin	sévmemekte misin?
(o)	sevmekté(dir)	sevmekte mi(dir)?	sévmemekte(dir)	sévmemekte mi(dir)?
(biz)	sevmektéyiz	sevmekte miyiz?	sévmemekteyiz	sévmemekte miyiz?
(siz)	sevmektésiniz	sevmekte misiniz?	sévmemektesiniz	sévmemekte misiniz?
(onlar)	sevmekté(dirler)	sevmekte midirler?	sévmemektedirler	sévmemekte midirler?
	sevmektelér	sevmekteler mi?	sévmemekteler	sévmemekteler mi?

Beispiele: *Mektup yazmaktayım* „Ich bin am Briefeschreiben", *[...] şimdi ben bir yıldır kendi evimde oturmakta [...] ve polislik yapmaktayım* (Mİ, BNA, 61) „[...] jetzt wohne ich schon ein Jahr in meiner eigenen Wohnung [...] und arbeite als Polizist", *Yemeklerimizde domuz eti bulunmamaktadır* (Turkish Airlines) „Unsere Gerichte enthalten kein Schweinefleisch", *Kitap, bir girişle şu üç bölümden oluşmaktadır* (NK, YD, 10) „Das Buch besteht aus einer Einleitung und folgenden drei Kapiteln", *Kimi dilciler, inceleme ve gözlemlerine göre, diller arasında birtakım yakınlıklar, akrabalıklar görmektedirler* (HE, TD, 16) „Manche Linguisten sehen aufgrund ihrer Untersuchungen und Beobachtungen etliche Ähnlichkeiten und Verwandtschaften unter den Sprachen".

- Der Kontinuativ kann auf zweierlei Art verneint werden: *Artık ev aramamaktayız* „Wir sind nicht mehr am Wohnungsuchen" (aber vielleicht suchen wir ein anderes Mal), *Artık ev aramakta değiliz* „Wir sind nicht mehr auf Wohnungssuche" (wir haben es aufgegeben).

Anmerkung: Prädikate in Sachtexten, in denen der Autor zu einem Thema Position bezieht, werden – soweit es möglich ist – mit *-dir* abgeschlossen. Das sieht dann so aus:

- Für die Gegenwart: Nominale Prädikate werden mit *-dir*, verbale Prädikate mit *-mektedir* (die Perspektive liegt auf dem Prädikat) oder dem *Aorist* (die Perspektive liegt auf dem Subjekt) abgeschlossen. *-(i)yordur* wird nicht gebraucht, weil nicht die Bestätigung, sondern die Vermutung des Autors eine Rolle spielen würde.

- Für die Vergangenheit: Nominale Prädikate werden mit *idi/-(y)di,* verbale Prädikate mit *-mıştır* (oder wenn nötig, mit *-mışti* oder *-mekteydi)* abgeschlossen.

- Für die Zukunft: Nominale Prädikate werden mit *olacaktır*, verbale Prädikate mit *-(y)ecektir* abgeschlossen.

11 Die sechs mit *idi* erweiterten Grundzeiten

Alle sechs Grundzeiten können mit *idi* erweitert werden. Dadurch entstehen sechs weitere Zeitformen. Bei der Formenbildung geht man von der 3. Pers. Sg. einer der Grundzeiten aus und hängt *idi* einschließlich der Personalsuffixe des 2. Typs an. Seltener steht *idi* getrennt. Das Fragewort *mi* steht vor angehängtem *idi* und wird mit diesem zusammengeschrieben. Die 3. Pers. Pl. kommt in drei Varianten vor: Sie kann im Singular stehen oder in den Pluralvarianten *-diler* bzw. *-lerdi.* Die Reihenfolge *-lerdi* ist häufiger anzutreffen.

▶ Das Suffix *-dir* wird an keine dieser erweiterten Zeitformen angefügt.

11.1 Das Imperfekt *(Şimdiki Zamanın Hikâyesi)*

▶ Vergleichen Sie:

(1) Saat birde uyu**yordum**.	*Um eins schlief ich.*
(2) Ha, ne di**yordum**?	*Ja, was sagte ich gerade?*
(3) Tam yemek yi**yorduk**, misafir geldi.	*Wir aßen gerade, da ist Besuch gekommen.*

Mit dem Imperfekt wird ein vergangenenes Ereignis mitten in seinem Verlauf dargestellt. Mit anderen Worten, der Sprecher/Autor schildert etwas, was zu dem Zeitpunkt, über den er spricht, zwar schon begonnen hatte, aber als noch nicht beendet dargestellt werden soll. Deutsche Muttersprachler, die für die Vergangenheit überwiegend das deutsche Perfekt gebrauchen, müssen sich für das Verständnis des Imperfekts dann ein „gerade" hinzudenken.

Kennzeichen des Imperfekts ist *-(i)yordu*, das aus dem Präsensstamm 3. Pers. Sg. *-(i)yor* + angehängtem *idi* gebildet ist:

	bejaht	*fragend*	*verneint*	*fragend-verneint*
(ben)	seviyórdum	seviyor muydum?	sévmiyordum	sevmiyor muydum?
(sen)	seviyórdun	seviyor muydun?	sévmiyordun	sevmiyor muydun?
(o)	seviyórdu	seviyor muydu?	sévmiyordu	sevmiyor muydu?
(biz)	seviyórduk	seviyor muyduk?	sévmiyorduk	sevmiyor muyduk?
(siz)	seviyórdunuz	seviyor muydunuz?	sévmiyordunuz	sevmiyor muydunuz?
(onlar)	seviyórdular	seviyor muydular?	sévmiyordular	sevmiyor muydular?
	seviyorlárdı	seviyorlar mıydı?	sévmiyorlardı	sevmiyorlar mıydı?
Merke:				
de-	di̇yordu	di̇yor muydu?	demiyordu	demiyor muydu?
ye-	yi̇yordu	yi̇yor muydu?	yemiyordu	yemiyor muydu?
et-	edi̇yordu	edi̇yor muydu?	etmiyordu	etmiyor muydu?
git-	gi̇diyordu	gi̇diyor muydu?	gitmiyordu	gitmiyor muydu?

Beispiele: *Demin kiminle konuşuyordun?* „Mit wem sprachst du vorhin?" (z. B. als ich nach Hause kam – kein Hinweis auf das Ende des Gesprächs, selbst wenn es inzwischen beendet wurde), *Size bir şey sormak istiyordum* „Ich wollte Sie etwas fragen", *Bu sabah seni Kapalı Çarşı'da gördüm; ayakkabı alıyordun* „Ich habe dich heute früh im Überdachten Basar gesehen; du warst gerade beim Schuhekaufen", *Eskiden Kayseri'de oturuyorduk; beş yıl önce İstanbul'a geldik* „Früher wohnten wir in Kayseri; vor fünf Jahren sind wir nach Istanbul gekommen", *Sabah kahvaltısını bütün aile mutfakta yapıyorlardı* (AN, MKİE, 66) „Das Frühstück nahm die ganze Familie gemeinsam in der Küche ein".

11.2 Der Aorist in der Vergangenheit *(Geniş Zamanın Hikâyesi)*

▶ Vergleichen Sie:

(1) Çocukken futbol oyna**rdım**.	*Als ich Kind war, habe ich Fußball gespielt.*
(2) Ali şimdi sigara içer, eskiden iç**mezdi**.	*Ali raucht jetzt, früher hat er nicht geraucht.*
(3) Böyle bir şey yap**mazdım**.	*So etwas hätte ich nicht getan (~ täte ich nicht).*
(4) Yemeğin yanına ne al**ırdınız**?	*Was hätten Sie gern als Beilage zum Essen?*

Was mit Hilfe des Aorist gesagt wird (s. 9.2), kann auch in die Vergangenheit übertragen werden. Auch hier äußert sich der Sprecher über sein Wissen wie in (1) und (2) oder seine Auffassung wie in (3) und (4). Das Prädikat gibt nur den Inhalt an; ein Verlauf wird ausgeschlossen oder offen gelassen.

Die Intensität der modalen Färbung beim Aorist in der Vergangenheit nimmt zu. Dafür ist *idi* verantwortlich, das, wie wir gesehen haben, ein Ereignis als für die Gegenwart nicht bedeutsam darstellt. Deshalb werden solche Formen kontextabhängig auch für stark modal gefärbte Aussagen und Fragen verwendet; diese müssen sich nicht unbedingt auf die Vergangenheit beziehen. Der Aorist in der Vergangenheit wird uns bei den Bedingungssätzen noch einmal begegnen (s. Verb 17).

Kennzeichen ist bei den bejahten Formen *-(e)rdi* bzw. *-(i)rdi*, das aus dem bejahten Aoriststamm 3. Pers. Sg. + angehängtem *idi* besteht. Die verneinte Form lautet *-mezdi*, das aus dem verneinten Aoriststamm 3. Pers. Sg. + angehängtem *idi* gebildet ist.

	bejaht	*fragend*	*verneint*	*fragend-verneint*
(ben)	sevérdim	sever miydim?	sevmézdim	sevmez miydim?
(sen)	sevérdin	sever miydin?	sevmézdin	sevmez miydin?
(o)	sevérdi	sever miydi?	sevmézdi	sevmez miydi?
(biz)	sevérdik	sever miydik?	sevmézdik	sevmez miydik?
(siz)	sevérdiniz	sever miydiniz?	sevmézdiniz	sevmez miydiniz?
(onlar)	sevérdiler	sever miydiler?	sevmézdiler	sevmez miydiler?
	severlérdi	severler miydi?	sevmezlérdi	sevmezler miydi?
Merke:				
de-	derdi	der miydi?	demezdi	demez miydi?
ye-	yerdi	yer miydi?	yemezdi	yemez miydi?
et-	ederdi	eder miydi?	etmezdi	etmez miydi?
git-	giderdi	gider miydi?	gitmezdi	gitmez miydi?

Beispiele: *Küçükken sokaklarda oynardım* „Als ich klein war, habe ich auf den Straßen gespielt", *Siz akşamları hep bize uğrardınız* „Ihr seid abends immer bei uns vorbeigekommen", *Çocuk kitapları okumaz mıydınız?* „Haben Sie früher keine Kinderbücher gelesen?", *Bir çay daha içer miydiniz?* „Würden Sie noch einen Tee trinken?".

▸ Vergleichen wir: *Hastalanınca babam bizi en yakın kasabaya götürürdü* „Wenn wir krank wurden, brachte mein Vater uns in die nächstliegende Kreisstadt", *Hastalanınca babam bizi en yakın kasabaya götürdü* „Als wir krank wurden, hat mein Vater uns in die nächstliegende Kreisstadt gebracht" (*auch:* brachte uns mein Vater …), *Bir gün babam bizi en yakın kasabaya götürüyordu. Daha oraya varmadan 'Köyümüze dönmek istiyoruz' dedik* „Eines Tages brachte mein Vater uns in die nächstliegende Kreisstadt. Noch bevor wir dort angekommen waren, sagten wir: ‚Wir möchten in unser Dorf zurückkehren'".

Anmerkung: Bei einigen Verben, die mit *-le-/-la-* von Nomina abgeleitet sind (s. Wortbildung 2), kann es zu Verwechslungen mit dem Pluralsuffix kommen: *Temizle-r-di* „Er/sie machte sauber", *Temiz-ler-di* „Es waren die Sauberen".

11.3 Das Futur in der Vergangenheit *(Gelecek Zamanın Hikâyesi)*

▶ Vergleichen Sie:

(1) Doktora gid**ecektim**, ama vaktim olmadı.	*Ich wollte zum Arzt gehen, aber ich hatte keine Zeit dafür.*
(2) Toplantının sonunda, çay, limonata, bisküvi dağıt**acaktık**. (AN, ŞCH, 127)	*Am Ende der Versammlung sollten wir Tee, Limonade und Kekse austeilen.*
(3) Saat üçte bir Yalova vapuru ol**acaktı**.	*Um drei Uhr müsste es ein Schiff nach Yalova geben.*
(4) Suyu neredeyse unut**acaktım**.	*Das Wasser hätte ich beinahe vergessen.*

Das Futur in der Vergangenheit drückt ein Ereignis aus, das der Sprecher sich nur vorstellt und das im Deutschen mit „wollte/sollte/müsste/hätte", manchmal auch „würde" wiedergegeben wird. Dabei ist gleichgültig, auf welche Zeitstufe sich das Ereignis bezieht.

Kennzeichen ist das Suffix *-(y)ecekti*, das aus dem Futurstamm 3. Pers. Sg. *-(y)ecek* + angehängtem *idi* gebildet ist.

	bejaht	*fragend*	*verneint*	*fragend-verneint*
(ben)	sevecéktim	sevecek miydim?	sévmeyecektim	sevmeyecek miydim?
(sen)	sevecéktin	sevecek miydin?	sévmeyecektin	sevmeyecek miydin?
(o)	sevecékti	sevecek miydi?	sévmeyecekti	sevmeyecek miydi?
(biz)	sevecéktik	sevecek miydik?	sévmeyecektik	sevmeyecek miydik?
(siz)	sevecéktiniz	sevecek miydiniz?	sévmeyecektiniz	sevmeyecek miydiniz?
(onlar)	sevecéktilèr	sevecek miydiler?	sévmeyecektiler	sevmeyecek miydiler?
	seveceklérdi	sevecekler miydi?	sévmeyeceklerdi	sevmeyecekler miydi?

Beispiele: *Sana telefon edecektim ama, telefon kartım yoktu* „Ich wollte dich anrufen, aber ich hatte keine Telefonkarte", *Alışverişe çıkmayacak mıydık?* „Wollten/Sollten wir nicht einkaufen gehen?", *Yılbaşı gecesi, annemle babam, komşularımızla bir gazinoya gideceklerdi* (AN, ŞCH, 93) „In der Neujahrsnacht wollten meine Eltern mit unseren Nachbarn in ein Kasino gehen", *İki gün işe gitmeyeceğim için […] penceredeki adamı göremeyecektim* (AN, AD, 67) „Da ich vorhatte, zwei Tage lang nicht zur Arbeit zu gehen […], würde ich den Mann am Fenster nicht sehen können".

▶ Vergleichen wir: *Dün akşam size gel**ecektik**, ama misafir geldi* „Gestern Abend wollten wir zu euch kommen, aber da kam Besuch" (das Kommen wird als Plan dargestellt), *Dün akşam size geliyorduk, ama misafir geldi* „Gestern Abend waren wir drauf und dran, zu euch zu kommen, aber da kam Besuch" (das Kommen wird als Vorbereitung dargestellt).

11.4 Das Präteritum in der Vergangenheit *(Dolaysız Geçmiş Zamanın Hikâyesi)*

▶ Vergleichen Sie:

Paramı vermedin.	*Du hast mir mein Geld nicht zurückgegeben.*
(1) Geri ver**dimdi**.	**Ich** *hatte es zurückgegeben.*
(2) Geri ver**diydim**.	*Ich hatte es (doch schon) zurückgegeben.*

Das Präteritum in der Vergangenheit ist eine „Ereignisvorvergangenheit", die im Deutschen keine Entsprechung hat und je nach Kontext mit dem deutschen Perfekt oder Plusquamperfekt übersetzt werden kann. Sie kommt im Türkischen nicht sehr häufig vor. Wenn der Sprecher sie verwendet, versetzt er ein Ereignis, das er mit dem Präteritum formulieren würde, eindeutig in die Vergangenheit und schließt aus, dass das stattgefundene Ereignis kurz vor dem Sprechzeitpunkt war. Dabei hat er zwei Möglichkeiten, das Ereignis darzustellen: Entweder spricht er über die Person bzw. das Subjekt (was sie/es getan hat) wie in (1) oder er stellt das Ereignis in den Vordergrund (was damals war) wie in (2). Die erste Variante wird dem Gesprächsverlauf näher empfunden als das reine Ereignis. In einem größeren Kontext kann der Sprecher mit dem Präteritum in der Vergangenheit die Abfolge von stattgefundenen Ereignissen unterbrechen und auf einzelne, vergangene hinweisen. Dabei versucht er das, was er aussagt, dem Hörer in Erinnerung zu bringen oder er ruft es sich in Erinnerung.

Kennzeichen dieser Vergangenheit ist *-diydi*, das aus dem Präteritumstamm 3. Pers. Sg. *-di* + angehängtem *idi* gebildet ist. Dabei gibt es zwei Möglichkeiten: Für das Subjekt wird das Präteritum in der Vergangenheit konjugiert und daran *idi* angehängt. Für das Ereignis im Vordergrund werden an die 3. Pers. Sg. des Präteritums in der Vergangenheit die konjugierten Formen von *idi* angefügt. In der 3. Pers. Sg. kann der Unterschied Subjekt : Ereignis nur aufrecht erhalten werden, wenn man im ersten Fall *idi* getrennt gebraucht.

Sana bunu söyledimdi. (söyledim + idi > söyledim-di)	*Ich hatte dir das schon gesagt.*
Sana bunu söylediydim. (söyledi + idim > söyledi-ydim)	*Ich hatte dir das (doch schon) gesagt.*

• Die Reihenfolge für das Subjekt

	bejaht	*fragend*	*verneint*	*fragend-verneint*
(ben)	sevdímdi	sevdim miydi?	sévmedimdi	sevmedim miydi?
(sen)	sevdíndi	sevdin miydi?	sévmedindi	sevmedin miydi?
(o)	sevdí idi	sevdi mi idi?	sévmedi idi	sevmedi mi idi?
(biz)	sevdíkti	sevdik miydi?	sévmedikti	sevmedik miydi?
(siz)	sevdinízdi	sevdiniz miydi?	sévmedinizdi	sevmediniz miydi?
(onlar)	sevdilérdi	sevdiler miydi?	sévmedilerdi	sevmediler miydi?

Beispiele: *Beyefendi, vaktiyle ben size gereken sözleri söyleyip nasihat et**medim miydi**? [...] – Söyle**dinizdi**. Nasihatlar da ver**dinizdi*** (HRG, KYABE, 287) „Mein Herr, war es nicht so, dass ich Ihnen seinerzeit die erforderlichen Worte gesagt und Ratschläge erteilt hatte? – Das hatten Sie gesagt. Und Sie hatten auch Ratschläge erteilt", *Ama biz karımla, anlaşamadığımız sorunları tartışarak çözebileceğimize inanıyorduk. Ve hep böyle yap**tık...tı** onaltı gün öncesine dek* (AN, AD, 116) „Aber wir, meine Frau und ich, glaubten daran, Probleme, bei denen wir uns nicht eins waren, diskutierend lösen zu können. Und wir haben es immer so gehalten, … hatten es bis vor sechzehn Tagen".

- Die Reihenfolge für das Ereignis

	bejaht	fragend	verneint	fragend-verneint
(ben)	sevdíydim	sevdí miydim?	sévmediydim	sevmedi miydim?
(sen)	sevdíydin	sevdí miydin?	sévmediydin	sevmedi miydin?
(o)	sevdíydi	sevdí miydi?	sévmediydi	sevmedi miydi?
(biz)	sevdíydik	sevdí miydik?	sévmediydik	sevmedi miydik?
(siz)	sevdíydiniz	sevdí miydiniz?	sévmediydiniz	sevmedi miydiniz?
(onlar)	sevdíydilèr	sevdí miydiler?	sévmediydiler	sevmedi miydiler?

Beispiele: *Bu filmi gördüydük* „Diesen Film hatten wir doch gesehen", *Bundan sonra bir kadının iki üç kocası olacak dedilerdi de ben inanmadıydım* (HRG, KYABE, 163) „Von nun ab wird eine Frau zwei bis drei Männer haben, hatten die gesagt, und ich habe es nicht geglaubt".

11.5 Das Plusquamperfekt *(Dolaylı Geçmiş Zamanın Hikâyesi)*

▸ Vergleichen Sie:

(1) Dün bir yere çıkmadık, çünkü misafir gel**mişti**.	*Gestern sind wir nirgendwohin gegangen, denn es war Besuch gekommen.*
(2) Kar yağ**mıştı**.	*Es hatte geschneit.*

Das Plusquamperfekt ist die im Türkischen gängige „vollendete Vergangenheit" und bezeichnet Vorzeitigkeit in Bezug auf ein anderes stattgefundenes Ereignis wie in (1), kann jedoch auch als Erzähltempus für sich allein gebraucht werden wie in (2). Eine Nebennuance wie „angeblich usw." enthält das Plusquamperfekt nicht.

Kennzeichen des Plusquamperfekts ist *-mişti*, das aus dem Perfektstamm 3. Pers. Sg. *-miş* + angehängtem *idi* gebildet ist.

	bejaht	fragend	verneint	fragend-verneint
(ben)	sevmíştim	sevmiş miydim?	sévmemiştim	sevmemiş miydim?
(sen)	sevmíştin	sevmiş miydin?	sévmemiştin	sevmemiş miydin?
(o)	sevmíşti	sevmiş miydi?	sévmemişti	sevmemiş miydi?
(biz)	sevmíştik	sevmiş miydik?	sévmemiştik	sevmemiş miydik?
(siz)	sevmíştiniz	sevmiş miydiniz?	sévmemiştiniz	sevmemiş miydiniz?
(onlar)	sevmíştiler	sevmiş miydiler?	sévmemiştiler	sevmemiş miydiler?
	sevmişlérdi	sevmişler miydi?	sévmemişlerdi	sevmemişler miydi?

Beispiele: *Dün camları sildim, iki aydır silmemiştim* „Gestern habe ich die Fenster geputzt; ich hatte (sie) zwei Monate lang nicht geputzt", *Bira kalmamıştı* „Es war kein Bier übrig geblieben", *Komşumuz geçen sene ev almıştı* „Unser Nachbar hatte letztes Jahr eine Wohnung gekauft".

11.6 Der Kontinuativ in der Vergangenheit *(Sürekli Şimdiki Zamanın Hikâyesi)*

▶ Vergleichen Sie:

(1) Ülkü Hanım ütü yap**maktaydı**.	*Frau Ülkü war am Bügeln.*
(2) Mektup yaz**maktaydım**.	*Ich war am Briefeschreiben.*

Was über den Kontinuativ gesagt wurde, kann auch in die Vergangenheit übertragen werden. Wichtig dabei ist, dass der Sprecher auch hier – wie beim Imperfekt – ein vergangenes Ereignis schildert, das zu dem Zeitpunkt, über den er spricht, zwar als begonnen, aber noch nicht beendet dargestellt werden soll.

Kennzeichen ist der Infinitiv im Lokativ, an den die Formen von *idi* angehängt werden. Seltener steht *idi* getrennt.

	bejaht	*fragend*	*verneint*	*fragend-verneint*
(ben)	sevmektéydim	sevmekte miydim?	sévmemekteydim	sévmemekte miydim?
(sen)	sevmektéydin	sevmekte miydin?	sévmemekteydin	sévmemekte miydin?
(o)	sevmektéydi	sevmekte miydi?	sévmemekteydi	sévmemekte miydi?
(biz)	sevmektéydik	sevmekte miydik?	sévmemekteydik	sévmemekte miydik?
(siz)	sevmektéydiniz	sevmekte miydiniz?	sévmemekteydiniz	sévmemekte miydiniz?
(onlar)	sevmektéydiler	sevmekte miydiler?	sévmemekteydiler	sévmemekte miydiler?
	sevmektelérdi	sevmekteler miydi?	sévmemektelerdi	sévmemekteler miydi?

Beispiel: *Gazeteye girişimin üçüncü ayı içinde bir gece, her zamanki gibi tashih yapıyordum. Çok meraklı bir pehlivan tefrikasını tashih et**mekteydim*** (AN, YLBD, 31) „Eines Nachts im dritten Monat meines Arbeitsbeginns bei der Zeitung las ich wie immer Korrektur. Ich saß daran, eine sehr spannende Fortsetzungsserie über Ringer zu korrigieren".

12 Deutsches Futur II im Türkischen

Sicher möchten Sie noch wissen, wie deutsches Futur II im Türkischen ausgedrückt wird: Über *-miş* + *ol-* + Personalsuffixe des 1. Typs: *Sayın yolcularımız, yirmi dakika sonra Tegel Havaalanı'na inmiş olacağız* „Sehr geehrte Reisende, in zwanzig Minuten werden wir auf dem Flughafen Tegel gelandet sein".

13 Die mit *imiş* versehenen Zeitformen

Mit Ausnahme des *Präteritums* und des *Präteritums in der Vergangenheit* können alle oben vorgestellten Zeitformen mit *imiş* (s. Verb 6) versehen werden. Damit werden keine neuen Zeitformen gebildet, sondern eine subjektive Einstellung wird signalisiert.

Bei den Grundzeiten wird *imiş* an die 3. Pers. Sg. angehängt, seltener steht es getrennt. Für die anderen Personen nimmt es die Personalsuffixe des 1. Typs an. Und wie sieht es bei den mit *idi* erweiterten Zeitformen aus? Wie wir schon gesehen haben, formuliert der Sprecher mit *idi* Tatsachen. Wir haben auch gesehen, dass *idi* und *imiş* sich nicht vertragen. Das bedeutet für die mit *idi* erweiterten Zeitformen, dass *idi* „getilgt" wird und seine Stelle *imiş* einnimmt. Somit vertritt dann

-yormuş	sowohl **-yor** als auch **-yordu**
-rmiş/-mezmiş	sowohl **-r/-mez** als auch **-rdi/-mezdi**
-ecekmiş	sowohl **-ecek** als auch **-ecekti**
-mişmiş	sowohl **-miş** als auch **-mişti**
-mekteymiş	sowohl **-mekte** als auch **-mekteydi**

Wenn diese Formen anstelle der mit *idi* erweiterte Formen stehen, muss das an irgendeiner Stelle signalisiert werden, z. B. durch ein Adverb der Zeit. Isolierte Sätze mit *imiş* sind doppeldeutig. Die Funkionen der einzelnen Zeitformen werden unten nicht noch einmal wiederholt, sondern es werden Beispiele und je ein Konjugationsmuster gegeben.

Die Fragepartikel *mi* steht vor *imiş*. Die 3. Pers. Pl. kommt in drei Varianten vor: Sie kann im Singular stehen oder in den Pluralvarianten *-mişler* bzw. *-lermiş*. Die Reihenfolge *-lermiş* ist häufiger anzutreffen.

• Die mit *imiş* erweiterten Zeitformen werden nicht mit *-dir* versehen.

1. Das Präsens sowie das Imperfekt

▶ Vergleichen Sie:

(1)	Derste uyu**yormuşum**.		Im Unterricht schlafe ich angeblich.
(2)	Dün bu saatte bahçede otur**uyormuşsunuz**.		Gestern um diese Uhrzeit sollt ihr im Garten gesessen haben.
(3)	Eskiden sigara içmi**yormuşsunuz**.		Früher haben Sie angeblich nicht geraucht.

	bejaht	fragend	verneint	fragend-verneint
(ben)	seviyórmuşum	seviyor muymuşum?	sévmiyormuşum	sevmiyor muymuşum?
(sen)	seviyórmuşsun	seviyor muymuşsun?	sévmiyormuşsun	sevmiyor muymuşsun?
(o)	seviyórmuş	seviyor muymuş?	sévmiyormuş	sevmiyor muymuş?
(biz)	seviyórmuşuz	seviyor muymuşuz?	sévmiyormuşuz	sevmiyor muymuşuz?
(siz)	seviyórmuşsunuz	seviyor muymuşsunuz?	sévmiyormuşsunuz	sevmiyor muymuşsunuz?
(onlar)	seviyórmuşlàr	seviyor muymuşlar?	sévmiyormuşlar	sevmiyor muymuşlar?
	seviyorlármış	seviyorlar mıymış?	sévmiyorlarmış	sevmiyorlar mıymış?

2. Der Aorist sowie der Aorist in der Vergangenheit

▶ Vergleichen Sie:

(1)	Köpekten kork**armışım**.		Ich hätte vor Hunden Angst (wird gesagt).
(2)	Küçükken köpekten kork**armışım**.		Als ich klein war, soll ich vor Hunden Angst gehabt haben.
(3)	Suzan İngilizce bil**mezmiş**.		Suzan kann angeblich kein Englisch.
(4)	Eskiden sık sık deprem ol**mazmış**.		Früher soll es nicht oft Erdbeben gegeben haben.

	bejaht	fragend	verneint	fragend-verneint
(ben)	sevérmişim	sever miymişim?	sevmézmişim	sevmez miymişim?
(sen)	sevérmişsin	sever miymişsin?	sevmézmişsin	sevmez miymişsin?
(o)	sevérmiş	sever miymiş?	sevmézmiş	sevmez miymiş?
(biz)	sevérmişiz	sever miymişiz?	sevmézmişiz	sevmez miymişiz?
(siz)	sevérmişsiniz	sever miymişsiniz?	sevmézmişsiniz	sevmez miymişsiniz?
(onlar)	sevérmişlèr	sever miymişler?	sevmézmişler	sevmez miymişler?
	severlérmiş	severler miymiş?	sevmezlérmiş	sevmezler miymiş?

3. Das Futur und das Futur in der Vergangenheit

▶ Vergleichen Sie:

(1) Ülkü bugün gel**ecekmiş**.	*Ülkü wird angeblich heute kommen.*
(2) Ülkü dün gel**ecekmiş**, ama vakti olmamış.	*Ülkü wollte gestern kommen, aber sie hatte keine Zeit dafür.*
(3) Yılbaşı gecesi, annemle babam, komşularımızla bir gazinoya gid**eceklermiş**.	*In der Neujahrsnacht wollen/wollten meine Eltern* (wie sie sagten) *mit unseren Nachbarn in ein Kasino gehen.*

bejaht	fragend	verneint	fragend-verneint
sevecékmişim	sevecek miymişim?	sévmeyecekmişim	sevmeyecek miymişim?
sevecékmişsin	sevecek miymişsin?	sévmeyecekmişsin	sevmeyecek miymişsin?
sevecékmiş	sevecek miymiş?	sévmeyecekmiş	sevmeyecek miymiş?
sevecékmişiz	sevecek miymişiz?	sévmeyecekmişiz	sevmeyecek miymişiz?
sevecékmişsiniz	sevecek miymişsiniz?	sévmeyecekmişsiniz	sevmeyecek miymişsiniz?
sevecékmişler	sevecek miymişler?	sévmeyecekmişler	sevmeyecek miymişler? }
seveceklérmiş	sevecekler miymiş?	sévmeyeceklermiş	sevmeyecekler miymiş? }

4. Das Perfekt und das Plusquamperfekt

▶ Vergleichen Sie:

(1) Komşulara hakaret et**mişmişim**.	*Ich hätte angeblich die Nachbarn beleidigt.*
(2) Ataman'ın annesi, «Siz de gelmezseniz, darılırım» de**mişmiş**. (AN, ŞÇH, 85)	*Atamans Mutter soll gesagt haben: „Wenn auch Sie nicht kommen, nehme ich das übel.“*
(3) O sene orada çok çok kar yağ**mışmış**.	*In jenem Jahr hätte es dort angeblich sehr viel geschneit.*

Manchmal möchte der Sprecher eine Äußerung eindeutig mit Distanz formulieren. Dann werden sowohl das Perfekt also auch das Plusquamperfekt mit *imiş* versehen. Das wird auch immer dann nötig, wenn jemand etwas im Perfekt, also mit -*miş*, weitererzählt und offen lässt, wie er über das Mitgeteilte denkt. Wenn der Sprecher jetzt signalisieren will, dass er sich von der einen oder anderen Aussage distanziert, kann das nur durch zusätzliches *imiş* verdeutlicht werden.

bejaht		fragend	verneint	fragend-verneint
(ben)	sevmíşmişim	sevmiş miymişim?	sévmemişmişim	sevmemiş miymişim?
(sen)	sevmíşmişsin	sevmiş miymişsin?	sévmemişmişsin	sevmemiş miymişsin?
(o)	sevmíşmiş	sevmiş miymiş?	sévmemişmiş	sevmemiş miymiş?
(biz)	sevmíşmişiz	sevmiş miymişiz?	sévmemişmişiz	sevmemiş miymişiz?
(siz)	sevmíşmişsiniz	sevmiş miymişsiniz?	sévmemişmişsiniz	sevmemiş miymişsiniz?
(onlar)	sevmíşmişlèr	sevmiş miymişler?	sévmemişmişler	sevmemiş miymişler?
	sevmişlérmiş	sevmişler miymiş?	sévmemişlermiş	sevmemişler miymiş?

Die Variante *-mişmişler* gibt eine größere Distanzierung an als die Variante *-mişlermiş*: *Ataman'ın annesi babası, «Siz de gelmezseniz, darılırız» de**mişmiş**ler* „Atamans Eltern hätten angeblich gesagt: „Wenn auch Sie nicht kommen, nehmen wir das übel".

5. Der Kontinuativ und der Kontinuativ in der Vergangenheit

▶ Vergleichen Sie:

(1) Ülkü Hanım ütü yap**maktaymış**.	*Ülkü Hanım ist/war angeblich am Bügeln.*
(2) Geçen sene ev ara**maktaymışsınız**.	*Letztes Jahr sollen Sie auf Wohnungssuche gewesen sein.*

bejaht	fragend	verneint	fragend-verneint
sevmektéymişim	sevmekte miymişim?	sévmemekteymişim	sévmemekte miymişim?
sevmektéymişsin	sevmekte miymişsin?	sévmemekteymişsin	sévmemekte miymişsin?
sevmektéymiş	sevmekte miymiş?	sévmemekteymiş	sévmemekte miymiş?
sevmektéymişiz	sevmekte miymişiz?	sévmemekteymişiz	sévmemekte miymişiz?
sevmektéymişsiniz	sevmekte miymişsiniz?	sévmemekteymişsiniz	sévmemekte miymişsiniz?
sevmektéymişler	sevmekte miymişler?	sévmemekteymişler	sévmemekte miymişler? }
sevmektelérmiş	sevmekteler miymiş?	sévmemektelermiş	sévmemekteler miymiş? }

14 Die Aufforderungs- und Wunschformen

▶ Vergleichen Sie:

(1)	Ben bu salamdan al**ayım**.	*Ich nehme mal von dieser Wurst.*
(2)	Defterine bir bak**ayım**.	*Lass mich mal in dein Heft schauen.*
(3)	Size gel**eyim** mi?	*Soll ich zu euch kommen?*
(4)	Buraya gel!	*Komm hierher!*
(5)	Sözümü kesme!	*Unterbrich mich nicht! (= Schneid mein Wort nicht ab!)*
(6)	Erol eve gel**sin**!	*Erol soll nach Hause kommen!*
(7)	Doktor gel**sin** mi?	*Soll der Arzt kommen?*
(8)	Haydi, eve gid**elim**!	*Auf, gehen wir nach Hause!*
(9)	Bugün alışverişe çık**alım**.	*Lass/Lasst uns heute einkaufen gehen!*
(10)	Dersten sonra ne yap**alım**?	*Was wollen wir nach dem Unterricht machen?*
(11)	İçeriye gir**in**!	*Treten Sie ein!*
(12)	Kemerlerinizi bağla**yınız**!	*Schnallen Sie sich an!*
(13)	Yaşa**sınlar**!	*Hoch sollen sie leben!*
(14)	Bir daha telefon et**sinler** mi?	*Sollen sie noch einmal anrufen?*

Das Türkische kennt für alle Personen Aufforderungsformen. Sie sind eine Mischreihe und kennzeichnen Funktion und Person gleichzeitig.

14.1 Der Imperativ *(Buyuru Kipi)*

Der bejahte oder verneinte Verbstamm ist gleichzeitig die Befehlsform *(der Imperativ)* der 2. Pers. Sg., also gegenüber einer Person, die man duzt. Die 2. Pers. Pl. kennt zwei unbetonte Varianten: das Suffix *-(y)in* und das Suffix *-(y)iniz*. Die kürzere Variante ist im direkten Gespräch die gängigere; damit wird der Verbalinhalt eingebracht. Die längere Variante ist offizieller; die angesprochenen Personen stehen im Blickpunkt. Der Imperativ bildet keine Frageformen.

14.2 Der Voluntativ *(İsteme Kipi)*

Die 1. Pers. Sg. steht für den zur Sprechzeit getroffenen freien, aber unabdingbar formulierten Entschluss des Sprechers, eine Handlung in die Tat umsetzen zu wollen oder bei Verneinung nicht umsetzen zu wollen. Wird damit eine Frage formuliert, erwartet der Sprecher vom Hörer eine Entscheidung. Kennzeichen der 1. Pers. Sg. ist *-(y)eyim*. Die letzte Silbe wird betont. Manchmal muss man im Deutschen ein „ich möchte (nicht)/will (nicht)" hinzufügen. *(Anmerkung:* Die 1. Pers. Sg. des *Voluntativs* wird oft beim *Optativ* aufgeführt).

Die 1. Pers. Pl. wird als Aufforderung an den/die Hörer verwendet, etwas gemeinsam zu unternehmen oder zu unterlassen. Wird damit eine Frage formuliert, erwartet der Sprecher vom Hörer/von den Hörern eine Entscheidung. Kennzeichen der 1. Pers. Pl. ist *-(y)elim*. Die letzte Silbe wird betont. (Die 1. Pers. Pl. des *Voluntativs* wird oft beim *Optativ* aufgeführt).

Mit den 3. Personen wird ein starkes Begehren – etwas, was der Sprecher verwirklicht oder nicht verwirklicht sehen möchte – geäußert. Wird damit eine Frage formuliert, erwartet der Sprecher vom Hörer eine Entscheidung. Kennzeichen der 3. Person ist das Suffix *-sin*. In der 3. Pers. Pl. kann *-ler* angefügt werden. (Türkische Grammatiken führen die 3. Personen beim *Imperativ* auf.)

Die Formen des Imperativs und Voluntativs

	bejaht	*fragend*	*verneint*	*fragend-verneint*
(ben)	gel**eyím**	geleyím mi?	gélmeyeyim	gelmeyeyim mi?
(sen)	gel	∅	gélme	∅
(o)	gél**sin**	gelsin mi?	gélmesin	gelmesin mi?
(biz)	gel**elím**	gelelim mi?	gélmeyelim	gelmeyelim mi?
(siz)	gél**in**/gél**iniz**	∅	gélmeyin/gélmeyiniz	∅
(onlar)	gél**sinlèr**	gelsinler mi?	gélmesinler	gelmesinler mi?
(ben)	gül**eyim**	güleyim mi?	gülmeyeyim	gülmeyeyim mi?
(sen)	gül	∅	gülme	∅
(o)	gül**sün**	gülsün mü?	gülmesin	gülmesin mi?
(biz)	gül**elim**	gülelim mi?	gülmeyelim	gülmeyelim mi?
(siz)	gül**ün**/gül**ünüz**	∅	gülmeyin/gülmeyiniz	∅
(onlar)	gül**sünler**	gülsünler mi?	gülmesinler	gülmesinler mi?
(ben)	yap**ayım**	yapayım mı?	yapmayayım	yapmayayım mı?
(sen)	yap	∅	yapma	∅
(o)	yap**sın**	yapsın mı?	yapmasın	yapmasın mı?
(biz)	yap**alım**	yapalım mı?	yapmayalım	yapmayalım mı?
(siz)	yap**ın**/yap**ınız**	∅	yapmayın/yapmayınız	∅
(onlar)	yap**sınlar**	yapsınlar mı?	yapmasınlar	yapmasınlar mı?
(ben)	ol**ayım**	olayım mı?	olmayayım	olmayayım mı?
(sen)	ol	∅	olma	∅
(o)	ol**sun**	olsun mu?	olmasın	olmasın mı?
(biz)	ol**alım**	olalım mı?	olmayalım	olmayalım mı?
(siz)	ol**un**/ol**unuz**	∅	olmayın/olmayınız	∅
(onlar)	ol**sunlar**	olsunlar mı?	olmasınlar	olmasınlar mı?
Merke:				
(ben)	di**y**eyim	diyeyim mi?	demeyeyim	demeyeyim mi?
(sen)	de	∅	deme	∅
(o)	de**sin**	desin mi?	demesin	demesin mi?
(biz)	di**y**elim	diyelim mi?	demeyelim	demeyelim mi?
(siz)	de**y**in/de**y**iniz	∅	demeyin/demeyiniz	∅
(onlar)	de**sinler**	desinler mi?	demesinler	demesinler mi?

(ben)	yiyeyim	yiyeyim mi?	yemeyeyim	yemeyeyim mi?
(sen)	ye	∅	yeme	∅
(o)	yesin	yesin mi?	yemesin	yemesin mi?
(biz)	yiyelim	yiyelim mi?	yemeyelim	yemeyelim mi?
(siz)	yiyin/yiyiniz	∅	yemeyin/yemeyiniz	∅
(onlar)	yesinler	yesinler mi?	yemesinler	yemesinler mi?

Merke:

(ben)	edeyim	edeyim mi?	etmeyeyim	etmeyeyim mi?
(sen)	et	∅	etme	∅
(o)	etsin	etsin mi?	etmesin	etmesin mi?
(biz)	edelim	edelim mi?	etmeyelim	etmeyelim mi?
(siz)	edin/ediniz	∅	etmeyin/etmeyiniz	∅
(onlar)	etsinler	etsinler mi?	etmesinler	etmesinler mi?
(ben)	gideyim	gideyim mi?	gitmeyeyim	gitmeyeyim mi?
(sen)	git	∅	gitme	∅
(o)	gitsin	gitsin mi?	gitmesin	gitmesin mi?
(biz)	gidelim	gidelim mi?	gitmeyelim	gitmeyelim mi?
(siz)	gidin/gidiniz	∅	gitmeyin/gitmeyiniz	∅
(onlar)	gitsinler	gitsinler mi?	gitmesinler	gitmesinler mi?

Zur Aussprache:

Abweichend vom Schriftbild bieten die Voluntativformen der 1. Personen in flüssiger Standard-sprache – abhängig vom Sprecher und der Sprechgeschwindigkeit – einige Aussprachebesonder-heiten:

- Verbstämme, die auf -e und -a ausgehen, wie *bekle-*, *anla-* – und somit auch alle verneinten Verb-stämme –, reduzieren diese Vokale unter dem Einfluss des nachfolgenden *y* in *i* und *ı*. Dieser Tatsache wurde früher auch in der Rechtschreibung Rechnung getragen. Man schrieb: *bekliyeyim, beklemiyeyim, anlıyayım, anlamıyayım; bekliyelim, beklemiyelim, anlıyalım, anlamıyalım.*

- Das Suffix der 1. Pers. Sg. ist häufig gekürzt zu hören: *bakayım* [ba'kıym], *bakmayayım* ['bakmıym], *bekleyeyim* [bek'liym], *beklemeyeyim* [bek'lemiym].

Beispiele für den Imperativ:

Elini yıka! „Wasch deine Hände!", *Bunu içme!* „Trink das nicht!", *Oturun!* „Setzt euch!/Setzen Sie sich!", *Gece sokağa çıkmayın* „Gehen Sie nachts nicht raus!", *Yerlere tükürmeyiniz* „Spucken Sie nicht auf den Boden!", *Çimenlere basmayınız!* „Betreten Sie nicht den Rasen!".

- Im Imperativ wird für „sein" das Verb *olmak* verwendet: *Çalışkan ol!* „Sei fleißig!", *Çalışkan olunuz!* „Seid/Seien Sie fleißig!". Merken Sie sich auch den warmherzigen Dankesausdruck *Sağ ol!* „Danke dir!" (= Sei gesund am Leben!), *Sağ olun!* „Danke euch/Ihnen!" (= Seid/Seien Sie gesund am Leben).

Mit dem Imperativ werden auch Wünsche ausgesprochen:
- Jemand hat ein neues Kleidungsstück: *Güle güle giy/giyin!* „Trage/Tragen Sie es mit Freuden!".
- Jemand hat ein neues Auto oder Gerät: *Güle güle kullan/kullanın!* „Gebrauche/Gebrauchen Sie es mit Freuden!".

- Jemand ist in eine andere Wohnung gezogen: *Güle güle otur/oturun!* „Bewohne/bewohnen Sie sie mit Freuden!".
- Jemand geht auf eine Reise: *Güle güle git/gidin, güle güle gel/gelin!* „Fahre/ fahren Sie mit Freuden, und komme/kommen Sie mit Freuden wieder!".
- Jemand heiratet: *Bir yastıkta kocayınız!* „Werden Sie/Werdet auf einem Kopfkissen alt!".

- Als Konkurrenzform des Imperativs der 2. Personen werden die Suffixe -*sene* für die 2. Pers. Sg. und -*senize* für die 2. Pers. Pl. verwendet (s. Verb 17.4). Je nach freundlicherer oder härterer Intonation dienen sie der Ermunterung oder Ermahnung:

Otursana „Setz dich doch!" *oder* „Setz dich schon!", *Yesene* „Iss doch!" *oder* „Iss schon!", *Söylesene!* „Nun sag doch schon!", *Baksana ne aldım!* „Schau doch mal, was ich gekauft habe!", *Bakmasana öyle* „Schau doch nicht so!", *Desene, daha ekmek almamız lazım* „Sag bloß, wir müssen noch Brot kaufen"; *Okusanıza* „Lest/Lesen Sie doch!" *oder* „Lest/Lesen Sie schon!", *Gelsenize* „Kommt/Kommen Sie doch!" *oder* „Kommt/Kommen Sie schon!", *Bağırmasanıza* „Schreien Sie doch nicht!".

Beispiele für den Voluntativ der 1. Personen:
Kâğıt getireyim „Ich hole mal Papier", *Bira içmeyeyim* „Ich nehme kein Bier/Ich will lieber kein Bier trinken", *Eve gitmeyeyim* „Ach, ich gehe nicht nach Hause!", *Kahve yapayım mı?* „Soll ich Kaffee machen?";

Bugün alışverişe çıkmayalım „Gehen wir heute nicht einkaufen!", *Yemek yiyelim mi?* „Wollen wir essen?", *Gidelim mi?* „Wollen wir gehen?", *Şimdi Türkçe konuşalım mı?* „Wollen wir jetzt Türkisch sprechen?", *N'apalım!* ['Na:palım] (< Ne yapalım!) „Was kann man da machen!".

- Im Voluntativ wird für „sein" das Verb *olmak* verwendet: *Çalışkan olayım!* „Ich will fleißig sein!", *Çalışkan olalım!* „Seien wir fleißig!".

- Ein wichtiges Wort ist *bakalım* „schauen wir!", das in seiner wörtlichen Bedeutung gebraucht wird, aber auch als Kommentarwort: *Bakalım, ne olacak* „Mal sehen, was passiert", *Gel bakalım* „Komm mal her", *Bak bakalım* „Schau mal", *Ali gelecek mi bakalım?* „Ob Ali wohl kommt?".

Merke auch *gelelim ...-(y)e* „kommen wir mal zu ..." und *gelgelelim* „indessen, nun aber": *Gelelim çocuk parası meselesine...* „Kommen wir zum Kindergeldproblem ...", *Gelgelelim bu mesele bildiğin gibi basit değil* „Diese Problem ist indessen nicht so einfach, wie du meinst".

Beispiele für den Voluntativ der 3. Personen:
Çocuk geç kalmasın „Das Kind soll sich nicht verspäten", *Teşekkür etsinler* „Sie sollen sich bedanken", *Timur yardım etsin mi?* „Soll Timur helfen?", *Erol gelmesin mi?* „Soll Erol nicht kommen?", *Gelsinler mi?* „Sollen sie kommen?".

Beispiele für „sein": *Çalışkan olsun!* „Er soll fleißig sein!", *Çalışkan olsunlar!* „Sie sollen fleißig sein!". Merke auch: *Sağ olsun!* „Ihm/Ihr sei gedankt!", *Afiyet olsun!* „Guten Appetit!" (*Afiyet olsun!* bedeutet eigentlich „Wohl bekomm's!"; deshalb kann der Gastgeber diese Formel auch nach dem Genuss eines Getränkes oder einer Speise verwenden), *Geçmiş olsun!* „Es sei vorbei!" (sagt man im Sinne von „Gute Besserung!" oder nach überstandenem Unglück), *Olsun!* „Ja, ist gut!" (= Es soll sein).

Mit der 3. Pers. Sg. werden auch Wünsche ausgesprochen:

- zum Geburtstag: *Doğum gününüz kutlu olsun!* „Alles Gute zu Ihrem Geburtstag!".
- zu einem Feiertag: *Bayramınız kutlu olsun!* „Ihr Feiertag soll gesegnet sein!".
- zum neuen Jahr: *Yeni yılınız kutlu olsun!* „Ihr Neues Jahr soll glückbringend sein!".
- zur Verlobung oder Heirat: *Allah mesut etsin!* „Gott soll (euch / Sie) glücklich machen!".
- zur Geburt eines Kindes: *Allah bağışlasın!* „Gott soll (es) erhalten!", *Analı babalı büyüsün!* „Es möge mit Mutter und Vater aufwachsen!".
- Sie wünschen jemandem „Gute Nacht!": *Allah rahatlık versin!* „Gott möge angenehme Ruhe geben!".
- Sie sehen jemanden beim Arbeiten: *Kolay gelsin!* „Es möge leicht fallen!".

Wenn Sie einem Hinterbliebenen Ihre Anteilnahme aussprechen möchten, sagen Sie: *Başınız sağ olsun!* „Ihr Haupt möge wohlbehalten sein!" (Gesundheit und ein langes Leben für den / die Hinterbliebenen). Sollten Sie jemandem eine Todesnachricht überbringen müssen, beginnen Sie so: *Size ömür* „Ihnen ein langes Leben".

Die 3. Person des Voluntativs kann mit *idi* bzw. *imiş* kombiniert werden; damit wird die ganze Aussage in die Vergangenheit transportiert oder indirekt dargestellt: *Ülkü, Fatma Nine'nin geldiğini ne bilsindi?* „Wie sollte Ülkü wissen, dass Oma Fatma gekommen war?", *Annem dedi ki, Ülkü Abla bize uğrasınmış* „Meine Mutter hat gesagt, Schwester Ülkü solle vorbeikommen".

Die **Auffoderungsformen** kommen vor in Verbindung mit

- dem nachgestelltem Verbaladverb *diye* „meinend / in der Meinung", das ins Deutsche, je nach Person, mit „weil" oder „damit", manchmal auch mit „(so) dass" übersetzt werden kann:

Geldim. Pervin'i göreyim.	*Ich bin gekommen. Ich will Pervin sehen.* →
Pervin'i **göreyim diye** geldim.	*Ich bin gekommen, weil ich Pervin sehen möchte.*
Sana kitap aldım. Oku.	*Ich habe dir ein Buch gekauft. Lies!* →
Sana, **oku diye** kitap aldım.	*Ich habe dir, damit du es liest, ein Buch gekauft.*
Doktora telefon ettik. Gelsin.	*Wir haben den Arzt angerufen. Er soll kommen.* →
Doktora, **gelsin diye** telefon ettik.	*Wir haben den Arzt angerufen, damit er kommt.*
Geldik. Pervin'i görelim.	*Wir sind gekommen. Wir wollen Pervin sehen.* →
Pervin'i **görelim diye** geldik.	*Wir sind gekommen, weil wir Pervin sehen möchten.*

- der zwischengeschalteten Partikel *de* „und dazu": *Gel de kendin gör* „Komm und sieh selbst!", *Oturun da yemek yiyin!* „Setzt euch und esst!", *Ülkü'ye telefon edeyim de haber vereyim* „Ich will Ülkü mal anrufen und Bescheid geben", *Otur da rahat edelim* „Setz dich, so dass wir Ruhe haben".
- der persischen Konjunktion *ki*, die einen Gedanken weiterführt. Sie kann kontextabhängig mit „auf dass, so dass, damit" wiedergegeben werden: *Hazırlanayım ki çıkalım* „Ich mach mich mal fertig, auf dass wir gehen können", *Hemen çamaşır yıkamum lazım ki akşama kadar kurusun* „Ich muss sofort Wäsche waschen, auf dass sie bis zum Abend trocknet", *Babam hasta değildi ki ölsün* „Mein Vater war doch nicht (so) krank, so dass er sterben müsste".

14.3 Der Optativ (İstek Kipi)

▸ Vergleichen Sie:

(1)	Bileziği kaybetme**yesin**.	*Verlier nur nicht den Armreif!* (= Du mögest den Armreif nicht verlieren!)
(2)	Kim ol**a**?	*Wer mag* (= möge) *das sein?*
(3)	Bana birkaç satır yaz**asınız**.	*Schreiben Sie mir doch ein paar Zeilen.* (= Sie mögen mir ein paar Zeilen schreiben.)

Das Türkische kennt eine Wunschform, die man im Deutschen mit „mögen" umschreiben kann. Diese Wunschform wird auch *Optativ* genannt. Sie drückt in den 2. Personen ein „Nahelegen" aus. In der 3. Person drückt sie einen (Segens-)Wunsch – oder als Frage gestellt – ein Erstaunen oder eine Verwunderung aus.

Für die Gegenwart sind die 1. Personen schon lange außer Gebrauch. Die 3. Pers. Pl. mit *-ler* wird nicht mehr gebraucht, die 3. Pers. Sg. selten. Die 2. Personen hingegen werden noch verwendet. Kennzeichen des Optativs ist das zweiförmige Suffix *-(y)e*, an das die Personalsuffixe des 1. Typs angehängt werden. Frageformen mit *mi* werden nicht gebildet.

	bejaht	verneint	bejaht	verneint
(sen)	gel**ésin**	gélmeyesin	yapasın	yapmayasın
(o)	gel**é**	gélmeye	yapa	yapmaya
(siz)	gel**ésiniz**	gélmeyesiniz	yapasınız	yapmayasınız
Merke:				
(sen)	di**y**esin	demeyesin	e**d**esin	etmeyesin
(o)	di**y**e	demeye	e**d**e	etmeye
(siz)	di**y**esiniz	demeyesiniz	e**d**esiniz	etmeyesiniz
(sen)	yi**y**esin	yemeyesin	gi**d**esin	gitmeyesin
(o)	yi**y**e	yemeye	gi**d**e	gitmeye
(siz)	yi**y**esiniz	yemeyesiniz	gi**d**esiniz	gitmeyesiniz

Beispiele: *Dersini hemen yapasın* „Mach doch deine Aufgaben sofort!" (= Du mögest … machen!), *Eve geç kalmayasın* „Komm nur nicht zu spät nach Hause" (= Du mögest nicht zu spät nach Hause kommen), *Düşmeyesin!* „Dass du nur nicht fällst!", *Sık sık mektup yazasınız!* „Schreiben Sie doch oft!", *Kimseye bahsetmeyesiniz!* „Erzählen Sie nur nicht jemandem davon!".

- Die 3. Pers. Sg. kommt noch in festen Redewendungen vor: *İşin rasgele* „Komm gut voran!", *Kolay gele!* „Es möge (die Arbeit) leicht fallen!", *Uğurlar ola!* „Alles Gute auf den Weg!", *Allah vermeye [vérmⁱye]!* „Gott behüte!", *Hayır ola / Hayrola* „Es möge Gutes sein" (Sagt man bei Erstaunen: Nanu?, Was ist los?, Was ist denn passiert?), *Ne ola?* „Was mag das sein?".

- Der Optativ kommt in Verbindung mit *diye* und *ki* vor: *Sana, okuyasın diye kitap aldım* „Ich habe dir, damit du liest, ein Buch gekauft", *Söylediklerimi not et ki unutmayasın* „Notier alles, was ich gesagt habe, damit du es nicht vergisst", *Ola ki Lotto'da altı tutturdun?* „Kann es sein, dass du sechs Richtige im Lotto (erreicht) hast?".

An den Optativ kann *idi* angehängt werden; das drückt einen unerfüllten vergangenen Wunsch aus. Diese Variante kommt nicht mehr sehr häufig vor. Interessant ist aber, dass sie in allen Personen verwendbar ist. Mit *imiş* wird die Wunschform so selten versehen, dass wir sie in der Tabelle unberücksichtigt lassen können. Dennoch ein Beispiel: *Niye korkaymış Hulusi* (Mİ, BNA, 46) „Warum sollte er Angst haben, der Hulusi".

	bejaht	verneint		bejaht	verneint
(ben)	geléydim	gélmeyeydim	(biz)	geléydik	gélmeyeydik
(sen)	geléydin	gélmeyeydin	(siz)	geléydiniz	gélmeyeydiniz
(o)	geléydi	gélmeyeydi	(onlar)	geléydi(ler)	gélmeyeydi(ler)

Beispiele: *İş bulaydım, çocuklarımı da getirtirdim* „Hätte ich Arbeit gefunden, hätte ich auch meine Kinder kommen lassen", *Keşke evde kalaydık* „Wären wir doch zu Hause geblieben".

Anmerkung: In vielen Lehrbüchern und Grammatiken wird in der Reihe des Optativs auch der Voluntativ aufgeführt, z. B. *gid-eyim* „ich geh mal/lass mich gehen" und *gid-elim* „gehen wir!/ lasst uns gehen". An diese Formen kann *idi* jedoch nicht angehängt werden.

Zu „mögen" im Sinne einer Einräumung s. Verb 17.3.

15 Die Notwendigkeitsform *-meli* (Gereklik Kipi)

▸ Vergleichen Sie:

(1) İyi bir öğrenci nasıl ol**malı**?	*Wie muss ein guter Schüler sein?*
(2) Derse zamanında gel**melisiniz**.	*Ihr müsst zum Unterricht rechtzeitig kommen.*
(3) Diskoya gitme**meli miyim**?	*Soll ich nicht in die Disco gehen?*
(4) Böyle bir şey söyleme**melisin**.	*So etwas darfst du nicht sagen.*
(5) Çok çalış**malı**.	*Man muss viel arbeiten.*

Wenn mit „müssen" eine Notwendigkeit ausgedrückt werden soll, die *nach Auffassung des Sprechers* eine Verpflichtung darstellt, wird das im Türkischen mit dem Suffix *-meli* ausgedrückt. Diese Form wird auch *Nezessitativ* genannt. Sie wird im Deutschen in bejahten Sätzen mit „müssen" oder „sollen", in verneinten Sätzen mit „nicht dürfen" oder „nicht sollen" wiedergegeben.

An *-meli* werden die Personalsuffixe des 1. Typs angehängt. Die 3. Person kann unpersönlich gebraucht werden wie in (5). Die 3. Pers. erscheint oft mit *-dir*; auch die anderen Personen können *-dir* annehmen. An *-meli* kann auch *idi* und *imiş* angehängt werden.

Beispiele: *Alıngan olmamalıyım. Belli etmemeliyim duygularımı* (AN, AD, 76) „Ich darf nicht übelnehmerisch sein. Nicht zeigen darf ich meine Gefühle", *Haftada en azından bir defa odanı toplamalısın* „Mindestens einmal in der Woche musst du dein Zimmer aufräumen", *Yalnız kalmak istiyorum diyebilmelisin* „Du musst sagen können, ich will allein bleiben", *Bu eti almalı mı, almamalı mı?* „Soll sie dieses Fleisch kaufen oder nicht kaufen?" *oder* „Soll man dieses Fleisch kaufen oder nicht kaufen?", *Ne demeli!* „Was soll man da sagen!", *Herkes yedide hazır olmalıdır* „Jeder muss um sieben bereit/fertig sein", *Beni demin görmeliydiniz!* „Sie hätten mich vorhin sehen müssen!", *Bunu söylememeliydin!* „Das hättest du nicht sagen dürfen", *Biliyorum olur böyle şeyler ama, bizde olmamalıydı* (DA, AADY, 95) „Ich weiß, es passieren solche Sachen, aber bei uns hätte es nicht vorkommen dürfen", *Gül doktora gitmeli miymiş?* „Soll Gül etwa zum Arzt gehen?" *oder* „Hätte Gül etwa zum Arzt gehen sollen?".

Mit *-meli* kann auch eine Mutmaßung ausgedrückt werden: *Uyuyor olmalı* „Er dürfte schlafen".

16 Entsprechungen deutscher Modalverben im Türkischen

Die deutschen Modalverben „wollen, mögen, können, dürfen, müssen, sollen" werden im Türkischen recht unterschiedlich wiedergegeben, teils durch Suffixe, teils durch Wortkombinationen. Das einzige selbstständige Modalverb, das Türkisch kennt, ist *istemek* „wollen", was auch für deutsches „ich möchte/du möchtest usw." eintritt. In deutschen Grammatiken zählt „brauchen" nicht zu den Modalverben, obwohl man es so einsetzen kann: „Das hättest du nicht zu tun brauchen". Wir wollen deshalb „brauchen" als Modalverb, aber auch als Vollverb in diesem Kapitel behandeln.

16.1 Wiedergabe von „wollen"

▸ Vergleichen Sie:

(1)	Sigara istiyorum.	*Ich will Zigaretten.*
(2)	Bu disketi istiyorum.	*Ich möchte diese Diskette.*
(3)	Sinemaya gitmek istiyorum.	*Ich möchte ins Kino gehen.*
(4)	Eve gitmek istemiyorum.	*Ich will nicht nach Hause gehen.*
(5)	Kocamı yalnız bırakmak istemiyorum.	*Ich möchte meinen Mann nicht allein lassen.*
(6)	Kocamı yalnız bırakmayı istemiyorum.	*Meinen Mann allein lassen will ich nicht.*
(7)	Gelmeni istiyorum.	*Ich möchte, dass du kommst.*
(8)	Ali'nin Almanca öğrenmesini istiyor.	*Er will, dass Ali Deutsch lernt.*
(9)	Sigara içmenizi iste**mi**yorum.	*Ich möchte **nicht**, dass Sie rauchen.*
(10)	Sigara iç**me**menizi istiyorum.	*Ich möchte, dass Sie **nicht** rauchen.*

Soll *istemek* zusammen mit einem weiteren Verb gebraucht werden, steht dieses meistens im Infinitiv wie in (3) – (5). Dadurch drückt der Sprecher aus, was *er* tun will oder nicht. Steht vor *istemek* ein Kurzinfinitiv im Akkusativ wie in (6), liegt die Perspektive des Sprechers auf dem Ereignis.

Soll das Subjekt gewechselt werden wie in (7) und (8), benötigt man den Kurzinfinitiv (s. Verbalnomina 2), weil zur Personenkennzeichnung Possessivsuffixe angehängt werden müssen: *Gelmeni istiyorum* bedeutet wörtlich „Ich will/möchte dein Kommen". Wenn eine 3. Person wie oben „Ali" ins Spiel kommt, steht sie im Genitiv.

Die Beispiele (9) und (10) zeigen, dass eine Verneinung entweder bei *istemek* oder am *Kurzinfinitiv* angezeigt werden kann.

Wenn „wollen" mehr futurische Bedeutung hat, wechselt man ins Futur: *Bir şey yemeyecek misiniz?* „Werden/wollen Sie nichts essen?"

Will man mit „wollen" ausdrücken, dass man etwas bewertet, verwendet man das Verb *bilmek* „wissen/können": *Oğlum dinlemek bilmiyor* „Mein Sohn will (kann) nicht hören", *İstanbul'daki kriz masasının telefonları susmak bilmiyor* (Radikal, 21.08.99/7) „Die Telefone des Krisenstabs in Istanbul wollen nicht schweigen". Will man mit „wollen" jedoch große Skepsis über das ausdrücken, was ein anderer gesagt hat, verwendet man -*mişmiş*: *Mustafa yolda bir milyon Euro bulmuşmuş* „Mustafa will auf der Straße eine Million Euro gefunden haben".

Mit deutschem „wollen" kann aber auch eine Frage an den/die Hörer gestellt werden, etwas gemeinsam zu unternehmen. Dann wird der *Voluntativ* gebraucht: *Dersten sonra kafeteryaya gidelim mi?* „Wollen wir nach dem Unterricht in die Cafeteria gehen?".

Will man „wollen" in einer Passivkonstruktion ausdrücken, muss man im Türkischen in eine *müssen*-Konstruktion wechseln: *Bunun düşünülmesi gerek* „Das will (= muss) überdacht werden".

- Für „wollte" gibt es zwei Möglichkeiten: Entweder bedient man sich des Verbs *istemek* (dann war der Wille, etwas auszuführen, schon da) oder man drückt das über das „Futur in der Vergangenheit" aus (dann war das Ereignis in der Vorstellung nur geplant): *Arkadaşıma kaseti geri vermek istedim, almadı* „Ich wollte meinem Freund die Kassette zurückgeben, (aber) er hat sie nicht genommen": *Dün doktora gidecektim, ama vaktim olmadı* „Gestern wollte ich zum Arzt gehen, aber ich hatte keine Zeit dafür".

16.2 Wiedergabe von „mögen"

1. Die Wunschform (*İstek Kipi*)

Die Wunschform (der *Optativ*) ist bereits im Kapitel 14 behandelt.

2. Wiedergabe von „mögen" als Vollverb

▶ Vergleichen Sie:

(1)	Komşularımızı sevmem.	*Ich mag unsere Nachbarn nicht.*
(2)	Kitap okumayı severim.	*Ich lese gerne (Bücher).*
(3)	Bu lokanta hoşuma gitmiyor.	*Ich mag dieses Lokal nicht./Diese Lokal gefällt mir nicht.*

Für deutsches „mögen" im Sinne von „gern haben/gern tun" wie in (1) – (2) wird im Türkischen das Verb *sevmek* „lieben" verwendet. Wenn Sie es jedoch im Sinne von „etwas nach seinem Geschmack empfinden" gebrauchen wollen, verwendet man eine Konstruktion wie in (3). Die wörtliche Übersetzung von *Bu lokanta hoşuma gitmiyor* lautet „Dieses Lokal geht nicht zu meinem Angenehmen". An das Wort *hoş* „angenehm" werden zur Personenkennzeichnung die Possessivsuffixe und an diese das Dativsuffix angehängt. Das komplette Schema sieht so aus:

Bu lokanta (benim) hoş**um**a gidiyor/gitmiyor.   *Dieses Lokal gefällt mir/gefällt mir nicht.*
Bu lokanta (senin) hoş**un**a gidiyor/gitmiyor.   *Dieses Lokal gefällt dir/gefällt dir nicht.*
Bu lokanta (onun) hoş**un**a gidiyor/gitmiyor.   *Dieses Lokal gefällt ihm/gefällt ihm nicht.*
Bu lokanta (bizim) hoş**umuz**a gidiyor/gitmiyor.   *Dieses Lokal gefällt uns/gefällt uns nicht.*
Bu lokanta (sizin) hoş**unuz**a gidiyor/gitmiyor.   *Dieses Lokal gefällt euch/gefällt euch nicht.*
Bu lokanta onların hoş**un**a gidiyor/gitmiyor.   *Dieses Lokal gefällt ihnen/gefällt ihnen nicht.*
Bu lokanta hoş**ları**na gidiyor/gitmiyor.   *Dieses Lokal gefällt ihnen/gefällt ihnen nicht.*

Beachten Sie, dass Namen (3. Pers.) im Genitiv stehen und die Sache, die gefällt oder nicht, am Anfang des Satzes steht. Das Verb *gitmek* „gehen" wird in der 3. Pers. Sg. gebraucht. Wenn Sie aus Versehen in die 1. Pers. Sg. wechseln, ergibt das *Hoşuma gidiyorum* „Ich gefalle mir". Noch zwei Beispiele für die Vergangenheit: *Türkiye hoşunuza gitti mi?* „Hat die Türkei euch/Ihnen gefallen?", *Çok hoşumuza gitti* „Sie hat uns sehr gefallen".

16.3 Wiedergabe von „können"

1. Das Möglichkeitssuffix *-ebil-* und das Unmöglichkeitssuffix *-eme-*

▶ Vergleichen Sie:

(1) Doktorla görüş**ebil**dim.	*Ich konnte mit dem Arzt sprechen.*
(2) Doktorla görüş**eme**dim.	*Ich konnte nicht mit dem Arzt sprechen.*
(3) Beni bekle**yebil**ir misin?	*Kannst du auf mich warten?*
(4) Çocuk konuş**amı**yor.	*Das Kind kann nicht sprechen.*

Türkisches „können" und „nicht können" in den Beispielen oben besagen, dass man in der Lage oder nicht in der Lage ist, etwas auszuführen. Die bejahten und verneinten Formen weichen voneinander ab. Bei der bejahten Form sieht man, dass sie ein Suffix *-(y)e* und das Verb *bilmek* „wissen/können" enthält. Die verneinte Form muss man als eigene Form lernen. Das Möglichkeitssuffix wird auch *Possibilitivsuffix* und das Unmöglichkeitssuffix *Impossibilitivsuffix* genannt. Sie werden an den Verbstamm angehängt. Damit gebildete Infinitive sehen folgendermaßen aus:

• Bejaht

bekle**yébil**mèk	*warten können*	gel**ébil**mèk	*kommen können*
anla**yábil**mèk	*verstehen können*	bul**ábil**mèk	*finden können*
Merke:			
di**yebil**mek	*sagen können*	e**debil**mek	*tun können*
yi**yebil**mek	*essen können*	gi**debil**mek	*gehen können*

• Verneint

bekle**yéme**mek	*nicht warten können*	gel**éme**mek	*nicht kommen können*
anla**yáma**mak	*nicht verstehen können*	bul**áma**mak	*nicht finden können*
Merke:			
di**yeme**mek	*nicht sagen können*	e**deme**mek	*nicht tun können*
yi**yeme**mek	*nicht essen können*	gi**deme**mek	*nicht gehen können*

Zur Aussprache: Wie im Futur wird *e* und *a* vor *y* wie ein reduziertes *i* und *ı* gesprochen.

Trennt man von diesen Infinitiven *-mek* ab, erhält man den Verbstamm und kann ihn wie jedes andere Verb verwenden: *Trafik polisini görebiliyor musun? – Göremiyorum* „Kannst du den Verkehrspolizisten sehen? – Ich kann (ihn) nicht sehen", *Şehir merkezine nasıl gidebilirim? – Beş numaralı otobüsle gidebilirsiniz* „Wie komme ich zum Stadtzentrum? (= Wie kann ich zum Stadtzentrum gehen/fahren?) – Sie können mit dem Bus Nummer fünf fahren", *Bunu kim bilebilir?* „Wer kann das wissen?", *Bu yıl izin yapabilecek misiniz? – Yapamayacağız* „Werden Sie in diesem Jahr Urlaub machen können? – Wir werden (keinen) machen können".

▶ Wichtig ist, dass für „sein" der Verbstamm *ol-* benötigt wird: *Olabilir* „Es kann sein", *Olamaz* „Es/Das kann nicht sein".

Das Unmöglichkeitssuffix hat übrigens eine breitere Verwendung als verneintes „können" im Deutschen. Damit gibt der Sprecher an, dass die Ursache für das „nicht können" nicht bei ihm liegt.

Wenn Sie sagen wollen, „Ich werde Türkisch nie lernen" und damit meinen, dass Sie zwar schon angefangen haben, aber es Ihnen zu schwierig ist, muss das *Türkçeyi hiçbir zaman öğren**eme**yeceğim* lauten. Ohne das Unmöglichkeitssuffix, also *Türkçeyi hiçbir zaman öğrenmeyeceğim*, bedeutet das, dass Sie niemals vorhaben, Türkisch zu lernen. Noch ein Beispiel: *Anahtarlarımı aradım, ama bulamadım* „Ich habe meine Schlüssel gesucht, aber nicht gefunden/finden können". Auch hier muss das Unmöglichkeitssuffix verwendet werden. Gelegentlich muss man in der Übersetzung „können" weglassen: *Bu ne ağacıdır? – Bil**emi**yorum* „Was ist das für ein Baum? – Ich weiß es (leider) nicht".

- Wenn klargestellt werden muss, dass man eine Fähigkeit nicht erlernt hat, wird der Kurzinfinitiv eingesetzt: *Konuşma bilmiyor* „Er kann nicht sprechen" (Er hat es nicht erlernt), *Okuma yazma bilmiyorum* „Lesen und Schreiben kann ich nicht".

- Der Kurzinfinitiv kann im Akkusativ stehen: *Konuşmayı bilmiyor* „Er kann nicht reden" (Er hat die Regeln, wie „reden" auszuführen ist, nicht gelernt). Der Kurzinfinitiv kann auch mit Possessivsuffix und Akkusativ versehen werden: *Konuşmasını bilmiyor* „Er versteht nicht zu reden" (Er hat den Stil, wie er in einer bestimmten Situation zu reden hat, nicht erlernt).

2. Die Suffixe *-meyebil-* und *-emeyebil-*

▸ Vergleichen Sie:

(1)	Suzan bugün gel**émez**.	*Suzan kann heute nicht kommen.*
(2)	Suzan bugün gél**meyebil**ir.	*Es kann sein, dass Suzan heute nicht kommt.*
(3)	Suzan bugün gel**émeyebil**ir.	*Es kann sein, dass Suzan heute nicht kommen kann.*

In Beispiel (1) sagen wir, dass Suzan etwas nicht kann. In Beispiel (2) haben wir den Verbstamm *gel-* **verneint**, bevor *-(y)ebil-* angefügt ist, und sagen, dass etwas eintreten kann, nämlich Suzans Nichtkommen. Der Satz kann, abhängig vom Kontext, auch mit „Suzan braucht heute nicht zu kommen" übersetzt werden. Im dritten Beispiel wird die Möglichkeit einer Unmöglichkeit hervorgehoben, deswegen ist an das Unmöglichkeitssuffix (hier: *-eme-*) noch das Möglichkeitssuffix (hier: *-yebil-*) angefügt.

Weitere Beispiele: *Bugün alışverişe gideyim mi? – Gidebilirsin veya gitmeyebilirsin* „Soll ich heute einkaufen gehen? – Du kannst gehen oder (kannst) auch nicht gehen", *Saat beşte evde olamayabilirim* „Es kann sein, dass ich um fünf Uhr nicht zu Hause sein kann".

16.4 Wiedergabe von „dürfen"

▸ Vergleichen Sie:

(1)	Sinemaya gid**ebil**ir miyim?	*Kann/Darf ich ins Kino gehen?*
(2)	Gid**ebil**irsin.	*Du kannst/darfst gehen.*
(3)	Gid**emez**sin.	*Du kannst/darfst nicht gehen.*
(4)	Diskoya gitmeme müsaade eder misin?	*Erlaubst du, dass ich in die Disco gehe?*
(5)	İzin verirseniz, birkaç soru sorayım.	*Wenn Sie gestatten, möchte ich ein paar Fragen stellen.*

Die einfachste Variante „dürfen" wiederzugeben ist, das Möglichkeits- oder Unmöglichkeitssuffix anzuhängen wie in (1) – (3). Man kann aber auch die Verben *-e müsaade etmek* „erlauben" (der Sprecher bittet um Erlaubnis) oder *-e izin vermek* „gestatten/genehmigen" (der Sprecher erbittet die Genehmigung des Hörers) einsetzen. Unpersönliches „erlauben" kann man mit *-e müsaade çıkmak* wiedergeben; davor steht ein Kurzinfinitiv: *Diskoya gitmeye müsaade çıkmadı* „Es ist nicht erlaubt worden, in die Disco zu gehen", *Diskoya gitmeme müsaade çıkmadı* „Es ist nicht erlaubt worden, dass ich in die Disco zu gehe".

Zur Wiedergabe von „dürfen" s. auch *Verb 15*.

16.5 Wiedergabe von „brauchen"

▸ Vergleichen Sie:

(1) **Bana** para **lazım**.	*Ich brauche Geld* (= Mir ist Geld nötig).
(2) **Sana** para **lazım değil**.	*Du brauchst kein Geld.*
(3) Mayo**ya ihtiyacım var**.	*Ich brauche einen Badeanzug.*
(4) Hemen öde**menizin gereği yok**.	*Sie brauchen nicht gleich zu bezahlen* (= Es besteht keine Notwendigkeit, dass Sie gleich bezahlen).
(5) Bugün gel**meyebilirdiniz**.	*Heute hätten Sie nicht zu kommen brauchen.*

Für deutsches „brauchen" als Vollverb benötigen wir zunächst das Wort *lazım* (A) „nötig" wie in (1) und (2). Derjenige, dem etwas nötig ist, steht im Dativ: *Bize başka ne lazım?* „Was brauchen wir noch?", *Müllerlere bilet lazım değil mi?* „Brauchen Müllers keine Eintrittskarten?", *Dün bana para lazımdı* „Gestern brauchte ich Geld", *Dün bize para lazım oldu* „Gestern brauchten wir Geld (= wurde uns Geld nötig)", *Yarın bana para lazım olacak* „Morgen werde ich Geld brauchen", *Sana para lazımsa vereyim* „Wenn du Geld brauchst, gebe ich (dir welches)."

Mit geringen Bedeutungsnuancen kann *lazım* (A) „nötig" mit *gerek* (T) „Notwendigkeit/nötig" oder *gerekli* (T) „notwendig/erforderlich" ausgetauscht werden: *Bana para gerek* „Ich brauche Geld" : *Bana para gerekli* „Ich bräuchte Geld". In verneinten Sätzen kann *gerek* nicht stehen. An *lazım/gerek/gerekli* kann *-dir* angehängt werden. Es gibt auch ein Verb *gerekmek* „benötigen/ erfordern": *Bana para gerekiyor* „Ich benötige Geld", *Bana para gerekecek* „Ich werde Geld benötigen". *Lazım* und *gerek* können nicht als Adjektiv vor einem Substantiv stehen, es heißt dann immer *lüzumlu* oder *gerekli*: *Gerekli kâğıtları getirin* „Bringen Sie die erforderlichen Papiere mit".

• Stärkeres „brauchen" wird durch *ihtiyaç, -cı* (A) „Bedarf, Bedürfnis", das den Dativ regiert, + *var/yok* ausgedrückt wie in (3); das wäre der Fall, wenn Sie keinen Badeanzug haben und schwimmen gehen möchten.

Im Beispiel (4) könnte statt *gerek* auch *lüzum* (A) „Notwendigkeit" stehen. Und Beispiel (5) haben wir bereits oben unter 16.3, Punkt 2 abgehandelt.

16.6 Wiedergabe von „müssen"

1. „müssen" im Sinne einer Notwendigkeit

▸ Vergleichen Sie:

(1) Alışverişe gitme**m lazım**.	*Ich muss einkaufen gehen.*
(2) Bugün işe erken gitme**m lazım değil**.	*Heute muss ich nicht früh zur Arbeit gehen.*
(3) Timur'**un** bugün doktora gitme**si lazım**.	*Timur muss heute zum Arzt gehen.*

(4) Türkçe öğrenmek için çok çalış**mak lazım**.	*Um Türkisch zu erlernen, muss man viel arbeiten.*

„Müssen" bezeichnet im allgemeinen eine Notwendigkeit. Also brauchen wir im Türkischen dafür *lazım* „nötig". Aber wir brauchen auch ein Verb. Dafür nehmen wir den Kurzinfinitiv (s. Verbalnomina 2) und fügen Possessivsuffixe an. Beachten Sie, dass ein genannter Satzgegenstand in der 3. Pers. im Genitiv steht. Das komplette Schema sieht folgendermaßen aus:

(Benim)	Doktora gitme**m** lazım.	*Ich muss zum Arzt gehen.*
(Senin)	Doktora gitme**n** lazım.	*Du musst zum Arzt gehen.*
(Onun) Ayşe'nin	doktora gitme**si** lazım.	*Er/sie/Ayşe muss zum Arzt gehen.*
(Bizim)	Doktora gitme**miz** lazım.	*Wir müssen zum Arzt gehen.*
(Sizin)	Doktora gitme**niz** lazım.	*Ihr müsst/Sie müssen zum Arzt gehen.*
Onların/Müllerlerin	doktora gitme**si** lazım.	*Sie/Müllers müssen zum Arzt gehen.*
	Doktora gitme**leri** lazım.	*Sie müssen zum Arzt gehen.*

Mit geringen Bedeutungsnuancen kann *lazım* mit *gerek/gerekli/gerekmek* ausgetauscht werden: *Doktora gitmem gerek/gerekli/gerekiyor*. In verneinten und fragenden Sätzen kann *gerek* nicht stehen.

Beispiele: *Ne almamız lazım?* „Was müssen wir kaufen?", *Eve gitmen lazım değil mi?* „Musst du nicht nach Hause gehen?", *Gül'ü beklemem lazımdı* „Ich musste auf Gül warten" (Es war nötig, auf Gül zu warten), *Doktora gitmem lazım olacak* „Ich werde zum Arzt gehen müssen".

Will man auf das Eintreten der Notwendigkeit hinweisen, wird *lazım* mit *gelmek* kombiniert: *Gül'ü beklemem lazım geldi* „Ich musste auf Gül warten" (Es wurde nötig, auf Gül zu warten), *Doktora gitmem lazım gelecek/gerekecek* „Ich werde zum Arzt gehen müssen" (Es wird eintreten, dass ich zum Arzt gehen muss).

Unpersönliches „müssen" wird mit dem Infinitiv wiedergegeben wie in (4): *Dikkatli olmak lazım* „Man muss aufpassen", *Dikkatli olmak lazımdı* „Man musste aufpassen". Bisweilen lautet die deutsche Übersetzung auch so: *Alışverişe gitmek lazım değil mi?* „Ist es nicht nötig, einkaufen zu gehen?", *Alışverişe gitmek gereksizdi/luzumsuzdu* „Es war unnötig, einkaufen zu gehen".

- Es gibt auch noch folgende Varianten mit dem Kurzinfinitiv: *Bugün alışverişe gitmeye gerek yok* „Heute muss nicht einkaufen gegangen werden" (Wir können schließlich auch telefonisch bestellen) : *Bugün alışverişe gitmenin gereği yok* „Heute muss nicht(s) eingekauft werden" (Wir brauchen nichts).

- Eine starke Vermutung wird so ausgedrückt: *Bu Suzan olsa gerek* „Das muss Suzan sein".

2. „müssen" im Sinne einer Unumgänglichkeit

▶ Vergleichen Sie:

(1) Arapça öğrenme**ye mecburum**.	*Ich muss Arabisch lernen.*
(2) Timur Arapça öğrenme**ye mecbur**.	*Timur muss Arabisch lernen.*

(3) Dişçiye git**mek zorundayım**.	*Ich muss zum Zahnarzt gehen.*
(4) Timur dişçiye git**mek mecburiyetinde**.	*Timur muss zum Zahnarzt gehen.*

(5) Dişçiye gitmek zorunlu.	*Zum Zahnarzt zu gehen, ist unumgänglich.*

Wenn mit „müssen" eine Unumgänglichkeit ausgedrückt werden soll, wird *-e mecbur olmak* „gezwungen sein (innerer Zwang)" wie in (1) und (2) oder *-mek zorunda olmak/-mek mecburiyetinde olmak* „gezwungen sein (äußerer Zwang)" verwendet. Die Konstruktion *gitmek zor-u-n-da-yım/ mecburiyet-i-n-de-yim* ist: Infinitiv + *zor/mecburiyet* „Zwang" + Possessivsuffix 3. Pers. Sg. + pronominales *n* + Lokativ + Personalsuffix des 1. Typs – d. h., der Infinitiv wird mit *zor/mecburiyet* verkettet, also lautet die Übersetzung von (3) „Ich bin in dem Zwang, zum Zahnarzt zu gehen". Die Beispiele (1) und (2) können in allen Personen mit *-dir* versehen werden, die Beispiele (3) – (5) nur in der 3. Person. Es kann auch *idi, imiş* und auch *ise* (s. Verb 17) angehängt werden.

Beispiele: *Arapça öğrenmeye mecbur muydunuz?* „Mussten Sie Arabisch lernen?", *Bara gitmek zorunda mıydın?* „Musstest du in die Bar gehen?", *Timur dişçiye gitmek mecburiyetindeymiş* „Es heißt, Timur müsse zum Zahnarzt gehen/hat zum Zahnarzt gehen müssen".

● Wenn Sie in eine Zwangslage hineingeraten, wird das mit *-mek zorunda/mecburiyetinde kalmak* wiedergegeben: *Bu sabah bir dişim kırıldı. Dişçiye gitmek zorunda kaldım* „Heute früh ist mir ein Zahn abgebrochen. Ich habe zum Zahnarzt gehen müssen". Wenn Sie aber in eine Zwangslage versetzt werden, sagt man *-mek zorunda/mecburiyetinde bırakılmak*: *Fikirlerimi müdafaa etmek zorunda bırakıldım* „Ich bin gezwungen worden, meine Ideen verteidigen zu müssen".

16.7 Wiedergabe von „sollen"

▶ Vergleichen Sie:

(1) Erol eve gel**sin**!	*Erol soll nach Hause kommen!*

(2) Erol dün çok iç**miş**.	*Erol soll gestern viel getrunken haben.*
(3) Bugün dışarısı 37 derece**ymiş**.	*Heute sollen es draußen 37 Grad sein.*

(4) Size gel**eyim mi**?	*Soll ich zu euch kommen?*
(5) Seni bekle**yecek miyim**?	*Soll/muss ich auf dich warten?*

(6) Dersin sonunda çay dağıt**acaktık**.	*Am Ende des Unterrichts sollten wir Tee austeilen.*

(7) Diskoya gitme**meli miyim**?	*Soll ich nicht in die Disco gehen?*

Deutsches „sollen" wird vielseitig eingesetzt, z. B. um eine Aufforderung wiederzugeben oder die Aussage einer anderen Person. Einiges davon haben wir bis jetzt behandelt. Wir verweisen Sie auf die Kapitel *Verb* 6, 10.3, 10.5, 11.3, 13, 14.2, 15. Weiteres zur Wiedergabe von „sollen" erfahren Sie im Kapitel *Verb* 17.2, Punkt 8 und im Kapitel *Verbalnomina* 2, Weiteres zum Kurzinfinitiv.

17 Die Bedingungsformen

17.1 Das konditionale Funktionswort *ise*

▶ Vergleichen Sie:

(1) Erol hasta **ise** geçmiş olsun dilerim.	***Wenn Erol*** *krank ist, wünsche ich gute Besserung.*
→ Erol hastay**sa** geçmiş olsun dilerim.	*Wenn Erol krank ist, wünsche ich gute Besserung.*
(2) Şoförümüz Ali **ise** her şey tamamdır.	***Wenn unser Fahrer*** *Ali ist, dann ist alles in Ordnung.*
→ Şoförümüz Ali**'yse** her şey tamamdır.	*Wenn unser Fahrer Ali ist, dann ist alles in Ordnung.*

Mit dem konditionalen Funktionswort *ise* verweist der Sprecher auf ein Ereignis, dessen Realisierung er für möglich hält oder das bereits verwirklicht ist. Wenn das Bezugswort von *ise* ein Nomen ist, übersetzen wir es mit „wenn … ist". Einer Aussage mit *ise* folgt ein Nachsatz.

Das konditionale Funktionswort *ise* wird selbständig, weitaus häufiger jedoch als Suffix gebraucht. Verwendet der Sprecher es als selbständige Wortform, hat er das *Subjekt* im Blickpunkt. Diese Nebennuance enthält *ise* nicht, wenn es angehängt wird.

Als Suffix wird es zweiförmig und nicht betont. Nach vokalischem Auslaut steht dann *-yse*; nach konsonantischem Auslaut verliert es sein erstes *i* und lautet *-se*. An *ise* werden die Personalsuffixe des 2. Typs angehängt. Nach einem Subjekt der 3. Pers. Pl. kann das Prädikat im Singular oder Plural stehen.

Selbständig	Als Suffix	
nach	**e, i, ö** oder **ü**	**a, ı, o** oder **u**
ben isa**m**	-(y)se**m**	-(y)sa**m**
sen ise**n**	-(y)se**n**	-(y)sa**n**
o ise	-(y)s**e**	-(y)s**a**
biz ise**k**	-(y)se**k**	-(y)sak
siz ise**niz**	-(y)se**niz**	-(y)sa**nız**
onlar ise(ler)	-(y)se(ler)	-(y)sa(lar)
	-lerse	-larsa

Vokalischer Auslaut		Konsonantischer Auslaut	
geizig	*krank*	*traurig*	*müde*
ben cimriyse**m**	hastay**sam**	üzgün**sem**	yorgun**sam**
sen cimriy**sen**	hastay**san**	üzgün**sen**	yorgun**san**
o cimriyse	hastay**sa**	üzgün**se**	yorgun**sa**
biz cimriy**sek**	hastay**sak**	üzgün**sek**	yorgun**sak**
siz cimriy**seniz**	hastay**sanız**	üzgün**seniz**	yorgun**sanız**
onlar cimriyse(ler)	hastaysa(lar)	üzgünse(ler)	yorgunsa(lar)
cimrilerse	hastalar**sa**	üzgünlerse	yorgunlarsa

Beispiele: *Paula hastaysa, kendisini ziyaret edelim* „Wenn Paula krank ist, besuchen wir sie doch mal!", *Timur dişçiye gitmek mecburiyetinde ise gitsin* „Wenn Timur zum Zahnarzt gehen muss, soll er gehen", *Bu akşam evde isen, sana uğrarım* „Wenn du heute Abend zu Hause bist, komme ich bei dir vorbei", *Hazırsak çıkalım* „Wenn wir fertig sind, gehen wir", *Annemler sizde iseler ben de geliyorum* „Wenn meine Eltern bei euch sind, komme ich auch (hin)", *Araba senin ise bizi biraz gezdir* „Wenn das Auto dir gehört, fahr uns ein wenig spazieren".

Solche Sätze können mit *eğer* (P) „wenn" verstärkt werden; im Deutschen sollte man dann „wenn" betonen. Dieses *eğer* verweist stark auf Alternativen. Es steht häufig am Anfang der Aussage, kann jedoch auch nachgetragen werden: *Eğer bagaj kilitliyse merak etmeyin/Bagaj kilitliyse eğer, merak etmeyin* „Wenn der Kofferraum verschlossen ist, dann machen Sie sich keine Sorgen". Anstelle von *eğer* kann auch *şayet* [şa:yet] (P) „falls" eingesetzt werden.

- *İse* kann an *var* und *yok* angefügt werden: *Paran varsa kendine içecek al* „Wenn du Geld hast, kauf dir ein Getränk", *Zamanınız var ise, Duty Free alanına dönebilirsiniz* (Flughafen Istanbul) „Wenn Sie Zeit haben, können Sie zur Duty Free-Fläche zurückkehren", *Bilgisayarın yoksa al bir tane* „Wenn du keinen Computer hast, kauf dir einen", *İşin yoksa, sinemaya gidelim* „Wenn du nichts vorhast, lass uns ins Kino gehen", *Kakao yoksa süt de olabilir* „Wenn kein Kakao da ist, kann es auch Milch sein". Merke auch: *Paran olacaksa hemen harcama* „Wenn du Geld bekommst, gib es nicht sofort aus", *Bilgisayarın olmayacaksa üzülme* „Wenn du keinen Computer bekommst, sei nicht traurig".

- Auf eine Frage wie *Bugün vaktiniz var mı?* „Haben Sie heute Zeit?" kann der Hörer mit *var* oder *yok* antworten. Bei einer Antwort mit *var* kann das Gespräch folgendermaßen fortgeführt werden: *Vaktiniz varsa bize gelin* „Wenn Sie Zeit haben, kommen Sie doch zu uns!". Lautet die Antwort jedoch *yok*, wird der Sprecher von *varsa* in *olursa* wechseln: *Vaktiniz olursa bize gelin* „Wenn Sie mal Zeit haben, kommen Sie doch zu uns!". *Vaktiniz olursa* bedeutet „wenn Sie Zeit bekommen".

▶ Vergleichen Sie jetzt:

(3) Aç **idinse** niye bir şey söylemedin? *Wenn **du** hungrig warst, warum hast du nichts gesagt?*
(4) Aç **idiysen** niye bir şey söylemedin? *Wenn du hungrig warst, warum hast du nichts gesagt?*

İse kann auch an Prädikate, die bereits *idi* enthalten, angefügt werden; *idi* steht dann oft getrennt. Dabei hat der Sprecher zwei Möglichkeiten, die Bedingung darzustellen: Entweder spricht er über das Subjekt (die Person) wie in (3) und stellt das Ereignis als erfüllte Bedingung dar oder er stellt das Ereignis als nur mögliche Bedingung in den Vordergrund wie in (4). Soll über das Subjekt und die erfüllte Bedingung geredet werden, wird *idi* konjugiert und daran *ise* angehängt. Für das Ereignis als mögliche Bedingung werden an *idi* die konjugierten Formen von *ise* angefügt. In der 3. Pers. Sg. kann der Unterschied Subjekt : Ereignis nur aufrecht erhalten werden, wenn man im ersten Fall *ise* getrennt gebraucht.

- Die Reihenfolge für das Subjekt

Selbstständig		Nach Vokal	Nach Konsonant
ben	idi**mse**	-ydimse	-dimse/-timse
sen	idi**nse**	-ydinse	-dinse/-tinse
o	idi **ise**	-ydi ise	-di ise/-ti ise
biz	idi**kse**	-ydikse	-dikse/-tikse
siz	idi**nizse**	-ydinizse	-dinizse/-tinizse
onlar	idi**lerse**	-ydilerse	-dilerse/-tilerse

- Die Reihenfolge für das Ereignis

Selbstständig		Nach Vokal	Nach Konsonant
ben	idi**ysem**	-ydiysem	-diysem/-tiysem
sen	idi**ysen**	-ydiysen	-diysen/-tiysen
o	idi**yse**	-ydiyse	-diyse/-tiyse
biz	idi**ysek**	-ydiysek	-diysek/-tiysek
siz	idi**yseniz**	-ydiyseniz	-diyseniz/-tiyseniz
onlar	idi**yse**(ler)	-ydiyse(ler)	-diyse(ler)/-tiyse(ler)

Beispiele: *Demin evde idinse niye kapıyı açmadın?* „Wenn du vorhin zu Hause warst, warum hast du dann die Tür nicht aufgemacht?", *Pikniğe gelmek için vaktin yok idiyse niye söz verdin?* „Wenn du keine Zeit hattest zum Picknick zu kommen, warum hast du es versprochen?", *Paran var idi ise niçin kendine içecek almadın?* „Wenn du Geld hattest, warum hast du dir nicht ein Getränk gekauft?", *Böyle muhteşem oynamak Fenerbahçe'nin takım tabiatında var idi ise bu rötar niye be çocuklar* (Milliyet, 3.5.94) (Wörtliche Übersetzung:) „Wenn so prächtig zu spielen in der Natur der Mannschaft von Fenerbahçe vorhanden war, warum dann diese Verspätung, Menschenskinder!".

- *İse* kann auch an Prädikate, die bereits *imiş* enthalten, angefügt werden: *Pikniğe gelmek için vakti yok imişse niye söz vermiş?* „Wenn er keine Zeit hatte zum Picknick zu kommen, warum hat er es versprochen?".

Merke gesondert:
İse wird auch in der Bedeutung „(wo)hingegen, aber" verwendet:
*Erol'un babası Türk, annesi **ise** Alman* „Erols Vater ist Türke, seine Mutter hingegen Deutsche". Diese Übersetzung kann man interpretieren als „Erols Vater ist Türke und seine Mutter – wenn du fragst – Deutsche". In dieser Bedeutung kommt *ise* auch angehängt vor:
*Bazı anneler**se** çocuklarını ayıyla korkutuyor[lardı]* (Mİ, BNA, 12) „Manche Mütter aber machten ihren Kindern mit Bären Angst und Bange".

Merke auch *öyleyse* „so/dann" (= wenn es so ist), *kim ise* „wer es auch ist", *neyse* „na ja" (= was es auch ist), *nedense* „warum auch immer", *neredeyse* „fast": *Böylesini kendin istedin, öyleyse neticelerine de katlan* „Du hast das selbst so gewollt, so trage auch die Folgen", *Öyleyse başka bir gün gelirim* „Dann komme ich an einem anderen Tag", *Kim ise girsin* „Wer es auch ist, er soll hereinkommen", *Neyse, onu geçelim* „Na ja, lassen wir das Thema fallen", *Fatma nedense hep geç geliyor* „Fatma kommt, warum auch immer, ständig zu spät", *Ay, neredeyse düşecektim* „Ach, fast wäre ich gefallen".

Merke ebenso die Begriffe *hiç değilse/hiç yoksa/hiç olmazsa*, die alle mit „wenigstens" übersetzt werden können: *Hiç değilse bir gazete al* „Kauf wenigstens eine Zeitung (wenn du schon nichts anderes kaufst)", *Hiç yoksa bir Hürriyet al* „Kauf wenigstens eine Hürriyet (falls nichts anderes da ist)", *Hiç olmazsa yarın gel* „Komm wenigstens morgen (wenn es nicht anders geht)".

17.2 Die mit *ise* erweiterten Zeitformen: Das Konditional

▸ Vergleichen Sie:

(1) Tom geliyor. – Tom geliyor**sa**, bana bir telefon etsin.
Tom kommt. – Wenn Tom kommt, soll er mich mal anrufen.

(2) Tom gelir. – Tom gelir**se**, bana bir telefon etsin.
Tom kommt (sicher). – Wenn Tom kommt, soll er mich mal anrufen.

(3) Tom gelecek. – Tom gelecek**se**, bana bir telefon etsin.
Tom wird kommen. – Wenn Tom kommen wird, soll er mich mal anrufen.

(4) Tom geldi. – Tom geldi**yse**, bana bir telefon etsin.
Tom ist gekommen. – Wenn Tom gekommen ist, soll er mich mal anrufen.

(5) Tom gelmiş. – Tom gelmiş**se**, bana bir telefon etsin.
Tom ist da. – Wenn Tom da ist, soll er mich mal anrufen.

(6) Tom uyumakta. – Tom uyumakta**ysa**, rahatsız etmeyeyim.
Tom ist am Schlafen. – Wenn Tom am Schlafen ist, will ich nicht stören.

Alle Grundzeiten und die mit *idi* erweiterten Zeiten können mit *ise* erweitert und in eine Bedingung umgewandelt werden. Bei der Formenbildung geht man von der 3. Pers. Sg. einer der Zeitformen aus. Im Regelfall wird *ise* zu der zweiförmigen Form *-(y)se* verkürzt und mit dem vorausgehenden Wort zusammengeschrieben. Die verkürzte Form wird nicht betont. Die 3. Pers. Pl. kommt in drei Varianten vor: Sie kann im Singular stehen oder in den Pluralvarianten *-seler* bzw. *-lerse*. Die Reihenfolge *-lerse* ist häufiger anzutreffen.

Die Bedingungssätze können mit *eğer* (P) „wenn" verstärkt werden; im Deutschen sollte man dann „wenn" betonen: *Eğer anlamadıysan sor/Anlamadıysan eğer, sor* „Wenn du nicht verstanden hast, frage". Anstelle von *eğer* kann auch *şayet* (P) „falls" eingesetzt werden.

Im Nachsatz kann der Imperativ bzw. Voluntativ oder eine andere, der Aussage entsprechende Zeitform stehen.

1. Das Präsens als Bedingung *(Şimdiki Zamanın Şartı)*

(1) Ali bizimle gelmek isti**yorsa** acele etsin.	*Wenn Ali mit uns mitkommen will, soll er sich beeilen.*
(2) Başka birisiyle konuş**uyorsam** araya girme.	*Wenn ich mit jemandem anderen spreche, rede (geh) nicht dazwischen!*

Kennzeichen ist *-(i)yor*, an das die Formen von *ise* angehängt werden:

	bejaht				verneint			
(ben)	seviyór**sam**	(biz)	seviyór**sak**	(ben)	sévmiyor**sam**	(biz)	sévmiyor**sak**
(sen)	seviyór**san**	(siz)	seviyór**sanız**	(sen)	sévmiyor**san**	(siz)	sévmiyor**sanız**
(o)	seviyór**sa**	(onlar)	seviyór**salar**	(o)	sévmiyor**sa**	(onlar)	sévmiyor**salar**
			seviyorlár**sa**				sévmiyorlar**sa**

Beispiele: *İyi bir mal istiyorsan haliyle biraz fazla ödeyeceksin* „Wenn du eine gute Ware willst, musst du zwangsläufig etwas mehr bezahlen", *Vapura yetişmek istiyorsak acele etmemiz gerekir* „Wenn wir das Schiff erreichen wollen, müssen wir uns beeilen", *Evde sıkılıyorsanız biraz dışarıda dolaşın* „Wenn Sie sich zu Hause unbehaglich fühlen, gehen Sie doch ein wenig draußen spazieren", *Yemek yiyorlarsa rahatsız etmeyelim* „Wenn sie (gerade) essen, wollen wir nicht stören", *Yanılmıyorsam bu Tom'un arabası* „Wenn ich mich nicht täusche, ist das das Auto von Tom", *Tanışmıyorsanız tanıştırayım* „Wenn Sie sich nicht kennen, möchte ich Sie (miteinander) bekannt machen".

2. Der Aorist als Bedingung *(Geniş Zamanın Şartı)*

(1) Ülkü acele ed**erse**, vapura yetişecek.	*Wenn Ülkü sich beeilt, wird sie das Schiff erreichen.*
(2) Saat beşte teyzesinden ayrı**lırsa**, vapura rahat rahat yetişir.	*Wenn sie um fünf Uhr bei ihrer Tante weggeht, erreicht sie ganz bequem das Schiff.*

Von allen Grundzeiten ist der Aorist diejenige Zeitform, die am häufigsten als Bedingung auftritt, weil damit der Sprecher seiner Überzeugung Ausdruck gibt. Kennzeichen der *bejahten* Formen ist *-r* bzw. *-er* oder *-ir*, das der *verneinten* Formen *-mez*, an das die Formen von *ise* angehängt werden.

	bejaht		verneint	
(ben)	sevér**sem**	sorar**sam**	sevméz**sem**	sormaz**sam**
(sen)	sevér**sen**	sorar**san**	sevméz**sen**	sormaz**san**
(o)	sevér**se**	sorar**sa**	sevméz**se**	sormaz**sa**
(biz)	sevér**sek**	sorar**sak**	sevméz**sek**	sormaz**sak**
(siz)	sevér**seniz**	sorar**sanız**	sevméz**seniz**	sormaz**sanız**
(onlar)	sevér**seler**	sorar**salar**	sevméz**seler**	sormaz**salar**
	severlér**se**	sorarlar**sa**	sevmezlér**se**	sormazlar**sa**

Beispiele: *Türkiye'ye gidersem Bursa'ya da uğrarım* „Wenn ich in die Türkei fahre, besuche ich auch Bursa", *Ali gelmeyi unutursa ona telefon edersin* „Wenn Ali vergisst zu kommen, rufst du ihn an", *Şimdi bir şey yemek istersek vapura yetişemeyiz* „Wenn wir jetzt etwas essen wollen, können wir das Schiff nicht erreichen", *Ne zaman döneceksin diye sorarlarsa ne diyeyim?* „Wenn sie fragen, wann du zurückkommst, was soll ich (dann) sagen?", *Mektup yazarsan memnun olurum* „Wenn du (einen Brief) schreibst, freue ich mich", *Razı olmazsa ne yaparız?* „Was machen wir, wenn er nicht einverstanden ist?".

3. Das Futur als Bedingung *(Gelecek Zamanın Şartı)*

(1) Bu akşam yola çık**acaksanız** biraz dinlenmeniz gerek.	*Wenn ihr heute Abend aufbrechen wollt, müsst ihr euch ein wenig ausruhen.*
(2) Pasaportun uzatıl**acaksa** bir an önce git yaptır.	*Wenn dein Pass verlängert werden muss, dann geh so bald wie möglich und lass es machen.*

Kennzeichen ist *-(y)ecek*, an das die Formen von *ise* angefügt werden:

	bejaht		verneint	
(ben)	sevecéksem	soracaksam	sévmeyeceksem	sórmayacaksam
(sen)	sevecéksen	soracaksan	sévmeyeceksen	sórmayacaksan
(o)	sevecékse	soracaksa	sévmeyecekse	sórmayacaksa
(biz)	sevecéksek	soracaksak	sévmeyeceksek	sórmayacaksak
(siz)	sevecékseniz	soracaksanız	sévmeyecekseniz	sórmayacaksanız
(onlar)	sevecékseler	soracaksalar	sévmeyecekseler	sórmayacaksalar
	seveceklérse	soracaklarsa	sévmeyeceklerse	sórmayacaklarsa

Beispiele: *Eve gitmeyeceksen, kütüphaneye gidelim* „Wenn du nicht nach Hause gehen wirst, lass uns in die Bibliothek gehen", *Soracaksak hemen soralım* „Wenn wir fragen sollen, fragen wir doch gleich".

4. Das Präteritum als Bedingung *(Dolaysız Geçmiş Zamanın Şartı)*

▶ Vergleichen Sie:

(1)	Resimleri getirdin mi? Getir**dinse** göster.	*Hast du die Bilder mitgebracht? Wenn **du** sie tatsächlich mitgebracht hast, zeig sie doch mal.*
(2)	Yalan söyle**diysen** babana söylerim.	*Wenn du gelogen hast, sage ich es deinem Vater.*

Beim Präteritum als Bedingung hat der Sprecher zwei Möglichkeiten: Entweder spricht er über das Subjekt (die Person) wie in (1) und stellt das Ereignis als erfüllte Bedingung dar oder er stellt das Ereignis als nur mögliche Bedingung in den Vordergrund wie in (2). Soll über das Subjekt und die erfüllte Bedingung geredet werden, wird das Präteritum konjugiert und daran *ise* angehängt. Für das Ereignis als mögliche Bedingung werden an die 3. Pers. Sg. des Präteritums die konjugierten Formen von *ise* angefügt. In der 3. Pers. Sg. kann der Unterschied Subjekt : Ereignis nur aufrecht erhalten werden, wenn man im ersten Fall *ise* getrennt gebraucht.

Beni anladınsa iyi. (anladın + ise > anladın-sa)   *Wenn du mich verstanden hast, ist es gut.*
Beni anladıysan iyi. (anladı + isen > anladı-ysan)   *Es ist gut, wenn du mich verstanden hast.*

• Die Reihenfolge für das Subjekt

	bejaht		verneint	
(ben)	sevdímse	sordumsa	sévmedimse	sormadımsa
(sen)	sevdínse	sordunsa	sévmedinse	sormadınsa
(o)	sevdí ise	sordu ise	sévmedi ise	sormadı ise
(biz)	sevdíkse	sorduksa	sévmedikse	sormadıksa
(siz)	sevdinízse	sordunuzsa	sévmedinizse	sormadınızsa
(onlar)	sevdilérse	sordularsa	sévmedilerse	sormadılarsa

Beispiele: *Neden sordunuz? – Sordumsa günah mı yani?* (AN, YLBD, 20) „Warum haben Sie gefragt? – Ist das denn eine Sünde, wenn/dass ich gefragt habe?", *Vur dedikse öldür demedik* „Wenn ich ‚schlag zu' gesagt habe, habe ich doch nicht ‚töte (ihn)' gesagt" (Im Türkischen steht „wir"; das soll hier auf eine Regel hindeuten), *Doktor geldi ise görüşmek isterim* „Wenn der Arzt gekommen ist, möchte ich (mit ihm) reden".

• Die Reihenfolge für das Ereignis

	bejaht		verneint	
(ben)	sevdíysem	sorduysam	sévmediysem	sormadıysam
(sen)	sevdíysen	sorduysan	sévmediysen	sormadıysan
(o)	sevdíyse	sorduysa	sévmediyse	sormadıysa
(biz)	sevdíysek	sorduysak	sévmediysek	sormadıysak
(siz)	sevdíyseniz	sorduysanız	sévmediyseniz	sormadıysanız
(onlar)	sevdíyseler	sorduysalar	sévmediyseler	sormadıysalar

Beispiele: *Cüzdanımı evde unutmadıysam çantamda olacak* „Wenn ich meine Geldbörse nicht zu Hause vergessen habe, muss sie in meiner Handtasche sein", *Kıyma aldıysan hemen buzdolabına koy* „Wenn du Hackfleisch eingekauft hast, lege es gleich in den Kühlschrank", *Boşandıysan boşandın* „Wenn du dich hast scheiden lassen, dann hast du dich halt scheiden lassen", *Doktor geldiyse görüşmek isterim* „Wenn der Arzt gekommen ist, möchte ich (mit ihm) reden".

▸ Vergleichen Sie jetzt:

(3) Eve gel**dim mi**, rahatımı isterim.	*Bin ich erst mal zu Hause, will ich meine Ruhe haben.*
(4) Fatma Nine gel**di miydi**, bir daha kolay gitmez.	*Ist Oma Fatma erst einmal da, geht sie so leicht nicht wieder weg.*

Eine Bedingung, bei der die Zeit eine Rolle spielt, wird mit *-di mi* oder *-di miydi* ausgedrückt; *-di mi* verwendet der Sprecher, wenn seine Perspektive auf dem Subjekt und der Realisierung des Ereignisses liegt und *-di miydi*, wenn seine Perspektive auf dem Ereignis selbst liegt.

5. Das Perfekt als Bedingung *(Dolaylı Geçmiş Zamanın Şartı)*

(1) Ülkü alışverişten dön**müşse** bize bir uğrayıversin.	*Wenn Ülkü vom Einkaufen zurück ist, soll sie doch mal bei uns vorbeikommen.*
(2) On vapuruna yetişeme**mişlerse** kaçta gelirler dersiniz?	*Wenn sie das Zehn-Uhr-Schiff nicht erreicht haben (können), wann kommen sie dann, meinen Sie?*

Kennzeichen ist *-miş*, an das *ise* angehängt wird.

	bejaht		verneint	
(ben)	sevmíşsem	sormuşsam	sévmemişsem	sormamışsam
(sen)	sevmíşsen	sormuşsan	sévmemişsen	sormamışsan
(o)	sevmíşse	sormuşsa	sévmemişse	sormamışsa
(biz)	sevmíşsek	sormuşsak	sévmemişsek	sormamışsak
(siz)	sevmíşseniz	sormuşsanız	sévmemişseniz	sormamışsanız
(onlar)	sevmíşseler	sormuşsalar	sévmemişseler	sormamışsalar
	sevmişlérse	sormuşlarsa	sévmemişlerse	sormamışlarsa

Beispiele: *Rapor almışsak, bilir ki gerçekten hastayız* „Wenn wir eine Arbeitsunfähigkeitsbescheinigung bekommen haben, weiß er, dass wir wirklich krank sind", *Bir şey yememişsen hemen yemek ısıtayım* „Wenn du nichts gegessen hast, mache ich sofort Essen warm".

6. Der Kontinuativ als Bedingung *(Süreklilik Kipinin Şartı)*

(1) Ülkü cam sil**mekteyse** rahatsız etmeyeyim.	*Wenn Ülkü am Fensterputzen ist, will ich nicht stören.*
(2) Taşın**maktaysanız** yardım edelim.	*Wenn ihr am Umziehen seid, helfen wir.*

Der Kontinuativ als Bedingung weist keine Besonderheiten auf: *Yemek yemekteyseniz rahatsız etmeyelim* „Wenn Sie beim Essen sind, wollen wir nicht stören".

7. Die mit *idi* + *ise* erweiterten Zeitformen *(Hikâye Zamanlarının Şartı)*

▸ Vergleichen Sie:

(1) Bize gelmeyecek **idinse** niye söz verdin?	*Wenn du nicht zu uns kommen wolltest, warum hast du es dann versprochen?*
(2) Ali'yi seviyor **idiysem** sana ne?	*Wenn ich Ali damals geliebt habe, was geht es dich an?*

Alle mit *idi* erweiterten Zeitformen können mit *ise* erweitert werden. Die Formen von *idi* und *ise* können unverbunden stehen oder angehängt werden. Auch hier gibt es zwei Möglichkeiten: Entweder wird *idi* konjugiert und *ise* nachgestellt bzw. angehängt oder es wird *ise* konjugiert und *idi* nachgestellt bzw. angehängt. Beispiele:

gelecek idin ise / gelecek idinse / gelecektinse	*wenn **du** kommen wolltest*
gelecek idi isen / gelecek idiysen / gelecektiysen	*wenn **du** **kommen wolltest***

Manchmal kommt *idiyse* nach *-meli* vor: *gitmeli idiyseler* „wenn sie gehen sollten / mussten".

• Außer den mit *idi* und *ise* erweiterten Zeitformen gibt es auch mit *imiş* und *ise* erweiterte Zeitformen. Bei beiden hat die 3. Pers. Pl. sehr viele Varianten; das betrifft sowohl die Zusammen- oder Auseinanderschreibung von *idi* / *imiş* und *ise* als auch die Anreihung der Suffixe, z. B. *geliyormuşsalar* (das Subjekt im Plural steht im Vordergrund, der Sprecher meldet Zweifel an), *geliyormuşlarsa* (das Subjekt im Plural steht im Vordergrund, der Sprecher lässt offen, ob er an der Richtigkeit zweifelt oder nicht), *geliyorlarmışsa* (das Ereignis steht im Vordergrund, der Sprecher lässt offen, ob er an der Richtigkeit zweifelt oder nicht).

8. Verbformen wie *gitmiş* und *gidecek* in Kombination mit *olursa*

▸ Vergleichen Sie:

(1) Ali gelme**miş olursa** haber ver.	*Wenn Ali noch nicht eingetroffen sein sollte, gib Bescheid.*
(2) Beni sor**acak olursan** iyiyim.	*Wenn du nach mir fragen solltest, mir geht es gut.*

Hin und wieder werden Verbformen wie *gitmiş* oder *gidecek* mit *olursa* kombiniert. Damit gibt der Sprecher eine größere Eventualität des Sachverhaltes wieder.

▸ Vergleichen wir: *Ali yemek yememiş olursa kendisine bir şeyler hazırla* „Wenn Ali nichts gegessen haben sollte, bereite ihm einiges zu" : *Ali yemek yememişse kendisine bir şeyler hazırla* „Wenn Ali nichts gegessen hat, bereite ihm einiges zu"; *Bana soracak olursan Türkçe kolaydır* „Wenn du mich fragen solltest, so ist Türkisch (meiner Meinung nach) leicht" : *Bana sorarsan Türkçe kolay* „Wenn du mich fragst, Türkisch ist leicht".

17.3 *İse* in verallgemeinernden Sätzen

▸ Vergleichen Sie:

> (1) Tom bira içmek istiyor. – Tom **ne** içmek istiyor**sa** içsin.
> *Tom möchte Bier trinken. – Tom soll trinken, **was** er (trinken) will.*
>
> (2) Tom Ali'yi davet etmek istiyor. – Tom **kimi** davet etmek istiyor**sa** etsin.
> *Tom möchte Ali einladen. – Tom soll einladen, **wen** er will.*
>
> (3) Tom Ayşe'yle dans etmek istiyor. – Tom **kiminle** dans etmek istiyor**sa** etsin.
> *Tom möchte mit Ayşe tanzen. – Tom soll tanzen, **mit wem** er will.*
>
> (4) Tom Antalya'ya gitmek istiyor. – Tom **nereye** gitmek istiyor**sa** gitsin.
> *Tom möchte nach Antalya fahren. – Tom soll fahren, **wohin** er will.*
>
> (5) Tom Münih'te oturmak istiyor. – Tom **nerede** oturmak istiyor**sa** otursun.
> *Tom möchte in München wohnen. – Tom soll wohnen, **wo** er will.*
>
> (6) Tom Türkiye'den gelin getirmek istiyor. – Tom **nereden** gelin getirmek istiyor**sa** getirsin.
> *Tom möchte aus der Türkei eine Braut mitbringen. – Tom soll eine Braut mitbringen, **woher** er will.*

Wenn den mit *ise* gebildeten Bedingungsformen Fragewörter wie *kim*, *hangi*, *nasıl* usw. vorangestellt werden, erhalten diese Nebensätze einen verallgemeinernden Sinn. Zur Verstärkung kann *her* den Fragewörtern vorangestellt werden, z. B. *her kim* „wer auch immer", *her ne* „was auch immer".

Beispiele: *Nasıl istiyorsan, öyle yaparız* „Wie du willst, so werden wir es machen", *Nereye oturmak istersen otur* „Setz dich, wohin du willst", *Ne zaman gelirsen gel* „Komm, wann du willst" (= Wann du kommst, komm), *Kim gelecekse gelsin* „Wer kommen will, soll kommen", *Ne kadar yiyebilirsen ye!* „Iss, soviel du kannst" (= Wie viel du essen kannst, iss!)*, Sizden ne aldıysam onu devam ettiriyorum* „Was ich von Ihnen übernommen habe, führe ich weiter";
Beni kim sorarsa, haber ver „Wer auch nach mir fragt, gibt Bescheid" : *Beni her kim sorarsa, haber ver* „Wer auch immer nach mir fragt, gibt Bescheid", *Ne olmuşsa bize olmuş* „Was auch passiert ist, es hat uns getroffen" : *Her ne olmuşsa bize olmuş* „Was immer auch passiert ist, es hat uns getroffen".

Merke: *Ne kadar çalışırsam, o kadar dinlenirim* „In dem Maße, wie ich arbeite, ruhe ich mich auch aus", *İşini ne kadar çabuk bitirirsen, o kadar çabuk plaja gidebiliriz* „Je schneller du deine Arbeit beendest, um so schneller können wir an den Strand gehen".

• Im Sinne von „wenn auch" wird *ise de* und im Sinne von „selbst wenn" wird *ise bile* gebraucht: *Partiye bazı öğrenciler gelmediyse de çok eğlendik* „Wenn auch einige Studenten nicht zur Party gekommen sind, so hatten wir doch viel Spaß", *Bu elbiseni görmüşsem bile hatırlamıyorum* „Selbst wenn ich dieses Kleid von dir gesehen haben sollte, erinnere ich mich nicht daran"; *Her ne kadar istiyorsam da, Türkçeyi iyi konuşamıyorum* „Wie sehr ich es auch will, ich kann Türkisch nicht gut sprechen".

• Wollen wir eine Einräumung ausdrücken, benötigen wir auch ein Verb mit *ise*. Dieses Verb wird dann nach der Form mit *ise* wiederholt, und zwar in den 1. und 3. Personen im Voluntativ und in den 2. Personen im Imperativ. Im Deutschen drücken wir das mit „mögen" aus: *Ne kadar soğuk olursa olsun, Moskova'ya gideceğim* „Wie kalt es auch sein mag, ich fahre nach Moskau",

Kim olursan ol, seni görmek istemiyorum! „Wer du auch sein magst, ich will dich nicht sehen!", *Her ne sebeple olursa olsun, Doğu Anadolu'ya gitmek istemezler* „Aus welchem Grund auch immer, sie wollen nicht nach Ostanatolien gehen", *Ne anlatırsam anlatayım dinlemiyorsun* „Was immer ich erzählen mag, du hörst nicht zu", *Kime sorarsan sor, sana aynı şeyi söyleyecek* „Wen immer du fragen magst, er wird dir das gleiche sagen", *Ne kadar geç gelirse gelsin, beni uyandır* „Wie spät er auch kommen mag, weck mich". Merke gesondert: *Ne olursa olsun gel* „Komm auf jeden Fall!".

17.4 Der Potentialis

▶ Vergleichen Sie:

(1)	Lotoda kazan**sam** ev alırım.	*Sollte ich im Lotto gewinnen, kaufe ich ein Haus.*
(2)	Lotoda kazan**sam** ev alırdım.	*Sollte ich im Lotto gewinnen, würde ich ein Haus kaufen.*
(3)	Hasta ol**sam** sigara içmezdim.	*Wenn ich krank wäre, würde ich nicht rauchen.*
(4)	Para**m** ol**sa** ev alırdım.	*Wenn ich Geld hätte, würde ich ein Haus kaufen.*

Mit dem *Potentialis* werden Sachverhalte formuliert, die *potentiell* (möglicherweise erfüllbar) oder *hypothetisch* (nur angenommen) sind. Dazu fügen wir an einen Verbstamm das zweiförmige Suffix *-se* an; die Personen werden durch die Personalsuffixe des 2. Typs bezeichnet:

sev**sem**	sev**sek**	al**sam**	al**sak**
sev**sen**	sev**seniz**	al**san**	al**sanız**
sev**se**	sev**seler**	al**sa**	al**salar**

Der Potentialis enthält keine Zeitstufe; es wird nur der Verbalinhalt eingebracht. Im Nachsatz steht oft der *Aorist* oder der *Aorist in der Vergangenheit*, seltener eine andere Zeitform. Ist der Sachverhalt *potentiell*, verwenden wir im Deutschen den Konjunktiv. Ist er *hypothetisch*, verwenden wir den Indikativ.

Beispiele: *Size Muş'ta bir iş teklif etseler, gider miydiniz?* „Böte man Ihnen in Muş eine Arbeit an, würden Sie hingehen?", *Bunu yapacak durumda olsan, bunu yapar mıydın?* „Würdest du das tun, wenn du dazu in der Lage wärst?", *Eğer başarılı olmasanız, bunu çok ağır bir biçimde öderdiniz* „Wenn Sie nicht erfolgreich wären, hätten Sie das in schlimmster Form bezahlt", *Araba ehliyetim olsa, iş hemen hazırmış* „Wenn ich einen Führerschein hätte, gäbe es sofort Arbeit".

▶ Vergleichen wir: *Sigara içmeseniz, iyi olur* „Wenn Sie *nicht rauchen würden*, wäre es gut" : *Sigara içmezseniz, iyi olur* „Wenn *Sie* nicht rauchen würden, wäre es gut"; *üzgün olsam* „wenn ich traurig wäre" : *üzgün olursam* „wenn ich traurig werde" : *üzgünsem* „wenn ich traurig bin"; *vaktim olsa* „wenn ich Zeit hätte", *vaktim olursa* „wenn ich mal Zeit habe" : *vaktim varsa* „wenn ich Zeit habe".

Merke auch *-se de* „auch wenn" und *-se bile* „selbst wenn" (die Reihenfolge *de -se* und *bile -se* kommt auch vor): *Vaktim olsa da gelmem* „Auch wenn ich Zeit hätte, käme ich nicht", *Vaktim olsa bile gelmem* „Selbst wenn ich Zeit hätte, käme ich nicht", *Böyle diyemesem bile, demeyi içimden geçiriyordum* „Selbst wenn ich es so nicht sagen könnte, ging es mir durch den Kopf, es zu sagen".

▶ Vergleichen wir: *Bir sonraki trenle gitsek olur* „Es geht, wenn wir einen Zug später nehmen", *Bir sonraki trenle gitsek de olur* „Es geht, auch wenn wir einen Zug später nehmen", *Bir sonraki trenle de gitsek olur* „Es geht, wenn wir auch einen Zug später nehmen", *Bir sonraki trenle gidersek de olur* „Es geht, auch wenn wir mit einem Zug später fahren".

Merke: *Gelsen de gelmesen de döneceğim* „Ob du kommst oder nicht, ich werde zurückfahren".

- Der *Potentialis* kommt auch mit *imiş* vor: *Ali telefon numaranı bilseymiş, seni ararmış* „Wenn Ali deine Telefonnummer wüsste, würde er dich anrufen".

- Mit *olsa gerek* wird eine hohe Wahrscheinlichkeit ausgedrückt: *Ali evde olsa gerek* „Ali müsste zu Hause sein", *Bu iş pek de güzel olmasa gerek* „Diese Arbeit dürfte nicht besonders schön sein", *Sizi tanımıyor olsa gerek* „Er kennt Sie aller Wahrscheinlichkeit nach nicht", *Sizi tanımamış olsa gerek* „Er hat Sie wahrscheinlich nicht erkannt".

- Als Konkurrenzform des Imperativs werden die Suffixe *-sene* für die 2. Pers. Sg. und *-senize* für die 2. Pers. Pl. verwendet (s. Verb 14). Es sind Potentialisformen, denen eine Interjektion angehängt ist: *Otursana* „Setz dich doch!" *oder* „Setz dich schon!", *Gelsenize* „Kommt/Kommen Sie doch!" *oder* „Kommt/Kommen Sie schon!".

- Mit dem *Potentialis* werden auch erfüllbar gedachte Wünsche formuliert:
Ah, bir zengin olsam „Ach, wenn ich einmal reich wäre", *Şu yemeğini bir bitirsen!* „Würdest du doch (dieses) dein Essen aufessen!", *Öğrenciler vaktinde gelseler!* „Würden die Studenten doch pünktlich kommen". Solche Wünsche können mit *keşke ~ keşki* (P) oder *bari* (P) verstärkt werden: *Keşke tatil olsa* „Wenn doch Ferien wären", *Bari tatil olsa!* „Wenn wenigstens Ferien wären!".

- Mit dem *Potentialis* der 1. Personen wird auch Unschlüssigkeit ausgedrückt; nicht immer müssen wir dann im Deutschen mit dem Konjunktiv übersetzen:
Eve gitsem mi? „Ob ich wohl nach Hause gehe?", *Bankaya uğrasak mı?* „Ob wir bei der Bank vorbeigehen sollten?", *Şimdi ne yapsam?* „Was soll ich wohl jetzt machen?", *Yemeğe nereye gitsek?* „Wo sollten wir zum Essen hingehen?".

- Der *Potentialis* von *olmak* kommt nach Verbformen wie *gitmiş, gidiyor, gider, gidecek* vor:
Ali rakı içmiş olsa anlaşılırdı „Hätte Ali Raki getrunken, hätte man das gemerkt", *Ali işte rakı içiyor olsa haberim olurdu* „Würde Ali bei der Arbeit Raki trinken, wüsste ich davon", *Ali rakı içer olsa dedikleri doğru olurdu* „Würde Ali (überhaupt) Raki trinken, wäre das, was sie sagen, richtig", *Ali rakı içecek olsa bana söylerdi* „Würde Ali Raki trinken wollen, würde er es mir sagen".

- Die *-se*-Form kommt auch in verallgemeinernden Nebensätzen vor; wir übersetzen im Regelfall nicht mit dem Konjunktiv:
Ne söylesen yapıyorum „Was du auch sagst, mache ich", *Beni nerede görse borç para ister* „Wo er mich auch sieht, will er Geld leihen", *Ne zaman sinemaya gidelim desem, vaktim yok dersin* „Wann ich auch sage: ‚Gehen wir doch ins Kino!', sagst du: ‚Ich habe keine Zeit'", *Ne kadar uğraşsam, anlatamıyorum* „Wie viel ich mich auch abmühe, ich kann es nicht verdeutlichen", *Hangi işi teklif etsem, kabul etmez* „Welche Arbeit ich auch vorschlage, er akzeptiert sie nicht".

Merken Sie sich auch *nasıl olsa* „ohnehin" und *ne de olsa* „immerhin": *Nasıl olsa çok kira ödüyoruz* „Ohnehin zahlen wir viel Miete", *Ne de olsa çok kira ödüyoruz* „Immerhin zahlen wir viel Miete" sowie die idiomatische Wendung *Kim gelse beğenirsiniz?* „Was meinen Sie, wer da gekommen ist?".

17.5 Der Irrealis

▶ Vergleichen Sie:

(1)	Lotoda kazan**saydım** ev alırdım.	*Wenn ich im Lotto gewonnen hätte, hätte ich ein Haus gekauft.*
(2)	Lotoda kazan**saydım** ev almıştım bile.	*Wenn ich im Lotto gewonnen hätte, hätte ich schon ein Haus gekauft.*
(3)	Lotoda kazan**saydım** ev alacaktım.	*Wenn ich im Lotto gewonnen hätte, hätte ich ein Haus kaufen wollen.*

Mit dem *Irrealis* werden unerfüllbare oder nicht mehr erfüllbare Sachverhalte formuliert. Dazu fügen wird an das zweiförmige Suffix *-se* noch *idi* an:

sev**seydim**	sev**seydik**	al**saydım**	al**saydık**
sev**seydin**	sev**seydiniz**	al**saydın**	al**saydınız**
sev**seydi**	sev**seydiler**/sev**selerdi**	al**saydı**	al**saydılar**/al**salardı**

Der *Irrealis* enthält keine Zeitstufe – auch wenn er oft mit der Vergangenheit wiedergegeben werden kann. Es wird nur der Verbalinhalt eingebracht und mit Hilfe von *idi* in die Irrealität geschoben. Im Nachsatz steht meistens der *Aorist in der Vergangenheit* wie in (1), manchmal auch das *Plusquamperfekt* wie in (2) oder das *Futur in der Vergangenheit* wie in (3).

• Bitte beachten Sie: Verwechseln Sie *-seydi* nicht mit *-diyse*; *Ali gelseydi* „wenn Ali gekommen wäre" : *Ali geldiyse* „wenn Ali gekommen ist".

▶ Vergleichen Sie jetzt:

(4)	Dikkat et**seydin** düşmezdin.	*Wenn du aufgepasst hättest, wärest du nicht gefallen.*
(5)	Dikkat et**sen** düşmezdin.	*Wenn du (immer) aufpassen würdest, wärest du nicht gefallen.*
(6)	Hasta ol**saydım** sigara içmezdim.	*Ich würde nicht rauchen, wenn ich krank wäre.*
(7)	Hasta ol**sam** sigara içmezdim.	*Wenn ich krank wäre, würde ich nicht rauchen.*
(8)	Ali yarın gelebil**seydi**, alışveriş yapardık.	*Wenn Ali morgen hätte kommen können, hätten wir einkaufen gehen können.*
(9)	Ali yarın gel**se**, alışveriş yapardık.	*Wenn Ali morgen käme, könnten wir einkaufen gehen.*

▶ Vergleichen wir: *Param olsaydı seyahat ederdim* „Ich würde reisen (und z. B. kein Haus kaufen), wenn ich Geld hätte", *Param olsa seyahat ederdim* „Wenn ich Geld hätte (aber ich habe keins), würde ich reisen".

Noch ein Beispiel: *Gül'ü biliyorum, kocası onunla ilgilenseydi, bir başka sevgili bulmayacaktı kendisine* (DA, AADY, 42) „Ich kenne Gül; wenn ihr Ehemann sich um sie gekümmert hätte, würde sie sich keinen anderen Liebhaber gesucht haben".

• Wenn an den Irrealis *imiş* angefügt wird, entfällt *idi*: *Ali haber verseymiş, çok iyi olurdu* „Es wäre sehr gut gewesen, wenn Ali Bescheid gegeben hätte".

- Mit dem *Irrealis* werden auch unerfüllbare oder nicht mehr erfüllbare Wünsche formuliert: *Ah, erkek olsaydım* „Ach, wäre ich doch ein Mann", *Zamanında gelseydin!* „Wärest du mal rechtzeitig gekommen". Solche Wünsche können mit *keşke ~ keşki* oder *bari* verstärkt werden: *Keşke tatil olsaydı* „Wenn doch Ferien wären", *Bari tatil olsaydı!* „Wenn wenigstens Ferien wären!".

- Mit dem *Irrealis* der 1. Personen wird auch Unschlüssigkeit ausgedrückt: *Eve gitse miydim?* „Hätte ich vielleicht nach Hause gehen sollen?", *Bankaya uğrasa mıydık?* „Hätten wir vielleicht bei der Bank vorbeigehen sollen?".

- Der *Irrealis* von *olmak* kommt nach Verbformen wie *gitmiş, gidiyor, gider, gidecek* vor: *Ali rakı içmiş olsaydı sarhoş olurdu* „Wenn Ali Raki getrunken hätte, wäre er betrunken geworden", *Ali işte rakı içiyor olsaydı işten çıkarılırdı* „Wenn Ali bei der Arbeit Raki trinken würde, würde er entlassen", *Ali rakı içer olsaydı dedikleri doğru olurdu* „Wenn Ali (überhaupt) Raki trinken würde, wäre das, was sie sagen, richtig", *Ali rakı içecek olsaydı bana söylerdi* „Wenn Ali Raki hätte trinken wollen, hätte er es mir gesagt".

  Merke auch: *Hakan gelmiş olsaydı, bugün Berlin'de olmuş olacaktı* „Wenn Hakan gekommen wäre, dann wäre er heute in Berlin".

- Die *-seydi*-Form kommt manchmal auch in verallgemeinernden Nebensätzen vor; wir übersetzen im Regelfall nicht mit dem Konjunktiv: *Eskiden beni ne zaman görseydi borç para isterdi* „Wann immer er mich früher gesehen hat, wollte er Geld leihen".

18 Die Handlungsformen des Verbs: Die Genera verbi

18.1 Das Reziprok *(İşteş Çatı)*

▶ Vergleichen Sie:

(1) Saat kaçta bul**uş**alım?	*Um wie viel Uhr wollen wir uns treffen?*
(2) Annemle anla**ş**amıyorum.	*Ich verstehe mich mit meiner Mutter nicht.*
(3) Kuşlar uç**uş**uyorlar.	*Die Vögel fliegen umher.*
(4) Ne böyle bağr**ış**ıyorsunuz?	*Was schreit ihr so herum?*
(5) Ayağım uyu**ş**muş.	*Mein Bein ist eingeschlafen.*
(6) Türkiye son yıllarda bir hayli geli**ş**miş.	*Die Türkei hat sich in den letzten Jahren erheblich entwickelt.*

Mit dem vierförmigen Suffix *-(i)ş-* wird die Bedeutung eines Verbs erweitert; damit kann der Sprecher ausdrücken, dass das Verbalgeschehen aus mehr als einer Phase besteht. Häufig bedeutet das auch, dass das Ereignis mehr als einmal stattfindet – wie oft und in welcher Reihenfolge, wird jedoch nicht ausgedrückt.

Wenn ein solches Verbalgeschehen mindestens zwei Personen oder Lebewesen einschließt, ergibt sich der Sinn „miteinander" oder „gegeneinander". Deshalb wird dieses Suffix auch *Reziprok-Kooperativsuffix* genannt, z. B. *vurmak* „schlagen" → *vuruşmak* „sich (einander) schlagen". Sollen die Personen oder Lebewesen als zwei Parteien genannt werden, regiert der Verbstamm *ile* „mit": *Seninle nerede buluşabilirim?* „Wo kann ich mich mit dir treffen?".

Mit der Benennung *Reziprok-Kooperativsuffix* sind aber nicht alle Bedeutungen abgedeckt. Insofern ist es sinnvoll, Verben mit *-(i)ş-* im Wörterbuch nachzuschlagen. Nehmen wir einmal das Verb *almak* „nehmen", das mit diesem Suffix als *alışmak* in der Bedeutung „sich gewöhnen an" gebraucht wird und eine Ergänzung im Dativ fordert: *Erken kalkmaya alıştım* „Ich habe mich daran gewöhnt, früh aufzustehen" (= Ich habe mich an das Frühaufstehen adaptiert).

Manche dieser Verben haben auch mehr als eine Bedeutung, z. B. *Bana çıkıştı* „Er hat mich aus-gescholten", *Param çıkışmadı* „Mein Geld hat nicht ausgereicht". Bei den Beispielen unten sind nicht alle Übersetzungsmöglichkeiten aufgenommen.

Das Suffix *-(i)ş-* wird an äußerst viele – aber nicht alle – Verbstämme angehängt. Die Ausgangs-verben können sowohl transitiv (a) als auch intransitiv (b) sein. Kennzeichen ist nach vokalischem Auslaut *-ş-*, nach konsonantischem Auslaut *-iş-*; das Verneinungssuffix folgt.

(a) sevmek	*lieben*	→	sev**iş**mek	*herumschmusen/sich körperlich lieben*
görmek	*sehen*	→	gör**üş**mek	*sich (sehen und) sprechen*
sıkmak	*drücken*	→	sık**ış**mak	*sich (etwas in) einklemmen*
burmak	*umbiegen*	→	bur**uş**mak	*sich knittern, Falten bilden*
(b) yetmek	*genügen/ausreichen*	→	yet**iş**mek	*erreichen*
dönmek	*sich drehen*	→	dön**üş**mek	*sich verwandeln*
değmek	*berühren*	→	değ**iş**mek	*(etwas) wechseln/sich umziehen*
kalkmak	*aufstehen*	→	kalk**ış**mak	*sich unterfangen zu*

Beispiele: *Gençler parkta sevişiyor* „Die jungen Leute schmusen im Park herum", *Görüşmek üzere* „Auf Wiedersehen", *Parmağım kapıya sıkıştı* „Ich habe mir meinen Finger an der Tür einge-klemmt", *Otobüse yetişemedim* „Ich habe den Bus nicht erreichen können", *Ceketin buruşmuş* „Dein Jacket ist zerknittert", *Üstünü değiş* „Zieh dich um", *Evi temizlemeye giriştim* „Ich habe mich daran gemacht, die Wohnung sauber zu machen", *Buz pateni kaymaya kalkıştım da düştüm* „Ich habe mich unterfangen, Schlittschuh zu laufen und bin gefallen", *Türk arkadaşlarımla mektuplaşıyorum* „Ich korrespondiere mit meinen türkischen Freunden".

- Wirkliche Wechselseitigkeit im Sinne „einer den anderen" wird durch *birbiri* „einander" ausge-drückt: *Birbirimizi unutmayalım* „Vergessen wir einander nicht", *Birbirinize dikkat edin* „Passt auf einander auf!" (s. auch Pronomina 5).

18.2 Das Reflexiv und das Passiv *(Dönüşlü ve Edilgen Çatı)*

▸ Vergleichen Sie:

(1) Pantolonu giydim. : Giy**in**dim.	*Ich habe die Hose angezogen. : Ich habe mich angezogen.*
(2) Çocuğu yıkadım. : Çocuk yıka**n**dı.	*Ich habe das Kind gewaschen. : Das Kind hat sich gewaschen./Das Kind ist gewaschen worden.*
(3) Çorapları yıkadım. : Çoraplar yıka**n**dı.	*Ich habe die Strümpfe gewaschen. : Die Strümpfe sind gewaschen worden.*
(4) Kapıyı açtım. : Kapı aç**ı**ldı.	*Ich habe die Tür geöffnet. : Die Tür hat sich geöffnet./Die Tür ist geöffnet worden.*
(5) Mektubu yazdım. : Mektup yaz**ı**ldı.	*Ich habe den Brief geschrieben. : Der Brief ist geschrieben worden.*

Transitive Verben (s. Grammatische Grundbegriffe 3.1) können ein direktes Objekt als Ergänzung zu sich nehmen. Man kann solchen Verben aber auch diese Möglichkeit nehmen. Das geschieht im Türkischen durch Suffixe – wie kann es auch anders sein. Die obigen Beispiele zeigen, welches Ergebnis dabei herauskommt: Im besten Fall haben wir es mit einem *Reflexivverb* wie mit *giyindim* in (1) zu tun *oder* mit einem *Passivverb* wie mit *yazıldı* in (5). Oft jedoch kann ein- und derselbe so erweiterte Verbstamm sowohl reflexiv als auch passiv gedeutet werden. Wohl gemerkt: gedeutet! Wenn ein türkischer Muttersprachler *Çocuk yıkandı* sagt, äußert er lediglich, dass der Waschvorgang erledigt ist. Deshalb stellt sich ihm gar nicht die Frage, ob das Kind sich gewaschen hat oder gewaschen worden ist – so ähnlich, als würde in einer deutschen Zeitung die Überschrift stehen „Kind – gewaschen".

▸ Vergleichen Sie jetzt:

(6) Derste uyu**n**maz.	*Im Unterricht schläft man nicht.*
(7) Buna gül**ün**mez.	*Darüber lacht man nicht.*

Auch eine Reihe intransitiver Verben können so gebraucht werden, allerdings nur in der 3. Person. Diese Verbformen können häufig mit „man" übersetzt werden. Deutsches „man" gibt es im Türkischen nicht.

1. Das Reflexiv-Passivsuffix -(i)n- (*Dönüşlülük-Edilgen Eki*)

Bei Verbstämmen, die auf Vokal oder auf -*l* auslauten, kann zwischen Reflexiv und Passiv meistens überhaupt nicht unterschieden werden, so dass wir für die Übersetzung den Kontext oder auch das Wörterbuch bemühen müssen. Kennzeichen dieses Suffixes ist nach Vokal das Suffix -*n*- und nach -*l* das vierförmige Suffix -*in*-.

- Der Verbstamm lautet auf Vokal aus und die Ableitung ist Reflexiv oder Passiv:

söylemek	*sagen*	→	söyle**n**mek	*vor sich hin sagen/gesagt werden*
yıkamak	*waschen*	→	yıka**n**mak	*sich waschen/gewaschen werden*
aramak	*suchen*	→	ara**n**mak	*sich mit Suchen beschäftigen/gesucht werden*
taramak	*kämmen*	→	tara**n**mak	*sich kämmen/gekämmt werden*
taşımak	*tragen*	→	taşı**n**mak	*umziehen/verlegt werden*

- Der Verbstamm lautet auf Vokal aus und die Ableitung ist Passiv:

demek	*sagen*	→	de**n**mek	*gesagt werden*
ödemek	*bezahlen*	→	öde**n**mek	*bezahlt werden*
oynamak	*spielen*	→	oyna**n**mak	*gespielt werden*

- Der Verbstamm lautet auf -*l* aus und die Ableitung ist Reflexiv oder Passiv:

bölmek	*teilen*	→	böl**ün**mek	*sich teilen/geteilt werden*
almak	*nehmen/kaufen*	→	al**ın**mak	*übel nehmen/gekauft werden*
bulmak	*finden*	→	bul**un**mak	*sich (be)finden/gefunden werden*

- Der Verbstamm lautet auf -*l* aus und die Ableitung ist Passiv:

bilmek	*wissen*	→	bil**in**mek	*gewusst/gekannt werden*
çalmak	*stehlen*	→	çal**ın**mak	*gestohlen werden*

- Bei den anderen Verbstämmen ergibt das Suffix -*in*- oft – aber eben nicht immer – eine Reflexivbedeutung. Wie die Beispiele unten jedoch zeigen, bleibt die Bedeutung des Ausgangsverbs dabei nicht immer erhalten. In all diesen Fällen wird gesagt, dass das Subjekt die Quelle und auch das Ziel der Handlung ist. Das Suffix -*in*- wird an transitive (a) und intransitive (b) Verbstämme angefügt.

(a)	sevmek	*lieben*	→	sev**in**mek	*sich freuen*
	çekmek	*ziehen*	→	çek**in**mek	*sich genieren*
	etmek	*tun*	→	ed**in**mek	*sich zulegen*
	giymek	*anziehen*	→	giy**in**mek	*sich anziehen*
	görmek	*sehen*	→	gör**ün**mek	*zu sehen sein*
	sarmak	*einwickeln*	→	sar**ın**mak	*sich einhüllen*
(b)	değmek	*berühren*	→	değ**in**mek	*(auf etwas) zu sprechen kommen*
	geçmek	*hindurchgehen*	→	geç**in**mek	*sich durchbringen (Lebensunterhalt)*
	bakmak	*schauen*	→	bak**ın**mak	*sich umschauen*
	kaçmak	*fliehen*	→	kaç**ın**mak	*sich fernhalten*

Anmerkung: Das Verb *geçmek* kann transitiv und intransitiv gebraucht werden: *Caddeyi geçtim* „Ich habe die Straße überquert" : *Caddeden geçtim* „Ich bin über die Straße gelaufen".

Beispiele: *Ne söyleniyorsun?* „Was redest du wieder vor dich hin?", *Kreuzberg'e taşındık* „Wir sind nach Kreuzberg umgezogen", *Hasta taşındı* „Der Kranke ist umgezogen/verlegt worden", *Bu sözüne alındım* „Dieses Wort von dir habe ich übel genommen", *Telefon nerede bulunur?* „Wo befindet sich ein Telefon?", *Pasaportum bulunmuş* „Mein Pass hat sich gefunden/ist gefunden worden", *Benden çekinmeye gerek yok* „Es besteht keine Notwendigkeit, sich vor mir zu genieren", *Bu konuda fikir edindim* „Dazu habe ich mich schlaugemacht", *Bir konuya daha değinmek istiyorum* „Ich möchte noch auf ein Thema zu sprechen kommen", *Neyle geçiniyorsun?* „Womit bringst du dich durch?/Wovon lebst du?", *Böyle kişilerden kaçınmalısın* „Von solchen Leuten musst du dich fernhalten". Merke auch: *Hiç görünmüyorsunuz* „Sie sind gar nicht zu sehen/Man trifft Sie ja gar nicht mehr" : *Hiç gözükmüyorsunuz* „Sie lassen sich gar nicht sehen".

- Reflexivität im Sinne „ich mich selbst" wird durch das Reflexivpronomen *kendi* „er/sie/es selbst" und aktiv gebrauchte Verbstämme ausgedrückt: *Kendimi iyi hissetmiyorum* „Ich fühle mich nicht gut", *Biraz kendini düşün* „Denke ein wenig an dich", *Kendi kendimi ve kızımı yıkadım* „Ich habe mich und meine Tochter gewaschen" (s. auch *Pronomina* 4).

Manchmal wird auch *kendi* mit Reflexivverben kombiniert: *Kendim yıkandım* „Ich habe mich selbst gewaschen", *Kendime bilgisayar edindim* „Ich habe mir einen Computer zugelegt", *Kendimden utanıyorum* „Ich schäme mich vor mir selbst".

2. Das Passivsuffix *-il-* *(Edilgen Eki)*

Wenn der Verbstamm nicht auf Vokal oder *-l* auslautet, wird für die Passivinterpretation das vierförmige Suffix *-il-* angehängt. Auch diese Verben können unter Umständen ins Deutsche reflexiv übersetzt werden. Der Grundgedanke bei *-il-* ist, dass das Ereignis aus einer nicht genannten, evtl. auch nicht bekannten Quelle resultiert:

sevmek	*lieben*	→	sev**il**mek	*geliebt werden*
çekmek	*ziehen*	→	çek**il**mek	*sich zurückziehen/zurückgezogen werden* (übertragen: *etw. aushalten*)
etmek	*tun*	→	ed**il**mek	*getan werden*
dökmek	*ausschütten*	→	dök**ül**mek	*sich ergießen/ausgeschüttet werden*
görmek	*sehen*	→	gör**ül**mek	*gesehen/kontrolliert werden*
yapmak	*machen*	→	yap**ıl**mak	*gemacht werden*
sarmak	*einwickeln*	→	sar**ıl**mak	*sich anbinden* (übertragen: *umarmen*) */eingepackt werden*
sıkmak	*drücken*	→	sık**ıl**mak	*bedrückt sein/werden*
yormak	*ermüden*	→	yor**ul**mak	*erschöpft sein/werden*

Beispiele: *Burası çekilmiyor* „Hier ist es nicht auszuhalten", *Bilgisayarım tamir edildi* „Mein Computer ist repariert worden", *Saatlerce dans edildi* „Es wurde stundenlang getanzt", *Hastaneye gönderildim* „Ich bin ins Krankenhaus geschickt worden", *Tuna Nehri Karadeniz'e dökülür* „Die Donau mündet (= ergießt sich) in das Schwarze Meer", *Saçlarım dökülüyor* „Meine Haare fallen aus", *İşim görüldü* „Meine Angelegenheit ist erledigt", *24 kişi dün serbest bırakıldı* „24 Personen sind gestern freigelassen worden", *Oğluma sarıldım* „Ich habe meinen Sohn umarmt", *Canım sıkılıyor* „Ich bin missgelaunt" (= Meine Seele wird bedrückt – Damit kann man alles abdecken, was einem die Stimmung verdirbt, z. B. Langeweile, schlechtes Wetter, Mieterhöhung), *Üniversiteye yazıldım* „Ich habe mich immatrikuliert", *Yoruldum* „Ich bin erschöpft";
Bu su içilir mi? „Kann man dieses Wasser trinken?", *Sigara içilmez* „Nichtraucher" (Aufschrift), *Sesiniz duyulmuyor* „Man hört Ihre Stimme nicht" (*am Telefon*: Bitte, sprechen Sie lauter).

Merke auch: *komak* (selten) „setzen, stellen, legen" → *konmak* „sich niederlassen (z. B. Vögel) → *konulmak* „gesetzt, gestellt, gelegt werden": *Tabaklar yerine konuldu* „Die Teller sind an ihren Platz gestellt worden" oder *koymak* „setzen, stellen, legen" → *koyulmak* „gesetzt, gestellt, gelegt sein" bzw. „sich an etwas machen, etwas in Angriff nehmen": *Tabaklar yerine koyuldu* „Die Teller sind hingestellt" bzw. *İşe koyuldum* „Ich habe mich an die Arbeit gemacht". Merke ebenso: *anlamak* „verstehen" → *anlaşılmak* „verstanden werden": *Anlaşıldı mı?* „Wurde (das) verstanden? / Ist das klar?".

- Wenn es nötig ist, bei doppeldeutigen Verben wie *yıkanmak* einen oder mehrere nicht genannte Urheber zu signalisieren, kann man zusätzlich -*il*- anhängen: *yıkanılmak* „gewaschen werden", *denilmek* „gesagt werden", *söylenilmek* „gesagt werden", *istenilmek* „gewollt/verlangt werden", *yenilmek* „gegessen werden". Damit einher geht der Wechsel von einem Vorgang in die Tätigkeit selbst: *Gömlekler yıkandı ~ yıkanıldı* „Die Hemden sind gewaschen worden ~ wurden gewaschen".

Vergleiche auch: *İstasyona nasıl gidilir?* „Wie kommt man zum Bahnhof?" (= Wie wird zum Bahnhof gegangen? – Der Sprecher befindet sich nicht am Bahnhof) : *İstasyona nasıl gelinir?* „Wie kommt man zum Bahnhof?" (= Wie wird zum Bahnhof gekommen? – Der Sprecher befindet sich am Bahnhof, ist aber z. B. mitgenommen worden und hat nicht auf den Weg geachtet).

Merke gesondert: *Burada uyunmaz* „Hier schläft man nicht" : *Burada uyunulmaz* „Hier kann man nicht schlafen".

- Wenn das Verb das Possibilitivsuffix -(*y*)*ebil*- enthält, wird im Regelfall nur das Grundverb mit dem Passivsuffix versehen: *Bu su içilebilir mi?* „Kann man dieses Wasser trinken?" (im Sinne ‚trinkbar'). Seltener kommt zusätzlich auch *bil*- passiv vor. Angenommen, jemand sagt auf einer Party: *Bu kadar alkol niye?* „Warum so viel Alkohol?", dann könnte folgende Antwort kommen: *Fazla değil. İçilebilinir* „Das ist nicht zu viel. Das kann getrunken werden" (im Sinne, das ist von den Anwesenden zu schaffen).

- Einige phraseologische Verben mit *etmek* „tun" werden mittels *olmak* „werden/sein" zu intransitiven Verben: *tıraş etmek* „jemanden rasieren" → *tıraş olmak* „sich rasieren", *kaybetmek* „etwas verlieren" → *kaybolmak* „verlorengehen": *Berber oğlumu tıraş etti* „Der Frisör hat meinen Sohn rasiert", *Tıraş oldum* „Ich habe mich rasiert", *Paramı kaybettim* „Ich habe mein Geld verloren", *Anahtarlarım kaybolmuş* „Meine Schlüssel sind weg".

Die Passivformen zu *etmek* und *olmak* lauten *edilmek* und *olunmak*. Eine Reihe phraseologischer Verben können mit *edilmek* oder *olunmak* gebildet werden, z. B. *rica edilmek/olunmak* „gebeten werden". In der ersten Variante hat der Sprecher einen nichtgenannten Urheber im Sinn, in der zweiten Variante nicht: *Üyelerin vaktinde gelmesi rica edilir* „Es wird gebeten, dass die Mitglieder pünktlich kommen" : *Üyelerin vaktinde gelmesi rica olunur* „Die Mitglieder werden gebeten, pünktlich zu kommen"; *Nasıl meşhur edilir?* „Wie wird jemand/etwas berühmt gemacht?" : *Nasıl meşhur olunur?* „Wie wird man berühmt?".

Deutsches „geboren werden/sein" ist im Türkischen ein aktives Verb; es heißt *doğmak* und bezieht sich auf das Individuum: *Hakan Frankfurt'ta doğdu* „Hakan ist in Frankfurt geboren". Die Passivform *doğulmak* „geboren werden" zeigt an, dass der damit formulierte Inhalt allgemein gültig ist: *İnsan ırkçı doğulmaz* „Der Mensch wird nicht als Rassist geboren", *Şair doğulmaz, şair olunur* „Man wird nicht als Dichter geboren, sondern man wird zum Dichter".

- Soll in Passivsätzen der Urheber genannt werden, wird das mit *tarafından* „von (= von Seiten)" ausgedrückt: *'Faust' Goethe tarafından yazıldı* „'Faust' ist von Goethe geschrieben worden". Vor *tarafından* stehen Substantive im Nominativ, Pronomina im Genitiv (bis auf die Pluralformen). *Tarafından* kann mit und ohne Passivformen gebraucht werden; es nimmt die jeweiligen Possessivsuffixe an: *Tarafınızdan gönderilen hediyeleri aldık* „Wir haben die Geschenke erhalten, die von Ihnen (Ihrer Seite) übersandt wurden", *Bizim tarafımızdan da selam söyle!* „Bestelle auch von unserer Seite Grüße!".

Es gibt aber auch die Möglichkeit, den Urheber durch das Suffix *-ce* anzuzeigen. Diese Variante kommt überwiegend in der Nachrichten- oder in der Amtssprache in Zusammenhang mit Behörden (oder Personen als Gemeinschaft) vor; dann wird der Urheber nicht besonders hervorgehoben: *Avrupa Birliği'nce* „seitens der Europäischen Gemeinschaft", *avukatlarınca* „seitens seiner Anwälte".

▶ Vergleichen wir: *Yönetim kurulunca üyelerin vaktinde gelmesi rica edilir* „Seitens des Vorstandes wird gebeten, dass die Mitglieder pünktlich kommen" : *Yönetim kurulu tarafından üyelerin vaktinde gelmesi rica olunur* „Die Mitglieder werden vom Vorstand gebeten, pünktlich zu kommen".

Wenn die nicht genannten Urheber Personen sind, wird die Passiv-Idee häufig durch ein aktives Verb in der 3. Pers. Pl. ausgedrückt: *Türkiye'de ne yerler?* „Was essen sie (die Leute) in der Türkei?", aber: *Türkiye'de ne yenilir?* „Was isst man in der Türkei?". Wenn der Urheber sehr wichtig ist, werden Aktivformen vorgezogen. So sagt man nicht „Ich bin von einem Hund gebissen worden", sondern *Beni köpek ısırdı* „Mich hat ein Hund gebissen". Andererseits sagt man z. B. *Kolum kırıldı* „Ich habe mir den Arm gebrochen (= Mein Arm hat sich gebrochen)" und im Regelfall nicht *Kolumu kırdım* „Ich habe meinen Arm gebrochen".

- Zum Schluss noch ein Hinweis: Manchmal kann es erforderlich werden, auch bei Verben mit dem Passivsuffix *-il-* darauf hinzuweisen, dass mehr als ein ungenannter Beteiligter vorhanden ist. Dann wird zusätzlich das Suffix *-in-* angehängt: *Şimdiye kadar AB'ye girilinmedi* (AB = Avrupa Birliği) „Bis jetzt wurde man in die EU nicht aufgenommen".

18.3 Die Kausativa *(Oldurgan/Ettirgen Çatı)*

▶ Vergleichen Sie:

(1) Ders bitti. : Dersi bit**ir**dim.	*Der Unterricht ist zu Ende. : Ich habe den Unterricht beendet.*
(2) Düğme kopmuş. : Düğmeyi kop**ar**dım.	*Der Knopf ist abgerissen. : Ich habe den Knopf abgerissen.*
(3) Bekledim. : Beni bekle**tt**in.	*Ich habe gewartet. : Du hast mich warten lassen.*
(4) Mektup yazdım. : Mektubu yaz**dır**dım.	*Ich habe einen Brief geschrieben. : Ich habe den Brief schreiben lassen.*

Intransitive Verben nehmen normalerweise kein direktes Objekt zu sich. Man kann sie aber in transitive Verben überführen, z. B. *bitmek* „enden" → *bitirmek* „etwas beenden". Dadurch werden diese Verben objektfähig, d. h., im Satz kann eine Stelle mehr besetzt werden. Aber auch transitive Verben können um eine besetzbare Satzgliedstelle erweitert werden, z. B. *(birini) tanımak* „(jemanden) kennen" → *(birini birine) tanıtmak* „(jemanden jemandem) vorstellen". In all diesen

Fällen bewirkt das Subjekt etwas, was sich auch als Veranlassen auswirken kann, vgl. *öl-* „sterben" → *öldür-* „töten"; *yat-* „liegen" → *yatır-* „(jemanden/etwas) hinlegen"; *iç-* „trinken" → *içir-* „zu trinken geben"; *yap-* „machen" → *yaptır-* „machen lassen".

Das Türkische kennt eine Reihe solcher Suffixe. Sie werden zusammenfassend auch *Kausativsuffixe* genannt. Die unten stehenden deutschen Übersetzungen der türkischen Verben geben nur die prägnantesten Bedeutungen wieder.

- Das häufigste Kausativsuffix ist das vierförmige *-dir-*; es wird jedoch *nicht* an mehrsilbige Verbstämme angehängt, die auf Vokal oder *-l* oder *-r* ausgehen. Das Suffix *-dir* wird an transitive (a) und intransitive (b) Verbstämme angehängt:

(a)	sevmek	*lieben*	→ sev**dir**mek	*(jemanden für etwas) begeistern*
	yemek	*essen*	→ ye**dir**mek	*zu essen geben/füttern*
	bilmek	*wissen*	→ bil**dir**mek	*mitteilen (wissen lassen)*
	giymek	*(etwas) anziehen*	→ giy**dir**mek	*(jemanden) anziehen*
	öpmek	*küssen*	→ öp**tür**mek	*küssen lassen*
	yapmak	*machen*	→ yap**tır**mak	*machen lassen*
	bozmak	*kaputt-/kleinmachen*	→ boz**dur**mak	*umtauschen (Geld)*
	tamir etmek	*reparieren*	→ tamir et**tir**mek	*reparieren lassen*
(b)	binmek	*einsteigen/aufsitzen*	→ bin**dir**mek	*einsteigen/aufsitzen lassen*
	gülmek	*lachen*	→ gül**dür**mek	*zum Lachen bringen*
	sönmek	*erlöschen*	→ sön**dür**mek	*auslöschen*
	inanmak	*glauben*	→ inan**dır**mak	*glauben machen/überzeugen*
	kızmak	*heiß werden*	→ kız**dır**mak	*heiß machen/wütend machen*
	dolmak	*voll werden*	→ dol**dur**mak	*voll füllen/ausfüllen*
	susmak	*schweigen*	→ sus**tur**mak	*zum Schweigen bringen*

- An mehrsilbige Verbstämme, die auf Vokal oder *-l* oder *-r* enden, wird *-t-* angehängt:

(a)	beklemek	*warten*	→ bekle**t**mek	*warten lassen*
	istemek	*wollen*	→ iste**t**mek	*(eine Sache) bestellen lassen*
	anlamak	*verstehen*	→ anla**t**mak	*erzählen*
	tanımak	*erkennen/kennen*	→ tanı**t**mak	*bekannt machen*
	okumak	*lesen/studieren*	→ oku**t**mak	*(vor)lesen lassen/unterrichten/(Schul-/Universitäts-)Ausbildung zukommen lassen*
	hatırlamak	*sich erinnern*	→ hatırla**t**mak	*(jemanden an etwas) erinnern*
(b)	erimek	*schmelzen (intransitiv:* *Der Schnee schmilzt.)*	→ eri**t**mek	*zum Schmelzen bringen*
	düzelmek	*sich bessern*	→ düzel**t**mek	*(etwas) verbessern/in Ordnung bringen*
	oturmak	*sich setzen/sitzen*	→ otur**t**mak	*(jemanden) sich setzen oder sitzen lassen/(etwas) hinsetzen*

- An eine Reihe einsilbige, konsonantisch auslautende Verbstämme wird das vierförmige Suffix *-ir-* angehängt:

(a)	içmek	*trinken*	→ iç**ir**mek	*zu trinken geben*
	geçmek	*vorbeigehen*	→ geç**ir**mek	*vorbeigehen lassen/verbringen*
	duymak	*hören/fühlen*	→ duy**ur**mak	*bekannt geben/verlauten lassen*

(b) bitmek *enden* → bit**ir**mek *(etwas) beenden*
pişmek *kochen* (intransitiv: → piş**ir**mek *kochen* (transitiv: Ich koche Essen.)
Das Essen kocht.)
düşmek *fallen* → düş**ür**mek *fallen lassen/verlieren*
kaçmak *fliehen* → kaç**ır**mak *entführen/(etwas) verpassen*
yatmak *sich hinlegen/liegen* → yat**ır**mak *(jemanden) hinlegen/einzahlen* (Geld)
doymak *satt werden* → doy**ur**mak *satt machen/sättigen*

- An einige einsilbige Verbstämme, die meistens auf -k enden, tritt das vierförmige Suffix *-it-*:

akmak *fließen* → ak**ıt**mak *fließen/abfließen lassen*
sarkmak *herabhängen/sich* → sark**ıt**mak *(etwas) herab-, hinaushängen*
hinauslehnen
korkmak *Angst haben* → kork**ut**mak *(jemanden) ängstigen*
kokmak *(gut oder übel) riechen* → kok**ut**mak *mit Gestank erfüllen*
ürkmek *erschrecken* (intransitiv: → ürk**üt**mek *(jemanden) erschrecken* (transitiv:
Ich erschrak.) Ich erschreckte ihn.)

- Das zweiförmige Suffix *-er-* erscheint nur in wenigen Verben; die wichtigsten sind:

gitmek *gehen* → gid**er**mek *(etwas) beseitigen*
çıkmak *hinausgehen* → çık**ar**mak *herausholen, -ziehen u. a.*
kopmak *abreißen, -gehen* → kop**ar**mak *(etwas) abreißen/abbrechen*

Das Verb *sapmak* „ein-, abbiegen" hat zwei Kausativformen: *saptırmak* „(jemanden) einbiegen lassen (Straße)/(etwas) in eine andere Richtung bringen" und *sapıtmak* „vom rechten Weg abkommen, spinnen".

- Merke auch *emmek* „saugen" → *emzirmek* „stillen" sowie folgende unregelmäßige Bildungen:

öğrenmek *lernen* → öğre**t**mek *lehren*
gelmek *kommen* → ge**tir**mek *(her-)bringen/holen*
görmek *sehen* → gös**ter**mek *zeigen*
kalkmak *aufstehen* → kal**dır**mak *aufstehen lassen/aufheben/wegräumen*
ısınmak *sich erwärmen* → ısı**t**mak *(etwas) erwärmen/warm machen*
aldanmak *sich täuschen/* → alda**t**mak *(jemanden) täuschen/hinters Licht*
getäuscht werden *führen*
kurtulmak *gerettet werden* → kurta**r**mak *jemanden retten*

Beispiele: *Çocukları otobüse bindirdim* „Ich habe die Kinder in den Bus gesetzt", *Beni güldürme* „Bring mich nicht zum Lachen", *Lambayı söndür* „Mach die Lampe aus", *Bununla beni inandıramazsın* „Damit kannst du mich nicht überzeugen", *Arkadaşını niye kızdırdın?* „Warum hast du deinen Freund verärgert?", *Türkçeyi sana kim sevdirdi?* „Wer hat dich für Türkisch begeistert?", *Komşumuz bebeğini aldırmış* „Unsere Nachbarin hat ihr Baby abtreiben lassen", *Kendime ayakkabı yaptırdım* „Ich habe mir Schuhe machen lassen", *Euro bozdurmak istiyorum* „Ich möchte Euro umtauschen", *Bir sözcük uydur* „Erfinde ein Wort", *Bisikletimi tamir ettirdim* „Ich habe mein Fahrrad reparieren lassen", *Sana bir şey hatırlatmak istiyorum* „Ich möchte dich an etwas erinnern", *Saçını düzelt* „Bring deine Haare in Ordnung", *Limon istettim* „Ich habe Zitrone bestellt (= bestellen lassen)", *Anlat bakalım, dün ne yaptın?* „Erzähl mal, was hast du gestern gemacht?", *Mektubu okuttum* „Ich habe den Brief (vor)lesen lassen", *Oğlumu okuttum* „Ich habe meinem Sohn eine Ausbildung zukommen lassen", *Paramı düşürdüm* „Ich habe mein Geld verloren", *Otobüsü kaçırdım* „Ich habe den Bus verpasst", *Hesaba 1000 euro yatırdım* „Ich habe aufs Konto 1000 Euro eingezahlt", *Tatilimizi Türkiye'de geçirdik* „Wir haben unsere Ferien in der Türkei verbracht", *Beni korkuttun* „Du hast mir Angst eingejagt", *Ayakkaplarını çıkar* „Zieh deine Schuhe aus".

Auch Negativ-Ergebnisse können mit dem Kausativsuffix ausgedrückt werden: *Çantamı çaldırdım* „Ich habe mir meine Tasche stehlen lassen", *Paralarımı bir dolandırıcıya kaptırdım* „Ich habe mir mein Geld durch einen Betrüger entreißen lassen".

- Wenn die ausführende Person genannt wird, steht sie im Dativ: *Oğluma bilgisayarı tamir ettirdim* „Ich habe meinen Sohn den Computer reparieren lassen", *Bilgisayarı oğluma tamir ettirdim* „Ich habe den Computer meinen Sohn reparieren lassen", *Bilgisayarı oğluma tamir ettirttim* „Ich habe den Computer durch meinen Sohn reparieren lassen/zur Reparatur bringen lassen". Hin und wieder sind solche Aussagen doppeldeutig: *Kızıma mektup yazdırdım* „Ich habe meine Tochter einen Brief schreiben lassen" oder „Ich habe meiner Tochter einen Brief schreiben lassen".

- Es ist möglich, an einen mit Kausativsuffix versehenen Verbstamm weitere Kausativsuffixe anzufügen. Bei jedem zusätzlichen Kausativsuffix nimmt der Bewirkungsfaktor, den das Subjekt auslöst, um 1 zu. Oft kommen dann eine oder mehrere weitere, nicht genannte Personen ins Spiel, es können aber auch andere Faktoren sein: *doğmak* „geboren werden" → *doğurmak* „gebären, zur Welt bringen" → *doğurtmak* „entbinden" → *doğurtturmak* „entbinden lassen" → *doğurtturmak* (doğ-ur-t-tur-t-) „veranlassen zu entbinden".

▸ Vergleichen wir: *Çocuğa süt içirdim* „Ich habe dem Kind Milch zu trinken gegeben" : *Çocuğa süt içirttim* „Ich habe das Kind Milch trinken lassen *oder* Ich habe dem Kind Milch eingeflößt". Das Verb *de-* „sagen" wird so gut wie immer mit zwei Kausativsuffixen versehen: *Kızıma 'Teşekkür ederim' dedirttim* „Ich habe meine Tochter ‚Danke' sagen lassen (Ich habe sie dazu gebracht, danke zu sagen)". Noch ein Beispiel, das zwischen Sprecher und Hörer ablaufen kann: *Beni hastaneye yatırsan da yatırtsan da yatırttırtmana razı değilim* „Wenn du mich ins Krankenhaus einlieferst oder auch einliefern lässt, bin ich nicht einverstanden, dass du veranlasst, mich einliefern zu lassen".

18.4 Die verbstammerweiternden Suffixe im Zusammenspiel

▸ Vergleichen Sie:

(1) Üstünü de**ğiştir**.	*Zieh etwas anderes an.*
(2) Eski Türkçeyi ara**ştır**ıyorum.	*Ich erforsche Alttürkisch.*
(3) Bütün gün ko**şuştur**dum.	*Den ganzen Tag bin ich hin- und hergerannt.*
(4) Teknik ge**liştiril**iyor.	*Die Technik wird weiterentwickelt.*

Wir haben im Abschnitt zuvor gesehen, dass die Kausativsuffixe erlauben, eine Stelle im Satz mehr zu besetzen. Man kann Kausativverben aber auch diese Möglichkeit wieder nehmen. Damit werden sie allerdings nicht auf die Bedeutung des Ausgangsverbs zurückgeführt: *bil-* „wissen" → *bildir-* „mitteilen" → *bildiril-* „mitgeteilt werden". Mit *-il-* versehene Kausativverben sind übrigens immer passivisch interpretierbar.

Und wie sieht es bei Verbstämmen mit *-(i)n-* aus? Folgendermaßen: *sev-* „lieben" → *sevin-* „sich freuen" → *sevindir-* „erfreuen" → *sevindiril-* „erfreut werden".
Die mit *-il-* versehenen Verbstämme werden nicht mit *-dir-* erweitert.

Es gibt nur wenige Verben, die mit allen Suffixen kombinierbar sind, besonders Reflexiv und Reziprok sind selten in einem Verb zu finden. Die nachfolgenden Verbformen mit *daya-* „etwas stützen/anlehnen" und *tanı-* „kennen", die die Reihenfolge der Suffixe aufzeigen, sind LEWIS (1991: 152 f.) entnommen:

1.	Simplex	*daya-*	*Merdiveni duvara dayadım* „Ich habe die Leiter an die Wand gelehnt"
2.	Refl.-Pass.	*daya-n-*	*Duvara dayandım* „Ich habe mich an die Wand gelehnt"
3.	Reziprok	*daya-n-ış-*	*Dayanışma içindeyiz* „Wir befinden uns in Solidarität"
4.	Kausativ	*daya-n-ış-tır-*	*dayanıştırma* „Solidarisierung"
5.	Passiv	*daya-n-ış-tır-ıl-*	*Dayanıştırılmak üzere çağrı* „Aufruf zum Solidarisiertwerden"
6.	Negation	*daya-n-ış-tır-ıl-ma-*	*dayanıştırılmama* „Nichtsolidarisiertwerden"

1.	Simplex	*tanı-*	*Sascha'yı tanıyorum* „Ich kenne Sascha"
2.	Refl.-Pass.	*tanı-n-*	*Sascha tanınıyor* „Sascha ist bekannt"
3.	Reziprok	*tanı-ş-*	*Sascha'yla tanışıyoruz* „Sascha und ich kennen uns"
4.	Kausativ	*tanı-ş-tır-*	*Sascha'yla tanıştırayım* „Ich möchte mit Sascha bekannt machen"
5.	Passiv	*tanı-ş-tır-ıl-*	*Sascha'yla tanıştırıldım* „Ich bin mit Sascha bekannt gemacht worden"
6.	Negation	*tanı-ş-tır-ıl-ma-*	*Sascha'yla tanıştırılmadım* „Ich bin mit Sascha nicht bekannt gemacht worden"

a. Possibilität: *tanı-ş-tır-ıl-abil-*
 Sascha'yla tanıştırılabildik „Wir konnten mit Sascha bekannt gemacht werden"

b. Impossibilität: *tanı-ş-tır-ıl-ama-*
 Sascha'yla tanıştırılamadık „Wir konnten mit Sascha nicht bekannt gemacht werden"

c. Negation + Possibilität: *tanı-ş-tır-ıl-ma-yabil-*
 Sascha'yla tanıştırılmayabilirdik „Es hätte sein können, dass wir mit Sascha nicht bekannt gemacht worden wären"

d. Impossibilität + Possibilität: *tanı-ş-tır-ıl-ama-yabil-*
 Sascha'yla tanıştırılamayabilirdik „Es hätte sein können, dass wir mit Sascha nicht bekannt gemacht hätten werden können".

Die Verbalnomina *(Eylemlikler)*

1 Überblick

Ein Verbalnomen – was ist das? Ein Verb, ein Nomen oder gar beides? Richtig – es ist beides, ein Zwitter sozusagen. Verbalnomina sind von einem einfachen oder erweiterten Verbstamm, z. B. einem mit Reflexivsuffix versehenen Verbstamm, abgeleitete nominale Formen, die
- wie ein Verb durch das Negationssuffix *-me-* verneint werden können und
- wie ein Nomen im Satz gebraucht werden.

Darüber hinaus können sie gegebenenfalls
- Ergänzungen in einem bestimmten Kasus zu sich nehmen sowie
- Kasussuffixe, das Pluralsuffix und Possessivsuffixe annehmen.

Im Türkischen gibt es drei *Verbalnomina*, die man auch im Wörterbuch findet. Das sind
- das Verbalnomen auf *-mek*, auch *Infinitiv* oder *Vollinfinitiv* genannt, z. B. *uçmak* „fliegen“,
- das Verbalnomen auf *-me,* auch *Kurzinfinitiv* genannt, z. B. *uçma* „(das) Fliegen“, und
- das Verbalnomen auf *-(y)iş*, mit dem von Verbstämmen abgeleitete Verbalnomina gebildet werden, die einen zeitlich begrenzten Prozess bezeichnen, z. B. *uçuş* „der Flug“.

Eine Unterklasse der Verbalnomina sind die *Partizipien* (deutsch: *Mittelwörter*). Sie werden als Adjektive und auch substantiviert verwendet. Die Partizipien findet man im Wörterbuch nur, wenn sie nicht ohne weiteres ableitbare Bedeutungen aufweisen, z. B. *beklenmedik* „unerwartet“ oder wenn sie auch konkrete Substantive vertreten, z. B. *tanıdık* „Bekannter“, *dolmuş* „Sammeltaxi“, *yazar* „Schriftsteller“, *içecek* „Getränk“, *bakan* „Minister“.

2 Die Infinitive *(Mastarlar)*

▶ Vergleichen Sie:

(1)	Hayalim uç**mak**tır.	*Mein Traum ist es **zu fliegen**.*
(2)	Hayalim uç**ma**dır.	*Mein Traum ist **Fliegen**.*
(3)	Vergi kaçır**mak** Ayşe'yi korkutur.	*Steuern **zu hinterziehen** erschreckt Ayşe.*
(4)	Vergi kaçır**ma** Ayşe'yi korkutur.	*Steuern **hinterziehen** erschreckt Ayşe.*
(5)	yaşa**mak** hakkı	*Recht **zu leben***
(6)	yaşa**ma** hakkı	*Recht **auf Leben***

An dieser Stelle wollen wir noch zwei Begriffe einführen, nämlich *Ereignisträger* und *Ereignisausführung*. Wie Sie sehen, ist das grammatische Subjekt in den Beispielen (1) – (4) nicht identisch mit der Person, die das äußert oder über die gesprochen wird. Mit anderen Worten, es gibt einen *Ereignisträger*, der unabhängig vom Subjekt ist.

Die Beispiele (1), (3) und (5) enthalten noch eine wichtige Besonderheit; sie schließen die *Ereignisausführung* ein. In den Beispielen (2), (4) und (6) hingegen äußert sich der Sprecher nicht über eine Ausführung.

Beim *Vollinfinitiv* betrachtet der Sprecher das Verbalgeschehen konkret; er empfindet es als lebendig, schließt die Ausführung sowie – und das ist wichtig – einen *Ereignisträger* ein.

Mit dem *Kurzinfinitiv* bringt der Sprecher den Inhalt des Verbs ein. Eine Ausführung wird weder verneint noch bejaht. Der Sprecher schließt entweder keinen Ereignisträger ein wie unten in (7), oder er zeigt einen Ereignisträger mit Hilfe eines Possessivsuffixes an wie in (8):

(7) bekleme salonu	*Wartesaal*
(8) Sigara içme**ni** istemiyorum.	*Ich möchte nicht, dass du rauchst.*

Der Vollinfinitiv nimmt kein Pluralsuffix und keine Possessivsuffixe an. Er kann dekliniert werden, allerdings wird der Genitiv schon lange nicht mehr gebraucht. (Einige wenige dieser Infinitive sind zu konkreten Substantiven geworden und von dieser Einschränkung ausgenommen: *ekmek* „Brot", *yemek* „Essen", *çakmak* „Feuerzeug"). Die fehlenden Funktionen des Vollinfinitivs werden vom Kurzinfinitiv, der auf *-me* ausgeht, übernommen. Merke gesondert: *Bu ne demek?* „Was heißt/besagt das?".

Der Kurzinfinitiv wird wie ein normales Substantiv behandelt und kann Kasussuffixe, Pluralsuffix und Possessivsuffixe annehmen. (Verwechseln Sie den Kurzinfinitiv nicht mit dem verneinten Imperativ der 2. Pers. Sg.; ersterer hat Endbetonung: *yemé içmé* „Essen und Trinken" : *Yéme içme* „Iss und trink nicht".) Vergleichen wir:

	Der Vollinfinitiv		Der Kurzinfinitiv			
					Mit Possessivsuffixen	
Nominativ	gel**mek**	al**mak**	gel**me**	al**ma**	gel**mem**	al**mam**
Genitiv	—	—	gel**menin**	al**manın**	gel**men**	al**man**
Akkusativ	gel**meği**	al**mağı**	gel**meyi**	al**mayı**	gel**mesi**	al**ması**
Dativ	gel**meğe**	al**mağa**	gel**meye**	al**maya**	gel**memiz**	al**mamız**
Lokativ	gel**mekte**	al**makta**	gel**mede**	al**mada**	gel**meniz**	al**manız**
Ablativ	gel**mekten**	al**maktan**	gel**meden**	al**madan**	gel**meleri**	al**maları**

Ein wichtiger Hinweis: Ende der siebziger Jahre wurde die Rechtschreibung des Vollinfinitivs im Akkusativ und Dativ geändert und der Rechtschreibung des Kurzinfinitivs im Akkusativ und Dativ angeglichen, also statt *gelmeği/almağı* sollte *gelmeyi/almayı,* statt *gelmeğe/almağa* sollte *gelmeye/almaya* geschrieben werden. Das hatte nicht nur Rückwirkungen auf die Aussprache, sondern auch auf die Tatsache, dass man nicht mehr erkennen konnte, welcher Infinitiv eigentlich gemeint war. Diese Rechtschreibänderung ist Mitte der achtziger Jahre rückgängig gemacht worden; die Rückgängigmachung wird jedoch weitgehend nicht beachtet. Vergleichen wir dazu:

(9) Yüzme**ğe** (später: Yüzme**ye**) gittim.	*Ich bin schwimmen gegangen.*
(10) Yüzme**ye** gittim.	*Ich bin zum Schwimmen gegangen.*
(11) Konuşma**ğa** (später: Konuşma**ya**) başladım.	*Ich begann zu sprechen/zu reden.*
(12) Konuşma**ya** başladım.	*Ich habe mit dem Reden/der Rede begonnen.*

- In der Praxis sieht das heute so aus: Sowohl der Vollinfinitiv als auch der Kurzinfinitiv werden im Nominativ, Lokativ oder Ablativ verwendet. Der Kurzinfinitiv wird immer im Genitiv und meistens im Akkusativ oder Dativ gebraucht.

So wird auch dem Verb *sevmek* „lieben" im Regelfall ein Kurzinfinitiv im Akkusativ als Objekt vorangestellt wie in (13), weil der Verbalinhalt im Vordergrund steht, während das Verb *istemek* „wollen" – wenn das Subjekt nicht gewechselt wird – überwiegend einen Vollinfinitiv im Nominativ als Objekt vor sich hat wie in (14):

(13) Kahve iç**meyi** severim.	*Kaffee trinken mag ich.*
(14) Kocamı yalnız bırak**mak** istemiyorum.	*Ich möchte meinen Mann nicht allein lassen.*

Der Kurzinfinitiv gibt die Möglichkeit, durch angehängte Possessivsuffixe das Subjekt zu wechseln. Vergleichen wir (15) mit (16) – (19):

(15) Bu kitabı Türkçe öğren**mek** için aldım.	*Dieses Buch habe ich gekauft, um Türkisch zu lernen.*
(16) Bu kitabı Türkçe öğren**men** için aldım.	*Dieses Buch habe ich gekauft, damit du Türkisch lernst.*
(17) Bu kitabı Tom'un Türkçe öğren**mesi** için aldım.	*Dieses Buch habe ich gekauft, damit Tom Türkisch lernt.*
(18) Bu kitabı Türkçe öğren**memiz** için aldım.	*Dieses Buch habe ich gekauft, damit wir Türkisch lernen.*
(19) Bu kitabı Türkçe öğren**meniz** için aldım.	*Dieses Buch habe ich gekauft, damit ihr Türkisch lernt.*

In den nächsten Beispielen ist *bırakmak* „(da)lassen" in (20) im Vollinfinitiv und in seiner aktiven Form gebraucht; ein Ereignisträger wird mitgedacht, ist aber nicht genannt. In (21) ist dieses Verb im Kurzinfinitiv und in seiner passiven Form gebraucht (*eigentlich*: das Abgestelltwerden im Sinne des Vorgangs); damit ein Ereignisträger als Adressat mitgedacht werden kann, muss der Kurzinfinitiv das Possessivsuffix der 3. Person erhalten.

(20) Evin girişine bisiklet bırak**mak** yasaktır.	*Im Hauseingang Fahrräder abzustellen ist verboten.*
(21) Evin girişine bisiklet bırak**ılması** yasaktır.	*Das Abstellen von Fahrrädern im Hauseingang ist verboten.*

Vergleichen wir noch (22) mit (23). Das Possessivsuffix bei *demesi* in (22) erweitert die Bedeutung des Verbs dergestalt, dass der Ereignisträger (hier: *ich*) in einer gegebenen Situation ein bestimmtes Verhalten an den Tag legt. In (23) hingegen wird nur gesagt, dass ich die Äußerung „Ich weiß es nicht" von mir geben kann.

(22) Bilmiyorum deme**sini** de bilirim.	*Ich verstehe auch, ich weiß es nicht zu sagen.*
(23) Bilmiyorum deme**yi** de bilirim.	*Ich kann auch „Ich weiß es nicht" sagen.*

- *Wortverkettungen* (s. Nomen 2.4.1) kommen sowohl mit Vollinfinitiv als auch mit Kurzinfinitiv vor; was die Häufigkeit anbelangt, überwiegt dabei der Kurzinfinitiv. Vergleichen wir: *dinlenmek arzusu* „der Wunsch auszuruhen" : *dinlenme arzusu* „der Wunsch nach Ausruhen", *sınırdışı edilmek endişesi* „die Sorge, ausgewiesen zu werden" : *sınırdışı edilme endişesi* „die Sorge um Ausweisung".

Wie wir bereits wissen, vertritt das Verb *olmak* in bestimmten Positionen auch „sein". Vergleichen wir: *iyi bir insan olma* „ein guter Mensch zu werden" : *iyi bir insan olmak* „ein guter Mensch zu sein". Da vom Vollinfinitiv kein Genitiv gebildet und diese Funktion vom Kurzinfinitiv übernommen wird, ist bei Genitivkonstruktionen nicht ersichtlich, ob „werden" oder „sein" gemeint ist. Dann muss man den Sinnzusammenhang bemühen: *iyi bir insan olmanın yolları* „Wege, ein guter Mensch zu werden" : *Türk olmanın yararları var* „Türke zu sein hat Vorteile".

1. Weiteres zum Vollinfinitiv

Der Vollinfinitiv in verschiedenen Kasus und Satzgliedpositionen:
* als Prädikat: *En büyük hobisi futbol oynamak* „Sein größtes Hobby ist, Fußball zu spielen";
* als Subjekt: *Berlin'de ev bulmak zor* „In Berlin eine Wohnung zu finden ist schwierig";
* als Objekt: *Yemek seçmeği (*später: *seçmeyi) sevmem* „Ich mag es nicht, Speisen wählerisch auszusuchen";
* als Dativergänzung: *1970'te Almanca öğrenmeğe (*später: *öğrenmeye) başladım* „1970 habe ich angefangen, Deutsch zu lernen";
* als Lokativergänzung: *Haber vermekte gecikme* „Verspäte dich nicht, Bescheid zu geben";
* als Ablativergänzung: *Taşınmaktan vazgeçtik* „Wir haben es aufgegeben umzuziehen";
* als Postpositionalergänzung: *Ali'yi boş vaatte bulunmakla suçladı* „Sie hat Ali beschuldigt, leere Versprechungen abgegeben zu haben";
* als Attribut: *Bunu söylemekteki maksadın neydi?* „Was war deine Absicht dabei, dies zu sagen?";

Der Vollinfinitiv im Lokativ bildet den *Kontinuativ*: *Ev aramaktayız* „Wir sind auf Wohnungssuche" (s. Verb 10.6).

Der verkettete Vollinfinitiv im Prädikat (z. B. mit *zor/mecburiyet* „Zwang", *niyet* „Absicht", *cesaret* „Mut", *lütuf* „Liebenswürdigkeit"):
Doktora gitmek zorundayım/mecburiyetindeyim „Ich muss den Arzt aufsuchen", *Kazan'a gitmek niyetindeyim* „Ich beabsichtige, nach Kazan zu fahren", *Bunu söylemek cesaretinde bulunamadım* „Ich habe nicht den Mut aufbringen können, das zu sagen", *Yer vermek lütfunda bulunabilir misiniz?* „Können Sie so liebenswürdig sein, Platz zu machen?".

Der Vollinfinitiv mit Postpositionen:
Yemek pişirmek için mutfağa gidiyorum „Ich gehe in die Küche, um zu kochen", *Kendimi övmek gibi olmasın ama, bu yemek iyi olmuş* „Es soll nicht so sein, als würde ich mich loben, aber dieses Essen ist gut geworden", *Türkçeyi öğrenmek, Almancayı öğrenmek kadar zor değildir* „Türkisch zu lernen ist nicht so schwierig wie Deutsch zu lernen", *Ağlamakla hiçbir şeyi halledemezsin* „Mit Weinen kannst du gar nichts erreichen (= lösen)", *Türkiye'ye gitmek hakkındaki proje* „das Projekt über die Fahrt in die Türkei".

Ein Vollinfinitiv mit angehängtem *ile beraber/ile birlikte* bedeutet „wenngleich": *Van Gölü'nde kamp yerleri olmamakla beraber kamp yapmak mümkündür* „Wenngleich es am Van-See keine Campingplätze gibt, ist es möglich zu campen".

Der Vollinfinitiv mit der Postposition *üzere* „auf"; damit wird die gedankliche Vorphase eines im Anschluss daran zu vervollständigenden Sachverhaltes bezeichnet:
* *Pul almak üzere çıkıyorum* „Um Briefmarken zu kaufen, gehe ich weg", *Geri vermek üzere bu kitabı alabilirsiniz* „Unter der Voraussetzung, dass Sie es zurückgeben, können Sie dieses Buch mitnehmen".

- An *-mek üzere* können die Personalsuffixe des 1. Typs, ebenso *-dir, idi, imiş, ise, iken* angefügt werden. Die Bedeutung ist dann „drauf und dran (gewesen) zu sein, etwas auszuführen": *Evden çıkmak üzereyim* „Ich bin drauf und dran, aus dem Hause zu gehen", *Alışverişe çıkmak üzereydim* „Ich war gerade im Begriff, einkaufen zu gehen".
  Merken wir uns auch *... olmak üzere* und *başta ... olmak üzere*: *İkisi kız olmak üzere üç çocuğumuz var* „Wir haben drei Kinder, wovon zwei Mädchen sind", *Almanya'daki üniversiteler, başta Hamburg Üniversitesi olmak üzere, grevde* „Die Universitäten in Deutschland, allen voran die Universität Hamburg, sind im Streik".

- Der Vollinfinitiv im Ablativ mit angehängtem *ise* ergibt „lieber ... statt zu ...": *Çay içmektense kahve içelim* „Trinken wir lieber Kaffee statt Tee zu trinken" (s. auch Verbaladverbien 9.3).

- Der Vollinfinitiv mit *-sizin* ergibt „ohne zu/dass": *En ufak bir gürültü yapmaksızın yerimden kalktım* (NH, YE, 23) „Ohne den leisesten Lärm zu verursachen, stand ich von meinem Platz auf" (s. auch Verbaladverbien 5).

- Der Vollinfinitiv kann mit dem Suffix *-lik* eindeutig in die Klasse der Substantive transportiert werden. Diese Verwendung ist selten und gehört der Amts- und Nachrichtensprache an. Vergleichen wir: *Berlin'de kalmam lazım* „Ich muss in Berlin bleiben" : *Berlin'de kalmaklığım lazım* „Mein Verbleib in Berlin ist nötig".

Selten wird der Vollinfinitiv mit dem Suffix *-li* verwendet: *Ağlamaklı oldum* „Mir wurde zum Weinen zumute".

2. Weiteres zum Kurzinfinitiv

Der Kurzinfinitiv in verschiedenen Kasus und Satzgliedpositionen:
- als Prädikat: *Almanya iade için beklemede* (Milliyet, 21.11.98/1) „Deutschland ist für die Auslieferung im Wartezustand", *Amacımız sizin problemsiz bir bilgisayara sahip olmanız* (Reklame) „Unser Ziel ist, dass Sie ohne Probleme Besitzer eines Computers werden", *Düşmanlıklarının nedeni, bu iki kişinin ayrı dinlerden olması* „Der Grund ihrer Feindschaft ist der Umstand, dass diese beiden Personen verschiedener Religion sind";
- als Subjekt: *Bu lokantada yeme içme pahalı değil* „In dieser Gaststätte ist Essen und Trinken nicht teuer", *Komşumun benden yardım istemesi bir rastlantı değil* „Dass mein Nachbar mich um Hilfe bittet, ist kein Zufall", *Bir telefon etmeniz ya da www.isbank.com.tr adresine uğramanız yeterli* (Reklame) „Es reicht, wenn Sie nur mal anrufen oder die Adresse www.isbank.com.tr aufsuchen", *Oğlumuzun küçük olması eve kedi almamıza engel* „Der Umstand, dass unser Sohn klein ist, verhindert, dass wir eine Katze in die Wohnung aufnehmen";
- als Objekt: *Üç tane kitap, yazılmayı bekliyor* „Drei Bücher warten darauf, geschrieben zu werden";
- als Dativergänzung: *Çarşafları değiştirmeye gidiyorum* „Ich gehe die Betten abziehen (= die Laken wechseln)";
- als Lokativergänzung: *Taşınmada yarar var* „Umziehen hat Vorteile";
- als Ablativergänzung: *Para yatırmadan vazgeçtik* „Wir haben auf die Investition von Geld verzichtet";
- als Attribut: *Halim Bey'e, çalışmalarındaki üstün başarılarından ötürü bin lira armağan verildi* (AN, YLBD, 75) „Halim Bey hat auf Grund seiner hervorragenden Erfolge bei seinen Tätigkeiten tausend Lira Belohnung erhalten";

içme suyu „Trinkwasser", *oturma odası* „Wohnzimmer", *okuma kitabı* „Lesebuch", *araştırma kurulu* „Untersuchungsausschuss"; *tükenme tehlikesi* „Aussterbegefahr", *hayvan koruma derneği* „Tierschutzverein", *yemek pişirme teknikleri* „Techniken des Essenkochens", *uzatma önerisi* „Vorschlag auf Verlängerung", *yabancılara taşınma yasağı* „Umzugsverbot für Ausländer"; *Türkçe öğrenmenin zorlukları* „die Schwierigkeiten des Türkischlernens", *Artık bizim horozu kesmenin zamanı geldi* (AE, GE, 7) „Jetzt ist die Zeit gekommen, unseren Hahn zu schlachten", *meslek hastalıklarının bildirilme yükümlülüğü* „die Pflicht zur Meldung von Berufskrankheiten".

Auch in folgenden Beispielen steht der Verbalinhalt im Vordergrund; manchmal muss man in der deutschen Übersetzung ein „sollen" hinzufügen:

Doktora gitmem lazım „Ich muss zum Arzt gehen", *Mektup yazmanızı rica ediyorum* „Ich bitte Sie zu schreiben", *Geç kalmanı istemiyorum* „Ich möchte nicht, dass du dich verspätest", *Sana gelmemi ister misin?* „Möchtest du, dass ich zu dir komme?";
Kızıma teşekkür etmesini söyledim „Ich habe meiner Tochter gesagt, sie solle sich bedanken", *Doktor, sigara içmeyi bırakmamı söyledi* „Der Arzt hat gesagt, ich solle aufhören zu rauchen"; *Türkçe öğrenmenden çok memnunum* „Ich bin sehr zufrieden damit, dass du Türkisch lernst".

Der Kurzinfinitiv mit Postpositionen:

Arkadaşımın Türkçe öğrenmesi için bir ders kitabı aldım „Damit meine Freundin Türkisch lernt, habe ich ein Lehrbuch gekauft", *Yağmur yağmasına rağmen yürüyüşe çıktık* „Trotz des Regens sind wir auf einen Spaziergang hinausgegangen".

- Der Kurzinfinitiv ist – was die deutsche Übersetzung anbelangt – nominal oder verbal zu interpretieren; so kann ein *tartışma* – je nach Verwendung – sowohl „(das) Diskutieren / Debattieren" wie auch „(die) Diskussion/Debatte" als auch „diskutieren/debattieren" ergeben: *seçim tartışması* „das Debattieren über die Wahl", *Tartışmalar uzun sürdü* „Die Kontroversen haben lang angehalten", *Tartışmamızı istemiyorum* „Ich möchte nicht, dass wir uns streiten". Wenn ein Adverbial der Zeit oder des Ortes durch das Suffix *-ki* adjektiviert ist und als Attribut vor dem Kurzinfinitiv steht, ist dieser stets substantivisch zu übersetzen:

Ali'nin dün konuşması lazımdı.	*Ali hätte gestern sprechen müssen.*
Ali'nin dün**kü** konuşması hoşuma gitmedi.	*Die gestrige Rede von Ali hat mir nicht gefallen.*
katilin Frankfurt'ta yakalanması	*die Festnahme des Mörders in Frankfurt*
katilin Frankfurt'ta**ki** yakalanması	*die in Frankfurt erfolgte Ergreifung des Mörders*

- Wenn die Kurzinfinitive von Reziprokverben mit dem Pluralsuffix versehen sind, können sie kontextabhängig auch so übersetzt werden: *tartışmalar* „die Debattiererei", *koşuşmalar* „die Rennerei", *bağrışmalar* „das Geschrei", *öpüşmeler* „das Geküsse".

Merke gesondert: Eine Reihe dieser Infinitive sind konkrete Substantive und geben das Resultat an, ohne an eine vorherige Handlung anzuknüpfen: *kızartma* „Braten", *kıyma* „Gehacktes", *dolma* „Gefülltes" (z. B. *biber dolması* „gefüllte Paprikaschoten), *dondurma* „Speiseeis".

Manche dieser resultativen Infinitive werden auch in attributiver Funktion verwendet; sie werden jedoch mit dem Grundwort nicht verkettet: *kesme şeker* „Würfelzucker (= Schnittzucker)", *asma köprü* „Hängebrücke", *takma isim* „Pseudonym (= Anhängename)", *dolma kalem* „Füllfederhalter", *elden düşme bilgisayar* „ein Computer aus zweiter Hand (= ein von der Hand abgängiger Computer)", *Nuh Nebi'den kalma araba* „ein vorsintflutliches Auto (= ein vom Propheten Noah übrig[gebliebene]s Auto", *yünden örme hırka* „Wollstrickjacke", *sazdan yapılma bir çanak* „eine Schale aus Schilf[herstellung]".

Sehen wir uns noch folgende Beispiele an:

Viyana kuşatması	*die Belagerung von Wien*
Viyana kuşatılması	*das Belagern von Wien*
Viyana'nın kuşatılması	*die Belagerung Wiens* (z. B. im Gegensatz zu „Istanbul")
Türklerin kuşatması	*die Belagerung durch die Türken* (die Türken belagern)
Türklerin kuşatılması	*die Belagerung der Türken* (die Türken werden belagert)
Türklerin Viyana'yı kuşatması	*die Belagerung von Wien durch die Türken*

- Der Kurzinfinitiv kann mit dem Suffix *-li* versehen werden, z. B. *inme* „Schlaganfall" → *inmeli* „(durch Schlaganfall) gelähmt" → *Emeklilerden biri inmeli* „Einer der Rentner ist durch Schlaganfall gelähmt", *uzatma* „Verlängerung" → *uzatmalı* „verlängert" → *Fatma'nın uzatmalı nişanlısı* „Fatmas Dauerverlobter".

- Der Kurzinfinitiv kann mit dem Suffix *-ci* versehen werden, z. B. *yarışma* „Wettkampf/Wettbewerb" → *yarışmacı* „Wettkämpfer/Wettbewerber".

- Der Kurzinfinitiv kann auch mit dem Suffix *-cik* versehen werden, z. B. *yapma* „Machen" → *yapmacık* „künstlich".

Siehe auch in diesem Kapitel 4.7.4 und *Weiteres zu den Verben* 7.

3   Das Verbalnomen auf *-iş* *(Kılış Adı)*

▶ Vergleichen Sie:

(1) Alışveriş yapmam lazım.	*Ich muss einkaufen.*
(2) Serginin açılışı saat yirmide.	*Die Eröffnung der Ausstellung ist um 20 Uhr.*
(3) Suzan'ın bakışı anlamlıydı.	*Suzans Blick war bedeutungsvoll.*
(4) Onun oturuşuna bak!	*Schau, wie der/die dasitzt.*

Mit dem Suffix *-iş*, nach Vokal *-yiş*, werden Verbalnomina gebildet, die ein begrenztes Ereignis bezeichnen, das aus mehr als einer Phase besteht. Das kann dazu führen, wie in (3) und (4) die Art und Weise mitzudenken.

Das Verbalnomen auf *-iş* wird im Regelfall nicht von Verbstämmen gebildet, die das Reziprok-Kooperativsuffix *-iş* enthalten. Wenn es vorkommt, wird immer die Art und Weise angezeigt: *konuşuş* „die Art und Weise des Redens". Ansonsten verhält es sich wie ein normales Substantiv. Es kann Pluralsuffix, Possessivsuffixe und Kasussuffixe annehmen sowie Ergänzungen zu sich nehmen.

Das Verbalnomen auf *-iş* in verschiedenen Kasus und Satzgliedpositionen:
- als Prädikat: *Öksürdü. Sigara tiryakilerinin öksürüşüydü bu...* (NH, YE, 22) „Sie hustete. Das war die Hustenart von passionierten Rauchern";
- als Subjekt: *Bakışın beni rahatsız ediyor* „Dein Blick stört mich";
- als Objekt: *Tam karşımda iki kız oturuyor. Seslerini, gülüşlerini duyuyorum* „Genau mir gegenüber sitzen zwei Mädchen. Ich höre ihre Stimmen und ihr Gelache".
- als Dativergänzung: *Notebook'un kayboluşuna şaşıyorum* „Ich wundere mich über das Verschwinden des Notebooks";
- als Lokativergänzung: *Evlenmeyişimde yarar var* „Die Tatsache meiner Nichtverheiratung hat Vorteile";

- als Ablativergänzung: *Oturuşunuzdan rahatsızlık duyuyorum* „Die Art und Weise Ihres Sitzens stört mich";
- als Adverbial: *Yapmacık bir gülümseyişle, – Ne zaman? diye sordum* (AN, YLBD, 83) „Mit einem künstlichen Lächeln fragte ich: Wann?";
- als Attribut: *davranışlardaki aksilik* „das Missgeschick bei den Verhaltensweisen"; *Halim Bey'e, […] bin lira armağan verildi. Paranın verilişinin ertesi günü, Halim Bey'in hesabındaki açık kapandı* (AN, YLBD, 75) „Halim Bey hat tausend Lira Belohnung erhalten. Am Tag nach der Aushändigung des Geldes war das Loch auf dem Konto von Halim Bey gestopft".

- ▸ Vergleichen wir: *Sovyetler Birliği'nin dağılışı* „der Zerfall der Sowjetunion" : *Sovyetler Birliği'nin dağılması* „das Zerfallen der Sowjetunion"; *Gül'le hiçbir sorunumuzun olmayışı harika* „Dass zwischen Gül und mir kein Problem auftaucht, ist wunderbar" : *Gül'le hiçbir sorunumuzun olmaması harika* „Dass es zwischen Gül und mir kein Problem gibt, ist wunderbar".

- Vicle dieser Verbalnomina sind zu konkreten Substantiven geworden: *giriş* „Eingang / Eintritt", *çıkış* „Ausgang", *kalkış* „Abfahrt, Abflug", *varış* „Ankunft", *gidiş dönüş uçak bileti* „Hin- und Rückflugticket", *görüş* „Ansicht, Anschauung", *anlayış* „Verständnis", *işleyiş* „Prozedur", *yürüyüş* „Spaziergang, Marsch, Demonstrationsmarsch".

- An einige dieser Verbalnomina kann das Suffix *-li* oder *-siz* angehängt werden: *yağış* „Niederschlag" → *yağışlı* „regnerisch" : *yağışsız* „regenlos, niederschlagsarm", *kullanış* „Verwendung" → *kullanışlı* „praktisch" : *kullanışsız* „unpraktisch".

4   Die Partizipien *(Ortaçlar)*

▸ Vergleichen Sie:

(1) **Ağlayan** çocuk hangisi?	Welches ist das **weinende** Kind? oder Welches ist das Kind, das **weint/geweint hat**?
(2) **Geçen** hafta Türkiye'deydim.	**Vergangene** Woche war ich in der Türkei.
(3) **Gelecek** hafta Türkiye'ye gideceğim.	**Kommende** Woche fahre ich in die Türkei.
(4) Yıkan**mış** pantolon hangisi?	Welches ist die **gewaschene** Hose?
(5) Yıkan**acak** pantolon hangisi?	Welches ist die **zu waschende** Hose?

Die *Partizipien* sind ebenfalls Verbalnomina. Wenn sie lexikalisierte Bedeutungen aufweisen, findet man sie auch im Wörterbuch. Das Türkische kennt mehr Partizipien als das Deutsche; die Funktion einiger davon muss gesondert gelernt werden.

4.1   Das *-en*-Partizip

▸ Vergleichen Sie:

(1) Bizde çalış**an** adam Türk.	Der **Mann, der** bei uns arbeitet, ist Türke.
(2) Bizde çalış**an** kadın Türk.	Die **Frau, die** bei uns arbeitet, ist Türkin.
(3) Bizde çalış**an** kız Türk.	Das **Mädchen, das** bei uns arbeitet, ist Türkin.
(4) Çok iç**en** Mahmut hastalanmış.	Mahmut, der viel trinkt, ist erkrankt.
(5) Dün bize gel**en** bey, doktordur.	Der Herr, der gestern zu uns kam, ist Arzt.

Das *-en*-Partizip benötigen wir, um einen Teil deutscher Relativsätze im Türkischen wiedergeben zu können. Türkisch kennt keine *Relativpronomina* (deutsch: *bezügliche Fürwörter*). Das Fehlen von Relativpronomina vereinfacht die Sache; vergleichen Sie die Beispiele (1) – (3) mit dem Deutschen.

Bitte beachten Sie: Deutsche Relativsätze sind meistens Attributsätze und Attribute stehen im Türkischen *vor* dem Nomen oder der Nomengruppe, die sie charakterisieren.

Wie Sie jedoch sehen, sind die türkischen Partizipien der Beispiele (1) – (5) mit deutschen Relativsätzen wiedergegeben, die – und das mag befremdlich sein – entweder auf der Zeitstufe Gegenwart oder auf der Zeitstufe Vergangenheit angesiedelt sind.

Dazu müssen wir uns klarmachen, dass den türkischen Sprecher in Nebensätzen im wesentlichen nicht die Zeitstufe Vergangenheit, Gegenwart, Zukunft interessiert, sondern vielmehr, ob ein Ereignis Realität ist **oder** nur erwartet wird bzw. wurde. Das sind zwei gegensätzliche Pole.

Mit dem *-en*-Partizip formuliert der Sprecher ein Ereignis, das Realität ist (eventuell auch nur in seiner Vorstellung). Dieses Ereignis kann zur Sprechzeit aktuell sein wie in (1) – (3), zur Sprechzeit nicht aktuell sein, aber im Allgemeinen eintreten wie in (4) oder aber im Verlauf gewesen und beendet sein wie in (5).

Das Suffix *-en* wird an bejahte oder verneinte Verbstämme angehängt:

bejaht	*verneint*	*bejaht*	*verneint*
iste**yén**	isté**meyen**	gel**én**	gél**meyen**
üşü**yen**	üşü**meyen**	gör**en**	gör**meyen**
anla**yan**	anlama**yan**	al**an**	alma**yan**
oku**yan**	okuma**yan**	sor**an**	sorma**yan**
Merke:			
d**i**yen	d**e**meyen	ed**en**	etmeyen
y**i**yen	y**e**meyen	gi**d**en	gitmeyen

Zur Aussprache: Auslautendes *e* bzw. *a* eines Verbstammes wird als reduziertes *i* bzw. *ı* gesprochen.

- Das *-en*-Partizip kann man am ehesten mit dem deutschen attributiv gebrauchten Partizip I vergleichen: *gülen* „lachend". Was verbindet diese beiden Partizipien und was weicht voneinander ab? Es verbindet beide, dass sie einen *Verlauf*, aber *keine* Zeitstufe anzeigen (vgl. deutsch: „Mit lachendem Gesicht betrat er den Saal"). Sie unterscheiden sich jedoch darin, dass bei „lachend" das Ereignis als unvollendet dargestellt wird, während in *gülen* keine Auskunft über Unvollendetsein oder Vollendetsein enthalten ist; um etwas darüber zu erfahren, müssen wir uns den Kontext ansehen.

Dieses Partizip brauchen wir immer, wenn wir deutsche Relativsätze folgendermaßen umwandeln können (auch wenn es nicht schön klingt): „Der bei uns arbeitende Mann ist Türke", „Der viel trinkende Mahmut ist erkrankt", „Der gestern zu uns gekommene Herr ist Arzt".

Für die Übersetzung ins Deutsche benötigen wir eine zeitliche Einordnung. Wir entnehmen sie entweder dem Kontext im Ganzen oder einem Adverbial der Zeit, wenn der türkische Nebensatz ein solches enthält, z. B. *Şu anda müzik dinleyen kız Ayşe'dir* „Das Mädchen, das gerade Musik hört, ist Ayşe", *Biraz önce müzik dinleyen kız Ayşe'dir* „Das Mädchen, das vorhin Musik gehört hat, ist Ayşe", *Her akşam müzik dinleyen kız Ayşe'dir* „Das Mädchen, das jeden Abend Musik hört, ist Ayşe", *Yarın ödevini getirmeyen öğrencilere ceza verilecek* „Diejenigen Schüler, die morgen ihre Aufgaben nicht mitbringen, werden bestraft".

Wenn der Kontext es erfordert, dass ein solcher Nebensatz einen deutlichen Hinweis auf ein vollendetes oder unvollendetes Ereignis enthält, wählt der türkische Sprecher eine komplexere Form. Siehe dazu das Perfektpartizip unter Punkt 4.3.

- Beispiele für „sein": *Hasta olan bir öğrencim bugün gelmedi* „Ein Student (von mir), der krank ist, war heute nicht da", *Hasta olan öğrencim iyileşmiş* „Mein Student, der krank war, ist wieder gesund";

- ▸ Vergleichen wir: *Almanya'da olan Türkler* „die Türken, die in Deutschland sind" : *Almanya'daki Türkler* „die Türken in Deutschland".

- Beispiele für „haben": *Bilgisayarı olan öğrencilerim çok* „Ich habe viele Studenten, die einen Computer haben", *Bilgisayarı olmayan öğrencim yok* „Ich habe keinen Studenten, der keinen Computer hat", *arabası olan arkadaşım* „mein Freund, der ein Auto hat", *arabası olmayan arkadaşım* „mein Freund, der kein Auto hat".

- Bitte beachten Sie: Für *haben*-Konstruktionen muss das Nomen, also das, was man hat oder nicht hat, mit einem Possessivsuffix versehen werden: *Kedisi olan arkadaşım bir kedi daha istiyor* „Meine Freundin, die eine Katze hat, möchte noch eine Katze haben". Wenn Sie das Possessiv-suffix vergessen, kommt Folgendes dabei heraus: *Kedi olan arkadaşım bir kedi daha istiyor* „Meine Freundin, die eine Katze *ist*, möchte noch eine Katze haben"!

Nehmen wir an, Sie wollen zwei Sätze wie *Ali'nin arabası var. Ali pazarda çalışıyor* „Ali hat ein Auto. Ali arbeitet auf dem Markt" oder *Ali'nin arabası yok. Ali pazarda çalışıyor* „Ali hat kein Auto. Ali arbeitet auf dem Markt" zu einem Satz verbinden, wobei einer der beiden Sätze ein Relativsatz werden soll. Das sieht dann so aus:

(a) Pazarda çalışan Ali'nin araba**sı** var.   *Ali, der auf dem Markt arbeitet, hat ein Auto.*
(b) Araba**sı** olan Ali pazarda çalışıyor.   *Ali, der ein Auto hat, arbeitet auf dem Markt.*

(a) Pazarda çalışan Ali'nin araba**sı** yok.   *Ali, der auf dem Markt arbeitet, hat kein Auto.*
(b) Araba**sı** olmayan Ali pazarda çalışıyor.   *Ali, der kein Auto hat, arbeitet auf dem Markt.*

- Die Partizipien, und somit auch das *-en*-Partizip, werden auch von Verbstämmen gebildet, die das Possibilitiv- oder Impossibilitivsuffix enthalten, ebenso von reziproken, reflexiven, passiven und kausativen Verbstämmen. Beispiele:

  Türkçe konuş**abilen** öğrenciler   *Studenten, die Türkisch sprechen können*
  Türkçe konuş**amayan** öğrenciler   *Studenten, die nicht Türkisch sprechen können*
  mektuplaş**an** iki arkadaş   *zwei Freunde, die sich (Briefe) schreiben*
  burada bul**unan** müzeler   *die Museen, die sich hier befinden*
  bekle**nen** mektup   *der erwartete Brief / der Brief, der erwartet wurde*
  beni düşün**düren** olay   *der mich nachdenklich machende Vorfall*

Das Trägerwort im Hauptsatz kann in jedem Kasus stehen und auch *ile* annehmen:

Gelen **bey** kimdi?	*Wer war der Herr, der gekommen ist?*
Gelen **beyin** adı ne?	*Wie ist der Name des Herrn, der gekommen ist?*
Gelen **beyi** tanıyor musun?	*Kennst du den Herrn, der gekommen ist?*
Gelen **beye** teşekkür ettin mi?	*Hast du dem Herrn, der gekommen ist, gedankt?*
Gelen **beyde** cep telefonu vardı.	*Der Herr, der gekommen ist, hatte ein Handy bei sich.*
Gelen **beyden** adres aldım.	*Ich habe von dem Herrn, der gekommen ist, die Adresse notiert.*
Gelen **beyle** ne zaman buluştun?	*Wann hast du dich mit dem Herrn, der gekommen ist, getroffen?*

- Das -*en*-Partizip ist je nach den Möglichkeiten des zugrunde liegenden Verbstammes mit Ergänzungen und Adverbialen erweiterbar: *Her akşam saat altıdan yediye kadar evinde arkadaşlarıyla beraber müzik dinleyen kızın adı Ayşe* „Das Mädchen, das jeden Abend von sechs bis sieben Uhr in seiner Wohnung zusammen mit seinen Freundinnen Musik hört, heißt Ayşe".

Weitere Beispiele: *Geçen yıl sizleri işten çıkaran firmadan kalan paranızı alabildiniz mi?* „Habt ihr euer restliches (= verbliebenes) Geld von der Firma bekommen können, die euch letztes Jahr entlassen hat?", *Dün akşam bize gelen hanıma bir şey söyledin mi?* „Hast du der Dame, die gestern Abend zu uns kam, etwas gesagt?", *Almanya'da olan ablamdan mektup aldım* „Ich habe von meiner älteren Schwester, die in Deutschland ist, einen Brief bekommen", *Seni durakta bekleyen kızla ne zaman tanıştın?* „Wann hast du das Mädchen kennen gelernt, das auf dich an der Haltestelle wartete?".

- Wenn ein Verb mehrere Deutungen zulässt, wird ein entsprechendes Nomen mit Kasussuffix vorangestellt:

çıkan bir grup	*eine Gruppe, die hinausging/herauskam/hinaufging*
dışarıya çıkan bir grup	*eine Gruppe, die hinausging*
içeriden çıkan bir grup	*eine Gruppe, die herauskam*
yukarıya çıkan bir grup	*eine Gruppe, die hinaufging*

Das -*en*-Partizip wird auch autonom verwendet. Vergleichen wir:

Çiçek **getiren bey** kimdi?	*Wer war der Herr, der Blumen gebracht hat?*
Çiçek **getiren** kimdi?	*Wer war der/die, der/die Blumen gebracht hat?*
Çiçek **getiren çocuklar** kimdi?	*Wer waren die Kinder, die Blumen gebracht haben?*
Çiçek **getirenler** kimdi?	*Wer waren die, die Blumen gebracht haben?*

Weitere Beispiele: *Yine geç gelen Ahmet'ti* „Wer wieder einmal zu spät kam, war Ahmet", *Beni çağıran kim?* „Wer ist es, der mich ruft/gerufen hat?", *Onu en yerinde sözlerle öven Einstein olmuştu* (AB, OMY, 46) „Als derjenige, der sie mit den passendsten Worten lobte, hatte sich Einstein erwiesen", *Çok konuşanları sevmiyorum* „Ich mag keine Leute, die viel reden", *Meyvelerin içinden iyi olanlarını seçtim* „Ich habe unter den Früchten diejenigen ausgesucht, die gut waren"; *İstenilenleri yaptım* „Ich habe alles, was verlangt wurde, gemacht", *Anlatılanları anlıyor musun?* „Verstehst du das (alles), was erzählt wird?".

Sehen Sie sich auch folgende Beispiele an, die sich auf nichts oder niemanden Bestimmtes beziehen:

Hoşuma **gitmeyen** bir şey var.	*Da gibt es etwas, was mir nicht gefällt.*
Hoşuma **gitmeyen** bir şeyler var.	*Da gibt es einiges, was mir nicht gefällt.*

Bu kızla evlen**en** mutlu olmaz.	*Wer dieses Mädchen heiratet, wird nicht glücklich.*
Bana yardım ed**ene** pasta var.	*Wer mir hilft, bekommt Kuchen.*
Geç gel**eni** içeri almam.	*Wer zu spät kommt, den lass ich nicht herein.*

Türkiye'ye gitmek **isteyen** var mı?   *Gibt es jemanden, der in die Türkei fahren möchte?*
Bugün **gelenim gidenim** yoktu.   *Heute ist niemand zu mir gekommen* (= Heute gab es keinen
  Kommenden und Gehenden von mir).

- Als lexikalisiertes Substantiv kommt das *-en*-Partizip auch vor, z. B. *bakan* „Minister", meistens
  jedoch mit einem zusätzlichen Wort, z. B. *işalan* „Arbeitnehmer", *oyunbozan* „Spielverderber".

4.2   Das Futurpartizip

▶ Vergleichen Sie:

(1) Gel**ecek** hafta dişçiye gideceğim.	***Kommende** Woche gehe ich zum Zahnarzt.*
(2) Çay getir**ecek** çocuk nerede kaldı?	*Wo ist der Junge geblieben, der Tee **bringen** **sollte/wollte**?*

Das Futurpartizip kennen Sie von der Form her schon; es ist mit der 3. Pers. Sg. des Futurs identisch (vgl. Verb 10.3).

- Das Futurpartizip kann man zum Verständnis ins Deutsche folgendermaßen übersetzen: *gelecek*
  „kommen werdend". Aber das ist kein gutes Deutsch; man nimmt wiederum das deutsche
  Partizip I wie in (1). Was verbindet in diesem Fall die beiden Partizipien und was weicht voneinander ab? Es verbindet beide, dass das Ereignis nur erwartet wird. Darüber hinaus interessiert
  sich der Sprecher auch *nicht* für einen Verlauf. Sie unterscheiden sich jedoch darin, dass das
  türkische Futurpartizip auch für in der Vergangenheit Erwartetes eingesetzt wird, während wir
  im Deutschen dann kein Partizip I verwenden, sondern dem Prädikat Modalwörter wie „wollte/
  sollte/hätte" hinzufügen wie in (2). Das benötigt man im Türkischen nicht.

- Beispiele für „sein" und „haben": *Öğretmen olacak bir öğrencim var* „Ich habe einen Studenten,
  der Lehrer werden/sein wird", *Öğretmen olacak bir öğrencim vardı* „Ich hatte einen Studenten,
  der Lehrer werden/sein wollte"; *Bilgisayarı olacak öğrencilerim çok* „Ich habe viele Studenten,
  die einen Computer bekommen werden".
  Merke gesondert: *adam olacak çocuk* „ein Kind, das wer werden wird".

- Das Futurpartizip wird auch von erweiterten Verbstämmen gebildet: *Türkçeyi iyi konuşabilecek*
  öğrencileriniz var mı? „Haben Sie Studenten, die Türkisch gut sprechen können werden?",
  Yaz aylarında izne gidemeyecek işçilere ekim ayında izin verilecektir „Den Arbeitern, die in den
  Sommermonaten nicht in Urlaub (werden) fahren können, wird im Oktober Urlaub gegeben
  (werden)", *mektuplaşacak iki arkadaş* „zwei Freunde, die sich schreiben werden", *okunacak*
  kitaplar „zu lesende Bücher", *doğranacak soğan* „klein zu schneidende Zwiebel", *düşündürecek*
  bir olay „ein nachdenklich machender Vorfall".

▶ Vergleichen Sie jetzt:

(3) Üç gün sür**ecek** şölen yarın başlıyor.	*Das drei Tage **dauernde** Fest beginnt morgen.*
(4) Üç gün sür**ecek olan** şölen yarın başlıyor.	*Das Fest, das drei Tage **dauern wird**, beginnt morgen.*

Wenn der Verlauf und die Ereignisausführung unterstrichen werden soll, fügt man das *-en*-Partizip
von *ol-*, also *olan*, als Hilfselement hinzu wie in (4). Das bedeutet aber auch, dass der Sprecher
über das folgende Nomen sprechen und eine Information dazu bringen will.

- Beispiele für „sein" und „haben": *Toptancı olacak olan Ali pazarda çalışıyor* „Ali, der Groß-händler werden wird, arbeitet auf dem Markt";
  Minibüsü olacak olan Ali pazarda çalışıyor „Ali, der einen Kleinbus haben wird, arbeitet auf dem Markt".

Das Trägerwort im Hauptsatz kann in jedem Kasus stehen und auch *ile* annehmen:

Gelecek olan **bey** kim?	*Wer ist der Herr, der kommen wird?*
Gelecek olan **beyin** adı ne?	*Wie ist der Name des Herrn, der kommen wird?*
Gelecek olan **beyi** tanıyor musun?	*Kennst du den Herrn, der kommen wird?*
Gelecek olan **beye** ne diyeceksin?	*Was wirst du dem Herrn, der kommen wird, sagen?*
Gelecek olan **beyde** cep telefonu var.	*Der Herr, der kommen wird, hat ein Handy.*
Gelecek olan **beyden** adres al.	*Notiere von dem Herrn, der kommen wird, die Adresse.*
Gelecek olan **beyle** ne zaman buluştun?	*Wann hast du dich mit dem Herrn, der kommen wird, getroffen?*

- Manchmal kann man ein- und dasselbe Thema mit *-ecek* oder mit *-ecek olan* formulieren, wie Sie es oben in (3) und (4) sehen. Nehmen wir an, Sie sehen in der Zeitung A den Satz *Bu yıl İzmir'de yapılacak olan kitap fuarı yarın açılıyor* „Die Büchermesse, die dieses Jahr in Izmir stattfinden wird, wird morgen eröffnet" und in der Zeitung B zum gleichen Thema den Satz *Bu yıl İzmir'de yapılacak kitap fuarı yarın açılıyor* „Die dieses Jahr in Izmir stattfindende Bücher-messe wird morgen eröffnet". Wie kann man sich diese unterschiedlichen Verwendungen erklä-ren? Für den Nachrichtenschreiber der Zeitung A war folgender Gedankengang wichtig: *Kitap fuarı bu yıl İzmir'de yapılacak* „Die Büchermesse wird dieses Jahr in Izmir stattfinden", d. h., er spricht über „die Büchermesse". Für den Nachrichtenschreiber der Zeitung B hingegen war ein anderer Gedankengang wichtig, nämlich: *Bu yıl İzmir'de kitap fuarı yapılacak* „In diesem Jahr wird in Izmir eine Büchermesse stattfinden", d. h., er spricht über „dieses Jahr" – mit anderen Worten, die Gewichtung ist unterschiedlich.

  Es gibt aber auch Fälle, in denen nur die eine oder andere Variante möglich ist. Achten Sie auf die Unterschiede: *gelecek ay* „kommender Monat" : **gelecek olan ay* „der Monat, der kommen wird" sowie **gelecek Ali* „kommender Ali" : *gelecek olan Ali* „Ali, der kommen wird".

- Bitte beachten Sie: In den Fällen, in denen nur *-ecek* steht, muss man immer sehen, ob ein davor stehendes Adverbial bzw. eine Ergänzung sich auf das Partizip oder nicht etwa auf das über-geordnete Prädikat bezieht. Vergleichen wir: *24 eylül pazartesi gününden itibaren / İstanbul Boğaziçi Köprüsünden 18.00–20.30 saatleri arasında geçecek / araçlar 'zamlı ücret' ödeyecekler* „Ab Montag, dem 24. September, werden die über die Istanbuler Bosporusbrücke in der Zeit von 18.00–20.30 Uhr fahrenden Fahrzeuge eine ‚erhöhte Gebühr' zahlen" : *24 eylül pazartesi gününden itibaren İstanbul Boğaziçi Köprüsünden 18.00–20.30 saatleri arasında geçecek olan / araçlar 'zamlı ücret' ödeyecekler* (Cumhuriyet, 23.09.84/1) „Die Fahrzeuge, die ab Montag, dem 24. September, über die Istanbuler Bosporusbrücke in der Zeit von 18.00–20.30 Uhr fahren, werden eine ‚erhöhte Gebühr' zahlen". Wie Sie sehen, zieht die *-ecek olan*-Variante das Adverbial an sich. Im folgenden Beispiel gehören die Ergänzungen zum Partizip: *Bunlar / Türkiye'yi fakirlikten kurtaracak / insanlardı* (EÇ, TNK, 11) „Das waren Menschen, die die Türkei aus der Armut befreien würden".

Das Futurpartizip wird auch selbstständig verwendet. Vergleichen wir:

Çiçek **getirecek olan bey** kim?	*Wer ist der Herr, der Blumen bringen wird?*
Çiçek **getirecek olan** kim?	*Wer ist derjenige/diejenige, der/die Blumen bringen wird?*
Çiçek **getirecek olan çocuklar** kim?	*Wer sind die Kinder, die Blumen bringen werden?*
Çiçek **getirecek olanlar** kim?	*Wer sind diejenigen, die Blumen bringen werden?*

Sehen Sie sich auch folgende Beispiele an, die sich auf nichts oder niemanden Bestimmtes beziehen:

Hoşuna **gidecek** bir şey aldım.	*Ich habe etwas gekauft, was dir gefallen wird.*
Hoşuna **gidecek** bir şeyler aldım.	*Ich habe einiges gekauft, was dir gefallen wird.*
Bu kızla evlen**ecek olan** mutlu olur.	*Wer dieses Mädchen heiraten wird, wird glücklich.*
Bana yardım ed**ecek olana** pasta var.	*Wer mir helfen wird, bekommt Kuchen.*
Türkçe öğren**ecek** var mı?	*Will jemand Türkisch lernen? (= Gibt es einen Türkischlernenwollenden?)*
İnecek yok mu?	*Will niemand aussteigen? (= Gibt es keinen Aussteigenwollenden?)*

- Bitte beachten Sie: Die aktive Form des Futurpartizips wird auch als Verbaladjektiv verwendet, z. B. *oturacak yer* „Sitzplatz", *yiyecek bir şey* „etwas zu essen", *giyecek bir şey* „etwas zum Anziehen". Da der Platz nicht sitzen wird, die Sache nichts essen oder anziehen kann, sind diese Bedeutungen leicht erschließbar. (Im Deutschen gibt es auch einige solcher Konstruktionen, bei denen das Trägerwort nicht tätig ist, z. B. „die sitzende Lebensweise", „mit spielender Leichtigkeit".)

  Weitere Beispiele: *Yapacak önemli işlerim var* „Ich habe wichtige Sachen zu erledigen", *Kaybedecek zamanım yok* „Ich habe keine Zeit zu verlieren", *Direnecek gücüm kalmadı* „Ich habe keine Kraft mehr, mich zu widersetzen".

  Folgender Satz ist jedoch ohne Kontext doppeldeutig: *Bakacak kimsem yok* „Ich habe niemanden, der sich um mich kümmert" oder „Ich habe niemanden, um den ich mich kümmern muss".

- ▶ Vergleichen wir: *Okuyacak bir kitap arıyorum* „Ich suche ein Buch zum Lesen" (= ein Buch, das ich lesen kann) : *Bu roman, okunacak bir kitaptır* „Dieser Roman ist ein lesenswertes Buch" (= ein Buch, das gelesen werden kann); *İçecek bir şey istiyorum* „Ich möchte etwas zu trinken" (= etwas, was ich trinken kann) : *Bu su, içilecek su değil* „Dieses Wasser ist kein trinkbares Wasser" (= kein Wasser, das getrunken werden kann); *Lokantada oturacak yer yoktu* „In der Gaststätte gab es keinen freien Platz" (= Platz, wohin man sich setzen könnte) : *Bu lokanta oturulacak yer değil* „Diese Gaststätte ist kein Ort, wo man hingeht" (= Ort, wo man sich hinsetzt).

- Das Verbaladjektiv auf -*ecek* kann mit *kadar* erweitert werden und als Attribut des Maßes vor einem Bezugswort stehen; das „so viel" muss dabei im Deutschen vorgezogen werden: *Birkaç soruyu cevaplayacak kadar vaktiniz var mı?* „Haben Sie so viel Zeit, einige Fragen zu beantworten?", *Düşecek kadar yorgunum* „Ich bin zum Umfallen müde", *Yürümeyecek kadar halsizim* „Ich bin so schwach, dass ich kaum laufen kann", *Bunu anlamayacak kadar aptal değilsin* „Du bist nicht so dumm, das nicht zu verstehen".

- Als lexikalisiertes Substantiv kommt das Futurpartizip auch vor, z. B. *yiyecek* „Lebensmittel", *içecek* „Getränk", *alacak* „Forderung", *verecek* „Verbindlichkeit", *yakacak* „Brennmaterial", *çekecek* „Schuhlöffel", *açacak* „Öffner (für eine Dose/Flasche)", *gelecek* „Zukunft".

4.3   Das Perfektpartizip

▶ Vergleichen Sie:

(1) sarar**mış** fotoğraflar	***vergilbte*** *Fotos*
(2) ütülen**miş** gömlekler	***gebügelte*** *Hemden*
(3) küçük **doğranmış** soğan	***klein geschnittene*** *Zwiebel*
(4) küçük **doğranmış olan** soğan	*Zwiebel, die* ***klein geschnitten wurde***

Auch das Perfektpartizip kennen Sie von der Form her; es ist mit der 3. Pers. Sg. des Perfekts identisch.

Mit dem Perfektpartizip formuliert der Sprecher ein Ereignis als Zustand, also wie sich die Sachlage nach Abschluss des Ereignisses darstellt, wie in (1) - (3). Im Gegensatz zum Perfekt, das auch -*miş* enthält und bei dem der Sprecher offen lässt, wie er über das Mitgeteilte denkt, ist beim Perfektpartizip eine solche Distanzierung nicht gegeben.

- Das Perfektpartizip kann man mit dem Partizip II einer Reihe deutscher Verben vergleichen: *pişmiş et* „gekochtes Fleisch", *eskimiş bir teori* „eine veraltete Theorie", *verilmiş bir söz* „ein gegebenes Wort". Was verbindet diese beiden Partizipien, und was weicht voneinander ab? Es verbindet beide, dass sie, *wenn* sie verwendet werden können, ein Ergebnis bezeichnen. Es verbindet auch beide, dass man solche Konstruktionen nicht beliebig einsetzen kann, es heißt z. B. nicht **yüzmüş Ali* „der geschwommene Ali". Aber die Kriterien dafür sind unterschiedlich: Im Deutschen kann man „geschwommene" nicht sagen, weil das Verb „schwimmen" von sich aus keinen Abschluss enthält. Im Türkischen nun signalisiert das Suffix -*miş* diesen Abschluss, und trotzdem sagt man nicht **yüzmüş Ali*. Warum? Weil der Sprecher nicht über die Eigenschaft von *Ali* als Geschwommener reden will, sondern über *Ali* und hervorheben möchte, was der getan hat. Wenn er das Perfektpartizip einsetzen will, wird er sagen *yüzmüş olan Ali* „Ali, der geschwommen ist", d. h., mit -*miş olan* wird Verlauf und Abschluss angezeigt.

Das türkische Perfektpartizip und das deutsche Partizip II unterscheiden sich darüber hinaus noch in zwei Punkten:
- Als Attribut ist das Perfektpartizip im Türkischen wesentlich häufiger anzutreffen als das deutsche Partizip II. Es sollte, wenn irgend möglich, ins Deutsche auch mit einem Partizip übersetzt werden: *Yılmaz okumuş bir hanımla evlenmek istiyor* „Yılmaz möchte eine gebildete (= studierte) Dame heiraten". Geht das nicht, kann man sich erst einmal mit einer holprigen Übersetzung behelfen und dann nach einer adäquaten Formulierung suchen: *yüksek öğrenim görmüş kimseler* „Hochschulausbildung genossen habende Personen" → „Personen mit Hochschulausbildung".
- Die zweite abweichende Seite ist, dass transitive Verben im Deutschen als Partizip II nicht mehr aktiv, sondern passiv zu interpretieren sind, z. B. „das gekaufte Auto". Diesen Wandel machen türkische Verben *nicht* mit, sondern man muss auch beim Perfektpartizip einen aktiven oder passiven Verbstamm wählen, z. B. *kocasını terk etmiş kadın* „die Frau, die ihren Mann verlassen hat" (= die ihren Mann verlassen habende Frau) : *terk edilmiş koca* „der verlassene Mann", *cimriliğiyle tanınmış politikacı* „der wegen seines Geizes bekannte Politiker".

Weitere Beispiele: *Birleşmiş Milletler* „Vereinte Nationen", *az gelişmiş ülkeler* „wenig entwickelte Länder", *genişletilmiş baskı* „erweiterte Auflage", *üstü kazınmış, dörde bölünmüş 1 havuç, soyulmuş ve sekize bölünmüş 2 büyükçe soğan* (EMY, AVAYÖ, 239) „1 abschabte, in vier Stücke zerteilte

Mohrrübe, 2 geschälte und in acht Stücke zerteilte größere Zwiebeln", *Ben onun için herhangi bir delikanlıdan, buraya eğlenmeğe ve eğlence arkadaşı bulmağa gelmiş bir müşteriden başka ne olabilirdim ki?* (SA, KMM, 103) „Was hätte ich für sie anderes sein können als irgendein junger Mann oder als ein Gast, der hierher gekommen war, sich zu amüsieren und eine Gespielin zu finden?";

*İki tür destan vardır: Biri çok eskiden saz ozanları ya da ulusal bir ozan tarafından söylen**miş** doğal destan'dır […] Öteki de yakın çağlarda belli bir ozan tarafından yazıl**mış olan** yapma destan'dır* (MY, ÖEB, 88 f.) „Es gibt zwei Arten von Epen: Das eine ist das in sehr alter Zeit von Volkssängern oder einem nationalen Sänger vorgetragene natürliche Epos […] Und das andere ist das künstliche Epos, das in jüngerer Zeit von einem bestimmten Volksdichter verfasst wurde";

az gelişmiş olan ülkeler „die Länder, die sich wenig entwickelt haben", *genişletilmiş olan baskı* „die Auflage, die erweitert wurde", *Bir gün gene, sırf daktiloların Raif Efendiye ehemmiyet vermemeleri yüzünden geç kalmış olan bir tercüme için Hamdi, bizim odaya kadar gelmiş(ti)* (SA, KMM, 23) „Eines Tages war Hamdi wieder wegen einer Übersetzung, die überfällig war, nur weil die Stenotypistinnen dem Raif Efendi keine Bedeutung beimaßen, (bis) in unser Zimmer gekommen".

- Beispiele für „sein" und „haben": *Öğretmen olmuş bir kimse böyle hata yapar mı?* „Macht jemand, der Lehrer geworden ist, solch einen Fehler?", *Öğretmen olmuş olan bir öğrencim vardı* „Ich hatte einen Studenten, der Lehrer geworden war"; *Bilgisayarı olmamış olan öğrencim yok* „Ich habe keinen Studenten, der keinen Computer gehabt hätte".

Sehen Sie sich die Beispiele (3) und (4) oben noch einmal an; bei (3) verweist der Sprecher auf den jetzigen Zustand, bei (4) hingegen auf das vergangene Ereignis.

- Bitte beachten Sie: In den Fällen, in denen nur -*miş* steht, muss man immer sehen, ob ein davor stehendes Adverbial bzw. eine Ergänzung sich auf das Partizip oder nicht etwa auf das übergeordnete Prädikat bezieht. Vergleichen wir: *1999'da tanınmış Türk futbolcusu Hakan Amerika'ya gitti* „1999 ist der bekannte türkische Fußballer Hakan nach Amerika gefahren" : *1999'da tanınmış olan Türk futbolcusu Hakan Amerika'ya gitti* „Der türkische Fußballer Hakan, der 1999 bekannt wurde, ist nach Amerika gefahren" sowie *Bazan büyük kâşifler gibi Afrikada gezer, yamyamlar arasında görülmemiş maceralar geçirir, bazan meşhur bir ressam olur ve Avrupayı dolaşırdım* (SA, KMM, 72) „Manchmal reiste ich wie große Entdecker in Afrika umher, verbrachte unter den Kannibalen nie gesehene Abenteuer, und manchmal wurde ich ein berühmter Maler und bereiste Europa" : *Bazan büyük kâşifler gibi Afrikada gezer, yamyamlar arasında görülmemiş olan maceralar geçirir, bazan meşhur bir ressam olur ve Avrupayı dolaşırdım* „Manchmal reiste ich wie große Entdecker in Afrika umher, verbrachte Abenteuer, die unter den Kannibalen nie gesehen worden waren, und manchmal wurde ich ein berühmter Maler und bereiste Europa".

▸ Vergleichen wir noch:

(5)	ağır yaralı adam	ein schwerverletzter Mann
(6)	ağır yaralan**mış** adam	ein schwer verletzter Mann
(7)	ağır yaralan**mış olan** adam	ein Mann, der schwer verletzt wurde

In (5) wird auf das „Verletzt werden" als Vorgang nicht zurückgegriffen, in (6) wird der Zustand nach dem Vorgang angezeigt, und in (7) wird auf das damalige „Verletzt werden" verwiesen.

Nehmen wir nun an, wir haben einen doppeldeutigen Satz wie *Türkiye'ye dönen işçilere 10000 Euro ödenecek* „Den Arbeitern, die in die Türkei zurückkehren/zurückgekehrt sind, werden € 10.000 gezahlt", in dem auch kein Adverbial der Zeit vorkommt. Wie können wir das eindeutig formulieren? Folgendermaßen:

- Das Vollendetsein wird mit *-miş olan* angegeben: *Türkiye'ye dönmüş olan işçilere 10000 Euro ödenecek* „Den Arbeitern, die in die Türkei zurückgekehrt sind, werden € 10.000 gezahlt".

- Der Verlauf im Sinne des Nichtvollendetseins hingegen wird mit *-mekte olan* angegeben: *Türkiye'ye dönmekte olan işçilere 10000 Euro ödenecek* „Den Arbeitern, die in die Türkei zurückkehren (= am Rückkehren sind), werden € 10.000 gezahlt".

Auch diese Varianten werden selbstständig verwendet:

Sizde çalış**mış olan** kim?	*Wer ist derjenige, der bei euch gearbeitet hat?*
Sizde çalış**mış olanlar** kim?	*Wer sind diejenigen, die bei euch gearbeitet haben?*
Sizde çalış**makta olanlar** kim?	*Wer sind diejenigen, die bei euch arbeiten?*

- Als lexikalisiertes Substantiv kommt das Perfektpartizip auch vor, aber nicht häufig, z. B. *yemiş* „frisches oder getrocknetes Obst", *dolmuş* „Sammeltaxi", *geçmiş* „Vergangenheit".

- Das Perfektpartizip kann mit dem Suffix *-lik* eindeutig substantiviert werden: *geri kalmışlık* „das Unterentwickeltsein", *gitmişlik* „das Gefahrensein", z. B. *Türkiyemiz azgelişmiş bir ülkedir. Bu azgelişmişliğin nedenleri şu, ya da bu biçimde açıklanabilir* (TA, 68'li, 48) „Unsere Türkei ist ein gering entwickeltes Land. Die Gründe dieser Geringentwicklung kann man in dieser oder auch in jener Form erläutern".

  Mit Possessivsuffixen versehen und in Kombination mit *var* bzw. *yok* ergeben sich folgende Bedeutungen: *Bunu duymuşluğum var* „Davon habe ich mal gehört", *İstanbul'a gitmişliğim yok* „Ich bin noch kein Mal in Istanbul gewesen".

4.4   Das Aoristpartizip

▶ Vergleichen Sie:

(1) ak**ar** su	***fließendes*** *Wasser*
(2) işe yara**maz** bilgisayar	*ein zu* ***nichts tauglicher*** *Computer*

Auch das bejahte und verneinte Aoristpartizip kennen Sie von der Form her; es ist mit der 3. Pers. Sg. des Aorist identisch (vgl. Verb 10.2). Diese Partizipien werden als Adjektiv verwendet, das eine nicht einmalige Eigenschaft anzeigt.

- Das bejahte oder verneinte Aoristpartizip kann man mit solchen deutschen Partizipien I vergleichen, die klassenbildend sind, z. B. *paslanmaz çelik* „nichtrostender Stahl". Was verbindet diese beiden Partizipien und was weicht voneinander ab? Es verbindet beide, dass sie *keinen* aktuellen Verlauf anzeigen. Sie unterscheiden sich jedoch darin, dass im Deutschen äußerst häufig nicht auf ein Partizip, sondern auf ein Adjektiv zurückgegriffen werden muss, z. B. *evlenebilir yaşta* „in heiratsfähigem Alter", *içilir su* „trinkbares Wasser". Manchmal sehen die Übersetzungen auch ganz anders aus, z. B. *çalar saat* „Wecker" (= klingelfähige Uhr).

Weitere Beispiele: *kaynar su* „siedend heißes Wasser", *akarsu* „Gewässer", *yanardağ* „Vulkan" (= brennfähiger Berg), *soğuktan korur bir giyecek* „ein vor Kälte schützendes Kleidungsstück", *oturulur bir ev* „ein bewohnbares Haus", *güvenilir bilgi* „zuverlässige Information", *silinebilir duvar kâğıdı* „abwaschbare Tapete", *açılır kapanır masa* „Ausziehtisch" (= auf- und zumachbarer Tisch); *ölmez şair* „der unsterbliche Dichter", *Ali, okumaz yazmaz bir kişi değil* „Ali ist kein Analphabet (= keine nicht lesen- und schreibenkönnende Person)", *Ne anlaşılmaz adamsın!* „Was bist du für ein unverständlicher Mensch", *akıl almaz şeyler* „unbegreifliche Dinge", *göz gözü görmez karanlıkta* „in der finsteren Dunkelheit" (= in der ein Auge das andere nichtsehenkönnenden Dunkelheit), *inanılmaz gaf* „unglaublicher Missgriff".

Merke auch: *işitilir işitilmez bir ses* „eine kaum hörbare Stimme" und die idiomatische Wendung *Ali olur olmaz şeyler söyler* „Ali redet alles mögliche daher".

▸ Vergleichen wir: *paslanmaz çelik* „nichtrostender Stahl" : *Henüz paslanmayan parçalar da değiştirilsin* „Auch die noch nicht rostenden Teile sollen ausgetauscht werden".

• Die Aoristpartizipien werden selten mit *olan* erweitert: *kaçınılmaz olan farklı beklentiler* „unterschiedliche Erwartungen, denen man sich nicht entziehen kann". Oft haben wir es dabei mit einem zweiteiligen Verb zu tun wie *uğramaz olmak* „nicht mehr aufsuchen": *bize uğramaz olan eski komşumuz* „unser früherer Nachbar, der uns nicht mehr aufsucht".

• Als lexikalisiertes Substantiv kommt dieses Partizip auch vor, z. B. *gelir* „Einkommen", *gider* „Ausgaben", *okur* „Leser", *düşünür* „Denker", *çıkar* „Vorteil, Interesse; Profit", *çıkmaz* „Sackgasse" (kurz für: *çıkmaz yol*), *tutar* „Summe".

• Das bejahte Aoristpartizip kommt manchmal mit *-li, -siz* und *-lik* vor: *geçer* „vorbeigehend" → *geçerli* „gültig" : *geçersiz* „ungültig"; *benzer* „ähnlich" → *benzersiz zenginlik* „Reichtum ohnegleichen" sowie *benzerlik* „Ähnlichkeit".

• Das verneinte Aoristpartizip kommt häufiger mit dem Suffix *-lik* vor: *anlaşmazlık* „Meinungsverschiedenheit", *uyuşmazlık* „Nichtübereinstimmung", *doymazlık* „Unersättlichkeit", *saldırmazlık* „Nichtangriff", *dokunulmazlık* „Immunität" (Politiker).

Die doppelt verneinte Form *-memezlik* verweist auf eine überzogene Lage: *doymamazlık* „Gier", *çekememezlik* „Nichtertragenkönnen; Neid, Eifersucht" (s. auch Weiteres zu den Verben 5).

4.5   Das alte Futurpartizip *-esi*

▸ Vergleichen Sie:

(1)	Gebe**resi** herif!	*Der verrecken sollende Kerl!*
(2)	Canı çık**ası** herif!	*Der verfluchte Kerl!* (= der seinen Geist aufgeben sollende Kerl)
(3)	Yere bat**ası** hükümet!	*Die verdammte Regierung!* (= die im Erdboden versinken sollende Regierung)

Das alte Futurpartizip auf *-esi* mit der emotionalen Nuance, dass der Sprecher etwas verwirklicht sehen will, kommt nicht sehr oft vor. Wird es attributiv verwendet, spricht der Sprecher im Regelfall eine Verwünschung aus, z. B. *kör olası herif* „der verdammte Kerl" (= der erblinden sollende Kerl, soll er doch erblinden). Es kommt auch mit dem Suffix *-ce* in abgeschwächter Form vor: *kör olasıca herif* „der verdammte Kerl" (= der erblinden sollende Kerl, eigentlich hat er das verdient).

Merke gesondert: *olası* „wahrscheinlich": *olası bir felaket* „eine wahrscheinliche Katastrophe".

Einige wenige dieser Partizipien werden mit dem Dativsuffix versehen. Das wichtigste ist *veresiye* „auf Pump (kaufen)", wörtlich: „bis an den Rand des Gebens". In manchen türkischen Geschäften steht: *Veresiyemiz yoktur* „Bei uns gibt es keinen Pump" – damit ist gemeint, dass Anschreiben nicht erwünscht ist. Weitere Beispiele: *Seni çıldırasıya seviyorum* „Ich liebe dich unsagbar" (= bis an den Rand des Verrücktwerdens), *Bugünlerde ölesiye çalışıyorum* „In diesen Tagen arbeite ich bis zum Letzten" (= bis an den Rand des Sterbens), *Doyasıya güneşlendik* „Wir haben uns ausreichend gesonnt" (= bis an den Rand des Gesättigtseins).

(Siehe auch: Weiteres zu den Verben 5.)

4.6   Das *-dik*-Partizip

▶ Vergleichen Sie:

(1)	Um**madık** bir anda misafir geldi.	In einem **unverhofften** Moment ist Besuch gekommen.
(2)	Um**ulmadık** bir anda misafir geldi.	In einem **unvermuteten** Moment ist Besuch gekommen.

Mit dem Partizip auf *-dik* formuliert der Sprecher ein Ereignis, das zur Sprechzeit ein Faktum darstellt. Dieses Faktum ist in den obigen Beispielen als Resultat gemeint. In der aktiven Variante wie in Beispiel (1) äußert der Sprecher, dass er seine Meinung wiedergibt und dazu steht, in der passiven Variante wie in Beispiel (2) bezieht er in seine Meinung andere ein oder schließt sich der Meinung anderer an. Wie Sie sehen, sind die Partizipien verneint; für eine gegenteilige Feststellung im Sinne von „in einem erhofften Moment" wird kein Raum gelassen.

Bejaht kommt das *-dik*-Partizip auch vor, aber sehr selten: *tanıdık, bildik bir kişi* „eine bekannte, vertraute Person". Diese beiden Begriffe werden auch als Substantiv gebraucht; *tanıdık* oder *bildik* „Bekannter".

Beispiele: *tanıdık, tanımadık her kadın* „jede bekannte und unbekannte Frau", *olmadık iftira* „eine unerhörte Verleumdung", *Doğmadık çocuğa don biçilmez* (Sprichwort) „Einem ungeborenen Kind schneidet man keine Hose zu", *Borç almadık tanıdık bildik kalmadı* „Es ist kein Bekannter übrig, der nicht angepumpt worden wäre", *Anlaşılmadık sorun kaldı mı?* „Gibt es noch ein unklares (= unverstandenes) Problem?", *Evin içinde yarım saatte, kırılmadık, dökülmedik, parçalanmadık tek eşya kalmamış* (AN, YLBD, 70) „In der Wohnung war innerhalb einer halben Stunde kein einziger unzerbrochener, unverstreuter, unzerstörter Gegenstand übrig geblieben", *Şimdi önümde tehlikeler, bilinmedik ve beklenmediklerle dolu bir yol açılıyor* (NH, YE, 35) „Jetzt öffnet sich vor mir ein Weg, voll mit Gefahren sowie Unbekanntem und Unerwartetem";
Finlandiya'da altı şirketi olan ve memleketi İskenderun'a yatırıma girişen R. B.'in başına gelmedik kalmadı (Milliyet, 12.04.00/1) „Es gibt nichts, was R. B., der in Finnland sechs Gesellschaften hat und in seiner Heimat Iskenderun zu investieren begann, nicht widerfahren wäre".

▶ Vergleichen wir: *Korkmaz, tanıdık bir isim değil* „Korkmaz ist kein mir/uns bekannter Name" : *Korkmaz, tanınan bir isim değil* „Korkmaz ist kein (allgemein) bekannter Name" : *Korkmaz, tanınmış bir isim değil* „Korkmaz ist kein berühmter (= bekannt gewordener) Name".

Sehen Sie sich noch folgende Beispiele an, in denen das *-dik*-Partizip ein eigenes Subjekt aufweist (diese Variante ist nicht sehr häufig): *yakası açılmadık sözler* „Anstoß erregende Worte (= Worte, deren Kragen ungeöffnet ist)", *Gelin girmedik ev olur, ölüm girmedik ev olmaz* (Sprichwort) „Es gibt von einer Braut unbetretene Wohnungen, aber keine vom Tod unbetretene Wohnungen".

- Das -*dik*-Partizip wird häufig mit Ablativsuffix und nachgestelltem *sonra* „nach" verwendet: *Ders bittikten sonra eve gideceğim* „Nachdem der Unterricht zu Ende ist, werde ich nach Hause gehen" (s. Weitere adverbial gebrauchte Verbformen 2).

- Das -*dik*-Partizip kommt auch mit dem Ähnlichkeitssuffix -*ce* vor: *Vakit buldukça uğrarız* „Sooft wir Zeit finden, kommen wir vorbei" (s. Weitere adverbial gebrauchte Verbformen 2).

4.7 Die Partizipien auf -*diği* und -*eceği*

4.7.1 Die Partizipien auf -*diği* und -*eceği* in Relativsätzen

▸ Vergleichen Sie:

(1) **İçtiğim** çay soğuk.	*Der Tee, den **ich trinke**, ist kalt.*
(2) **İçtiğim** çay soğuk**tu**.	*Der Tee, den **ich getrunken habe**, war kalt.*

(3) **İçeceğim** çay soğuk olmasın.	*Der Tee, den **ich trinken werde**, soll nicht kalt sein.*
(4) **İçeceğim** çay dökülmüş.	*Der Tee, den **ich trinken wollte**, ist verschüttet.*

Das Partizip auf -*dik* und das Futurpartizip auf -*ecek* kommen äußerst häufig mit Possessivsuffixen vor und zeigen dann eine 1., 2. oder 3. Person an. Bei -*diği* und -*eceği* ist das Possessivsuffix der 3. Pers. Sg. bereits angehängt. Diese Partizipien benötigen wir nicht nur zur Wiedergabe von deutschen Relativsätzen wie in (1) – (4), sondern auch für zahlreiche andere Nebensätze. Deshalb sollten Sie sich diese sehr gut verinnerlichen!

Warum brauchen wir ein Partizip, das eine Person anzeigt? Nun, vielleicht möchten Sie nicht „Der Tee, den ich trinke, ist kalt", sondern „Der Tee, den wir trinken, ist kalt" sagen, das wäre dann auf Türkisch *İçtiğimiz çay soğuk.*

Was unterscheidet das Partizip auf -*diği* von dem auf -*dik*? Erstens: Der Sprecher verweist bei -*diği* immer auf einen Ereignisträger. Zweitens: Während der Sprecher mit -*dik* ein Faktum als Resultat angibt, kann er mit -*diği* ein Ereignis als Faktum formulieren, das zur Sprechzeit beendet ist oder noch andauert. Den Gegenpol bildet -*eceği*. Auch hier verweist der Sprecher auf einen Ereignisträger; aber das Ereignis ist zur Sprechzeit kein Faktum, sondern es wird oder wurde erwartet. Für die zeitliche Einordnung brauchen wir in beiden Fällen einen Kontext.

Wenn mit diesen beiden Formen Relativsätze gebildet werden, vertreten sie hauptsächlich – aber nicht ausschließlich – solche deutschen Relativsätze, in denen das Relativpronomen im *Akkusativ* oder *Dativ* steht, z. B. *Tanıdığım öğrenci Türk* „Der Student, **den** ich kenne, ist Türke" : *Yardım ettiğim öğrenci Türk* „Der Student, **dem** ich helfe/geholfen habe, ist Türke".

Unten sehen Sie, wie die Formen gebildet werden. Hier je ein übersetztes Beispiel: *istediğim çanta* „die Tasche, die ich will/wollte", *aldığım çanta* „die Tasche, die ich gekauft habe", *isteyeceğim çanta* „die Tasche, die ich verlangen will", *alacağım çanta* „die Tasche, die ich kaufen werde/wollte".

(benim)	iste**diğim**	al**dığım**	iste**yeceğim**	al**acağım**	*çanta*
(senin)	iste**diğin**	al**dığın**	iste**yeceğin**	al**acağın**	*çanta*
(onun)	iste**diği**	al**dığı**	iste**yeceği**	al**acağı**	*çanta*
(bizim)	iste**diğimiz**	al**dığımız**	iste**yeceğimiz**	al**acağımız**	*çanta*

(sizin)	iste**diğiniz**	al**dığınız**	iste**yeceğiniz**	al**acağınız**	*çanta*
onların	iste**diği**	al**dığı**	iste**yeceği**	al**acağı**	*çanta*
	iste**dikleri**	al**dıkları**	iste**yecekleri**	al**acakları**	*çanta*

Das Trägerwort im Hauptsatz kann in jedem Kasus stehen:

Aldığım gazete nerede?	*Wo ist die Zeitung, die ich gekauft habe?*
Aldığım gazete**nin** ilavesi nerede?	*Wo ist die Beilage der Zeitung, die ich gekauft habe?*
Aldığım gazete**yi** nereye koydun?	*Wo hast du die Zeitung hingelegt, die ich gekauft habe?*
Aldığım gazete**ye** baktın mı?	*Hast du in die Zeitung geschaut, die ich gekauft habe?*
Aldığım gazete**de** loto sayıları var mı?	*Sind die Lottozahlen in der Zeitung, die ich gekauft habe?*
Aldığım gazete**den** sayfa mı kopardın?	*Hast du aus der Zeitung, die ich gekauft habe, etwa Seiten rausgerissen?*

Beispiele: *Ali, beklediği mektubu aldı* „Ali hat den Brief, den er erwartete, bekommen", *Ali, okuyacağı romanı arıyor* „Ali sucht den Roman, den er lesen will"; *Yardım ettiği adam hasta mı?* „Ist der Mann, dem er geholfen hat, krank?", *Yardım edeceği adam hasta mı?* „Ist der Mann, dem er helfen wird, krank?".

Das Subjekt des Nebensatzes kann, aber muss nicht identisch mit dem des Hauptsatzes sein: *Diktiğiniz elbiseyi gösterir misiniz?* „Zeigen Sie (mir) das Kleid, das Sie genäht haben?", *İstediğin kartları getirdim* „Ich habe die Karten, die du wolltest, mitgebracht", *Geçen hafta sana yazdığım mektubu aldın mı?* „Hast du den Brief, den ich dir letzte Woche geschrieben habe, bekommen?", *Bilmedikleri bir nedenle bir saat rötarla hareket ediliyor* „Aus einem Grund, den sie nicht kennen, wird mit einer Stunde Verspätung abgefahren".

▶ Vergleichen Sie jetzt:

(5) Ali, / se**nin** istediğ**in** / çantayı aldı.	*Ali hat die Tasche, die **du** wolltest, gekauft.*
(6) Ali, / Ayşe'**nin** istediğ**i** / çantayı aldı.	*Ali hat die Tasche, die **Ayşe** wollte, gekauft.*

Sie wissen schon, dass der Genitiv und die Possessivsuffixe eine große Affinität zueinander haben. Wenn Sie im Nebensatz ein anderes Subjekt verwenden als das im Hauptsatz und dieses Subjekt spezifisch ist, steht es im Genitiv. In Beispiel (5) muss *senin* nicht geäußert werden, aber in Beispiel (6) ist die Nennung von *Ayşe* zwingend, weil man sonst das Possessivsuffix der 3. Pers. Sg. an *istediği* auf Ali zurückbezieht.

• Diese Partizipien sind je nach den Möglichkeiten des zugrunde liegenden Verbstammes mit Ergänzungen und Adverbialen erweiterbar: *Dün saat beşte arkadaşımla birlikte Hertie'den aldığım bisiklet on sekiz vitesli* „Das Fahrrad, das ich gestern um fünf Uhr gemeinsam mit meinem Freund im Hertie gekauft habe, hat achtzehn Gänge" : *Yarın saat beşte arkadaşımla birlikte Hertie'den alacağım bisiklet on sekiz vitesli olacak* „Das Fahrrad, das ich morgen um fünf Uhr gemeinsam mit meinem Freund im Hertie kaufen werde, wird achtzehn Gänge haben".

Diese Partizipien werden auch selbstständig verwendet. Vergleichen wir:

Aldığın kitap nerede?	*Wo ist das Buch, das du gekauft hast?*
Aldığın nerede?	*Wo ist das, was du gekauft hast?*
Aldığın kitaplar nerede?	*Wo sind die Bücher, die du gekauft hast?*
Aldıkların nerede?	*Wo sind die Sachen, die du gekauft hast?*
Annesinin Ali'ye **verdiği**, bir kazaktı.	*Das, was die Mutter Ali gegeben hat, war ein Pullover.*

Merke gesondert die alte Form *ne **idüğü** belirsiz herif* „ein dahergelaufener Kerl". Dieses *idüğü* besteht aus dem *i-*, was wir auch in *i-di* haben, sowie *-dik*-Partizip und Possessivsuffix der 3. Pers. Sg.; heute sagt man *olduğu*.

Wie gebe ich deutsche attributive Relativsätze wieder?

- **Das Relativpronomen steht im Deutschen im Nominativ:** „der/die/das"

Dafür brauchen wir eines der folgenden Partizipien: *-en-* für die Realität, *-ecek olan* für die Erwartung:

(1) Bizde çalış**an** adam Türk.	*Der Mann, der bei uns arbeitet/gearbeitet hat, ist Türke.*
(2) Bizde çalış**acak olan** adam Türk.	*Der Mann, der bei uns arbeiten wird, ist Türke.*

Wenn es nötig werden sollte, Vollendetsein oder Unvollendetsein zu unterstreichen, sagen wir:
(3) Bizde çalış**mış olan** adam Türk.   *Der Mann, der bei uns gearbeitet hat, ist Türke.*
(4) Bizde çalış**makta olan** adam Türk.   *Der Mann, der bei uns arbeitet, ist Türke.*

Erinnern Sie sich, dass manchmal auch die nicht erweiterten Partizipien auf *-miş* oder *-ecek* ins Deutsche mit einem Relativsatz übertragen werden müssen.

- **Das Relativpronomen steht im Deutschen im Akkusativ oder Dativ:** „den/die/das" bzw. „dem/der":

Dafür brauchen wir eines der folgenden Partizipien: *-diği* für das Faktum, *-eceği* für die Erwartung:

(1) Tanış**tığım** adam Türk.	*Der Mann, den ich kennen gelernt habe, ist Türke.*
(2) Tanış**acağım** adam Türk.	*Der Mann, den ich kennen lernen werde, ist Türke.*
(3) Yardım et**tiğim** adam Türk.	*Der Mann, dem ich geholfen habe, ist Türke.*
(4) Yardım ed**eceğim** adam Türk.	*Der Mann, dem ich helfen werde, ist Türke.*

Wenn es nötig werden sollte, Vollendetsein oder Unvollendetsein zu unterstreichen, sagen wir:
(5) Yardım et**miş olduğum** adam Türk.   *Der Mann, dem ich geholfen habe, ist Türke.*
(6) Yardım et**mekte olduğum** adam Türk.   *Der Mann, dem ich helfe, ist Türke.*

Wenn der Kontext es zulässt, kann man auch Folgendes sagen:
(7) yardım et**miş olacağım** adam   *der Mann, dem ich geholfen haben werde*

- **Das Relativpronomen steht im Deutschen im Genitiv:** „dessen/deren"

(1) Karısı bizde çalış**an** Ali Türk.	*Ali, dessen Frau bei uns arbeitet, ist Türke.*
(2) Kocası bizde çalış**an** Ayşe Türk.	*Ayşe, deren Mann bei uns arbeitet, ist Türkin.*
(3) Karısını tanı**dığım** garson Türk.	*Der Kellner, dessen Frau ich kenne, ist Türke.*
(4) Karısına yardım et**tiğim** garson Türk.	*Der Kellner, dessen Frau ich geholfen habe, ist Türke.*

Das Relativpronomen „dessen/deren" ist ein possessives Relativpronomen. Hätten wir es in Beispiel (1) mit zwei Sätzen zu tun, sähe das so aus: *Ali Türk. Karısı bizde çalışıyor* „Ali ist Türke. Seine Frau arbeitet bei uns". Wie Sie sehen, wird im Türkischen im Relativsatz das possessive Verhältnis durch das Possessivsuffix an *karısı* „seine Frau" aufrechterhalten.

Beispiele: *Başı ağrıyan Ali doktora gitti* „Ali, dessen Kopf wehtut, ist zum Arzt gegangen", *Ali'nin başı ağrıyan karısı doktora gitti* „Die Frau von Ali, deren Kopf wehtut, ist zum Arzt gegangen".

▶ Vergleichen wir: *Bizde çalışan garson Türk* „Der Kellner, der bei uns arbeitet, ist Türke" : *Oğlu bizde çalışan garson Türk* „Der Kellner, dessen Sohn bei uns arbeitet, ist Türke".

Warum haben wir nun in (1) und (2) Partizipien ohne Possessivsuffix und in (3) und (4) solche mit Possessivsuffix? In (1) und (2) ist, wenn man deutsch denkt, das Relativpronomen samt dazugehörigem Nomen Subjekt des Nebensatzes, in (3) und (4) hingegen nicht – wir haben ein neues Subjekt, nämlich „ich". Das Partizip *-diği* erlaubt uns, z. B. auch *Karısını tanıdığımız garson Türk* „Der Kellner, dessen Frau wir kennen, ist Türke" (Frage: Wen kennen wir?) oder *Karısına yardım ettikleri garson Türk* „Der Kellner, dessen Frau sie geholfen haben, ist Türke" zu sagen (Frage: Wem haben sie geholfen?).

● Beispiele für „sein" und „haben":

babası Türk olan öğretmenimiz	*unser Lehrer, dessen Vater Türke ist, …*
babası olduğum bu çocuk	*dieses Kind, dessen Vater ich bin, …*
babasının arabası olan arkadaşım	*mein Freund, dessen Vater ein Auto hat, …*

bekleyen arkadaş „der Freund, der wartet/gewartet hat" : *annesi bekleyen arkadaş* „der Freund, dessen Mutter wartet";

aradığım arkadaş „der Freund, den ich aufgesucht habe" : *annesini aradığım arkadaş* „der Freund, dessen Mutter ich aufgesucht habe";

yardım eden çocuk „das Kind, das hilft/geholfen hat" : *annesi yardım eden çocuk* „das Kind, dessen Mutter hilft";

annesine yardım eden çocuk „das Kind, das seiner Mutter hilft" : *annesine yardım ettiğiniz çocuk* „das Kind, dessen Mutter Sie geholfen haben";

▶ Vergleichen wir: *Ali, her zaman andığımız iyi bir arkadaştı* „Ali war ein guter Freund, dessen wir immer gedenken" : *Ali, her zaman anılan iyi bir arkadaştı* „Ali war ein guter Freund, dessen immer gedacht wird".

Das Trägerwort im Hauptsatz kann in jedem Kasus stehen und auch *ile* annehmen:

Karısı hasta olan **Ali** pazarda çalışıyor.	*Ali, dessen Frau krank ist, arbeitet auf dem Markt.*
Karısı hasta olan **Ali'nin** arabası yok.	*Ali, dessen Frau krank ist, hat kein Auto.*
Karısı hasta olan **Ali'yi** tanımıyorum.	*Ali, dessen Frau krank ist, kenne ich nicht.*
Karısı hasta olan **Ali'ye** gideceğim.	*Ich werde zu Ali, dessen Frau krank ist, gehen.*
Karısı hasta olan **Ali'de** para yok.	*Ali, dessen Frau krank ist, hat kein Geld.*
Karısı hasta olan **Ali'den** para aldım.	*Ich habe von Ali, dessen Frau krank ist, Geld bekommen.*
Karısı hasta olan **Ali'yle** görüştüm.	*Ich habe mit Ali, dessen Frau krank ist, gesprochen.*

● Sie finden die oben erläuterte Konstruktion auch ohne Verb; dann wird nicht auf einen Vorgang zurückgegriffen. Vergleichen wir: *perdesi açık pencere* „das Fenster mit der zurückgezogenen Gardine" : *perdesi açık olan pencere* „das Fenster, dessen Gardine zurückgezogen ist", *cebi delik pantolon* „die Hose mit der zerlöcherten Tasche" : *cebi delik olan pantolon* „die Hose, deren Tasche ein Loch bekommen hat".

Merke gesondert: *sabıkası olan Ali* „Ali, der Vorstrafen hat" : *sabıkası var olan Ali* „Ali, der bekanntermaßen Vorstrafen besitzt"; *olmayan orman alanı* „die Waldfläche, die es nicht gibt" : *yok olan orman alanı* „die Waldfläche, die vernichtet wurde".

- **Der Relativsatz wird im Deutschen mit einer Präposition eingeleitet**

(1) Oturduğum ev dört katlı.	*Das Haus, **in dem** ich wohne, ist vierstöckig.*
(2) Gittiğimiz sinema şehir merkezinde.	*Das Kino, **in das** wir gegangen sind, ist im Zentrum.*
(3) Saptığımız yol yanlış.	*Der Weg, **in den** wir eingebogen sind, ist falsch.*
(4) Dans ettiğim kız çok güzel.	*Das Mädchen, **mit dem** ich getanzt habe, ist sehr schön.*

Besonders sparsam ist Türkisch bei einer Reihe von Relativsätzen, in denen wir im Deutschen eine einleitende Präposition brauchen. Wie Sie in den Beispielen oben sehen können, sind die Partizipien ohne ein zusätzliches Wort, an dem man den Kasus oder auch *ile* ablesen könnte, gebraucht. Das ist auch nicht nötig, weil der Hörer nie auf die Idee käme, z. B. (1) als „Das Haus, *auf/unter* dem ich wohne, ist vierstöckig" zu interpretieren.

Beispiele: *Kaçtıkları araba şu* „Das Auto, mit dem sie geflohen sind, ist das da", *Senin korktuğun köpekten ben de korkuyorum* „Vor dem Hund, vor dem du Angst hat, fürchte ich mich auch"; *Bineceğim tren hangisi?* „Welcher ist der Zug, in den ich einsteigen soll?", *Ülkü bize, tatil yapacağı yerin adresini söyledi* „Ülkü hat uns die Anschrift des Ortes genannt, in dem sie Urlaub machen wird".

Es gibt aber durchaus Fälle, bei denen das Verb mehrere Deutungen zulässt. Dann wird ein entsprechendes Nomen mit Possessivsuffix und Kasussuffix vorangestellt:

yaşadığımız dünya	*die Welt, in/auf der wir leben*
içinde yaşadığımız dünya	*die Welt, in der wir leben*
üstünde yaşadığımız dünya	*die Welt, auf der wir leben*

Wenn wir es mit Verben im Passiv zu tun haben, müssen wir uns eigentlich immer eine Präposition hinzudenken: *girilen bahçe* „der Garten, in den man hineinging", *gülünen çocuk* „das Kind, über das gelacht wurde", *korkulan olay* „der Vorfall, vor dem man sich fürchtet".

- Es gibt noch eine Besonderheit bei Sätzen, in denen eine Lokativergänzung sowie *var* bzw. *yok* vorkommt. Vergleichen wir:

(5) Çantada **Ali'nin sözlüğü** var.	*In der Tasche ist Alis Wörterbuch.*
→ içinde **Ali'nin sözlüğü** olan çanta	*die Tasche, in der Alis Wörterbuch ist*
(6) **Ali'nin sözlüğü** çantada.	*Alis Wörterbuch ist in der Tasche.*
→ **Ali'nin sözlüğü** olduğu çanta	*die Tasche, in der das Wörterbuch von Ali ist*

In Beispiel (5) **muss** eine Ortsangabe aufrechterhalten werden, denn *Ali'nin sözlüğü olan çanta* bedeutet „die Tasche, die Alis Wörterbuch ist". Noch ein paar Beispiele: *içinde bira olan dolap* „der Schrank, in dem Bier steht", *üstünde bira olan dolap* „der Schrank, auf dem Bier steht", *yanında bira olan dolap* „der Schrank, neben dem Bier steht".

Für Fortgeschrittene: Besonderheiten bei den türkischen Relativsätzen

▶ Vergleichen Sie:

(1) Tuvalette **su** akmıyor.	*In der Toilette läuft kein **Wasser**.*
→ **Su akmayan** tuvalet hangisi?	*Welches ist die Toilette, in der kein **Wasser** läuft?*
(2) **Su** tuvalette akmıyor.	*Das **Wasser** läuft in der Toilette nicht.*
→ **Suyun akmadığı** tuvalet hangisi?	*Welches ist die Toilette, in der **das Wasser** nicht läuft?*

Jetzt kommen wir noch einmal zurück auf Satzeröffnung – Kern der Aussage (s. Nomen 2.3). Was der türkische Sprecher im Hauptsatz durch die Wortstellung ausdrücken kann, muss er im Nebensatz mit anderen Mitteln formulieren. Der Normalfall wäre Beispiel (1), weil der Sprecher als Information das nicht fließende Wasser hervorheben will. Solche Beispiele wie *su akmayan tuvalet* kommen fast ausschließlich mit intransitiven Verben vor, und oft ist das Subjekt nicht-spezifisch gebraucht. Sehen wir uns folgende Beispiele an:

(3) Adama **haber** bırakıldı.	*Dem Mann ist Nachricht hinterlassen worden.*
→ haber **bırakılan** adam	*der Mann, dem Nachricht hinterlassen wurde*
(4) **Haber** adama bırakıldı.	*Die Nachricht ist dem Mann hinterlassen worden.*
→ haberin **bırakıldığı** adam	*der Mann, dem die Nachricht hinterlassen wurde*
(5) Bizim enstitüde **Türk dilleri** okutuluyor.	*An unserem Institut werden Türksprachen gelehrt.*
→ bizim enstitüde **okutulan** Türk dilleri	*die Türksprachen, die an unserem Institut gelehrt werden*
(6) **Türk dilleri** bizim enstitüde okutuluyor.	*Die Türksprachen werden an unserem Institut gelehrt.*
→ Türk dillerinin **okutulduğu** bizim enstitü	*unser Institut, an dem die Türksprachen gelehrt werden*

Weitere Beispiele: *Güneş giren eve doktor girmez* (Sprichwort) „In ein Haus, in das Sonne kommt, braucht der Arzt nicht hineinzugehen", *en az hizmet giden ve geri kalmış bölge* „die Gegend, in die die geringste Dienstleistung gebracht wird und die unterentwickelt ist".

▶ Vergleichen wir: *gönderilen çocuk* „das Kind, das hingeschickt wurde" : *oyuncak gönderilen çocuk* „das Kind, dem Spielzeug geschickt wurde".

Für sehr Fortgeschrittene:

Sehen Sie sich noch folgende Beispiele an: *Bizde **su akmayan** günler salı ve cumartesidir. **Su akmadığı** günler şişe suyu alırız. **Suyun akmadığı** günler felaket olur* „Bei uns sind die Tage, an denen kein Wasser läuft, Dienstag und Samstag. An den Tagen, an denen kein Wasser läuft, kaufen wir Wasser in Flaschen. An den Tagen, an denen das Wasser nicht läuft, ist es eine Katastrophe". Im ersten Fall spricht der Sprecher über „die Tage", im zweiten Satz über das eingetretene „Nicht-fließen" des Wassers, und im dritten Satz über „das Wasser".

Oder: Sie möchten z. B. auf dem Flughafen von Izmir rauchen; dann muss man nach einem *sigara içilen salon* „Raucherraum" (= Raum, in dem man raucht) fragen. Würde die Frage als *Burada sigara içildiği salon var mı?* gestellt werden, hieße das „Gibt es hier einen Raum, in dem geraucht wird / wurde?", d. h., man würde einen Raum erfragen, in dem das Rauchen zur Sprechzeit bereits durchgeführt wird oder wurde.

● Bitte beachten Sie: Mit dem Possessivsuffix an *-ildiği* bringt der Sprecher einen Ereignisträger ein, der jedoch nicht genannt oder bekannt ist: *normale dönüldüğü sırada* „in dem Moment, in dem zum Normalen zurückgefunden wurde" : *normale dönülen sırada* „in dem Moment, wo man zum Normalen zurückfindet".

▶ Vergleichen wir:
İlaç verilen gün pazartesi „Der Tag, an dem Medikamente ausgeteilt werden, ist Montag";
İlaç verildiği gün pazartesiydi „Der Tag, an dem Medikamente verabreicht wurden, war Montag";
İlacın verildiği gün pazartesiydi „Der Tag, an dem das Medikament verabreicht wurde, war Montag";

İlaç verilecek günü unutmayalım „Vergessen wir den Tag nicht, an dem Medikamente ausgeteilt werden sollen";
İlaç vereceği günü belirleyelim „Bestimmen wir den Tag, an dem Medikamente verabreicht werden sollen";
İlacın vereceği günü belirleyelim „Bestimmen wir den Tag, an dem das Medikament verabreicht werden soll".

4.7.2 Die Partizipien auf *-diği* und *-eceği* in anderen Attributsätzen

▸ Vergleichen Sie:

(1) Bunu yapmamış olduğu iddiası doğru.	*Seine Behauptung, das nicht getan zu haben, stimmt.*
(2) bunun doğru olmadığı iddiası	*die Behauptung, dass das nicht stimmt*
(3) Suzan'ın gelip gelmeyeceği endişesi	*die Sorge, ob Suzan kommt*
(4) bunun nasıl yapılacağı sorusu	*die Frage, wie das gemacht werden soll*

Wie Sie sehen, können mit den Partizipien auf *-diği* und *-eceği* auch Wortverkettungen gebildet werden. Im Deutschen übersetzen wir dann entweder mit einem *zu*-Infinitiv oder mit unterschiedlichen Konjunktionen.

4.7.3 Die Partizipien auf *-diği* und *-eceği* in Ergänzungssätzen

▸ Vergleichen Sie:

(1) Ali, Berlin'de otur**duğunu** söyledi.	*Ali hat gesagt, dass er in Berlin **wohnt**.*
(2) Ali, çay iç**tiğini** söyledi.	*Ali hat gesagt, dass er Tee **getrunken hat**.*
(3) Ali, Berlin'de otur**acağını** söyledi.	*Ali hat gesagt, dass er in Berlin **wohnen wird**.*
(4) Ali, çay iç**eceğini** söyledi.	*Ali hat gesagt, dass er Tee **trinken wird**.*

Mit den Partizipien auf *-diği* und *-eceği* werden auch zahlreiche andere Nebensätze gebildet. In den Beispielen (1) – (4) haben wir es mit einem Objektsatz im Akkusativ zu tun. Ein *otur-duğ-u-n-u* besteht aus: Verbstamm + *-dik*-Partizip + Possessivsuffix 3. Pers. Sg. + pronominalem *n* + Akkusativsuffix. Der Akkusativ wird von dem Verb *söylemek* gefordert (Frage: Wen oder was hat er gesagt?). Die Possessivsuffixe brauchen wir, um eine andere Person ausdrücken zu können, z. B. *Ali, çay iç**tiğinizi** söyledi* „Ali hat gesagt, dass ihr Tee getrunken habt".

Beispiele: *Gül, Türkçe bildiğini söyledi* „Gül hat gesagt, dass sie Türkisch kann", *Gül, Sara'yı görmediğini söyledi* „Gül hat gesagt, dass sie Sara nicht gesehen hat", *Gül, tiyatroya gittiğini söyledi* „Gül hat gesagt, dass sie im Theater war", *Gül, viski içmediğini söyledi* „Gül hat gesagt, dass sie keinen Whisky trinkt", *Gül, Türkiye'ye gideceğini söyledi* „Gül hat gesagt, dass sie in die Türkei fährt".

▸ Vergleichen Sie jetzt:

(5) Ali, / se**nin** gelmeyeceğini / söyledi.	*Ali hat gesagt, dass **du** nicht kommen wirst.*
(6) Ali, / Ayşe'**nin** gelmeyeceğini / söyledi.	*Ali hat gesagt, dass **Ayşe** nicht kommen wird.*

Wenn Sie im Nebensatz ein anderes Subjekt verwenden als das im Hauptsatz und dieses Subjekt spezifisch ist, steht es im Genitiv. In Beispiel (5) muss *senin* nicht geäußert werden, aber in Beispiel (6) ist die Nennung *Ayşe* zwingend, weil man sonst das Possessivsuffix der 3. Pers. Sg. an *gelmeyeceğini* auf *Ali* zurückbezieht. Das komplette Schema sieht dann so aus:

Gül, (benim) Türkçe öğrenmek iste-diğ-im-i / Türkiye'ye gid-eceğ-im-i bilmiyor.
Gül weiß nicht, dass ich Türkisch lernen will / dass ich in die Türkei fahren werde.

Gül, (senin) Türkçe öğrenmek iste-diğ-in-i / Türkiye'ye gid-eceğ-in-i bilmiyor.
Gül weiß nicht, dass du Türkisch lernen willst / dass du in die Türkei fahren wirst.

Gül, Tom'un/(onun) Türkçe öğrenmek iste-diğ-i-n-i / Türkiye'ye gid-eceğ-i-n-i bilmiyor.
Gül weiß nicht, dass Tom/(er) Türkisch lernen will / dass Tom/(er) in die Türkei fahren wird.

Gül, (bizim) Türkçe öğrenmek iste-diğ-imiz-i / Türkiye'ye gid-eceğ-imiz-i bilmiyor.
Gül weiß nicht, dass wir Türkisch lernen wollen / dass wir in die Türkei fahren werden.

Gül, (sizin) Türkçe öğrenmek iste-diğ-iniz-i / Türkiye'ye gid-eceğ-iniz-i bilmiyor.
Gül weiß nicht, dass ihr Türkisch lernen wollt / dass ihr in die Türkei fahren werdet.
Gül weiß nicht, dass Sie Türkisch lernen wollen / dass Sie in die Türkei fahren werden.

Gül, Meierlerin/(onların) Türkçe öğrenmek iste-diğ-i-n-i / Türkiye'ye gid-eceğ-i-n-i bilmiyor.
Gül weiß nicht, dass Meiers/(sie) Türkisch lernen wollen / dass Meiers/(sie) in die Türkei fahren werden.

Gül, Türkçe öğrenmek iste-dik-leri-n-i / Türkiye'ye gid-ecek-leri-n-i bilmiyor.
Gül weiß nicht, dass sie Türkisch lernen wollen / dass sie in die Türkei fahren werden.

- Beispiele für „sein" und „haben": *Suzan, hasta olduğunu söyledi* „Suzan hat gesagt, dass sie krank ist", *Suzan, hasta olmadığını söyledi* „Suzan hat gesagt, dass sie nicht krank ist", *(Ben) Ayşe'nin Kazan'da olduğunu biliyorum* „Ich weiß, dass Ayşe in Kazan ist";
Suzan, arabası olduğunu söyledi „Suzan hat gesagt, dass sie ein Auto hat", *Suzan, bisikleti olmadığını söyledi* „Suzan hat gesagt, dass sie kein Fahrrad hat", *(Ben) Ayşe'nin bilgisayarı olduğunu biliyorum* „Ich weiß, dass Ayşe einen Computer hat".

Wenn es nötig werden sollte, Vollendetsein oder Unvollendetsein zu unterstreichen, sagen wir:

(7) Yemek pişirmiş olduğumu söyledim.   *Ich habe gesagt, dass ich Essen gekocht habe.*
(8) Yemek pişirmekte olduğumu söyledim. *Ich habe gesagt, dass ich beim Essenkochen bin.*
(9) Üçte dönmüş olacağımı söyledim.   *Ich habe gesagt, dass ich um drei zurück sein werde.*

Seltener kommt *-yor olduğunu* vor: *Yemek pişiriyor olduğunu söyledi* „Sie hat gesagt, dass sie Essen kocht".

Sehen wir uns jetzt folgende Beispiele an:

Çince öğrenmek iste**diğim** kesin.   *Es ist definitiv, dass ich Chinesisch lernen will.*
    (Frage: Wer oder was ist definitiv? Mein Chinesisch-lernen-wollen.)

Çince öğrenmek iste**diğimin** farkında değil.   *Er ist sich nicht bewusst, dass ich Chinesisch lernen will.*
    (Frage: Wessen/Was ist er sich nicht bewusst? Meines Chinesisch-lernen-wollens.)

Çince öğrenmek iste**diğimi** bilmiyor.   *Sie weiß nicht, dass ich Chinesisch lernen will.*
    (Frage: Wen oder was weiß sie nicht? Mein Chinesisch-lernen-wollen.)

Çince öğrenmek iste**diğime** inanmıyor.   *Sie glaubt nicht (daran), dass ich Chinesisch lernen will.*

    (Frage: Woran/An was glaubt sie nicht? An mein Chinesisch-lernen-wollen.)

Çince öğrenmek iste**diğimde** ısrar ediyorum.   *Ich bestehe darauf, dass ich Chinesisch lernen will.*

    (Frage: Worauf bestehe ich? Auf meinem Chinesisch-lernen-wollen.)

Çince öğrenmek iste**diğimden** korkuyor musun?   *Hast du Angst davor, dass ich Chinesisch lernen will?*

    (Frage: Wovor hast du Angst? Vor meinem Chinesisch-lernen-wollen.)

Beispiele: *Türkçe kursuna gittiğimi biliyor musun?* „Weißt du, dass ich in einen Türkischkurs gehe?", *Suzan sınavı kazandığına sevindi* „Suzan hat sich gefreut, dass sie die Prüfung bestanden hat", *Sınavı kazandığıma seviniyorum* „Ich freue mich, dass ich die Prüfung bestanden habe", *Katja'nın Türkçe öğrenmek istediğine seviniyorum* „Ich freue mich darüber, dass Katja Türkisch lernen will", *Öğrenciler, benim suya düştüğüme güldüler* „Die Schüler haben darüber gelacht, dass ich ins Wasser gefallen bin", *Çocuk suya düşeceğinden korkuyor* „Das Kind hat davor Angst, ins Wasser zu fallen", *Çocuğun suya düşeceğinden korkuyorum* „Ich habe davor Angst, dass das Kind ins Wasser fällt";
Ayşe, Gül'ün evde olmadığını söyledi „Ayşe hat gesagt, dass Gül nicht zu Hause ist", *Ayşe, Ali'nin evde olduğuna inanmıyor* „Ayşe glaubt nicht, dass Ali zu Hause ist", *Ayşe, Gül'ün bilgisayarı olduğunu söyledi* „Ayşe hat gesagt, dass Gül einen Computer hat", *Gül, Ali'nin parası olmadığına inanmıyor* „Gül glaubt nicht, dass Ali kein Geld hat".

    Bitte beachten Sie: Wenn ein türkischer Satz im Deutschen als indirekte Rede wiedergegeben wird und der Hauptsatz im Präteritum steht, wird man im deutschen Nebensatz im Regelfall den Konjunktiv wählen: *Her çocuk, kendi babasının öbürlerininkinden daha çalışkan olduğunu iddia ediyordu* (AN, ŞÇH, 29) „Jedes Kind behauptete, dass sein eigener Vater fleißiger als der der anderen sei".

Diese Partizipien werden auch autonom verwendet. Vergleichen wir:

Okuduğun ilginç.   *Es ist interessant, dass du liest/studierst.*
Söylediğini anlayamadım.   *Ich habe das, was du gesagt hast, nicht verstehen können.*
Türkiye'de gördüklerinizi anlatınız.   *Erzählen Sie, was Sie (alles) in der Türkei gesehen haben.*
Aldıklarımızı görmek ister misin?   *Möchtest du das, was wir (alles) gekauft haben, sehen?*
Pervin yediklerini çıkardı.   *Pervin hat das, was sie gegessen hat, herausgebracht.*
İşten ayrılacağımı söyleyen kimdi?   *Wer war es, der gesagt hat, dass ich mit der Arbeit aufhöre?*
Ayrılacağınızı söyleyen Ali'ydi.   *Derjenige, der gesagt hat, dass Sie weggehen, war Ali.*

▶ Vergleichen Sie jetzt:

(10) Ali, bugün **misafir** geleceğini söyledi.	*Ali hat gesagt, dass heute **Besuch** kommt.*
(11) Ali, **misafirin** bugün geleceğini söyledi.	*Ali hat gesagt, dass **der Besuch** heute kommt.*
(12) Ali, **yemek** pişirildiğini söyledi.	*Ali hat gesagt, dass **Essen** gekocht wurde.*
(13) Ali, **yemeğin** pişirildiğini söyledi.	*Ali hat gesagt, dass **das Essen** gekocht wurde.*

Was oben zum Subjekt der Relativsätze in Hinblick auf die Verwendung des Genitivs gesagt wurde, gilt auch für Ergänzungssätze.

▶ Vergleichen Sie auch die Beispiele für *-diği* mit Interrogativa:

Ulf'un **ne** istediğini bilmiyorum.	*Ich weiß nicht, was Ulf will.*
Ulf'un **nereye** gittiğini bilmiyorum.	*Ich weiß nicht, wohin Ulf gegangen ist.*
Ulf'un **nereden** geldiğini bilmiyorum.	*Ich weiß nicht, woher Ulf gekommen ist.*
Ulf'un **nerede** oturduğunu bilmiyorum.	*Ich weiß nicht, wo Ulf wohnt.*
Ulf'un **kiminle** konuştuğunu bilmiyorum.	*Ich weiß nicht, mit wem Ulf gesprochen hat.*
Ulf'un **kimi** öptüğünü bilmiyorum.	*Ich weiß nicht, wen Ulf geküsst hat.*
Ulf'un **kime** mektup yazdığını bilmiyorum.	*Ich weiß nicht, wem Ulf geschrieben hat.*
Ulf'un **kimden** korktuğunu bilmiyorum.	*Ich weiß nicht, vor wem Ulf Angst hat.*
Ulf'un **ne kadar** bira içtiğini bilmiyorum.	*Ich weiß nicht, wie viel Bier Ulf getrunken hat.*
Ulf'un eve **nasıl** gittiğini bilmiyorum.	*Ich weiß nicht, wie Ulf nach Hause gekommen ist.*
Ulf'un **saat kaçta** geldiğini bilmiyorum.	*Ich weiß nicht, um wie viel Uhr Ulf gekommen ist.*
Ulf'un **ne zaman** evde olduğunu bilmiyorum.	*Ich weiß nicht, wann Ulf zu Hause war/ist.*
Ulf'un **ne zaman** evde olacağını bilmiyorum.	*Ich weiß nicht, wann Ulf zu Hause ist/sein wird.*
Ulf'un **kaç** çocuğ**u** olduğunu bilmiyorum.	*Ich weiß nicht, wie viele Kinder Ulf hat.*

• Nehmen wir an, Sie möchten in einem solchen Nebensatz mitteilen, dass Sie von einem Ereignis erfahren haben. Dann muss man ein Verb hinzunehmen, das die Erfahrung signalisiert:
Kaza yaptığı söylenilen/bildirilen/anlatılan/iddia edilen Ulf kaza yerinden kaçmış „Ulf, von dem gesagt/mitgeteilt/erzählt/behauptet wird, dass er einen Unfall gebaut habe, hat Fahrerflucht begangen";
babasının Türk olduğunu öğrendiğim öğretmenimiz „unser Lehrer, über den ich erfahren habe, dass sein Vater Türke ist";
arabası olduğunu öğrendiğim arkadaşım „mein Freund, der, wie ich erfahren habe, ein Auto hat"; *babasının arabası olduğunu öğrendiğim arkadaşım* „mein Freund, dessen Vater, wie ich erfahren habe, ein Auto hat".

▶ Vergleichen wir zum Schluss:

(14) Babam olduğunu söyledim.	*Ich habe gesagt, dass ich einen Vater habe.*
(15) Babam**ın** olduğunu söyledim.	*Ich habe gesagt, dass es meinen Vater (doch) gibt.*
(16) Çocuğum olmadığını söyledim.	*Ich habe gesagt, dass ich keine Kinder habe.*
(17) Çocuğum**un** olmadığını söyledim.	*Ich habe gesagt, dass ich keine Kinder bekommen habe.*

In den Beispielen (14) und (16) haben wir es mit *haben*-Konstruktionen zu tun, in den Beispielen (15) und (17) nicht. Hier steht das Nomen im Genitiv; kontextabhängig müssen wir dann statt „haben" mit „es gibt", „vorhanden sein" oder „bekommen" übersetzen. Noch ein Beispiel: *Babam olduğunun anlaşılıp yalancılığımın ortaya çıkacağı korkusu, babamın olduğunu saklamak yalancılığından çok daha baskındı* (AN, BGBG1, 347 f.) „Die Angst, dass bemerkt werden könnte, dass ich einen Vater habe und meine Verlogenheit aufgedeckt würde, war sehr viel bedrückender als das Verheimlichen der Tatsache, dass es meinen Vater gibt, was einer Lüge gleichkam".

4.7.4 *-diği/-eceği*-Partizip oder Kurzinfinitiv?

▶ Vergleichen Sie:

(1) Ali'nin teşekkür **ettiğini** biliyorum.	*Ich weiß, dass Ali sich bedankt hat.*
(2) Ali'nin teşekkür **edeceğini** biliyorum.	*Ich weiß, dass Ali sich bedanken wird.*
(3) Ali'nin teşekkür **etmesini** istiyorum.	*Ich möchte, dass Ali sich bedankt.*

In den Beispielen (1) und (2) hat der Sprecher *Ali* im Sinne, das, was er getan hat oder was er tun wird. In Beispiel (3) hingegen verlegt der Sprecher sein Augenmerk auf das Ereignis. Wenn der Ereignisträger eine Rolle spielt, verwenden wir *-diği* oder *-eceği*, wenn das Ereignis eine Rolle spielt, den Kurzinfinitiv.

▸ Vergleichen wir: *Seni yakında ziyaret edeceğime söz veriyorum* „Ich verspreche, dass ich dich bald besuche" : *Seni yakında ziyaret etmeye söz veriyorum* „Ich verspreche, dich bald zu besuchen"; *Ali'nin geldiğine sevindim* „Ich habe mich darüber gefreut, dass Ali gekommen ist" : *Ali'nin gelmesine sevindim* „Ich habe mich über Alis Kommen gefreut".

Manche Verben
- wie *bilmek* „wissen", *inanmak* „glauben an" *sanmak* „glauben/vermuten" werden überwiegend mit *-diği* oder *-eceği* gebraucht,
- wie *istemek* „wollen", *rica etmek* „bitten", *talep etmek* „fordern" werden (fast) ausschließlich mit dem Kurzinfinitiv verwendet, und manche Verben
- wie *söylemek* „sagen", *düşünmek* „denken/überlegen", *açıklamak* „erklären" können in allen drei Varianten verwendet werden. Beispiele:

(4)	Ali'nin teşekkür **ettiğini** söyledim.	*Ich habe gesagt, dass Ali sich bedankt hat.*
(5)	Ali'nin teşekkür **edeceğini** söyledim.	*Ich habe gesagt, dass Ali sich bedanken wird.*
(6)	Ali'nin teşekkür **etmesini** söyledim.	*Ich habe gesagt, dass Ali sich bedanken soll.*

Weitere Beispiele: *Ali'nin teşekkür ettiğini biliyorum* „Ich weiß, dass Ali gedankt hat", *Ali'nin teşekkür ettiğine inanmıyorum* „Ich glaube nicht, dass Ali gedankt hat", *Ali'nin teşekkür edeceğini iddia ediyorum* „Ich behaupte, dass Ali sich bedanken wird";
Ali'den teşekkür etmesini rica ettim „Ich habe Ali gebeten, sich zu bedanken", *Geç kalmanı istemiyorum* „Ich möchte nicht, dass du dich verspätest",
Ali'nin geldiği biliniyor „Man weiß, dass Ali gekommen ist", *Ali'nin geleceği ümit ediliyor* „Man hofft, dass Ali kommt", *Ali'nin gelmesi bekleniyor* „Es wird erwartet, dass Ali kommt".

Noch drei Beispiele, in denen die Formen auf *-diği, -eceği, -me* mit ihren Erweiterungen Subjekt sind:

(7)	Ali'nin yardım **istediği** bir rastlantı değil.	*Es ist kein Zufall, dass Ali um Hilfe gebeten hat.*
(8)	Ali'nin yardım **isteyeceği** bir rastlantı değil.	*Es ist kein Zufall, dass Ali um Hilfe bitten wird.*
(9)	Ali'nin yardım **istemesi** bir rastlantı değil.	*Alis Bitte um Hilfe ist kein Zufall.*

- In folgendem Beispiel muss *-mesi* stehen, damit die Perspektive auf das Ereignis fällt: *Sele kurban gidenlerin cesetlerinin 7 Ağustos'tan bu yana bulunamaması, Beşköy'de sinirleri gerdi* (Radikal, 20.08.98/3) „Der Umstand, dass die Leichen derer, die der Überschwemmung zum Opfer gefallen sind, vom 7. August bis heute nicht aufgefunden werden konnten, hat in Beşköy die Nerven angespannt".

- Mit *-diği,* also *bulunamadığı,* würde die Perspektive auf die Ereignisträger fallen, was diese ausgeführt haben und der Satz bekäme eine andere Bedeutung, nämlich „dass die Leichen sich nicht haben finden lassen (können)" oder „dass die Leichen nicht anwesend sein konnten".

- Auch mit *-iş,* also *bulunamayışı,* bekäme der Satz eine andere Bedeutung, nämlich „dass die Auffindung der Leichen nicht erreicht werden konnte".

Die Verbaladverbien *(Ulaçlar)*

1 Überblick

Das Türkische kennt eine begrenzte Anzahl von Suffixen, mit denen ein Verbalereignis verkürzt dargestellt und mit einem weiteren Ereignis verknüpft werden kann. Diesen Suffixen ist gemeinsam, dass sie *keine* Zeitstufe enthalten und dass ihnen *keine* Personalsuffixe folgen können. Deshalb muss man sich die Zeitstufe und die Person aus dem nachfolgendem Verb oder dem Rest des Satzes erschließen. Die meisten dieser Suffixe liefern eine adverbiale (z. B. modale, temporale) Information. Wir können sie deshalb als Verbaladverbsuffixe bezeichnen. Sie werden auch *Konverbsuffixe* oder *Gerundialsuffixe* genannt. Was es bedeutet, *keine* Zeitstufe und *keine* Personenangabe zu enthalten, können wir uns an folgenden Beispielen ansehen:

(1) Çocuk **bağırarak** geldi.	*Das Kind ist **schreiend** gekommen.*
(2) Çocuk **bağırarak** geliyor.	*Das Kind kommt **schreiend**.*
(3) Çocuk **bağırarak** gelecek.	*Das Kind wird **schreiend** kommen.*

2 Das Verbaladverb auf *-erek*

▶ Vergleichen Sie:

(1) Çocuk ağla**yarak** eve geldi.	*Das Kind ist **weinend** nach Hause gekommen.*
(2) Yürü**yerek** üniversiteye giderim.	*Ich gehe zu Fuß (= **laufend**) zur Universität.*

Mit dem Suffix *-erek* wird eine Verbform gebildet, die beschreibt, was das *Subjekt* des Satzes als (meistens kontinuierliches) Begleitgeschehen zum übergeordneten Verb ausführt (oder auch ausgeführt hat). *Ağlayarak* bedeutet „weinend(erweise)" und *yürüyerek* „laufend(erweise)".

Das zweiförmige Suffix *-erek*, nach Vokal *-yerek*, wird an einen Verbstamm angehängt:

bejaht	*verneint*	*bejaht*	*verneint*
iste**yérek**	isté**meyerek**	gel**érek**	gél**meyerek**
üşü**yerek**	üşü**meyerek**	gör**erek**	gör**meyerek**
anla**yarak**	anla**mayarak**	oku**yarak**	oku**mayarak**
oku**yarak**	oku**mayarak**	sor**arak**	sor**mayarak**
Merke:			
di**yerek**	de**meyerek**	ed**erek**	et**meyerek**
yi**yerek**	ye**meyerek**	gid**erek**	git**meyerek**

Zur Aussprache: Auslautendes *e* bzw. *a* eines Verbstammes wird als reduziertes *i* bzw. *ı* gesprochen.

Beispiele: *Suzan oturarak ütü yapar* „Suzan bügelt im Sitzen (= sitzend)", *Oturarak ütü yaparım* „Ich bügele im Sitzen", *Oturarak ütü yaptım* „Ich habe im Sitzen gebügelt", *Oturarak ütü yapacağım* „Ich werde im Sitzen bügeln", *Bunu bilmeyerek yaptım* „Das habe ich unwissentlich getan", *Bu istemeyerek oldu* „Das ist unabsichtlich passiert".

Im Deutschen passt allerdings nicht immer ein adverbial gebrauchtes Partizip. Deshalb muss man oft auf Konstruktionen wie „indem …/dadurch, dass …", manchmal sogar auf „und (dadurch)" ausweichen: *Çalışarak Türkçe öğrendim* „Ich habe Türkisch gelernt, indem ich (dafür) gelernt/ gearbeitet habe", *Buralara kadar gelerek işinizden gücünüzden oldunuz* „Dadurch, dass Sie bis hierher gekommen sind, sind Sie um Ihre eigene Arbeit gekommen", *Matthias çok çalışarak sınavı kazandı* „Matthias lernte fleißig und bestand (dadurch) die Prüfung". Bei verneinten Formen müssen wir manchmal mit „ohne dass" übersetzen: *Mehmet, cevap vermeyerek odadan çıktı* „Mehmet ist, ohne dass er Antwort gegeben hätte, aus dem Zimmer gegangen".

Merke auch *giderek* „immer mehr (= laufend)": *Giderek daha geç geliyorsun* „Du kommst laufend später".

- Beispiele für „sein": *İçkili olarak eve gelme* „Komm nicht alkoholisiert (seiend) nach Hause", *Nakit olarak ne kadar vereyim?* „Wie viel soll ich bar (seiend) geben?".

  Merken Sie sich auch *olarak* „als": *İçecek olarak ne istersiniz?* „Was möchten Sie als Getränk?", *Sen şoför olarak, ben garson olarak çalışıyoruz* „Du arbeitest als Fahrer und ich arbeite als Kellner".

Sehen Sie sich auch folgende Kombinationen an: *Adamı tabancayla vurarak öldürdüler* „Sie haben den Mann mit einer Pistole erschossen (= mit einer Pistole (er)schlagend getötet)", *Adamı bıçakla vurarak öldürdüler* „Sie haben den Mann mit einem Messer erstochen (= mit einem Messer (er)schlagend getötet)".

- Ein Satz mit einer Verbform auf *-erek* wird äußerst selten mit wechselndem Subjekt verwendet. Wir verzichten auf eine Darstellung.

3 Das Verbaladverb auf *-e* und dessen Verdoppelung

▶ Vergleichen Sie:

(1) Biri beş geç**e** geldim.	*Ich bin um fünf nach eins gekommen.*
(2) Üçe on kal**a** gittim.	*Ich bin um zehn vor drei weggegangen.*
(3) Neredesin di**ye** bağırdı.	*Er schrie: ‚Wo bist du?'*

Mit dem Suffix *-e* wird ebenfalls ein Verbaladverb gebildet. Auch diese Verbaladverbien geben wieder, was ein adverbial gebrauchtes Partizip im Deutschen ausdrücken kann: *geçe* „vorbeigehend", *kala* „bleibend", *diye* „meinend". Aus stilistischen Gründen werden wir sie aber nur in wenigen Fällen mit einem Partizip übersetzen.

Im Gegensatz zu einer Verbform mit *-erek* hat der Sprecher nicht seine Perspektive auf dem Subjekt, also was dieses ausführt, sondern vielmehr auf dem Begleitgeschehen selbst, z. B. *Bire beş kala eve geldim* „Ich bin fünf vor eins (= fünf bleibend vor eins) nach Hause gekommen". Die mit *-e* gebildeten, nicht verdoppelt vorkommenden Verbformen sind nicht sehr zahlreich.

Das zweiförmige Suffix *-e,* nach Vokal *-ye,* wird an einen Verbstamm angefügt und betont. Verneinte Formen kommen nicht vor.

Zur Aussprache: Auslautendes *e* bzw. *a* eines Verbstammes wird als reduziertes *i* bzw. *ı* gesprochen.

Beispiele: *Bu işi ortaklaşa yapalım* „Machen wir diese Arbeit gemeinsam", *Bu işi nöbetleşe yapalım* „Machen wir diese Arbeit abwechselnd", *Bu işi rasgele yapmayalım* „Machen wir diese Arbeit nicht irgendwie".

Die wichtigste dieser Verbformen ist *diye* „meinend", das von *demek* „sagen/meinen" abgeleitet ist. Dieses *diye* bezeichnet eine gedankliche Beschäftigung des Sprechers mit dem Sachverhalt und wird wie eine Konjunktion gebraucht, die zwei selbständige Aussagen zu einer Einheit verbindet und ins Deutsche unterschiedlich zu übersetzen ist. Wir benötigen *diye*

- als Abschluss der direkten Rede wie oben in (3). Die direkte Rede wird im Türkischen im Regelfall immer mit dem Verb *demek* abgeschlossen, z. B. *Nasılsın? dedi* „Er sagte ‚Wie geht es dir?'". Möchte der Sprecher die direkte Rede mit einem anderen Verb beenden, schiebt er *demek* in Form von *diye* ein: *– Nasılsın? diye sordu. – İyiyim, diye cevap verdi* „Er fragte ‚Wie geht es dir?' Sie antwortete: ‚Mir geht es gut'". Wir lassen dann *diye* unübersetzt. Es gibt aber auch Fälle, wo wir dieses *diye* mit „ob" übersetzen können, z. B. *Erol, sinemaya gelecek misin diye sordu* „Erol hat gefragt, ob du ins Kino mitkommst";

- als Abschluss von geäußerten Gedanken: *Bugün yağmur yağar mı diye düşünüyorum* „Ich überlege, ob es heute wohl regnen wird";

- als Abschluss von vorgeblichen Begründungen (deutsche Übersetzung „weil"): *Başım ağrıyor diye yattım* „Ich habe mich hingelegt, weil mein Kopf wehtut", *Pervin, başı ağrıyor diye yattı* „Pervin hat sich hingelegt, weil ihr der Kopf wehtut", *Ali gelmem dedi diye sen de mi gelmeyeceksin?* „Wirst du auch nicht kommen, weil Ali gesagt hat, dass er nicht mitkommt?";

- als Abschluss von Absichten und Zielen (deutsche Übersetzung „damit"). In diesem Fall stehen solche Äußerungen im Imperativ, Voluntativ oder Optativ: *Sana, oku diye kitap verdim* „Ich habe dir, damit du es liest, ein Buch gegeben", *Sana, okuyasın diye kitap aldım* „Ich habe dir, damit du liest, ein Buch gekauft", *Pervin'i göreyim diye geldim* „Ich bin gekommen, damit ich Pervin sehe", aber: *Pervin'i görmek için geldim* „Ich bin gekommen, um Pervin zu sehen", *Bu kitabı Türkçe öğrenesin diye aldım* „Dieses Buch habe ich gekauft, damit du Türkisch lernst" (mein Wunsch).

- als Abschluss annähernder Benennungen: *Ali diye birisi* „ein gewisser Ali", *Berlin diye bir kent* „eine Stadt namens Berlin";

- als Abschluss fälschlich angenommener Objekte: *Öf, çaya şeker diye tuz koymuşum* „O je, ich habe in den Tee statt Zucker Salz getan (= Zucker meinend Salz)".

Manchmal wird so eine Verbform auch attributiv gebraucht: *2000'e 4 kala Türkiyesi'nden iki fotoğraf* (Cumhuriyet Hafta, 26.4.96/1) „Zwei Fotos von der Türkei 4 (Jahre) vor 2000", *Bizim köy çok sapa bir yerde* „Unser Dorf liegt an einer sehr abgelegenen Stelle".

▶ Vergleichen Sie jetzt:

(4) Çocuk ağla**ya** ağla**ya** eve geldi.	*Das Kind ist **ständig weinend** nach Hause gekommen.*
(5) Teşekkür ed**e** ed**e** ayrıldı.	*Er ging, sich **überschwänglich bedankend**, weg.*
(6) Konuşma**ya** konuşma**ya** Almancayı unutacağım.	*Ich werde **vor lauter Nichtsprechen** noch Deutsch vergessen/verlernen.*

Mit doppelt gebrauchten Verbformen auf *-e* verlegt der Sprecher seine Perspektive ganz stark auf den Begleitumstand. Die Doppelsetzung bedeutet, dass das Ereignis intensiviert dargestellt wird. Dabei schließt der Sprecher eine Wiederholung oder Andauer des Begleitumstandes nicht ausdrücklich ein, aber auch nicht aus. Die doppelt gebrauchten Verbformen auf *-e* werden auch verneint gebraucht.

bejaht	*verneint*	*bejaht*	*verneint*
isteyé isteyé	istémeye istémeye	gelé gelé	gélmeye gélmeye
üşüye üşüye	üşümeye üşümeye	göre göre	görmeye görmeye
anlaya anlaya	anlamaya anlamaya	okuya okuya	okumaya okumaya
okuya okuya	okumaya okumaya	sora sora	sormaya sormaya
Merke:			
diye diye	demeye demeye	ede ede	etmeye etmeye
yiye yiye	yemeye yemeye	gide gide	gitmeye gitmeye

Beispiele: *Sana seve seve yardım ederim* „Ich helfe dir sehr gern", *Güle güle git, güle güle gel!* „Geh mit Freuden und komm mit Freuden" (Übrigens, auf jeden Abschiedsgruß kann mit *güle güle* geantwortet werden; dann steht es ohne nachfolgendes Verb), *Şimdi, dans ede ede şu kapıdan çıkıp gidiverelim* (AN, AD, 37) „Gehen wir jetzt tanzenderweise durch diese Tür und verschwinden", *Emeklilerden biri inmeli. Bastonuna basa basa, bir ayağını sürüyerek yürür* (AN, YLBD, 36) „Einer der Rentner ist schlaganfallgelähmt. Er läuft sein eines Bein nachziehend, indem er sich immer wieder auf seinen Stock stützt".

Merke: *Gele gele bugüne mi geldik?* „Sind wir schließlich und endlich auf den heutigen Tag gekommen?", *Gide gide bara mı gidecekti?* „Musste er schließlich und endlich in eine Bar gehen?", *Kala kala elimde bu kitaplar kaldı* „Schließlich und endlich sind mir nur diese Bücher übriggeblieben".

▶ Vergleichen wir: *Bile bile yalan söyledin* „Du hast wissentlich gelogen" : *Bilerek yalan söyledin* „Du hast bewusst gelogen"; *Bulaşığı istemeye istemeye yıkadım* „Das Geschirr habe ich ganz lustlos abgewaschen" : *Bulaşığı istemeyerek yıkadım* „Das Geschirr habe ich ungern abgewaschen".

Solche Verdoppelungen werden auch aus verschiedenen, entweder – von der Bedeutung her – zusammenpassenden oder gegensätzlichen Verbstämmen gebildet. Man sollte sie vokabelmäßig lernen: *Çocuklar düşe kalka büyüyorlar* „Die Kinder wachsen so lala (= fallend aufstehend) auf", *Piknikten güle oynaya döndük* „Vom Picknick sind wir unheimlich lustig (= lachend tanzend) zurückgekommen". Weitere Beispiele: *bağırta çağırta* „schreiend und rufend", *itile kakıla* „hin- und hergeschubst", *bata çıka* „unter- und auftauchend", *ezile büzüle* „ganz untertänig".

Ein Satz mit einer doppelt gebrauchten Verbform auf *-e* wird äußerst selten mit wechselndem Subjekt verwendet. Wir verzichten auf eine Darstellung.

4 Das Verbaladverb auf *-ip* und dessen Verdoppelung

▶ Vergleichen Sie:

(1) Ne böyle gid**ip** geliyorsun?	*Was läufst du so hin und her?*
(2) Dün akşam lokantada yi**yip** içtik.	*Gestern Abend haben wir im Restaurant gegessen und getrunken.*
(3) Eve gid**ip** duş yapacağım.	*Ich werde nach Hause gehen und duschen.*

Mit dem Suffix *-ip* werden zwei (oder auch mehrere) miteinander in Beziehung stehende Ereignisse zu einer engen Kombination wie *gidip gelmek* „hin- und herlaufen" verknüpft und der Sprecher verlagert seine Perspektive auf das Ereignis selbst. Wir übersetzen mit „und". Das Suffix *-ip* sagt nichts darüber aus, ob die so verknüpften Ereignisse gleichzeitig oder nacheinander, einmal oder mehrmals stattfinden. Das muss man dem Kontext entnehmen.

Das vierförmige Suffix *-ip*, nach Vokal *-yip*, wird an einen Verbstamm angehängt:

bejaht	*verneint*	*bejaht*	*verneint*
isteyíp	istémeyip	gelíp	gélmeyip
üşüyüp	üşümeyip	görüp	görmeyip
anlayıp	anlamayıp	alıp	almayıp
okuyup	okumayıp	sorup	sormayıp
Merke:			
deyip	demeyip	edip	etmeyip
yiyip	yemeyip	gidip	gitmeyip

Beispiele: *Suzan kahvaltı edip evden çıktı* „Suzan hat gefrühstückt und ist aus dem Haus gegangen", *Kahvaltı edip evden çıktım* „Ich habe gefrühstückt und bin aus dem Haus gegangen", *Kahvaltı edip evden çıkacağım* „Ich werde frühstücken und (aus dem Haus) gehen", *Eve gidip dinlendim* „Ich bin nach Hause gegangen und habe mich ausgeruht", *Eve gidip yemek yiyelim* „Gehen wir nach Hause und essen etwas", *Ne durup bakıyorsun?* „Was stehst du da und schaust?".

• Beispiel für „sein": *Öğretmen olup köyde çalışacağım* „Ich werde Lehrer werden und auf einem Dorf arbeiten".

▶ Vergleichen Sie jetzt:

(4) Telefon edip haber verdim.	*Ich habe angerufen und Bescheid gegeben.*
(5) Telefon edip haber vermedim.	*Ich habe nicht angerufen und (nicht) Bescheid gegeben.*
(6) Telefon edip de haber vermedim.	*Ich habe nicht einmal angerufen und (nicht) Bescheid gegeben.*
(7) Telefon etmeyip mektup yazdım.	*Ich habe nicht angerufen, sondern einen Brief geschrieben.*
(8) Edirne'ye gidip de Selimiye Camisini görmemek olmaz.	*Es geht nicht an, nach Edirne zu fahren und sich (dazu) die Selimiye-Moschee nicht anzusehen.*

Normalerweise bezieht sich die Verneinung eines Verbs, das einer Verbform auf *-ip* folgt, auch auf die Verbform mit *-ip* wie in (5). Das ist aber nur eine Faustregel, wie folgendes Beispiel zeigt: *Çocuk sahibi olmak isteyip bu arzularına kavuşamayanlara sesleniyoruz...* (Reklame) „Wir wenden uns an diejenigen, die ein Kind bekommen wollen und diesen Wunsch bislang nicht verwirklichen konnten".

Damit eine mit *-ip* gebildete Aussage gedanklich abgehoben und bejaht zu verstehen ist, wird oft ein *de* im Sinne „und dazu" nachgesetzt wie in (8). Ebenso ist aber das Beispiel (6) *Telefon edip de haber vermedim* gebildet, das anders verstanden wird. Mit anderen Worten, ein *de* garantiert nicht, dass der erste Teil bejaht verstanden werden muss. Der Kontext muss helfen.

- In folgenden Zwillingsformen ist das mit *-ip* gebildete Verb nicht verneint zu verstehen: *Bugün işe gidip gitmemek senin bileceğin iştir* „Du musst selbst wissen, ob du heute zur Arbeit gehst (oder nicht), *Ali'ye telefon edip etmemekte serbestsin* „Es steht dir frei, Ali anzurufen (oder nicht)"; *Trenin zamanında gelip gelmediğini bilmiyorum* „Ich weiß nicht, ob der Zug rechtzeitig angekommen ist", *Ali'nin telefon edip etmediğini bilmiyorum* „Ich weiß nicht, ob Ali angerufen hat (oder nicht)", *Ali'nin telefon edip etmeyeceğini bilmiyorum* „Ich weiß nicht, ob Ali anrufen wird (oder nicht)", *Ankara'da kalıp kalmayacağımızı henüz söyleyemeyiz* „Wir können noch nicht sagen, ob wir in Ankara bleiben werden";
Ali'nin gelip gelmediği belli değil „Es ist nicht klar, ob Ali gekommen ist", *Ali'nin gelip gelmeyeceği belli değil* „Es ist nicht klar, ob Ali kommt";
Ali'nin telefon edip etmemesi beni ilgilendirmiyor „Ob Ali anruft oder nicht, interessiert mich nicht", *Akşam eve gelip gelmemen önemli değil, yalnız haber vermen lazım* „Es ist nicht wichtig, ob du am Abend nach Hause kommst oder nicht, du musst nur Nachricht geben".

- Beispiele für „sein" und „haben": *Hasta olup olmadığımı sordu* „Sie fragte, ob ich krank sei"; *Erkek arkadaşım olup olmadığını sordu* „Er fragte, ob ich einen Freund habe".

Wenn man mehrere Verben miteinander verbinden will, vermeidet man oft, mehrmals *-ip* zu setzen und weicht an einer passenden Stelle auf *-erek* aus: *Erdoğan tamirciye 'Arabada bir arıza var' diyip arabayı açarak yeşil ışığı gösteriyor* „Erdoğan sagt zu dem Automechaniker: ‚Das Auto hat einen Defekt' und zeigt das grüne Licht, indem er das Auto öffnet" : *Erdoğan tamirciye 'Arabada bir arıza var' diyerek arabayı açıp yeşil ışığı gösteriyor* „Erdoğan öffnet das Auto und zeigt das grüne Licht, indem er zu dem Automechaniker sagt: ‚Das Auto hat einen Defekt'".

- Ein Satz mit einer Verbform auf *-ip* wird selten mit wechselndem Subjekt verwendet. Da das jedoch häufiger als bei *-erek* oder *-e ... -e* vorkommt, wollen wir die Gründe kurz darstellen. Erstens ist mindestens ein Subjekt unpersönlich und zweitens sind die Verben intransitiv. Im folgenden Beispiel wird nur etwas über den Vorgang ausgesagt, nichts aber über die Anzahl der Ereignisträger: *Toplantılar yapılıp pastalar kesiliyor* (Hürriyet-Kelebek, 15.4.00/1) „Es werden Versammlungen gemacht und Kuchen aufgeschnitten". Im nächsten Beispiel ist das zweite Ereignis Bestandteil und Ergebnis des ersten: *Ben, iki Mudanya vapurunun Bozburun'da sisten çarpışıp da, Sevinç vapurunun battığını biliyorum* (AB, OMY, 64) „Ich weiß, dass zwei Mudanya-Linienschiffe in Bozburun infolge Nebels zusammengestoßen sind und dass dabei das Schiff 'Sevinç' untergegangen ist".

- Doppelt gebrauchte Verbformen mit *-ip* bezeichnen immer eine Wiederholung des Ereignisses: *Ali dönüp dönüp baktı* „Ali drehte sich immer wieder um und schaute".

5   Das Verbaladverb auf *-meden*

▶ Vergleichen Sie:

(1)	Dün akşam bir şey ye**meden** yattım.	*Gestern Abend habe ich mich hingelegt, ohne etwas gegessen zu haben.*
(2)	Çalış**madan** Türkçe öğrenmek mümkün değil.	*Es ist nicht möglich, Türkisch zu lernen, ohne dafür etwas zu tun.*

Mit dem Verbaladverb auf *-meden* wird ein *fehlender* eingetretener oder eingetreten gedachter Begleitumstand ausgedrückt, ohne auf einen Verlauf zu verweisen. Das zweiförmige Suffix *-meden* wird an den Verbstamm angehängt und die Silbe davor betont.

Beispiele: *Suzan kahvaltı etmeden evden çıktı* „Suzan ist, ohne zu frühstücken, aus dem Haus gegangen", *Kahvaltı etmeden evden çıktım* „Ich bin, ohne zu frühstücken, aus dem Haus gegangen", *Kahvaltı etmeden evden çıkacağım* „Ich werde, ohne zu frühstücken, aus dem Haus gehen".

- Beispiele für „sein/haben": *Ben olmadan parti olmaz* „Ohne mich (= ohne dass ich dabei bin), gibt es keine Party", *Para olmadan insan nasıl yaşasın?* „Wie soll der Mensch ohne Geld (zu haben) leben?".

- Eine Verbform auf *-meden* erlaubt Subjektwechsel: *Ülkü seni görmeden ayrıldı* „Ülkü ist weggegangen/weggefahren, ohne dich zu sehen" : *Ülkü seni görmeden sen ayrıldın* „Du bist weggegangen/weggefahren, ohne dass Ülkü dich gesehen hat".

- Die Kombination *-meden önce/evvel* bedeutet „bevor": *Bursa'ya gitmeden önce teyzeme uğradım* „Bevor ich nach Bursa gefahren bin, habe ich meine Tante besucht". Auch hier kann das Subjekt gewechselt werden: *Sen Bursa'ya gitmeden önce teyzeme uğradım* „Bevor du nach Bursa gefahren bist, habe ich meine Tante besucht".

  Wenn der Kontext klar ist, kann für „bevor" auch nur *-meden* gebraucht werden: *Ülkü'nün hamala parasını ödemesine bile fırsat kalmadan, taksi şoförleri etrafını sardılar* „Bevor Ülkü noch Gelegenheit hatte, dem Gepäckträger sein Geld zu geben, umringten sie die Taxifahrer".

- Bitte beachten Sie: Hin und wieder kommt es vor, dass das erste der wechselnden Subjekte nicht genannt ist. Im Regelfall ist das dann der Sprecher selbst oder die Person/Sache, über die er spricht: *Eve gelmeden yağmur yağmaya başladı* „Bevor (ich) zu Hause ankam, fing es an zu regnen".

Merke auch: *Türkiye'ye taşınmazdan önce karar vermekte zorlandık* „Bevor *wir* in die Türkei gezogen sind, war es für uns schwierig, eine Entscheidung zu treffen".

- Ein *außer Acht gelassener* Begleitumstand wird mit *-meksizin* ausgedrückt (*-mek* + Privativsuffix + Instrumentalsuffix). Diese Form kommt nicht so häufig vor, und das Subjekt wird nicht gewechselt: *Macarca öğrenmeksizin Macaristan'a gitti* „Ohne Ungarisch zu lernen ist er nach Ungarn gefahren".

▶ Vergleichen wir: *Bu kitap, yayınevinden izin almaksızın kopya edilemez* „Dieses Buch darf ohne Zustimmung des Verlages nicht kopiert werden" : *Bu kitap, yayınevinden izin almadan kopya edilemez* „Dieses Buch darf, ohne die Zustimmung des Verlages einzuholen/eingeholt zu haben, nicht kopiert werden".

6 Das Verbaladverb auf *-ince*

▶ Vergleichen Sie:

(1) Ders bit**ince** kahve içeceğim.	**Wenn** der Unterricht zu Ende ist, werde ich Kaffee trinken.
(2) Bu kötü haberi duy**unca** ağlamaya başladım.	**Als** ich diese schlechte Nachricht hörte, fing ich an zu weinen.

Das Suffix *-ince* ist eine Mischung aus konditionaler und temporaler Idee im Sinne von „Wenn (das eintritt), dann (passiert das)" oder „Als (das eintrat), da (passierte das)", d. h., das mit *-ince* formulierte Ereignis löst das Ereignis im Nachsatz aus. Deshalb schließt sich die Aussage, die im Nachsatz steht, der mit *-ince* gebildeten an. Es bleibt aber offen, ob das zweite Ereignis sich unmittelbar anschließt oder erst nach einer gewissen Zeitspanne. Das muss man dem Kontext entnehmen.

Das Suffix *-ince*, nach Vokal *-yince*, wird an bejahte oder verneinte Verbstämme angefügt; die erste Silbe ist vierförmig, die zweite ist zweiförmig:

bejaht	*verneint*	*bejaht*	*verneint*
iste**yínce**	isté**meyince**	gel**ínce**	gél**meyince**
üşü**yünce**	üşü**meyince**	gör**ünce**	gör**meyince**
anla**yınca**	anla**mayınca**	al**ınca**	al**mayınca**
oku**yunca**	oku**mayınca**	sor**unca**	sor**mayınca**
Merke:			
de**yince** (1. Silbe)	demeyince	e**d**ince	etmeyince
y**i**yince	yemeyince	gi**d**ince	gitmeyince

Beispiele: *Timur eve gelince dinlenir* „Wenn Timur nach Hause kommt, ruht er sich aus", *Timur eve gelince dinlendi* „Als Timur nach Hause kam, hat er sich ausgeruht", *Eve gelince dinlenirim* „Wenn ich nach Hause komme, ruhe ich mich aus", *Eve gelince dinlendim* „Als ich nach Hause kam, habe ich mich ausgeruht", *Eve gidince yemek yiyelim* „Wenn wir zu Hause sind, essen wir etwas", *Annem eve gelince önce yemek hazırladı* „Als meine Mutter nach Hause kam, hat sie zuerst Essen zubereitet", *Türkiye'ye gidince üç hafta kalacağız* „Wenn wir in die Türkei fahren, werden wir drei Woche bleiben";
Arkadaşım gelmeyince eve gittim „Als mein Freund nicht kam, bin ich nach Hause gegangen", *Ali benimle konuşmayınca ben niye onunla konuşayım?* „Wenn Ali mit mir nicht spricht, warum soll ich dann mit ihm sprechen?".

- Beispiele für „sein" und „haben": *Hazır olunca haber ver* „Gib Bescheid, wenn du fertig bist", *Ben olmayınca parti olmaz* „Ohne mich gibt es keine Party"; *Para olmayınca insan nasıl yaşasın?* „Wie soll der Mensch leben, wenn er kein Geld zur Verfügung hat?".

- Eine Aussage mit *-ince* erlaubt Subjektwechsel: *Ülkü eve gelince (ben) alışverişe giderim* „Wenn Ülkü nach Hause kommt, gehe ich einkaufen" : *Ülkü eve gelince (ben) alışverişe gittim* „Als Ülkü nach Hause kam, bin ich einkaufen gegangen".

- Bitte beachten Sie: Hin und wieder kommt es vor, dass das erste der wechselnden Subjekte nicht genannt ist: *Eve gelince yağmur yağmaya başladı* „Als (ich) nach Hause kam, fing es an zu regnen".

▸ Vergleichen wir auch: *Tahsin'i evden çıkınca gördüm* „Ich habe Tahsin, als *er* aus dem Haus kam, gesehen" oder „Ich habe Tahsin gesehen, als *ich* aus dem Haus ging" mit *Evden çıkınca Tahsin'i gördüm* „Ich habe Tahsin gesehen, als *ich* aus dem Haus ging".

Merken Sie sich auch *-e gelince* „was anbetrifft (= wenn man zu … kommt)": *Sana gelince, bu yaz nereye gideceksin?* „Und was dich anbetrifft, wohin wirst du diesen Sommer fahren?".

- Verbformen auf *-ince*, an die das Dativsuffix angefügt ist und denen *kadar* (oder *dek / değin*) folgt, entsprechen einem deutschen mit „bis" eingeleiteten temporalen Nebensatz: *Biz yağ pompasını çıkarıncaya kadar siz biraz dolaşın* „Gehen Sie ein wenig spazieren, bis wir die Ölpumpe ausgebaut haben".

Es gibt auch noch die Variante *-en*-Partizip mit Dativsuffix und gefolgtem *kadar*. Der Unterschied zur ersten Variante ist zwar nicht groß, aber vorhanden. Ein Beispiel: *Ben gelinceye kadar bekleyin* „Warten Sie, bis ich wiederkomme" (Warten Sie die Zeit ab) : *Ben gelene kadar bekleyin* „Warten Sie, bis ich wieder da bin" (Warten Sie auf mein Eintreffen).

7   Das Verbaladverb auf *-eli*

▸ Vergleichen Sie:

(1) Ülkü gel**eli** bir saat oldu.	*Es ist eine Stunde her, dass Ülkü gekommen ist.*
(2) Spor yap**alı** kendimi daha iyi hissediyorum.	*Seitdem ich Sport treibe, fühle ich mich besser.*

Eine Verbform mit dem Suffix *-eli,* die nicht übermäßig häufig vorkommt, erlaubt, die Perspektive weg vom Ereignisträger auf das Ereignis selbst und den Beginn des Ereignisses im Nachsatz zu verlegen. Die Bedeutung ist ein „seit" oder „seither".

Das Suffix *-eli*, nach Vokal *-yeli*, wird an einen bejahten oder verneinten Verbstamm angefügt:

bejaht	*verneint*	*bejaht*	*verneint*
iste**yelí**	istéme**yeli**	gel**elí**	gélme**yeli**
oku**yalı**	okuma**yalı**	sor**alı**	sorma**yalı**
Merke:			
di**y**eli	demeyeli	e**d**eli	etmeyeli
yi**y**eli	yemeyeli	gi**d**eli	gitmeyeli

Beispiele: *Askerliğini bitireli üç ay olmuştu* „Seit Beendigung seines Militärdienstes waren es gerade drei Monate", *Katil yakalalı iki haftayı geçti* „Seit der Festnahme des Mörders sind über zwei Wochen vergangen", *Annemlere yazmayalı iki hafta oldu* „Es ist zwei Wochen her, dass ich meinen Eltern nicht geschrieben habe".

Es gibt auch folgende Wortfolge: *Nasılsınız görüşmeyeli?* „Wie geht es Ihnen, seit wir uns nicht mehr gesehen haben?".

▶ Vergleichen wir: *Babam öleli memlekete gitmedim* „Ich bin nicht in die Heimat gefahren, seit mein Vater gestorben ist" (Ich spreche über den Beginn des Nichtfahrens, das ist der Tod meines Vaters) : *Babam öldüğünden beri memlekete gitmedim* „Seit mein Vater gestorben ist, bin ich nicht in die Heimat gefahren" (Ich spreche über den Zeitpunkt des Todes meines Vaters, an den sich das Nichtfahren anschließt).

▶ Vergleichen wir diese Verbform mit folgenden Kombinationen:
Antalya'ya geleli yağmur yağmadı „Es hat nicht geregnet seit *der Ankunft* (meiner/unserer Ankunft) in Antalya";
Antalya'ya geleli beri yağmur yağmadı „Es hat nicht geregnet *seit* der Ankunft in Antalya";
Antalya'ya geleliden beri yağmur yağmadı „Es hat nicht geregnet *seit der Ankunft* in Antalya";
aber:
Antalya'ya geldiğimizden beri yağmur yağmadı „Seitdem *wir* nach Antalya gekommen sind, hat es nicht geregnet".

Merken Sie sich auch die Doppelformen *-di -eli*, die den Beginn eines Ereignisses und dessen Fortdauer bis zum Sprechzeitpunkt anzeigen:
Berlin'e geldik geleli yağmur yağıyor „Es regnet, seit wir in Berlin angekommen sind" (= Wir sind nach Berlin gekommen und seitdem wir gekommen sind, regnet es), *Kendimi bildim bileli süt içmem* „Ich trinke, seit ich denken kann, keine Milch" (= Ich bin mir bewusst geworden und seit ich mir bewusst geworden bin, trinke ich keine Milch), *Ali'yi tanıdım tanıyalı naziktir* „Seitdem/Solange ich Ali kenne, ist er freundlich".

8   Das temporale Funktionswort *iken* der Gegenüberstellung

▶ Vergleichen Sie:

(1) Yemekte **iken** konuşma.	*Sprich (du) beim Essen nicht.*
→ Yemekte**yken** konuşma.	*Sprich (du) nicht, während du isst.*
(2) Çocuk **iken** patlıcan yemezdim.	*Als Kind habe ich keine Auberginen gegessen.*
→ Çocuk**ken** patlıcan yemezdim.	*Als ich Kind war, habe ich keine Auberginen gegessen.*
(3) Meyveyi taze **iken** ye.	*Iss das Obst frisch.*
→ Meyveyi taze**yken** ye.	*Iss das Obst, solange es frisch ist.*

Mit *iken* wird ein Zeitausschnitt eines tatsächlichen Ereignisses festgehalten, dem ein anderes, meist zeitgleiches Ereignis gegenübergestellt wird. Im Deutschen kann *iken* mit „während", „bei" oder „als", machmal auch mit „solange" oder „wenn schon" wiedergegeben werden. Wichtig ist jedoch, dass der Sprecher bei *iken* stets das Subjekt oder Objekt im Blickpunkt hat, also das, worüber er spricht.

İken wird *nie* an einen Verbstamm angehängt, sondern kommt stets nach einem Nomen oder einer Verbform wie *geliyor, gelir, gelecek, gelmiş* vor bzw. wird dieser angefügt; an eine Form wie *geldi* kann *iken* nicht angefügt werden. Verwendet der Sprecher es als selbstständige Wortform, stellt er den Zeitausschnitt punktuell dar. Diese Nebennuance enthält *iken* nicht, wenn es angehängt wird. Als Suffix gebraucht, bleibt es *unbetont* und ist einförmig, verändert also den Vokal nicht. Nach Vokal wird *-yken* und nach Konsonant *-ken* angehängt.

Beispiele: *Ali sakalsız iken daha yakışıklıydı* „Ali sah ohne Bart besser aus", *Bu arabayı Almanya'dayken almıştık* „Dieses Auto hatten wir gekauft, als wir in Deutschland waren", *Baban evde yokken size gelmem* „Ich komme nicht zu euch, wenn (= während) dein Vater nicht zu Hause ist", *Airbus'tan alınan verilere göre Türk uçakları, arızasız sefere çıkma ve havada iken arızalanma güvenilirliği bakımından dünyada en iyi durumdaki uçaklardır* (Radikal, 15.08.98/3) „Nach den von Airbus erhaltenen Daten sind die türkischen Flugzeuge hinsichtlich defektfreier Abflüge und Schadenssicherheit in der Luft die bestausgestatteten Flugzeuge auf der Welt".

Merke gesondert: *Altın iken gümüş oldu* „Da wurde aus Gold Silber".

▶ Vergleichen wir: *Vaktin varken alışverişe çıkalım* „Wenn du schon Zeit hast, gehen wir doch einkaufen" : *Vaktin varsa alışverişe çıkalım* „Wenn du Zeit hast (im Sinne ‚falls'), lass uns einkaufen gehen" sowie *Evdeyken sigara içmem* „Zu Hause rauche ich nicht" (= wenn ich zu Hause bin) : *Yatak odasında sigara içmem* „Im Schlafzimmer rauche ich nicht" (Es wird nicht über die Zeit, sondern den Ort gesprochen).

• Wie das deutsche „während" kann *iken* auch einen Gegensatz ausdrücken: *Bu sıralar sebze ucuz değilken her gün sebze alıyorum* „Obgleich das Gemüse derzeit nicht billig ist, kaufe ich jeden Tag Gemüse".

▶ Vergleichen Sie jetzt:

(4) Dedem İkinci Dünya Savaşı'nda **iken** öldü.	*Mein Opa kam im Zweiten Weltkrieg um.*
(5) Dedem İkinci Dünya Savaşı'nda**yken** öldü.	*Mein Opa ist umgekommen, als er im Zweiten Weltkrieg war.*
(6) Dedem İkinci Dünya Savaşı **sırasında** öldü.	*Mein Opa ist während des Zweiten Weltkriegs gestorben.*

Bei den Beispielen (4) und (5) ist ein ursächlicher Zusammenhang zwischen Krieg und Tod, bezogen auf den „Opa", formuliert. In (6) ist kein ursächlicher Zusammenhang zwischen Krieg und Tod formuliert, sondern der Sprecher möchte die Aufmerksamkeit auf den Zeitraum im Sinne von „im Verlaufe von" verlegen. Dann verwendet er nicht *iken*, sondern *sırasında*.

Das Funktionswort *iken* in Kombination mit Verbformen

▶ Vergleichen Sie:

(1) Kitap oku**rken** müzik dinlerim.	*Beim Lesen höre ich Musik.*
(2) Tam işe gidiyo**rken** misafir geldi.	*Gerade als ich mich auf den Weg zur Arbeit machte, kam Besuch.*
(3) Kayseri'ye gelmiş**ken** Göreme'ye de gidelim.	*Wenn wir schon nach Kayseri gekommen sind, fahren wir doch auch nach Göreme.*
(4) Erol yedide evde olacak**ken** onda geldi.	*Obgleich Erol um sieben zu Hause sein sollte, kam er (erst) um zehn.*

Von den Verbformen *geliyor, gelir, gelecek, gelmiş,* an die *iken* angehängt werden kann, wird es am häufigsten mit einer Form wie *gelir* kombiniert. Die mit *iken* gebildeten Verbformen sind, was die Zeitstufe anbelangt, doppeldeutig:

geliyorken	vertritt das Präsens und das Imperfekt
gelirken	vertritt den Aorist und den Aorist in der Vergangenheit
gelecekken	vertritt das Futur und das Futur in der Vergangenheit
gelmişken	vertritt das Perfekt und das Plusquamperfekt

Beispiele: *Ankara'dan İstanbul'a giderken Bolu'da mola veren Evren, Emniyet Müdürü Uğur Gür'ü çadır makamında ziyaret etti* (Milliyet, 23.03.00/9) „Evren, der auf der Fahrt von Ankara nach Istanbul in Bolu eine Rast einlegte, besuchte den Polizeipräsidenten Uğur Gür in dessen Zeltamtsitz", *Sırası gelmişken söyleyeyim: Pazar günü Müllerler gelecek* „Wenn wir schon einmal bei diesem Thema sind, teile ich mit: Am Sonntag kommen Müllers";
Kocamdan mektup beklerken kart aldım „Während ich auf einen Brief von meinem Mann wartete, habe ich eine Karte bekommen", *Kahveyi şekerli içmezken çayı çok şekerli içerim* „Während ich den Kaffee nicht gezuckert trinke, trinke ich den Tee sehr süß", *Küçükken süt içmezken şimdi içiyorum* „Während ich, als ich klein war, keine Milch trank, trinke ich jetzt (welche)", *Karpuz alacakken kavun almışım* „Obgleich ich Wassermelonen kaufen wollte, habe ich Honigmelonen gekauft".

- Eine Aussage mit *iken* erlaubt Subjektwechsel: *Kitap okurken, müzik dinlerim* „Während ich lese, höre ich Musik" : *Ben kitap okurken, ablam müzik dinler* „Während ich lese, hört meine Schwester Musik"; *Yemeklerden önce hesabı getirin. Biz yemek yerken zam filan gelir de* (AE, GE, 17) „Bringen Sie vor den Speisen die Rechnung. Während wir essen, kann nämlich eine Preissteigerung oder so eintreten".

  Bitte beachten Sie: Hin und wieder kommt es vor, dass das erste der wechselnden Subjekte nicht genannt ist: *Yolda postacıyı beklerken yağmur yağmaya başladı* „Als (ich) auf der Straße auf den Briefträger wartete, fing es an zu regnen".

- ▶ Vergleichen wir auch: *Tahsin'i yemek yerken gördüm* „Ich habe Tahsin, während *er* aß, gesehen" oder „Ich habe Tahsin gesehen, während *ich* aß" mit *Yemek yerken Tahsin'i gördüm* „Ich habe Tahsin gesehen, während *ich* aß".

  Merke: *derken* (= von *demek*: de-r-ken) bedeutet „während ... sagt/meint" und wird in folgenden Bedeutungen gebraucht: „da; in diesem Augenblick; während (das so und so sein sollte), ist aber (die Sachlage so und so)": *Size geliyordum, derken Ali geldi* „Ich war gerade dabei zu euch zu kommen, da kam Ali", *Pilav yapayım derken çorba oldu* „Während ich die Absicht hatte, Reis zu kochen, ist es Suppe geworden".

  Merke: *durup dururken* „einfach so/grundlos": *Durup dururken yalan söylüyorsun* „Du lügst einfach so".

- *İken* wird manchmal mit *-ki* adjektiviert; das zeigt, dass es selbst eine nominale Verbform ist: *toplantıya katılırkenki durumları* „ihre Situation bei der Teilnahme an der Sitzung".

Weitere adverbial gebrauchte Verbformen

1   Überblick

Außer den Verbaladverbsuffixen werden im Türkischen auch andere Verbformen zum Ausdruck adverbialer Verhältnisse verwendet. Sie kennen sie alle schon. Es sind Partizipien, die in verschiedener Weise mit einem zusätzlichen Begriff kombiniert werden oder auch ein Kasussuffix erhalten.

2   Verbformen für Temporalangaben

1. -r -mez „gleich wenn/sobald/sowie/kaum dass"

(1) Otele var**ır** var**maz** yemek yeriz.	*Sobald wir im Hotel angekommen sind, essen wir.*
(2) Ders bit**er** bit**mez** eve gideceğim.	*Gleich wenn der Unterricht zu Ende ist, gehe ich nach Hause.*

Eine bejahte und eine verneinte Aoristform auf *-r -mez* besagt, dass das Ereignis im Hauptsatz sich unmittelbar anschließt. Wenn das Subjekt ausdrücklich genannt ist, steht es im Nominativ; bei *haben*-Konstruktionen jedoch im Genitiv. Es kann gewechselt werden wie in (2).

Beispiele: *Bu çocuk oyunlara katılır katılmaz kavga çıkar* „Sobald dieses Kind mitspielt, bricht Streit aus", *Eve gelir gelmez yattım* „Gleich, nachdem ich zu Hause war, habe ich mich hingelegt".

- Bitte beachten Sie: Hin und wieder kommt es vor, dass das erste der wechselnden Subjekte nicht genannt ist: *Eve gelir gelmez kavga başladı* „Kaum dass (ich) zu Hause war, fing Streit an".

  Merke gesondert: *Bu işi ister istemez bitireceğim* „Diese Arbeit werde ich nolens volens beenden".

2. -dikten sonra „nachdem"

(1) Gül eve gel**dikten sonra** yattı.	*Nachdem Gül nach Hause gekommen war, legte sie sich hin.*
(2) Ders bit**tikten sonra** eve gideceğim.	*Nachdem der Unterricht zu Ende ist, werde ich nach Hause gehen.*

Das *-dik*-Partizip im Ablativ in Kombination mit *sonra* signalisiert ein „nachdem" und kann kontextabhängig im Deutschen auch mit „wenn" oder „als" wiedergegeben werden. Wenn das Subjekt ausdrücklich genannt ist, steht es im Nominativ; bei *haben*-Konstruktionen jedoch im Genitiv. Es kann gewechselt werden wie in (2).

Beispiele: *Gül eve geldikten sonra annesi yattı* „Als Gül nach Hause gekommen war, legte sich ihre Mutter hin", *Gül eve geldikten sonra annesi yatacak* „Nachdem Gül nach Hause gekommen sein wird, wird sich ihre Mutter hinlegen", *Yemek yedikten sonra daima Türk kahvesi içerim* „Nachdem ich gegessen habe, trinke ich immer einen türkischen Mocca";
Sen ilaçları almadıktan sonra ben ne yapayım? „Was soll ich machen, nachdem du die Medikamente nicht einnimmst?";
Gül iyi olduktan sonra yine derse gidecek „Wenn Gül gesund geworden ist, wird sie wieder zum Unterricht gehen"; *Ali'nin arabası olduktan sonra burnu büyüdü* „Nachdem Ali ein Auto bekommen hat, ist er hochnäsig geworden".

- Bitte beachten Sie: Hin und wieder kommt es vor, dass das erste der wechselnden Subjekte nicht genannt ist: *Eve geldikten sonra yağmur yağmaya başladı* „Nachdem (ich) nach Hause gekommen war, fing es an zu regnen".

  Merke: *-dikten sonra* kann durch Zeitbegriffe erweitert werden, die dann zwischen *-dikten* und *sonra* stehen: *Erol eve geldikten hemen sonra dersine başladı* „Sofort, nachdem Erol nach Hause gekommen war, begann er mit seinen Schulaufgaben", *Misafirler ayrıldıktan bir saat sonra Gül geldi* „Eine Stunde, nachdem die Gäste weggegangen sind, ist Gül gekommen".

- Bitte beachten Sie: Wenn der Sprecher seine Perspektive nicht auf den Ereignisträger legen will, sondern auf das Ereignis selbst, wird er nicht mit *-dikten sonra* operieren, sondern mit *-mesinden sonra*; das spezifische Subjekt steht dann im Genitiv, das nicht-spezifische im Nominativ: *köprünün taşınmasından sonra* „nach der Verlegung der Brücke", *taş çıkarılmasından sonra* „nach dem Entfernen von Steinen".

- Es kommt auch *-dikten itibaren* vor: *Gazete çıktıktan itibaren ideolojisini sergiledi* „Ab dem Zeitpunkt, da die Zeitung erschienen ist, hat sie ihre politische Anschauung dargelegt".

3. -diği/-eceği zaman „als/wenn"

(1) Türkiye'ye git**tiğim zaman** Konya'yı da göreceğim.	*Wenn ich in die Türkei fahre, werde ich auch Konya sehen.*
(2) Ali otele dön**düğü zaman** ailesi yoktu.	*Als Ali ins Hotel zurückkam, war seine Familie nicht da.*

Das *-diği-* bzw. *-eceği*-Partizip in Kombination mit *zaman* „Zeit" signalisiert ein „als" oder „wenn" im Sinne eines Zeitraumes. Wenn das Subjekt ausdrücklich genannt ist, steht es im Nominativ; bei *haben*-Konstruktionen jedoch im Genitiv. Das Subjekt kann gewechselt werden wie in (2).

Beispiele: *Bana yazdığın zaman hastaydım* „Als du mir schriebst, war ich krank", *Üniversitede okuduğum zaman haftada üç gün bir büroda çalışıyordum* „Als ich studierte, habe ich drei Tage in der Woche in einem Büro gearbeitet", *Geldikleri zaman haber ver!* „Gib Bescheid, wenn sie da sind";
Hareket ettiğimiz zaman faksınız gelmişmiş „Als wir abgefahren waren, ist Ihr Fax angeblich angekommen" : *Faksınız, hareket edeceğiz zaman geldi* „Ihr Fax ist angekommen, als wir abfahren wollten";
Ali evde olmadığı zaman ne annesine ne işyerine telefon ederim „Wenn Ali nicht zu Hause ist, rufe ich weder seine Mutter noch bei seiner Arbeitsstelle an"; *Ali'nin arabası olduğu zaman Türkiye'ye gidecek* „Wenn Ali ein Auto haben wird, wird er in die Türkei fahren".

- Das Ereignis im Nachsatz kann vorzeitig, gleichzeitig oder nachzeitig zur *-diği zaman*-Aussage sein: *Ali otele döndüğü zaman ailesi çıkmıştı* „Als Ali ins Hotel zurückkam, war seine Familie bereits weggegangen", *İlk defa Paris'e gittiğim zaman on yedi yaşındaydım* „Als ich zum ersten Mal nach Paris gefahren bin, war ich siebzehn Jahr alt", *Ali otele döndüğü zaman ailesi çıktı* „Als Ali ins Hotel zurückkam, (da) ging seine Familie weg".

-diği zaman kann sich auch auf die Zukunft beziehen, wenn das Ereignis als eingetretenes Faktum betrachtet wird: *Köln'e geldiğim zaman size telefon ederim* „Ich rufe Sie an, wenn ich in Köln angekommen sein werde" : *Köln'e geleceğim zaman size telefon ederim* „Ich rufe Sie an, wenn ich nach Köln kommen werde" (der Sprecher ist in beiden Fällen noch nicht in Köln).

▶ Vergleichen wir: *Ders bittiği zaman eve gideceğim* „Wenn der Unterricht zu Ende ist, gehe ich nach Hause", *Ders bittikten sonra eve gideceğim* „Nachdem der Unterricht zu Ende ist, werde ich nach Hause gehen", *Ders bitince eve gideceğim* „*Wenn* der Unterricht zu Ende ist, *dann* gehe ich nach Hause", *Ders biter bitmez eve gideceğim* „Gleich, wenn der Unterricht zu Ende ist, gehe ich nach Hause", *Ders biterse eve gideceğim* „Wenn (= falls) der Unterricht zu Ende geht, gehe ich nach Hause".

• Anstelle von *-diği zaman* kann auch *-diği vakit* stehen, das jedoch einen zeitlichen Fixpunkt angibt: *İstanbul'a geldiğimiz vakit yağmur yağıyordu* „Als wir in Istanbul ankamen, regnete es".

• Statt *zaman* können auch andere Zeitbegriffe eingesetzt werden:

-diği gün „an dem Tag, als": *Faksınız, hareket ettiğimiz gün gelmiş* „Ihr Fax ist an dem Tag gekommen, als wir abgefahren sind".

-diği sabah / akşam „an dem Morgen / Abend, als": *Faksınız, hareket ettiğimiz sabah/akşam gelmiş* „Ihr Fax ist an dem Morgen/Abend gekommen, als wir abgefahren sind", *Aydın evde olduğu akşamlar, televizyonun karşısına geçiyor* (DA, AADY, 135) „An den Abenden, an denen Aydın zu Hause ist, setzt er sich vor den Fernseher".

• Bitte beachten Sie: Das Subjekt eines solchen Nebensatzes steht bei Subjektsgleichheit im Nominativ. Bei Subjektswechsel steht es im Nominativ, wenn der Sprecher sein Augenmerk auf diesem hat; es steht im Genitiv, wenn der Sprecher hervorheben will, was dieses getan hat.

▶ Vergleichen wir:

Ali Köln'e geldiği gün hastalandı.	*Ali erkrankte an dem Tag, als er nach Köln kam.*
Ali Köln'e geldiği gün annesi hastalandı.	*An dem Tag, als Ali nach Köln kam, erkrankte seine Mutter.*
Ali geldiği gün yağmur yağdı.	*An dem Tag, als* Ali *kam, regnete es.*
Ali'nin geldiği gün yağmur yağdı.	*An dem* Tag*, an dem Ali* kam*, regnete es.*

In folgendem Beispiel wird der Genitiv genutzt, um das Nomen spezifisch zu interpretieren:

Misafir geldiği gün yağmur yağdı.	*An dem Tag, als* Besuch *kam, regnete es.*
Misafirin geldiği gün yağmur yağdı.	*An dem Tage, an dem* der Besuch *kam, regnete es.*

Vorsicht geboten ist bei Sätzen wie *Ali Köln'e geldiği gün çok sıcaktı* „An dem Tag, als Ali nach Köln kam, war es sehr heiß" : *Ali'nin Köln'e geldiği gün çok sıcaktı* „Der Tag, an dem Ali nach Köln kam, war sehr heiß" oder *Erol Antalya'ya geldiği zaman biraz hasta idi* „Als Erol nach Antalya kam, war er ein wenig krank" : *Erol'un Antalya'ya geldiği zaman biraz hasta idi* „Die Zeit, zu der Erol nach Antalya kam, war ein wenig krank". Der letzte Satz ist zwar grammatisch richtig, aber vom Inhalt her nicht akzeptabel. In den Genitivbeispielen gehören *gün* und *zaman* *nicht* zur *-diği*-Aussage, sondern sind Subjekt des Hauptsatzes.

In folgendem Beispiel muss der Genitiv stehen: *Erol'un Antalya'ya geldiği zamanı hatırlıyorum* „Ich erinnere mich an die Zeit, als Erol nach Antalya kam".

• Wenn die Zeit eingegrenzt werden muss, wird an den Zeitbegriff das Lokativsuffix angefügt, z. B. *Daha bankaların bilinmediği zamanlarda şimdiki bankaların yaptığı işi yapan bir adam vardı* (AN, Hop, 111) „In den Zeiten, in denen die Banken noch nicht bekannt waren, gab es einen Mann, der die Aufgaben erledigte, die die Banken heute erledigen".

-diği sırada „zu der Zeit, als / während": *Gümrük memuru tam ona yaklaştığı sırada Ülkü yanlışlığı fark ediyor* „Gerade wie sich der Zollbeamte ihr nähert, bemerkt Ülkü den Irrtum", *Bu çeviriyi yaptığım sırada henüz 18 yaşındaydım* „Zu der Zeit, als ich diese Übersetzung gemacht habe, war ich erst 18 Jahre alt", *Lisede olduğum sırada Rusça öğrendim* „Während ich auf dem Gymnasium war, habe ich Russisch gelernt".

-diği anda „in dem Moment, wie": *Gümrük memuru ona yaklaştığı anda Ülkü yanlışlığı fark ediyor* „In dem Moment, wie der Zollbeamte sich ihr nähert, bemerkt Ülkü den Irrtum".

-diği saatte / saatlerde „in der Stunde, in der / in den Stunden, in denen": *gazetemiz çıktığı şu saatlerde* (Milliyet, 21.11.91/1) „in diesen Stunden, in denen unsere Zeitung erscheint".

- Bei Verben, die einen Beginn oder eine Dauer ausdrücken können, brauchen wir immer einen Kontext: *ışık yandığı sırada* „als das Licht anging / als das Licht brannte".

  Merke gesondert *-diğinden beri*: *Doğduğumdan beri Berlin'deyim* „Ich bin, seitdem ich geboren wurde, in Berlin".

4. -diğinde „als / wenn"

| (1) İstanbul'a gel**diğimde** yağmur yağıyordu. | *Als ich in Istanbul ankam, regnete es.* |
| (2) Annem gel**diğinde** uyuyordum. | *Als meine Mutter eintraf, schlief ich.* |

Das *-diği*-Partizip im Lokativ signalisiert ein „als" oder „wenn" im Sinne eines Zeitpunktes, zu dem das Subjekt etwas ausführt oder mit dem etwas ausgeführt wird. Wenn das Subjekt ausdrücklich genannt ist, steht es im Nominativ; bei *haben*-Konstruktionen jedoch im Genitiv. Es kann gewechselt werden wie in (2).

Beispiele: *Lokantaya girdiğimizde gece yarısına yakındı* „Als wir die Gaststätte betraten, war es fast Mitternacht", *Eve geldiğimde sana söylerim* „Ich sage es dir, wenn ich zu Hause bin", *Bu kız öldürüldüğünde 11 yaşındaydı* „Als dieses Mädchen getötet wurde, war es 11 Jahre alt"; *Ali işte olduğunda uyuyorum* „Wenn Ali bei der Arbeit ist, schlafe ich"; *Ali'nin arabası olduğunda burnu büyüyor* „Wenn Ali ein Auto zur Verfügung hat, wird er hochnäsig".

▶ Vergleichen wir: *Ali evde olduğunda uyuyamıyorum* „Wenn Ali zu Hause ist, kann ich nicht schlafen" (seine Anwesenheit stört mich) : *Ali evdeyken uyuyamıyorum* „Wenn Ali zu Hause ist, kann ich nicht schlafen" (während dieser Zeit kann ich nicht schlafen) und *Atatürk öldüğünde* „als *Atatürk* verstarb" : *Atatürk öldüğü sırada* „zu der Zeit, als Atatürk starb" : *Atatürk ölürken* „während Atatürk starb".

Merke auch: *Her geldiğimde aynı şeyleri tekrarlıyorsun* „Jedesmal, wenn ich komme, wiederholst du dasselbe".

Es gibt viele Kontexte, in denen entweder *-diğinde* oder *-diği zaman, -diği vakit* verwendet werden kann. Aber in folgendem Beispiel sollte nur *-diği zaman* stehen, um den Zeitraum auszudrücken: *Türkçe öğrenmeye başladığım zaman on yaşındaydım* „Als ich angefangen habe, Türkisch zu lernen, war ich zehn Jahr alt".

Merke gesondert, wie ein weiterführender *als*-Satz ausgedrückt wird: *Tam eve girmiştik* **ki** *fırtına başladı* „Wir hatten gerade das Haus betreten, als ein Sturm anfing".

5. -diği/-eceği sürece „solange"

(1) O resme bak**tığım sürece** ağladım.   *Solange ich jenes Bild ansah, habe ich geweint.*
(2) Gül beni davet etme**diği sürece** gitmem.   *Solange mich Gül nicht einlädt, gehe ich nicht hin.*

Das *-diği-* bzw. *-eceği*-Partizip in Kombination mit *sürece* bedeutet „solange". Wenn das Subjekt ausdrücklich genannt ist, steht es im Nominativ; bei *haben*-Konstruktionen jedoch im Genitiv. Es kann gewechselt werden wie in (2). Statt *-diği sürece* wird auch *-diği müddetçe* (A) „solange" verwendet.

Beispiele: *Vaktinde geldiğiniz sürece mesele yok* „Solange Sie pünktlich kommen, gibt es kein Problem", *O kurumlar bu işlevleri yerine getirebildikleri sürece var olacaklar* „Solange jene Anstalten diese Funktionen erfüllen können, wird es sie geben";
Ali evde olduğu sürece telefona çıkmam „Solange Ali zu Hause ist, gehe ich nicht ans Telefon";
Ali'nin ateşi olduğu sürece yatakta kalması lazım „Solange Ali Fieber hat, muss er im Bett bleiben".

▸ Vergleichen wir: *Düşündüğü sürece çevresini unutmuşa benziyordu* „Solange er nachdachte, schien er seine Umgebung vergessen zu haben" : *Ne kadar düşündüyse de, problemi halledemedi* „Solange er *auch* nachdachte, er konnte keine Lösung für das Problem finden".

6. -dikçe „sooft/immer wenn/je mehr ... desto"

(1) İstanbul'a gel**dikçe** Bebek'e de gideriz.   *Sooft wir nach Istanbul kommen, fahren wir auch nach Bebek.*
(2) Ali gül**dükçe** ben de gülüyorum.   *Je mehr Ali lacht, um so mehr lache ich auch.*

Das *-dik*-Partizip in Kombination mit dem Ähnlichkeitssuffix *-ce* signalisiert ein „in dem Maße, wie". Wenn das Subjekt ausdrücklich genannt ist, steht es im Nominativ. Es kann gewechselt werden wie in (2).

Beispiele: *Vakit buldukça uğrarız* „Sooft wir Zeit finden, kommen wir vorbei", *Yağmur yağdıkça canım sıkılır* „Immer wenn es regnet, fühle ich mich bedrückt"; *O patavatsızlık ettikçe bozuluyordum* „Je taktloser sie sich benahm, desto mehr ärgerte ich mich", *Tutumunu hoşgördükçe şımarıyorsun* „Je mehr ich dein Verhalten toleriere, um so ungezogener wirst du", *Öğrencilerim gün geçtikçe çoğalıyor* „Die Zahl meiner Studenten wird mit jedem Tag (= je mehr Tage vergehen) größer".

Die verneinten Formen müssen wir im Regelfall mit „solange" übersetzen: *Erken yatmadıkça hep yorgun kalkacaksın* „Solange du nicht früh zu Bett gehst, wirst du ständig müde aufstehen".

Merke auch *oldukça* „ziemlich" und *gittikçe* „allmählich, mehr und mehr": *Komşumuz oldukça yaşlı bir adam* „Unser Nachbar ist ein ziemlich alter Mann", *İlişkilerimiz gittikçe seyrekleşti* „Unsere Verbindungen verliefen sich mehr und mehr".

Merke auch die Verdoppelung: *Leipzig güzelleştikçe güzelleşiyor* „Leipzig wird immer schöner", *Sabırsızlandıkça sabırsızlanıyorum* „Ich werde immer ungeduldiger".

▸ Vergleichen wir: *Her denedikçe başarı elde etti* „Sooft er es versuchte, hatte er Erfolg" : *Kaç defa denediyse de, başarı elde edemedi* „So oft er es *auch* versuchte, er hatte keinen Erfolg".

3   Verbformen für Ursache und Wirkung

1. -diği/-eceği için „da/weil"

(1) Beni bekleme**diğiniz için** eve gittim.	*Da ihr nicht auf mich gewartet habt, bin ich nach Hause gegangen.*
(2) Ali beni bekleme**diği için** eve gittim.	*Da Ali nicht auf mich gewartet hat, bin ich nach Hause gegangen.*
(3) Ali niçin gelmedi? – Hasta ol**duğu için**.	*Warum ist Ali nicht gekommen? – Weil er krank ist.*

Das *-diği-* bzw. *-eceği-*Partizip in Kombination mit *için* bedeutet „da/weil". Damit wird an etwas Bekanntes/Genanntes angeschlossen. Wenn das Subjekt ausdrücklich genannt ist, steht es im Nominativ; bei *haben*-Konstruktionen jedoch im Genitiv. Es kann gewechselt werden wie in (2).

Beispiele: *Meseleyi bana anlatmadıkları için bu konuda bir şey diyemem* „Da sie mir nichts von der Angelegenheit erzählt haben, kann ich nichts sagen", *Beni arayıp da bulamadıysan evden taşındığım içindir* (DA, AADY, 9) „Wenn du mich gesucht hast, aber nicht finden konntest, ist es, weil ich aus der Wohnung ausgezogen bin", *Hemen cevap yazamadığımız için özür dileriz* „Wir bitten um Entschuldigung dafür, dass wir nicht sofort antworten konnten";
Bugün misafir geleceği için pasta yaptım „Da heute Besuch kommt, habe ich Kuchen gebacken", *Hemen cevap yazamayacağım için özür dilerim* „Ich bitte um Entschuldigung dafür, dass ich nicht sofort antworten kann";
Evde kimse olmadığı için, dışarıda bekledim „Da zu Hause niemand war, habe ich draußen gewartet", *Hasta olduğum için derse gelemem* „Da ich krank bin, kann ich nicht zum Unterricht kommen", *Öğretmenimiz hasta olduğu için bugün ders yok* „Da unser Lehrer krank ist, ist heute kein Unterricht";
Bugün işim olduğu için gelemeyeceğim „Da ich heute zu tun habe, kann ich nicht kommen", *Dün dersim olmadığı için sinemaya gittim* „Da ich gestern keinen Unterricht hatte, bin ich ins Kino gegangen", *Ali'nin ateşi olduğu için yatakta kalması lazım* „Da Ali Fieber hat, muss er im Bett bleiben".

- Bitte beachten Sie: Wenn der Sprecher seine Perspektive nicht auf den Ereignisträger legen will, sondern auf das Ereignis selbst, wird er nicht mit *-diği için* operieren, sondern mit *-mesi sebebiyle* (A)/*-mesi nedeniyle*; das spezifische Subjekt steht dann im Genitiv, das nicht-spezifische im Nominativ: *köprünün taşınması nedeniyle* „aufgrund der Verlegung der Brücke", *taş çıkarılması nedeniyle* „aufgrund des Entfernens von Steinen".

2. -diğinden/-eceğinden „weil"

(1) Geç kal**dığımdan** yemeğe yetişemedim.	*Weil ich mich verspätet habe, war ich nicht rechtzeitig zum Essen da.*
(2) Ali henüz gelme**diğinden** gelemem.	*Ich kann nicht kommen, weil Ali noch nicht da ist.*

Das *-diği-* bzw. *-eceği-*Partizip im Ablativ übersetzen wir mit „weil". Wenn das Subjekt ausdrücklich genannt ist, steht es im Nominativ; bei *haben*-Konstruktionen jedoch im Genitiv. Es kann gewechselt werden wie in (2).

Beispiele: *Meseleyi sana zaten anlatmayacağımdan hiçbir şey sorma* „Frage überhaupt nichts, weil ich dir die Sache sowieso nicht erzählen werde";
Evde olamayacağımdan bugün gelme „Komm heute nicht, weil ich nicht zu Hause sein kann";
Ali'nin misafiri olacağından gelemeyecek „Ali wird nicht kommen können, weil er Besuch bekommen wird".

3. -diğinden/-eceğinden ötürü „deswegen, weil" : **-diğinden/-eceğinden dolayı** „dadurch, dass"

(1) Dün alışverişe çık**tığımızdan ötürü** size gelemedik.	*Wir konnten gestern zu euch deswegen nicht kommen, weil wir einkaufen gegangen sind.*
(2) Gül dönme**diğinden ötürü** gelemem.	*Ich kann deswegen nicht kommen, weil Gül nicht zurück ist.*
(3) Çin'e git**tiğimden dolayı** işimden oldum.	*Ich habe meine Arbeit dadurch verloren, dass ich nach China gefahren bin.*

Das *-diği-* bzw. *-eceği*-Partizip im Ablativ in Kombination mit *ötürü* oder *dolayı* geben ebenfalls einen Grund an. Wenn das Subjekt ausdrücklich genannt ist, steht es im Nominativ; bei *haben*-Konstruktionen jedoch im Genitiv. Es kann gewechselt werden wie in (2).

Beispiele: *Bugün alışverişe çıkacağımdan ötürü sana gelemem* „Ich kann deshalb nicht zu dir kommen, weil ich heute einkaufen gehen werde", *Türkçe öğrendiğimden dolayı iş bulabildim* „Dadurch, dass ich Türkisch gelernt habe, habe ich eine Arbeit finden können":
Ali hasta olduğundan ötürü derse gelemedi „Ali konnte deswegen nicht zum Unterricht kommen, weil er krank ist" : *Ali'nin arabası olmadığından dolayı taşınmada zorluk çektik* „Dadurch, dass Ali kein Auto hat, haben wir es beim Umzug schwierig gehabt".

- Bitte beachten Sie: Wenn der Sprecher seine Perspektive nicht auf den Ereignisträger legen will, sondern auf das Ereignis selbst, wird er nicht mit *-diğinden ötürü* operieren, sondern entsprechend mit *-mesinden ötürü*: *Bilmem ki hâlâ karar veremedin mi? Karar veremedinse hemen ver ve polis ol. Bunu sana on yıllık polis olmamdan ötürü rahatça önerebilirim* (Mİ, BNA, 54) „Ich weiß nicht, warum du dich immer noch nicht entscheiden konntest. Wenn du dich nicht entscheiden konntest, tue es sofort und werde Polizist. Das kann ich dir deswegen freiherzig vorschlagen, weil ich seit zehn Jahren Polizist bin".

Merke gesondert: Mit *-mek suretiyle* werden Aussagen gebildet, die das Mittel anzeigen („dadurch, dass …/indem"): *Kıymayı, arada bir karıştırmak suretiyle kavurunuz* „Braten Sie das Hackfleisch unter gelegentlichem Umrühren".

4. -diği/-eceği takdirde (A) „vorausgesetzt, dass/sofern/falls"

(1) Ali gecikme**diği takdirde** saat 9'da burada olacak.	*Ali wird, vorausgesetzt, dass er sich nicht verspätet, um 9 Uhr hier sein.*
(2) Ali gelme**diği takdirde** ne yaparız?	*Was machen wir, sofern Ali nicht kommt?*

Das *-diği-* bzw. *-eceği*-Partizip in Kombination mit *takdirde* „im Ermessen" bedeutet „vorausgesetzt, dass". Die *-eceği takdirde*-Kombination ist selten. Wenn das Subjekt ausdrücklich genannt ist, steht es im Nominativ; bei *haben*-Konstruktionen jedoch im Genitiv. Es kann gewechselt werden wie in (2).

Beispiele: *Gelemediğin takdirde haber ver* „Sofern du nicht kommen kannst, gib Bescheid", *Taksitleri vaktinde ödeyemeyeceğiniz takdirde zamanında haber verin* „Im Falle, dass Sie die Raten nicht pünktlich zahlen können, geben Sie rechtzeitig Bescheid";
Öğretmenimiz hasta olmadığı takdirde geç kalmaz „Vorausgesetzt, unser Lehrer ist nicht krank, verspätet er sich nicht"; *Ali'nin vakti olduğu takdirde sana yardım eder* „Im Falle, dass Ali Zeit hat, hilft er dir".

Merken Sie sich auch *o takdirde* „in diesem Fall/so": *Gelemeyeceğim değil de, gelmem deseydi, o takdirde çok sert cevap vermiş olurdu* „Wenn er nicht ‚Ich werde nicht kommen können', sondern ‚Ich komme nicht' gesagt hätte, so hätte er eine sehr harte Antwort gegeben".

- Bitte beachten Sie: Wenn der Sprecher seine Perspektive nicht auf den Ereignisträger legen will, sondern auf das Ereignis selbst, wird er nicht mit *-diği takdirde* operieren, sondern mit *-mesi halinde* (A) „für den Fall, dass"; das spezifische Subjekt steht dann im Genitiv, das nicht-spezifische im Nominativ: *Yeni sözcüklerin benimsenmesi halinde, televizyona 'uzgöreç' denilecek* „Für den Fall, dass die neuen Wörter angenommen werden, wird für Television ‚Fernseher' gesagt", *Yağmur yağması halinde içeri gireriz* „Falls es regnen sollte, gehen wir ins Haus".

  Merke gesondert: *Haftaya geri almak şartıyla sana 100 Euro borç veririm* „Ich leihe dir € 100 unter der Voraussetzung (= unter der Bedingung), dass ich sie nächste Woche zurückbekomme".

5. -diği/-eceği halde (A) „obwohl"

(1) Gül'ü çağır**dığımız halde** gelmedi.	*Obwohl wir Gül eingeladen haben, ist sie nicht gekommen.*
(2) Gül beni çağır**dığı halde** gitmedim.	*Obwohl Gül mich eingeladen hat, bin ich nicht hingegangen.*

Das *-dik-* bzw. *-ecek*-Partizip mit Possessivsuffixen und in Kombination mit *halde* „im Zustand" bedeutet „obwohl". Wenn das Subjekt ausdrücklich genannt ist, steht es im Nominativ; bei *haben*-Konstruktionen jedoch im Genitiv. Es kann gewechselt werden.

Beispiele: *Dün yağmur yağdığı halde piknik yaptık* „Obwohl es gestern regnete, haben wir Picknick gemacht", *Yağmur yağacağı söylendiği halde yağmadı* „Obwohl, wie gesagt wurde, es regnen sollte, hat es nicht geregnet";
Yorgun olduğum halde erken kalktım „Obwohl ich müde war, bin ich früh aufgestanden";
Ali'nin işi olduğu halde, ne çalışma ne de oturma izni uzatılmış „Obwohl Ali eine Arbeit hatte, ist weder seine Arbeits- noch seine Aufenthaltsgenehmigung verlängert worden".

Merke: Manchmal ist *olduğu halde* auch wörtlich gemeint, z. B. *Başbakan, yanında dişişleri bakanı olduğu halde, İngiltere'ye gitti* „Der Ministerpräsident ist in Begleitung des Außenministers (= in dem Zustand, dass an seiner Seite der Außenminister war) nach England gefahren". Die Entscheidung darüber, ob man mit „obwohl" übersetzen muss oder nicht, muss dem Kontext entnommen werden.

- Bitte beachten Sie: Wenn der Sprecher seine Perspektive nicht auf den Ereignisträger legen will, sondern auf das Ereignis selbst, wird er nicht mit *-diği halde* operieren, sondern mit *-mesine rağmen* (A)/*-mesine karşın* „trotzdem/obwohl". Damit wird ein Zuwider(handeln) ausgedrückt. Das spezifische Subjekt steht dann im Genitiv, das nicht-spezifische im Nominativ: *Ali'nin*

mektup yazmasına rağmen cevap vermedin „Obwohl Ali geschrieben hat, hast du nicht geantwortet", *Yağmur yağmasına rağmen dışarı çıktın* „Obwohl es regnet, bist du raus gegangen",
Vaktim olmamasına rağmen sana yardım ederim „Ich helfe dir, obwohl ich keine Zeit habe",
aber: *Pervin hasta olmasına rağmen üniversiteye gitti* „Pervin ist, obwohl sie krank ist, zur
Universität gegangen". In dem letzten Beispiel gehört *Pervin* zum Hauptsatz.

Merke auch *-mekle beraber/birlikte* „wenngleich" oder „zusammen/gleichzeitig mit":
Van Gölü ve çevresinde resmi kamp yerleri olmamakla beraber kamp yapmak mümkündür
„Wenngleich es am Van-See und in seiner Umgebung keine offiziellen Campingplätze gibt, ist
es möglich zu campen", *Çalışma müsaadem uzatılmamakla beraber oturma müsaadem de
uzatılmadı* „Gleichzeitig mit der Nichtverlängerung meiner Arbeitserlaubnis wurde auch meine
Aufenthaltserlaubnis nicht verlängert".

4   Verbformen für Modales

1. -diği/-eceği gibi „(so) wie" : **-diği/-eceği kadar** „so viel/wenig wie"

(1)	Ülkü, iste**diği gibi** giyinir.	*Ülkü zieht sich an, wie sie will.*
(2)	Babam iste**diği gibi** giyinirim.	*Ich ziehe mich so an, wie **mein Vater** will.*
(3)	Babamın iste**diği gibi** giyinirim.	*Ich ziehe mich an, wie mein Vater **es will**.*
(4)	Ülkü, iste**diği kadar** yer.	*Ülkü isst, so viel sie will.*
(5)	Babam iste**diği kadar** yerim.	*Ich esse so viel, wie **mein Vater** will.*
(6)	Babamın iste**diği kadar** yerim.	*Ich esse so viel, wie mein Vater **es will**.*

Das *-dik-* bzw. *-ecek*-Partizip mit Possessivsuffixen und in Kombination mit *gibi* ist ein „wie" der
Ähnlichkeit und in Kombination mit *kadar* ein „so wie" des Maßes. Wenn Subjektgleichheit
herrscht wie in (1) und (4), steht das Subjekt im Nominativ. Wenn Subjektwechsel herrscht wie in
(2), (3) sowie (5) und (6), steht es in einer *-diği gibi/kadar*-Konstruktion im Nominativ oder
Genitiv (vgl. dazu in diesem Kapitel 2, Punkt 3).

Beispiele: *Ayşe, düşündüğü gibi konuşur* „Ayşe redet, wie sie denkt", *Düşündüğüm gibi oldu* „Es
kam so, wie ich dachte", *İstediğin kadar alabilirsin* „Du kannst so viel nehmen, wie du willst",
Söylediğimiz gibi hareket etti „Er benahm sich so, wie wir es gesagt haben", *Erol istediği kadar
bağırsın, hiç dinlemiyorum* „Erol soll so viel schreien, wie er will; ich höre gar nicht hin".

- Manchmal bedeutet *-diği gibi* auch ein temporales „sowie": *Ülkü, kahverengi bavulu kaptığı
  gibi gümrüğe giriyor* „Ülkü geht, sowie sie den braunen Koffer eilig ergriffen hat, zum Zoll".

  Merke auch: *Her zaman olduğu gibi geç kalktın* „Du bist, wie es immer ist, *zu spät aufgestanden*":
  Her zamanki gibi geç kalktın „*Du* bist wie immer zu spät aufgestanden".

- Statt *-diği gibi* kommt auch *-diği şekilde* „in der Form, wie" vor: *Kocam, istediği şekilde giyinir*
  „Mein Mann zieht sich so an, wie er will" (= in der Form, wie er will), *Kocam istediği şekilde
  giyinirim* „Ich ziehe mich so an, wie *mein Mann* will", *Kocamın istediği şekilde giyinirim* „Ich
  ziehe mich so an, wie mein Mann *es will*".

- Seltener kommt statt *-diği kadar* auch *-diğince* vor. Vergleichen wir: *Elimden geldiği kadar sana yardım ettim* „Ich habe dir geholfen, so viel es mir möglich war" : *Elimden geldiğince sana yardım ettim* „Ich habe dir geholfen, soweit es in meiner Macht stand" : *Elimden geldikçe sana yardım ettim* „Ich habe dir immer, wenn es mir möglich war, geholfen".

Merken Sie sich auch *-diği kadarıyla* und *-diği kadar* „soviel/soweit": *Hatırladığım kadarıyla üçü çeyrek geçe Yalova'ya vapur olacak* „Soweit ich mich erinnere, muss es um Viertel nach drei ein Schiff nach Yalova geben", *Bildiğim kadarıyla Yalova'ya vapur Köprü'den kalkar* „Soviel ich weiß, fahren Schiffe nach Yalova an der Brücke ab", *Görebildiğim kadar bilet gişesi karşıda* „Soweit ich sehen kann, ist der Fahrkartenschalter da drüben". Mit *-diği kadarıyla* schränkt man die Äußerung stärker ein als mit *-diği kadar*.

2. -eceğine „statt dass" : -ecek yerde/-eceği yerde „anstelle/anstatt dass"

(1) Ali bana yardım ed**eceğine** bira içiyor.	*Statt dass Ali mir hilft, trinkt er Bier.*
(2) Ben gel**eceğime** sen gel.	*Statt dass ich komme, komm doch du.*
(3) Bana yardım ed**ecek yerde** bira içiyor.	*Anstatt mir zu helfen, trinkt er Bier.*
(4) Bana yardım ed**eceği yerde** bira içiyor.	*Anstatt dass er mir hilft, trinkt er Bier.*

Das *-ecek*-Partizip mit Possessivsuffixen und Dativsuffix übersetzen wir mit „statt dass" und die Varianten *-ecek yerde/-eceği yerde* mit „anstelle/anstatt dass". Wenn das Subjekt ausdrücklich genannt ist, steht es im Nominativ. Es kann gewechselt werden wie in (2).

Manchmal wird *-ecek/-eceği yerde* auch wörtlich als „an der Stelle da" gebraucht. Vergleichen wir: *Bu eğitim nedeniyle ağlanacak yerde bile gülerler* (AB, OMY, 14) „Aufgrund dieser Ausbildung lachen sie sogar da, wo man weinen sollte", *Sizin rüyanızın biteceği yerde benimki başlayacak* „An der Stelle, an der Ihr Traum enden wird, fängt meiner an" mit *Sizin rüyanızın bit**tiği yerde** benimki başlıyor* „An der Stelle, an der Ihr Traum endet, fängt meiner an".

- Erinnern wir uns: Der Vollinfinitiv im Ablativ mit angehängtem *ise* (bei Subjektsgleichheit) ergibt „lieber … statt zu …": *Boş oturmaktansa Türkçe çalışalım* „Lernen wir lieber Türkisch statt untätig herumzusitzen".

- Ab und zu kommt *-me'dense* „als (dass)" vor; damit wird nur der Verbalinhalt eingebracht: *Korkulu rüya görmedense hiç uyumamak daha iyi* „Es ist besser, gar nicht zu schlafen als einen schrecklichen Traum zu sehen".

3. -diğinden/-eceğinden başka „außer dass"

(1) Ürküt**tüğünden başka** bir şey yapamadı.	*Er hat nichts anderes machen können, außer dass er (uns) erschreckt hat.*
(2) Ali yardım et**tiğinden başka** Veli de yardımcı oldu.	*Außer dass Ali geholfen hat, war auch Veli behilflich.*
(3) Ali yardım ed**eceğinden başka** Veli de yardımcı olacak.	*Außer dass Ali helfen wird, wird auch Veli behilflich sein.*

Das *-dik*- bzw. *-ecek*-Partizip mit Possessivsuffixen und in Kombination mit *başka* ergibt ein „außer dass". Wenn das Subjekt ausdrücklich genannt ist, steht es im Nominativ. Es kann gewechselt werden wie in (2).

4. -diğine/-eceğine göre „wie"

(1) Söylen**diğine göre** geç kalmışım.	*Wie gesagt wird, sei ich zu spät gewesen.*
(2) Polis haber ver**diğine göre** durum ciddi.	*Wie die **Polizei** mitteilt, ist die Lage ernst.*
(3) Polisin haber ver**diğine göre** durum ciddi.	*Wie die Polizei **mitteilt**, ist die Lage ernst.*

Das *-dik-* bzw. *-ecek*-Partizip mit Possessivsuffixen, Dativsuffix und in Kombination mit *göre* ergibt ein „wie/nachdem/laut/gemäß". Das Subjekt wird oft gewechselt. Wenn Subjektgleichheit herrscht, steht es im Nominativ. Wenn Subjektwechsel herrscht wie in (2) und (3), steht das Subjekt einer *-diğine göre*-Konstruktion im Nominativ oder Genitiv.

Beispiele: *herkes de beni öldü bildiğine göre* [...] (AN, AD, 139) „nachdem mich jeder für gestorben hielt", *Ve yine ustanın söylediğine göre biz ulus olarak teknolojiyle kabak dolmasını birbirine karıştırıyormuşuz* (Mİ, BNA, 40) „Und wie der Meister auch noch sagte, würden wir als Nation die Technologie mit gefüllten Zucchini verwechseln".

• Bitte beachten Sie: Wenn der Sprecher seine Perspektive nicht auf den Ereignisträger legen will, sondern auf das Ereignis selbst, wird er nicht mit *-diğine göre* operieren, sondern mit *-mesine göre*: das spezifische Subjekt steht dann im Genitiv, das nicht-spezifische im Nominativ: *polisin açıklamasına göre* „nach Auskunft der Polizei", *polis açıklamasına göre* „nach Polizeiauskunft".

5. Vergleichssätze: -ecek gibi/(-miş) gibi „als ob" : -mişçesine/-cesine „als ob"

(1) Öğrenciler haftalarca uğrama**yacak gibi** gözüküyor.	*Es sieht aus, als ob die Studenten wochenlang nicht kommen werden.*
(2) Beni anlamıyor**muş gibi** bakma!	*Schau nicht so, als ob du mich nicht verstündest.*
(3) Ali her şeyi biliyor**muşçasına** konuşur.	*Ali redet so, als ob er alles wüsste!*

Nach einer Verbform wie *gidiyor*, *gider*, *gidecek*, *gitmiş* (aber nicht *gitti*) oder deren Erweiterungen mit *imiş* wird *gibi* „wie" im Sinne von „als ob" gebraucht. In dieser Bedeutung wird es auch nach einem Begriff, der kein Verb ist, häufig in Verbindung mit *imiş* verwendet. Wenn das Subjekt ausdrücklich genannt ist, steht es im Nominativ; bei *haben*-Konstruktionen jedoch im Genitiv. Es wird selten gewechselt.

Beispiele: *Ayaklarında hamama gider gibi takunyaları var* „Sie haben an ihren Füßen Holzpantinen, als ob sie ins Hamam gehen", *Sorunu bilmiyormuş gibi yapma* „Tu nicht so, als ob du das Problem nicht kennst", *Dünmüş gibi eski yılları hatırlıyorum* „Ich erinnere mich an die früheren Jahre, als ob es gestern sei". Diese Aussagen können durch *sanki* „als ob" verstärkt werden: *sanki dünmüş gibi* oder *dünmüş gibi sanki* „als ob es gestern wäre".

• Wenn der Vergleich mehr hypothetischer Art ist, wird *-cesine* verwendet: *Çocuk yalvarırcasına yüzüme baktı* „Das Kind schaute mich an, als ob es flehen würde", *Bu işten vazgeçecekmişçesine konuşuyorsun* „Du redest, als ob du diese Sache aufgeben wolltest".

▶ Vergleichen wir: *Deli gibi bağırdı* „Er schrie wie ein Verrückter" : *Deliymiş gibi bağırdı* „Er schrie wie verrückt" : *Delicesine bağırdı* „Er schrie, als ob er verrückt sei" : *Deliymişçesine bağırdı* „Er schrie, als ob er verrückt wäre".

- Im Sinne von „es sieht aus, als ob" wird *-e benzemek* verwendet, das am häufigsten mit Verbformen wie *gitmiş* oder *gidecek* (aber nicht *gitti*) verbunden wird: *Yorulmuşa benziyorsun* „Du siehst aus, als ob du ermüdet/erschöpft wärest", *Yağmur yağacağa benzer* „Es sieht nach Regen aus".

- Im Sinne von „es kommt mir so vor, als ob" wird *gibime gelmek* verwendet: *Ali çok içiyor gibime geliyor* „Es kommt mir so vor, als ob Ali sehr viel trinken würde". Wenn der Hörer das bestätigen will, wird er im Regelfall scherzhaft folgendermaßen antworten: *Gibisi de fazla* „Und das *gibi* ist zu viel" (damit meint er, dass das „als ob" zuviel sei).

Merke gesondert: *Bu öneri, düşündüğümden iyiydi* „Dieser Vorschlag war besser als ich dachte", *Korkutan, korkuttuğundan daha çok korkar ve korktuğu için korkutur* (AN, KK, 47) „Der Angstmachende hat mehr Angst als der, dem er Angst einjagt, und jagt Angst ein, weil er Angst hat".

Weiteres zu den Verben

1 Überblick

In diesem Kapitel werden Sie etwas zu einigen ausgewählten Verben, zu den Hilfsverben und den Verberweiterungen, zu Hilfsverbverbindungen und Verbverdoppelungen sowie zur Verneinung erfahren.

2 Einige ausgewählte Verben

1. *gelmek* „kommen" : *gitmek* „gehen" sowie *getirmek* „herbringen/mitbringen" : *götürmek* „hinbringen/mitnehmen"

Wenn die Ausführungsrichtung der Sprecher- oder Hörerstandort ist, wird der Endpunkt angegeben und man verwendet *gelmek* und *getirmek*; wenn die Ausführungsrichtung von beiden wegführt, wird der Ausgangspunkt angegeben und man verwendet *gitmek* und *götürmek*.

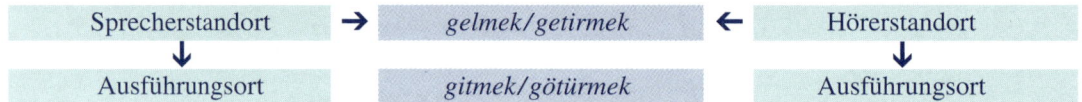

Beispiele: *Üniversiteye geldim* „Ich bin zur Universität gekommen" (Der Sprecher befindet sich an der Universität), *Üniversiteye gittim* „Ich bin zur Universität gegangen/gefahren" (Der Sprecher befindet sich nicht an der Universität), *Hayvanat Bahçesi'ne nasıl gidilir?* „Wie kommt man zum Zoo?" (Der Sprecher befindet sich nicht am Zoo);
Erol, bir kâğıt getir! „Erol, bringe ein (Blatt) Papier her!", *Televizyonu da Hans'a götür!* „Und bringe den Fernseher zu Hans hin!".

Der Sprecher kann auch einen vom Sprecher- und Hörerstandort unabhängigen Ausführungsort nennen: *O akşam eve geç gittim* „An dem Abend bin ich spät nach Hause gefahren" : *O akşam eve geç geldim* „An dem Abend bin ich spät nach Hause gekommen".

2. *okumak* „lesen/studieren" : *öğrenmek* „lernen" : *çalışmak* „arbeiten/lernen"

Für das umfassende Studienfach nimmt man *okumak*: *Türkoloji okuyorum* „Ich studiere Turkologie". Für einzelne Fächer nimmt man *öğrenmek*: *Türkçe öğreniyorum* „Ich lerne Türkisch". Wollen Sie sich jedoch darüber äußern, dass Sie für das einzelne Fach auch etwas getan haben, nimmt man *çalışmak*: *Dün akşam Türkçe çalıştım* „Gestern Abend habe ich Türkisch gelernt".

3. *demek* „sagen" : *söylemek* „sagen"

demek wird für die direkte Rede, *söylemek* für die indirekte Rede gebraucht: *Ali gelmeyeceğim dedi* „Ali hat gesagt: Ich komme nicht" : *Ali gelmeyeceğini söyledi* „Ali hat gesagt, dass er nicht kommt".

4. *bilmek* „wissen" : *sanmak* „glauben/vermuten"

bilmek und *sanmak* erlauben Einschübe in Hauptsatzform: *Veli'yi öldü biliyordu* „Sie hielt Veli für gestorben", *Seni anladım sanıyorum* „Ich glaube, ich habe dich verstanden", aber: *Veli'nin öldüğünü biliyordu* „Sie wusste, dass Veli gestorben war", *Seni anladığımı sanıyorum* „Ich glaube, dass ich dich verstanden habe".

3   Zur Rektion und Bedeutungsvielfalt einiger Verben

Manche Verben regieren mehr als einen Kasus; manche können auch eine Postposition auslösen:

başlamak (-e) „anfangen mit/zu", (-den) „beginnen bei": *Türkçe öğrenmeye başladım* „Ich habe angefangen, Türkisch zu lernen", *Sizden başlamak istiyorum* „Ich möchte bei Ihnen anfangen".

bırakmak (-i) „etw. lassen", (-e, ∅/-i) „jmd. etw. dalassen": *Bunu bırak* „Lass das!", *Sana para bıraktım* „Ich habe dir Geld dagelassen", *Sana şemsiyemi bıraktım* „Ich habe dir meinen Schirm dagelassen".

çıkmak (∅) „wachsen, sprießen", (-den) „herausgehen aus, hinaufgehen nach", (-i) „herauf-, hinaufgehen", -(e): „in/auf etwas gehen/führen": *Bıyığı çıktı* „Er hat einen Schnurrbart bekommen", *Evden çıktım* „Ich bin aus dem Haus gegangen", *Merdivenden çık* „Komm über die Treppe rauf" (nimm die Treppe), *Merdiveni çık* „Komm die Treppe hoch" (nimm diesen Weg), *Dağa çıktık* „Wir haben eine Bergtour gemacht", *Bu yol nereye çıkar?* „Wo führt dieser Weg hin?".

geçmek (-i) „an/über etwas vorbeigehen", (-den) „etwas über-, durchqueren/durchlaufen, passieren", (-den, -e) „von einem Ort zum anderen überwechseln": *Caddeyi geçme* „Überquere die Straße nicht", *Caddeden geçme* „Geh nicht über die Straße", *Paris'ten Londra'ya geçtik* „Wir sind von Paris nach London gewechselt".

gezmek (-de) „spazierengehen", (-i) „besichtigen": *Parkta gezdik* „Wir waren im Park spazieren", *Müzeyi gezdik* „Wir haben das Museum besichtigt".

memnun olmak (-e) „erfreut sein über", (-den) „zufrieden sein mit": *Tanıştığımıza memnun oldum* „Ich habe mich gefreut, dass wir uns kennen gelernt haben", *İşimden memnunum* „Ich bin mit meiner Arbeit zufrieden".

öpmek (-i) „jmdn./etw. küssen", (-den) „jmd. etw. küssen": *Oğlumu öptüm* „Ich habe meinen Sohn geküsst", *Gözlerini öperim* „Ich küsse deine Augen", *Gözlerinden öperim* „Ich küsse dir die Augen".

sormak (∅/-i) „nach etw./jmdm. fragen", (-e) „jmdn. fragen" (die Perspektive des Sprechers liegt auf dem Angeredeten) und seltener (-den) „von jmdm. etwas erfragen" (der Sprecher fordert etwas ein): *Bira sormuştum* „Ich hatte nach Bier gefragt", *Öğretmeni sordum* „Ich habe nach dem Lehrer gefragt", *Öğretmene bir şey sordum* „Ich habe den Lehrer etwas gefragt".
Senden sözlüğü soruyorum „Ich frage dich nach dem Wörterbuch!".

sürmek (∅/-i) „vor sich herschieben/hinschieben/auftragen/berühren": *Önüne bir gazete sürdüm* „Ich schob eine Zeitung vor ihn hin", *Ruj sürdüm* „Ich habe Lippenstift aufgetragen", *Bana el sürme!* „Berühre mich nicht!". Merke auch: *Araba sürmesini biliyor musun?* „Kannst du Auto fahren?", *Çift sürdük* „Wir haben gepflügt".

teşekkür etmek (-e) „jmd. danken/sich für etwas bedanken", (için) „sich für etwas bedanken": *Size teşekkür ederim* „Ich danke Ihnen", *Mektubuna teşekkür ediyorum* „Ich bedanke mich für deinen Brief", *Mektubun için teşekkür ediyorum* „Für deinen Brief bedanke ich mich" (bei dir).

- Bitte beachten Sie: Manchmal wird nur der nominale Bestandteil eines ansonsten mit *etmek* gebrauchten phraseologischen Verbs verwendet. Der Kasus, den das Nomen regiert, bleibt erhalten, z. B. *bir kimseyi ziyaret etmek* „jemanden besuchen" – *ziyaret* „Besuch" regiert den Akkusativ. So kann man sowohl *Teyzemi ziyaret etmeye gittim* „Ich bin meine Tante besuchen gegangen" als auch *Teyzemi ziyarete gittim* „Ich bin zu meiner Tante zu Besuch gegangen" sagen.

4   Die Hilfsverben

▶ Vergleichen Sie:

(1) İyi **oldum**.	*Ich bin gesund geworden.*
(2) Üçte istasyonda **olalım**.	*Seien wir um drei am Bahnhof.*

(3) Hans, Erdoğan'a telefon **etti**.	*Hans hat Erdoğan angerufen.*
(4) Hepsi ne **ediyor**?	*Was macht alles zusammen?*

Das wichtigste Hilfsverb im Türkischen ist zweifellos *olmak* „werden", das wir häufig auch für „sein" und „haben/bekommen" einsetzen.

Merke: Wenn die *werden*-Bedeutung von *olmak* ausgeschlossen werden soll, nimmt man das Verb *bulunmak* „sich befinden": *O zaman Berlin başkent oluyordu* „Damals wurde Berlin Hauptstadt": *O zaman Berlin başkent bulunuyordu* „Damals war Berlin bereits Hauptstadt"; *1999'da tanınmış olan Türk futbolcusu Hakan Amerika'ya gitti* „Der türkische Fußballer Hakan, der 1999 bekannt wurde, ist nach Amerika gefahren/gegangen": *1999'da tanınmış bulunan Türk futbolcusu Hakan Amerika'ya gitti* „Der türkische Fußballer Hakan, der 1999 bereits bekannt war, ist nach Amerika gefahren/gegangen".

• Manchmal wird die *werden*-Bedeutung von *olmak* auch mit *var olmak* „vorhanden sein" und *yok olmak* „nicht vorhanden sein" ausgeschlossen: *Var olan – daha doğrusu yok olan – sekreterimizi hem görevden almak, hem de yenisini atamak zordu* „Es war schwierig, unsere Sekretärin, die es gab – oder besser gesagt, nicht gab – sowohl zu entlassen als auch eine neue einzustellen".

Das zweitwichtigste Hilfsverb ist *etmek* „tun", mit dem phraseologische Verben gebildet werden: *teşekkür* „Dank" → *teşekkür etmek* „danken", *dans* „Tanz" → *dans etmek* „tanzen". Manchmal wird *etmek* auch als Vollverb eingesetzt wie oben in (4).

Phraseologische Verben, die mit *etmek* gebildet und transitiv sind, werden mittels *olmak* zu intransitiven Verben: *kaybetmek* „etwas verlieren" → *kaybolmak* „verloren gehen".

Hin und wieder kann ein Nomen sowohl mit *etmek* (ereignisträgerbezogen) als auch mit *yapmak* (ereignisbezogen) kombiniert werden, z. B. *Hata ettim* „Es war ein Fehlgriff von mir" : *Hata yaptım* „Ich habe einen Fehler gemacht".

▶ Vergleichen wir: *Duş yaptım* „Ich habe geduscht" mit *Ali'yi kaleci yaptılar* „Sie haben Ali zum Torhüter gemacht".

In etwas älteren Texten kommt auch *eylemek* „tun" (geschehensbezogen) und *kılmak* „tun/machen" (im Sinne „erzeugen/hervorbringen") vor. So heißt es heute noch *namaz kılmak* „die fünf täglichen Gebete verrichten". Merke auch: *nikâh kıymak* „die Eheschließung vollziehen".

Merke: Stellt man mit zweiteiligen Verben eine Frage, reicht es bei der Antwort, nur den zweiten Teil zu wiederholen: *Ayşe'ye telefon ettin mi? – Ettim* „Hast du Ayşe angerufen? – Ja", *Yemek yedin mi? – Yedim* „Hast du gegessen? – Ich habe gegessen", *Telefon mu çalıyor? – Evet, çalıyor* „Klingelt das Telefon? – Ja, es klingelt".

5 Erweiterte Verbformen

▶ Vergleichen Sie:

(1) Saat ikide yemek ye**miş olacağız**.	*Um zwei Uhr werden wir gegessen haben.*
(2) Bu işleri tek başına yap**mış olabilirsin**.	*Diese Arbeiten kannst du allein erledigt haben.*
(3) Bu işleri tek başına yap**mış olamazsın**.	*Diese Arbeiten kannst du nicht allein erledigt haben.*
(4) Öğlenleri biraz uyursam dinlen**miş olurum**.	*Wenn ich mittags ein wenig schlafe, bin ich (somit) ausgeruht.*
(5) Ali sigara iç**er oldu**.	*Ali ist Raucher geworden.*
(6) Ali uğra**maz oldu**.	*Ali kommt nicht mehr vorbei.*

(a) Das Perfektpartizip in Kombination mit futurisch gebrauchtem *olmak* entspricht deutschem Futur II wie in (1): *İki gün önce yazdığım mektubu annem bugün almış olacak* „Den Brief, den ich vor zwei Tagen geschrieben habe, wird meine Mutter heute erhalten haben".

(b) Das Perfektpartizip in Kombination mit *olabilmek* oder *olamamak* besagt, welches vergangene Ereignis der Sprecher in Bezug auf den Hörer für möglich oder unmöglich hält wie in (2) und (3).

(c) Das Perfektpartizip in Kombination mit im Präsens, Aorist oder Präteritum gebrauchtem *olmak* bezeichnet die Folge eines anderen Sachverhalts wie in (4): *Uyuduktan sonra dinlenmiş oluyorum* „Nachdem ich geschlafen habe, bin ich ausgeruht", *Her nasılsa söylemiş oldum* „Wie auch immer, ich habe es nun einmal gesagt", *İyi ki bir gün Edirne'de kaldık; böylece Selimiye Camisini de görmüş olduk* „Gut, dass wir einen Tag in Edirne geblieben sind; somit haben wir auch die Selimiye-Moschee gesehen".

(d) Das bejahte oder verneinte Aoristpartizip in Kombination mit *olmak* bezeichnen das Aneignen oder Ablegen einer Eigenschaft wie in (5) und (6): *İlişkilerimiz gittikçe seyrekleşti. Sonunda hiç gelmez, telefon etmez, beni aramaz oldu* (AN, AD, 164) „Unsere Verbindungen verliefen sich mehr und mehr. Schließlich wurde es so, dass er gar nicht mehr kam, anrief oder mich aufsuchte".

- Das Futurpartizip in Kombination mit *olmak* bezeichnet die gedachte oder auch verwirklichte Überschreitung der Anfangsphase eines Ereignisses. Vergleichen wir: *kalkacak oldum* „gerade wollte ich aufstehen" : *kalkacak gibi oldum* „beinahe wäre ich aufgestanden" : *kalkacaktım* „ich wollte aufstehen" (Plan) : *kalkmak üzereydim* „ich war dabei, aufzustehen".

- Die Partizipien in Kombination mit *olmalı* bezeichnen eine starke Vermutung: *Gelmiş olmalı* „Er müsste gekommen (= da) sein".

▶ Vergleichen Sie jetzt:

(7) Paris'e git**tiğiniz var mı**?	*Waren Sie schon mal in Paris?*
(8) Paris'e git**tiğim yok**.	*Ich war noch keinmal in Paris.*

Die Partizipien auf *-diği* und *-eceği* kommen auch mit *var* und *yok* vor. Beispiele: *Demin söylediklerimin dışında bir bildiğim yok* „Außer dem, was ich vorhin gesagt habe, gibt es nichts, was ich weiß", *Söylediklerimize kulak astığın yok ki!* „Auf das, was wir sagen, hörst du ja doch nicht!", *Olacağı vardı zaten* „Das musste ja so kommen".

▶ Vergleichen wir: *İstanbul'u gördüğüm var* „Ich habe Istanbul schon mal gesehen" : *İstanbul'u görmüşlüğüm var* „Ich habe Istanbul mal gesehen".

▶ Vergleichen Sie jetzt:

(9) Bira iç**esim var**.	*Ich habe Lust, Bier zu trinken.*
(10) Bira içe**sim geldi**.	*Ich habe Lust bekommen, Bier zu trinken.*
(11) Şimdi bira içe**sim tuttu**.	*Jetzt hat es mich überkommen, Bier zu trinken.*

Das alte Futurpartizip auf *-esi* kommt hin und wieder auch in Kombination mit *var* bzw. *yok* oder *gelmek* bzw. *tutmak* vor. Das Beispiel (9) bezeichnet eine schon vorhandene Lust oder Neigung und das Beispiel (10) eine aufgekommene Lust oder Neigung, etwas zu tun. Das Beispiel (11) hingegen bezeichnet eine plötzlich aufgekommene Laune, etwas zu tun, z. B. *Pazar günü arabayı yıkayasımız tuttu* „Ausgerechnet am Sonntag überkam es uns, das Auto zu waschen".

▶ Vergleichen wir: *Alışverişe çıkasın var mı?* „Gehst du noch einkaufen?" (= Willst du …) : *Alışverişe çıkacağın var mı?* „Hast du vor, einkaufen zu gehen?".

▶ Vergleichen wir auch: *Ali'nin bugün uyuyası yok* „Ali will heute nicht schlafen" : *Ali'nin uyuduğu yok* „Ali schläft überhaupt nicht" : *Ali'nin uyuması yok* „Ali schläft nicht ein".

Beachten Sie auch die Sätze, in denen ein Infinitiv oder ein *-diği-/-eceği*-Partizip in Kombination mit *olmak* oder *iyi olmak* den Eintritt eines Ertrages bezeichnet: *Selçuk'un en önemli katkısı bu tartışmayı başlatmak oldu* (İsmet Berkan, in: Radikal 08.09.99/3) „Der wichtigste Beitrag von Selçuk ist, diese Diskussion in Gang gesetzt zu haben", *Doktora gitmem iyi oldu* „Es ist gut, dass ich zum Arzt gegangen bin", *Erken geldiğin iyi oldu* „Es ist gut, dass du früh gekommen bist", *Erken geleceğin iyi olacak* „Es wird gut sein, dass du früh kommen willst".

▶ Vergleichen Sie auch noch:

(12) Haber ver**memezlik etme**.	*Versäume nicht, Nachricht zu geben.*
(13) Kapıyı aç**mamazlık edemezler**.	*Sie können nicht umhin, die Tür zu öffnen.*

Mit der doppelt verneinten Form *-memezlik* in Verbindung mit *etmemek* „nicht tun" wird das mögliche Unterlassen einer Handlung korrigiert: *Yazmamazlık etmedik* „Wir haben nicht versäumt zu schreiben". In Verbindung mit *edememek* „nicht tun können" wird die Unumgänglichkeit einer Handlung ausgedrückt: *Gitmemezlik edemezdim* „Ich hätte nicht anders gekonnt als hinzugehen".

• Bitte beachten Sie: Die Verbindung *-memezlikten gelmek* steht im Sinne „so tun, als ob": *Duymamazlıktan geldim* „Ich tat so, als ob ich nicht hörte", *Anlamamazlıktan gelme* „Tue nicht so, als ob du nicht verstündest", *Bilmemezlikten gelemezsiniz* „Sie können nicht so tun, als wüssten Sie nichts davon".

Seltener kommt *-memezliğe getirmek* „es dazu bringen, nicht zu …" bzw. *-memezliğe vurmak* „vorgeben, nicht zu …" vor: *Duymamazlığa getirdim* „Ich schaffte es, nicht zuzuhören" (weil ich mich dumm stellte); *Anlamamazlığa vurma* „Gib nicht vor, du würdest nicht verstehen".

6   Die Hilfsverbverbindungen

Das Türkische kennt eine Reihe von Verbkombinationen, mit denen man den Phasenablauf der Verben, z. B. Ergebnis, Andauer, Verharren u. a. wiedergeben kann. Das erste Verb trägt die Hauptbedeutung und das zweite Verb wird wie ein Hilfsverb gebraucht, dessen Grundbedeutung jedoch immer latent durchschlägt. Daran nehmen u. a. folgende Verben teil: *vermek* „geben", *durmak* „anhalten/stehen", *kalmak* „bleiben", *gelmek* „kommen".

▶ Vergleichen Sie:

(1)	Öğlende Ahmet gel**iver**di.	*Am Mittag tauchte unversehens Ahmet auf.*
(2)	Mehmet gel**iverme**di.	*Mehmet **ist unversehens nicht erschienen**.*
(3)	Mehmet gel**meyiver**di.	***Mehmet** ist einfach nicht erschienen.*

Die häufigste Hilfsverbverbindung ist *-ivermek*, das an einen Verbstamm angefügt wird. (Dieses *-i* vor *vermek* ist ein altes Verbaladverbsuffix.) Mit *-ivermek* stellt der Sprecher erstens das Ereignis punktuell als erreichtes oder zu erreichendes Ergebnis dar: *Çiçek Pazarı çöküvermiş* „Der Çiçek Pazarı ist unversehens eingestürzt". Zweitens sagt er damit, dass das vor Augen stehende Ereignis „einfach" ausgeführt werden kann: *Siz alışverişe kendiniz çıkıverin* „Geht ihr doch ganz einfach selbst einkaufen". Die Nuance der „Einfachheit" bedingt, dass diese Hilfsverbverbindung nicht in offiziellen Schreiben vorkommt und auch nicht gegenüber einem Vorgesetzten eingesetzt werden sollte.

Im Regelfall wird folgendermaßen betont: *Parayı sen veri'ver!* „Gib du mal das Geld". Bei emotionaler Betonung hört man: *Parayı sen ve'river!* „Gib du doch schon mal das Geld".

Manchmal wird das Grundverb verdoppelt: *Çiçek Pazarı çökü çöküvermiş* „Der Çiçek Pazarı ist unversehens nach und nach eingestürzt".

Die Verneinung kommt in zwei Varianten vor: *-ivermemek* als Verneinung des Ereignisses wie in (2) und *-meyivermek* als Äußerung, was der Ereignisträger unterlässt wie in (3).

● Merke gesondert *alıkoymak* „jmdn. von etwas abhalten": *Sizi işinizden alıkoymak istemiyorum* „Ich möchte Sie nicht von Ihrer Arbeit abhalten".

▶ Vergleichen Sie:

(4)	Dün hep çalış**tım durdum**.	*Gestern habe **ich** ständig gearbeitet.*
(5)	Dün hep çalış**ıp dur**dum.	*Gestern **habe** ich **am laufenden Band gearbeitet**.*
(6)	Sen çalış**adur**, ben alışverişe gideyim.	*Arbeite du mal weiter, ich gehe einkaufen.*

Die zweithäufigste Hilfsverbverbindung ist eine Kombination mit *durmak*, das eine Andauer im Sinne des Nichtuntätigseins bezeichnet. In Beispiel (4) bringt der Sprecher sich als Ereignisträger ein, in Beispiel (5) bringt er das Ereignis selbst ein. Allerdings lässt der Sprecher sowohl in (4) wie in (5) offen, ob seine Tätigkeit auch Früchte getragen hat.

Wenn das erste Verb das Verbaladverbsuffix *-e* enthält wie in (6), dann muss noch eine zweite Tätigkeit hinzugefügt werden.

In Beispiel (4) wird die Hilfsverbverbindung nur bejaht gebraucht, in (5) und (6) auch verneint.

Auch diese Hilfsverbverbindung kommt nicht in offiziellen Schreiben vor und sollte auch nicht gegenüber einem Vorgesetzten eingesetzt werden.

Nicht jede Kombination mit *-ip durmak* ist als Dauer zu verstehen; es kann auch die Bedeutung von *durmak* als Vollverb durchschlagen: *Caddeyi geçip durdum* „Ich bin über die Straße gegangen/ gefahren und habe angehalten".

▸ Vergleichen Sie:

(7) Bu sabah **uyudum kaldım**.	*Heute früh habe **ich** weitergeschlafen.*
(8) Bu sabah uyu**yup kal**dım.	*Heute früh **habe** ich (einfach) **weitergeschlafen**.*
(9) Bu sabah uyu**yakal**dım.	*Heute früh habe ich verschlafen.*

Die dritthäufigste Hilfsverbverbindung, die man hören kann, ist eine Kombination mit *kalmak*. Allerdings sind es nur wenige Verben, die damit verbunden werden. Diese Verbindung besagt, dass man in eine Situation hineingerät und darin für eine Weile verharrt. Bei Beispiel (9) wird besonders hervorgehoben, dass man ungewollt in eine Situation hineingeraten ist.

Weitere Beispiele: *Bizde basın hürriyeti de, öbür hürriyetler de çoktur. Hatta bu kadar hürriyeti biz ne yapalım diye şaşırdık kaldık* (AN, YLBD, 99) (Wörtliche Übersetzung:) „Bei uns sind die Pressefreiheit und auch die anderen Freiheiten reichlich. Mehr noch, wir wissen gar nicht mehr, was mit so viel Freiheit wir anfangen sollen";

Televizyonun önünde uyuyup kaldım „Ich bin vor dem Fernseher tief eingeschlafen"; *Donakaldım* „Ich bin erstarrt", *Şaşakaldım* „Ich war perplex", *Bakakaldım* „Ich habe hingestarrt".

▸ Vergleichen Sie:

(10) Bu, öteden beri devam ed**egel**mektedir.	*Das dauert seit eh und je an.*
(11) Biraz sonra çık**agel**di.	*Etwas später erschien er.*
(12) Bu, daha yıllarca böylece sür**üp gid**ecek.	*Das wird noch Jahre lang so weitergehen.*
(13) Benim halime düş**meyegör**ün.	*Kommen Sie bloß nicht in meine Lage.*
(14) Demin düş**eyaz**dım.	*Vorhin wäre ich fast gefallen.*

Die Hilfsverbverbindung *-egelmek* in (10) bezeichnet ein Ereignis, das angefangen hat und zum Sprechzeitpunkt hinführt. Diese Variante kommt oft in Sachtexten mit dem Verb *devam edegelmek* „fortführen" vor und drückt dann einen Anfang und eine kontinuierliche Andauer bis jetzt aus. Ob eine längere Dauer ausgedrückt wird oder nicht, hängt jedoch von der Verbkombination ab; eine längere Andauer entfällt z. B. bei *çıkagelmek* „erscheinen" wie in (11).

Das Beispiel (12) mit *-ip git-* bezeichnet einen Übergang in ein kontinuierliches oder auch diskontinuierliches Andauern. Das Beispiel (13) mit *-meyegör-* bedeutet, dass man zusehen soll, nicht in eine ungewollte Lage zu kommen. Das Beispiel (14) mit *-eyaz-* ist selten und bedeutet, dass man ein beinahe eingetretenes negatives Ereignis verfehlen konnte.

Unabhängig von diesen Hilfsverbverbindungen gibt es auch andere Möglichkeiten, Phasen auszudrücken, z. B. *Ateş ormanı yer bitirir* „Feuer vernichtet den Wald" (= Feuer frisst den Wald und beendet ihn), *Oğlan serseri oldu çıktı* „Der Knabe hat sich zum Vagabunden entwickelt", *Belki bu adam bir yerden aldı götürdü* „Vielleicht hat dieser Mann das von irgendwoher und weitergeführt".

▸ Vergleichen wir: *Yemek yedim* „Ich habe gegessen" : *Yemeği yedim* „Ich habe das Essen gegessen" : *Yemeği bitirdim* „Ich habe aufgegessen" und *Kitap okudum* „Ich habe gelesen" : *Kitabı okudum* „Ich habe das Buch gelesen" : *Kitabı bitirdim* „Ich habe das Buch ausgelesen" oder „Ich habe das Buch zu Ende geschrieben".

7 Doppelt gebrauchte Verbformen

▸ Vergleichen Sie:

(1)	Viski içer misiniz? – İçerim iç**mesine**, ama her gün değil.	*Trinken Sie Whisky? – Eigentlich schon, aber nicht jeden Tag.*
(2)	Viski içer misiniz? – İçmem iç**mesine**, ama bugün içeyim.	*Trinken Sie Whisky? – Eigentlich nicht, aber heute trinke ich mal (welchen).*
(3)	Bugün zamanınız var mı? – Var ol**masına** var, ama belki evi temizlerim.	*Haben Sie heute Zeit? – Eigentlich schon, aber vielleicht mache ich die Wohnung sauber.*

Aussagen mit einer Verbwiederholung in der Form -*mesine* (Kurzinfinitiv + Posssessivsuffix + pronominales *n* + Dativsuffix) schränken die Aussage ein. *İçerim içmesine* bedeutet „ich trinke, was das Trinken anbelangt". Das Verb mit -*mesine* kann auch an erster Stelle stehen: *içmesine içerim* „was das Trinken anbelangt, trinke ich".

● Mit der Zwillingsform -*di* -*ecek* wird ein nicht verwirklichtes Ereignis bezeichnet, dessen Verwirklichung man aber jeden Moment oder auch überhaupt vermutet: *Baktım, çocuk düştü düşecek, koşarak yanına gittim* „Ich sah, dass das Kind gleich fallen wird und rannte zu ihm hin", *Türkiye'ye döndük döneceğiz derken otuz yıldır buralardayız* „Während wir immer davon reden, in die Türkei zurückzukehren, sind wir schon dreißig Jahre hier".

Merke ebenso *oldu olacak* „wenn schon, denn schon" im Sinne von „wenn die Sachlage schon bis hierher gediehen ist, dann kann man auch noch das und das tun": *Bütün akşam televizyon seyrettik. Oldu olacak bu sonuncu filmi de seyredelim* „Wir haben den ganzen Abend ferngesehen. Wenn schon, denn schon, sehen wir uns auch diesen letzten Film noch an".

● Mit der Zwillingsform *oldum olası* kann man eine Idee „seit eh und je" signalisieren: *Bu oğlan oldum olası çok terbiyelidir* „Dieser Knabe verhält sich seit eh und je sehr wohlerzogen".

● Mit verdoppelten -*se* -*se*-Formen wird die Idee „höchstens/bestenfalls" angezeigt: *Dönsem dönsem akşam dönerim* „Ich komme spätestens am Abend zurück", *Arabanın tamiri olsa olsa iki yüz Euro olur* „Die Reparatur des Wagens wird bestenfalls zweihundert Euro betragen".

● Mit doppelt gebrauchten *en*-Partizipien, wobei das zweite ein Dativsuffix trägt, also -*en* ... -*ene*, wird die Idee „einer nach dem anderen" ausgedrückt: *Koşan koşana* „Einer nach dem anderen rannte los".

Merke auch die Verdoppelung mit *mi*: *Ülkü güldü mü güler* „Lacht Ülkü erst einmal, dann lacht sie".

8 Zur Verneinung

▶ Vergleichen Sie:

(1) Bunu yap**mış değilim**.	*Ich habe das keinesfalls gemacht.*
(2) Sizi anla**mamış değilim**.	*Ich habe Sie durchaus verstanden.*

Verbformen wie *geldi, gelmiş, geliyor, gelir, gelecek* kommen auch in Kombination mit *değil* vor. Dadurch wird die Aussage unterstrichen. Beispiele: *Sizi tanımadı değil* „Es ist nicht so, dass er Sie nicht erkannt hat", *Seni görmüyor değilim* „Ich sehe dich sehr wohl", *İçki içmez değiliz* „Es ist nicht so, dass wir keinen Alkohol trinken", *Kitabı geri verecek değilim* „Ich beabsichtige nicht, das Buch zurückzugeben", *Kitabı geri vermeyecek değilim* „Ich beabsichtige nicht, das Buch nicht zurückzugeben".

▶ Vergleichen wir:

(a) *Sağlıklı dedem bugün yaramaz çocuğumuza bakmıyor.*
   Mein gesunder Opa passt heute nicht auf unser ungezogenes Kind auf.

(b) *Sağlıklı dedem bugün yaramaz çocuğumuza bakıyor değil.*
   Mein gesunder Opa passt heute auf unser ungezogenes Kind nicht auf.

(c) *Sağlıklı dedem bugün yaramaz çocuğumuza bakan değil.*
   Nicht mein gesunder Opa passt heute auf unser ungezogenes Kind auf.

• Sehen Sie sich auch die Stellung von *değil* an:
   Sizi anlamak değil, duymadım bile „Ich habe Sie nicht nur nicht verstanden, sondern auch nicht gehört";
   Sizi değil anlamak, duymadım bile „Ich habe Sie nicht verstanden, denn ich habe Sie nicht einmal gehört";
   Değil sizi anlamak, duymadım bile „(Wenn Sie denken), ich habe Sie nicht verstanden, (so muss ich sagen) ich habe Sie nicht einmal gehört".

   Merke gesondert **şöyle dursun** „geschweige": *Beni anlamak şöyle dursun, dinlemiyor bile* „Er hört mir nicht einmal zu, geschweige, dass er mich versteht", *Uyumak şöyle dursun, dinlenmek bile mümkün olmadı* „Es war nicht einmal möglich, sich auszuruhen, geschweige denn zu schlafen".

Die Wortbildung *(Sözcük Türetme)*

1   Überblick

▸ Vergleichen Sie:

Ableitung:	iş *Arbeit*	→	iş-siz *arbeitslos*	→	iş-siz-lik *Arbeitslosigkeit*
Zusammenstellung:	çocuk *Kind*	+	araba *Wagen*	→	çocuk arabası *Kinderwagen*
Zusammensetzung:	alış *Kauf*	+	veriş *Übergabe*	→	alışveriş *Einkauf*

Neue Wörter werden im Türkischen auf zwei Arten gebildet: durch Ableitung *(Derivation)* oder Zusammenstellung bzw. Zusammensetzung *(Komposition)*. Im ersten Fall fügt man einem selbstständig vorkommenden Wort ein Suffix hinzu und erweitert somit die Bedeutung des Grundwortes; im zweiten Fall stellt man bereits vorhandene, selbstständige Wörter nach einem bestimmten Muster zusammen.

2   Die Wortbildung durch Ableitung *(Eklerle Sözcük Türetme)*

Türkisch kennt vier Arten von Wortbildungssuffixen:

- Suffixe, die man an ein Nomen anhängt und die ein neues Nomen bilden, d. h., man bleibt in der Wortart Nomen. Diese Gruppe von Suffixen nennt man *denominale Nominalsuffixe*: güzel „schön" → *güzel-lik* „Schön-heit".
- Suffixe, die man an einen Verbstamm anhängt und die ein Nomen bilden, d. h., man wechselt die Wortart. Diese Gruppe von Suffixen nennt man *deverbale Nominalsuffixe*: gel- „komm-" → *gel-ir* „Ein-komm-en".
- Suffixe, die man an ein Nomen anhängt und die einen Verbstamm bilden, d. h., man wechselt die Wortart. Diese Gruppe von Suffixen nennt man *denominale Verbalsuffixe*: baş „Kopf" → *başla-* „anfang-".
- Suffixe, die man an einen Verbstamm anhängt und die einen neuen Verbstamm bilden, d. h., man bleibt in der Wortart Verb. Diese Gruppe von Suffixen nennt man *deverbale Verbalsuffixe*: uç- „flieg-" → *uçuş-* „umherflieg-".

Die Wortbildungssuffixe im Türkischen sind sehr zahlreich, aber nicht alle in gleichem Maße produktiv. Die nachfolgende Liste enthält nur die wichtigsten Wortbildungssuffixe nach Gruppenzugehörigkeit und innerhalb dieser in alphabetischer Reihenfolge (zur Schreibung der Suffixe s. Lautlehre 3). Suffixe, die der Türkischlerner sich auf jeden Fall aktiv aneignen sollte, sind fett hervorgehoben. Bei diesen (und einigen wenigen anderen) wurde auch die Grundfunktion angegeben; dem steht nicht entgegen, dass ein mit diesem oder jenem Suffix gebildetes Wort im Einzelfall eine nicht ableitbare Bedeutung aufweist, da sowohl das Grundwort als auch der Kontext, in dem es vorkommt, eine Rolle spielt.

Auch wenn ein Suffix nicht fett hervorgehoben ist, kann es sehr sinnvoll sein, die eine oder andere damit gebildete Vokabel zu lernen, z. B. *arkadaş* „Freund" oder *kışın* „im Winter".

1. Suffixe, die von einem Nomen ein neues Nomen bilden *(Addan Ad Türetme Ekleri)*

-ce   bildet Adverbien, die das Grundwort einer in sich gleichen oder ähnlichen Gruppe zuordnen im Sinne „in der Art von" und darauf beschränken. Das Suffix ist das *Ähnlichkeitssuffix*. Es wird auch *Äquativsuffix* oder *Similativsuffix* genannt. Damit gebildete Begriffe werden nicht ausschließlich adverbial eingesetzt. Ist die Silbe vor -*ce* geschlossen, fällt diese stärker ins Ohr; ist sie offen, fällt -*ce* stärker ins Ohr. Wichtig: Nach *bu, şu, o* und *kendisi* sowie Possessivsuffix der 3. Person wird vor -*ce* ein pronominales *n* eingefügt.
Mit dem Ähnlichkeitssuffix werden gebildet
- Bezeichnungen für Sprachen: *Türk* „Türke" → *'Türkçe* „Türkisch" oder „auf Türkisch", *Alman* „Deutscher" → *Al'manca* „Deutsch" oder „auf Deutsch", *Çin* „China" → *'Çince* „Chinesisch" oder „auf Chinesisch"; vgl. auch: *Tarzan* „Tarzan" → *Tar'zanca* „Tarzanisch (= auf Tarzans Art)";
- Begriffe wie *ben* „ich" → *'bence* „meiner Meinung nach"; *sen* „ich" → *'sence* „deiner Meinung nach", *o* „er/sie/es" → *'onca* „seiner/ihrer Meinung nach", *kendisi* „er/sie selbst" → *kendi'since* „seiner/ihrer Meinung nach";
- Begriffe wie *yaş* „Alter" → *yaşça* „altersmäßig", *aile* „Familie" → *ailece* „mit der ganzen Familie (= familienmäßig)";
- Begriffe wie *saat'lerce* „stundenlang", *gün'lerce* „tagelang", *ay'larca* „monatelang"; *kilometre'lerce* „kilometerlang"; *yüz'lerce* „hunderte / zu Hunderten", *bin'lerce* „tausende / zu Tausenden";
- Begriffe des Vergleichs wie *çocuk* „Kind" → *ço'cukça* „kindisch *oder* kindlich", *eşek* „Esel" → *e'şekçe* „wie ein Esel";
- Urheberbezeichnungen in Passivsätzen. Das kommt in der Nachrichten- und Amtssprache in Zusammenhang mit Behörden (oder Personen als Gemeinschaft) vor, wenn diese nicht hervorgehoben werden sollen: *avukatlarınca* „seitens seiner Anwälte";
- Adverbien von einigen Verbalnomina: *gittikçe* „allmählich", *olanca* „gesamt-", *yeterince* „ausreichend", *elimden geldiğince* „soweit ich vermag/kann";
- Begriffe, die einen geringeren oder höheren Grad des Grundwortes bezeichnen: *güzel* „schön" → *gü'zelce* „ganz schön", *uzun* „lang" → *u'zunca* „recht lang", *iyi* „gut" → *iyi'ce* „ganz gut": *bü'yükçe bir bahçe* „ein größerer Garten / ein recht großer Garten". Manchmal wird an eine solche Wortform noch -*cik* angefügt: *güzelcecik* „ziemlich schön".

   -*cene* und -*cesine* sind die Langformen: *İyicene delirmişsin* „Du bist gehörig verrückt geworden"; *bol* „reichlich" → *bolca* „recht reichlich" → *bolcana* „üppig"; *Delicesine bağırdı* „Er schrie, als ob er verrückt sei".

-ceğiz   ist die Langform von -*cek* mit einer emotionalen Beimischung von Bemitleiden oder Geringschätzung, wird an Substantive angefügt und betont: *kadıncağız* „die arme Frau", *Adamcağızın dinlediği yok ki!* „Der Mensch hört ja nicht mal zu!".

-cek   ist ein *Diminutivsuffix* (deutsch: *Verkleinerungssuffix*) und wird betont: *yavru* „Menschen-/Tierjunges" → *yavrucak* „Kleines", *oyun* „Spiel" → *oyuncak* „Spielzeug", *çabuk* „schnell" → *çabucak* (< çabukcak) „ganz schnell".

| **-ci** | wird meistens an Substantive angefügt und bildet neue Substantive, die den Träger eines Ereignisses bezeichnen *(nomina agentis)*. Das Suffix wird betont. Die Ereignisträger sind in vielfältiger Weise mit dem Grundwort beschäftigt oder verbunden: |

- *diş* „Zahn" → *dişçi* „Zahnarzt", *çöp* „Müll" → *çöpçü* „Müllmann", *eski* „alt" → *eskici* „Altwarenhändler", *gece* „Nacht" → *gececi* „Nachtarbeiter";
- *yol* „Weg" → *yolcu* „Reisender", *kira* „Miete" → *kiracı* „Mieter", *ara* „Lücke/ Abstand" → *aracı* „Vermittler", *şaka* „Spaß" → *şakacı* „Spaßmacher", *yalan* „Lüge" → *yalancı* „Lügner", *gürültü* „Lärm" → *gürültücü* „Lärmmacher";
- *gerçek* „Wahrheit/Wirklichkeit" → *gerçekçi* „Realist", *milliyet* „Nationalität" → *milliyetçi* „Nationalist", *ırk* „Rasse" → *ırkçı* „Rassist".

Hin und wieder können diese Bildungen verschiedene Inhalte bezeichnen: *çaycı* „Teeverkäufer/Teezubereiter/Teeausträger/Teeliebhaber". Viele dieser Begriffe werden nur als Substantiv gebraucht, andere sowohl als Substantiv als auch als Adjektiv.

Manchmal wird das Suffix auch an Adjektive oder lexikalisierte Partizipien angefügt: *bozgun* „zerrüttet" → *bozguncu* „Kaputt-/Panikmacher", *çıkar* „Profit" → *çıkarcı* „Profitgieriger", *dolmuş* „Sammeltaxi" → *dolmuşçu* „Sammeltaxifahrer".

Merke gesondert: *felaketin öncüleri* „die Vorboten der Katastrophe", *artçı deprem* „Nachbeben".

| **-cik** | ist ebenfalls ein *Diminutivsuffix* mit einer positiven emotionalen Beimischung, wird an Adjektive und Substantive angefügt, betont und kommt bei letzteren häufig mit Possessivsuffix vor. Bei Adjektiven bezeichnet es eine Intensivierung: *ince* „dünn" → *incecik* „ganz dünn", *küçük* → „klein" *küçücük* (< *küçükcük*) „winzig klein", *sıcak* „warm" → *sıcacık* (< *sıcakcık*) „ganz warm", *Ayşecik* „Ayşelein", *anneciğim* „meine liebe Mutti". |

Folgende Formen sollten gesondert gelernt werden: *bir* „eins" → *biricik* „einzig", *az* „wenig" → *azıcık* „ein ganz klein bisschen", *dar* „eng" → *daracık* „äußerst eng", *şura* „der Ort da" → *şuracık* „genau da", *yapma* „das Machen" → *yapmacık* „gekünstelt".

Mit diesem Suffix werden auch neue Substantive gebildet: *badem* „Mandel" → *bademcik* „(Rachen-)Mandel", *gelin* „Braut/Schwiegertochter" → *gelincik* „Klatschmohn", *arpa* „Gerste" → *arpacık* „Gerstenkorn" (am Auge).

| -cil | bildet Adjektive und Substantive, die dem Grundwort eine Angewohnheit oder eine Ähnlichkeit hinzufügen und wird betont: *ben* „ich" → *bencil* „egoistisch", *ev* „Haus" → *evcil* „zahm (Tiere)", *balık* „Fisch" → *balıkçıl* „Fischfresser" (Vogel, der sich von Fischen ernährt). Merke gesondert: *kır* „grau" → *kırçıl* „grau meliert". |

| -daş | bildet Substantive, die eine Gemeinsamkeit mit dem Grundwort innehaben, und wird betont: *karın* „Bauch" → *karındaş* > *kardaş* > *kardeş* „Bruder/Schwester" (= Bauchgefährte), *din* „Religion" → *dindaş* „Glaubensbruder, -schwester", *arka* „Rücken" → *arkadaş* „Freund(in)/Kollege" (*übertragene Bedeutung*: solidarisch Rücken an Rücken), *meslek* „Beruf" → *meslektaş* „Berufskollege, -kollegin", *anlam* „Bedeutung" → *anlamdaş* „synonym". Merke gesondert: *adaş* „Namensvetter". |

Obwohl das *a* in *-daş* eigentlich konstant ist, gibt es einige Neubildungen wie *gönül* „Herz (als Gefühlsquelle)" → *gönüldeş* „gleich gesinnt".

-(e)l	ist ein neueres Suffix, bildet Adjektive und wird betont: *yer* „Ort" → *yerel* „örtlich", *doğa* „Natur" → *doğal* „natürlich".
-ey	bildet Substantive: *düz* „eben" → *düzey* „Fläche", *bir* „eins" → *birey* „Individuum".
-gil	lautet immer *-gil*, wird in der Standardsprache oft für botanische sowie zoologische Familienzugehörigkeit verwendet und betont: *gül* „Rose" → *gülgiller* „Rosengewächse", *kedi* „Katze" → *kedigiller* „Familie der Katzen". In Anatolien kommt es auch an Personen- oder Verwandtschaftsbezeichnungen vor und bezeichnet immer die Familienzugehörigkeit (bei letzteren *nach* Possessivsuffix): *kaynata* „Schwiegervater" → *kaynatangil* „dein Schwiegervater und seine Familie".
-(i)msi	bildet Adjektive in der Bedeutung „ähnlich wie" und wird betont: *baraka* „Baracke" → *barakamsı* „barackenähnlich", *göl* „See" → *gölümsü* „seeähnlich", *mavi* „blau" → *mavimsi* „bläulich", *aptal* „dumm" → *aptalımsı* „dümmlich".
-(i)mtırak	wird an Adjektive, die Farben oder Geschmack bezeichnen, in der Bedeutung „erinnert an" angefügt und betont: *mavi* „blau" → *mavimtırak* „ins Blaue spielend", *ekşi* „sauer" → *ekşimtırak* „säuerlich".
-(i)n	ist ein altes *Instrumentalsuffix*, bildet von einigen wenigen Substantiven Adverbien und wird nicht betont: *yaz* „Sommer" → *yazın* „im Sommer", *gündüz* „(der lichte) Tag" → *gündüzün* „bei Tage/tagsüber", *öğle* „Mittag" → *öğlen* „am Mittag".
	Das Suffix wird auch an Infinitive, die mit *-siz* erweitert sind, angehängt: *selam vermeksizin* „grußlos". Merke gesondert: *an* „Moment" → *ansızın* „urplötzlich".
-(i)nci	bildet *Ordinalzahlen* und wird betont: *bir* „eins" → *birinci* „erster".
-(i)z	wird betont: *iki* „zwei" → *ikiz* „Zwilling(e)", *üç* „drei" → *üçüz* „Drilling(e)".
-ki	bildet substantivierte Pronomina oder Adjektive aus Adverbialausdrücken und wird betont: *benim* „mein" → *benimki* „meiner"; *yarın* „morgen" → *yarınki* „morgig", *burada* „hier" → *buradaki* „hiesig".
-ler	ist das *Pluralsuffix* und wird betont: *ev* „Haus" → *evler* „Häuser", *okul* „Schule" → *okullar* „Schulen". Wenn *-ler* im Prädikat vorkommt, erhält es oft nur einen Nebenton: *Annemler iyilèr* „Meinen Eltern geht es gut", *Çocuklar evden geç çıkmazlàr* „Die Kinder gehen nicht spät aus dem Haus", aber: *Komşularımız sinemaya gitmişlérdi* „Unsere Nachbarn waren ins Kino gegangen".
-leyin	bildet hauptsächlich Adverbien der Zeit. Es lautet immer *-leyin* und wird nicht betont: *sabah* „Morgen" → *sabahleyin* „zur Morgenzeit/am Morgen", *öğle* „Mittag" → *öğleyin* „zur Mittagszeit", *akşam* „Abend" → *akşamleyin* „zur Abendzeit/am Abend". Merke gesondert: *bencileyin* „ich und solche wie ich".
-li	bildet Nomina, die besagen, dass das im Grundwort Ausgedrückte bei ihnen als Teilmenge vorhanden ist. Das Suffix wird betont. Viele dieser Adjektive werden – je nach Kontext – auch substantivisch gebraucht: • *süt* „Milch" → *sütlü* „mit Milch (versehen)", *şeker* „Zucker" → *şekerli* „gezuckert/ süß", *tuz* „Salz" → *tuzlu* „salzig": • *güneş* „Sonne" → *güneşli* „sonnig", *bıyık* „Schnurrbart" → *bıyıklı* „mit Schnurrbart/Schnurrbärtiger", *ev* „Haus" → *evli* „verheiratet" (= mit Haus versehen), *yaş* „Alter" → *yaşlı* „alt" (Menschen), *yara* „Wunde" → *yaralı* „verwundet/ Verwundeter";

- *gürültü* „Lärm" → *gürültülü* „laut", *terbiye* „Erziehung" → *terbiyeli* „wohlerzogen", *akıl* „Verstand" → *akıllı* „klug", *ilgi* „Bezug/Interesse" → *ilgili* „bezüglich/Zuständiger", *görev* „Auftrag" → *görevli* „beauftragt/Beauftragter";

- *renkli lazer yazıcı* „Farblaserdrucker", *mürekkep püskürtmeli yazıcı* „Tintenstrahldrucker".

An Farbbezeichnungen angefügt, bedeutet es „in der und der Farbe": *siyah* „schwarz" → *siyahlı* „in schwarz" (z. B. gekleidet in schwarz).

Noch ein Beispiel: *tarih* „Datum" → *tarihli* „datiert", *6 Ocak 2001 tarihli mektubunuz* „Ihr Brief vom 6. Januar 2001".

- Das Suffix *-li* wird an Ländernamen und Städtenamen angefügt und bezeichnet die Herkunft: *Amerikalı gazeteci* „amerikanischer Journalist", *Amerikalıyım* „Ich bin Amerikaner"; *Berlinli çocuk* „Berliner Kind", *Berlinliyim* „Ich bin Berliner"; *Almanyalı Türkler* „die Deutschlandtürken". Es wird auch an die Ortspronomina *nere* „welche Gegend?", *bura* „die Gegend hier" usw. angehängt: *Nerelisiniz?* „Woher stammen Sie?", *Buralı değilim* „Ich stamme nicht von hier".

- Das Suffix *-li* bezeichnet auch die Zugehörigkeit: *köy* „Dorf" → *köylü* „Dörfler", *şehir* „Stadt" → *şehirli* „Städter", *üniversite* „Universität" → *üniversiteli* „Student" (= zur Universität gehörig), *emek* „Arbeit/Mühe" → *emekli* „Pensionär/Rentner".

Merke auch: *hastalık* „Krankheit" → *hastalıklı* „kränklich".

-li -li

wird an Nomina mit gegensätzlicher Bedeutung angefügt und addiert die Bedeutungen. Das Suffix wird betont: *geceli gündüzlü çalışmak* „Tag und Nacht arbeiten", *irili ufaklı şişeler* „große und kleine Flaschen", *senli benli olmak* „sich zu duzen beginnen/per Du sein".

-lik

ist das produktivste nomenbildende Suffix im Türkischen. Es ist ein *Kollektivsuffix* und bildet sowohl abstrakte als auch konkrete, überwiegend als Substantiv gebrauchte Nomina. Das Suffix *-lik* fügt dem Grundwort das Merkmal „wozu es gehört" hinzu. Es wird an Substantive und Adjektive, auch an solche, die bereits Suffixe enthalten, angehängt – z. T. auch an nominale Verbformen – und wird betont:

- Abstrakte Substantive

genç	*jung*	→	gençlik	*Jugend*
güzel	*schön*	→	güzellik	*Schönheit*
hasta	*krank*	→	hastalık	*Krankheit*
sarı	*gelb*	→	sarılık	*Gelbsucht*
kırmızı	*rot*	→	kırmızılık	*Rötung*
özel	*privat/besonders*	→	özellik	*Besonderheit*
arkadaş	*Freund*	→	arkadaşlık	*Freundschaft*
çocuk	*Kind*	→	çocukluk	*Kindheit*
bir	*eins*	→	birlik	*Einheit/Union*
evli	*verheiratet*	→	evlilik	*Ehe/Verheiratetsein*
dikkatsiz	*unachtsam*	→	dikkatsizlik	*Unachtsamkeit*
işsiz	*arbeitslos*	→	işsizlik	*Arbeitslosigkeit*
asker	*Soldat*	→	askerlik	*Militärdienst*
sağcı	*Rechtsstehender*	→	sağcılık	*Konservativismus*

gazeteci	*Journalist*	→	gazetecilik	*Journalistentätigkeit*
yazar	*Schriftsteller*	→	yazarlık	*Schriftstellertätigkeit*
geri kalmış	*zurückgeblieben/ unterentwickelt*	→	geri kalmışlık	*Zurückgebliebensein/ Unterentwicklung*

- Konkrete Substantive

göz	*Auge*	→	gözlük	*Brille*
şeker	*Zucker*	→	şekerlik	*Zuckerdose*
buz	*Eis*	→	buzluk	*Eisfach*
lazım	*nötig*	→	lazımlık	*Nachttopf*
sabah	*Morgen*	→	sabahlık	*Morgenmantel*
gece	*Nacht*	→	gecelik	*Nachthemd*
gelin	*Braut*	→	gelinlik	*Brautkleid*
düz	*eben*	→	düzlük	*Ebene*
orman	*Wald*	→	ormanlık	*Waldgebiet*
çam	*Tanne, Kiefer*	→	çamlık	*Tannenwäldchen*
ay	*Monat*	→	aylık	*Gehalt*
günde	*am Tag*	→	gündelik	*Tageslohn*

Manche dieser mit *-lik* gebildeten Substantive sind im Türkischen eindeutig; so denkt man bei *gözlük* immer sofort an „Brille". Andere aber sind mehrdeutig: *kitaplık* – das kann sein: „Büchergestell, Bücherregal, Bücherschrank, Bibliothekszimmer".

Wenn diese Nomina als Attribut gebraucht werden, fallen die Übersetzungen ins Deutsche recht unterschiedlich aus:
bayramlık giysi „Festtagskleidung", *müzelik şapka* „ein museumsreifer Hut", *senelik izin* „Jahresurlaub", *5 yıllık plan* „Fünf-Jahres-Plan", *5 yıllık polis* „Polizist mit fünf Jahren Amtszeit", *bir haftalık izin* „einwöchiger Urlaub", *günlük gazete* „Tageszeitung", *iki kişilik oda* „(das) Zwei-Personen-Zimmer", *iki kişilik bir oda* „ein Zimmer für zwei Personen", *bir gecelik oda* „(ein) Zimmer für eine Nacht", *iki saatlik bir yolculuk* „eine zweistündige Reise", *yüz euroluk ayakkabı* „Hundert-Euro-Schuhe/ Schuhe für hundert Euro", *100 euroluk bir çek* „ein Scheck über 100 Euro", *100 euroluk bir mebla*ğ „ein Betrag von 100 Euro", *bugünlük bu kadar* „so viel für heute".

Manchmal wird bei diesen attributiven Fügungen das zu charakterisierende Nomen weggelassen: *Bayramlık bir şeyim yok* „Ich habe nichts für den Feiertag" (z. B. zum Anziehen, zum Schenken u. a.), *Yazlığımız var* „Wir haben eine Sommerwohnung". Merke auch: *şimdilik* „vorläufig".

-(m)ser	bildet als Adjektiv und Substantiv gebrauchte Nomina und wird betont: *iyi* „gut" → *iyimser* „optimistisch", *kötü* „schlecht" → *kötümser* „pessimistisch", *kara* „schwarz, dunkel" → *karamsar* „Schwarzmaler/pessimistisch", *çekim* „Anziehungskraft" → *çekimser* „sich enthaltend".
-(s)el	bildet Adjektive und wird betont. Es ersetzt einerseits das lange *-i* bei einer ganzen Reihe von aus dem Arabischen entlehnten Adjektiven, wird andererseits aber auch an türkische Nomina zur Adjektivbildung angefügt. Nach *s* oder *z* steht nur *-el/-al*: *din* (A) „Religion" → *dini ~ dinsel* „religiös", *cins* (A) „Geschlecht" → *cinsi ~ cinsel*

„geschlechtlich, sexuell", *tarih* (A) „Geschichte" → *tarihi* ~ *tarihsel* „historisch";
siyaset (A) „Politik" → *siyasi* ~ *siyasal* „politisch";
duygu „Gefühl" → *duygusal* „emotional", *öz* „das Ureigene" → *özel* „persönlich/
privat". (*Anmerkung*: Es gibt auch Neubildungen, bei denen das Grundwort ein Verbstamm ist, wie *işitsel görsel* „audiovisuell".)
Bei einigen arabischen Lehnwörtern wird das *-i* jedoch nicht ersetzt: *resmi* „offiziell",
umumi „allgemein/generell". Für letzteres gibt es die Neubildung *genel*. Nicht
ersetzt wird es auch bei solchen arabischen Lehnwörtern, für die inzwischen eine
türkische bzw. europäische Entsprechung vorhanden ist: *ilmi* ~ *bilimsel* „wissen-
schaftlich", *tabii* ~ *doğal* „natürlich", *iktisadi* ~ *ekonomik* „wirtschaftlich".

-si	wird an konsonantisch auslautende Substantive und Adjektive angehängt, bildet Adjektive im Sinne „ähnlich wie" und wird betont: *çocuk* „Kind" → *çocuksu* „kindlich", *erkek* „Mann" → *erkeksi* „mit maskulinem Einschlag".
-siz	entspricht deutschem „-los", aber auch „ohne/un-". Es verneint die Existenz des Grundwortes, heißt *Privativsuffix* und wird betont: *iş* „Arbeit" → *işsiz* „arbeitslos", *çocuk* „Kind" → *çocuksuz* „kinderlos", *ev* „Haus" → *evsiz* „ohne Wohnung", *ütü* „Bügeleisen" → *ütüsüz* „ungebügelt", *süt* „Milch" → *sütsüz* „ohne Milch", *şeker* „Zucker" → *şekersiz* „ungezuckert", *yer* „Ort" → *yersiz* „fehl am Platz/unpassend", *bulut* „Wolke" → *bulutsuz* „wolkenlos", *üst* „Oben" → *üstsüz* „oben ohne" (ohne Bikinioberteil), *terbiye* „Erziehung" → *terbiyesiz* „ungezogen/flegelhaft", *gerek* „Erfordernis" → *gereksiz* „nicht erforderlich/unnötig", *ilgi* „Interesse" → *ilgisiz* „teilnahmslos", *sen* „du" → *sensiz* „ohne dich".
-(ş)er	ist das *Distributivsuffix* (deutsch: *Verteilungssuffix*) und wird betont: *birer* „je eins", *ikişer* „je zwei".

2. Suffixe, die von einem Verbstamm ein Nomen bilden (*Eylemden Ad Türetme Ekleri*)

-e	bildet Substantive und wird betont: *yar-* spalten" → *yara* „Wunde", *doğ-* „geboren werden" → *doğa* „Natur".
-(e)ç	bildet Substantive und wird betont: *büyüt-* „vergrößern" → *büyüteç* „Vergrößerungs-glas", *tıka-* „hineinstopfen" → *tıkaç* „Stöpsel".
-(e)k	bildet Nomina und wird betont: *kork-* „Angst haben" → *korkak* „ängstlich", *ürk-* „zurückschrecken" → *ürkek* „schreckhaft", *parla-* „glänzen" → *parlak* „glänzend"; *iste-* „wollen" → *istek* „Wunsch", *dur-* „anhalten" → *durak* „Haltestelle".
-emek	bildet Substantive und wird betont: *bas-* „treten" → *basamak* „Stufe", *kaç-* „fliehen" → *kaçamak* „Ausflucht, Ausrede".
-(e)nek	bildet Substantive und wird betont: *ol-* „werden" → *olanak* „Möglichkeit", *gör-* „sehen" → *görenek* „Sitte", *yet-* „(aus)reichen" → *yetenek* „Begabung", *öde-* „zahlen" → *ödenek* „Vergütung".
-er	bildet ein bejahtes *Aoristpartizip*, mit dem auch lexikalisierte Begriffe gebildet sind. Es wird betont: *git-* „gehen" → *gider* „Ausgabe".
-(e)v	bildet Substantive und wird betont. Es ist ein neueres Suffix im Türkischen: *sına-* „prüfen, versuchen" → *sınav* „Prüfung", *işle-* „funktionieren → *işlev* „Funktion", *gör-* „sehen" → *görev* „Auftrag, Amt".

-ce	bildet Substantive und wird betont: *düşün-* „denken" → *düşünce* „Gedanke", *güven-* „vertrauen" → *güvence* „Garantie", *eğlen-* „sich vergnügen" → *eğlence* „Vergnügung".
-ge	bildet Substantive und wird betont: *bil-* „wissen" → *bilge* „Weiser/Gelehrter", *sömür-* „ausbeuten" → *sömürge* „Kolonie", *süpür-* „fegen" → *süpürge* „Besen".
-geç	bildet Nomina, die eine Eigenschaft innehaben und wird betont: *süz-* „durchseien" → *süzgeç* „Sieb", *kıs-* „zwicken" → *kıskaç* „Zange"; *utan-* „sich schämen" → *utangaç* „schamhaft", *üşen-* „sich träge verhalten" → *üşengeç* „motivationslos".
-gen	bildet *iterative* Adjektive (*iterativ*: das vom Verbstamm ausgedrückte Ereignis wird wiederholt getan) und wird betont: *unut-* „vergessen" → *unutkan* „vergesslich", *konuş-* „sprechen" → *konuşkan* „gesprächig", *çalış-* „arbeiten → *çalışkan* „fleißig", *alın-* „übelnehmen" → *alıngan* „übelnehmerisch".
-gi	bildet Substantive und wird betont: *bil-* „wissen" → *bilgi* „Wissen", *say-* „ehren" → *saygı* „Respekt/Achtung", *bas-* „drucken" → *baskı* „Druck/Auflage", *iç-* „trinken" → *içki* „alkoholisches Getränk", *ver-* „geben" → *vergi* „Steuer", *et-* „tun" → *etki* „Wirkung".
-giç	bildet Substantive und wird betont: *dal-* „tauchen" → *dalgıç* „Taucher", *bil-* „wissen" → *bilgiç* „Allwissender + Neunmalkluger", *başlan-* „angefangen werden" → *başlangıç* „Beginn".
-gin	bildet Nomina, die einen erreichten Zustand bezeichnen und wird betont: *dur-* „anhalten/stehen" → *durgun* „still/regungslos", *düz-* „zusammenstellen" → *düzgün* „ordentlich", *küs-* „jemandem böse werden" → *küskün* „böse (mit)", *yor-* „ermüden" → *yorgun* „ermüdet".
-i	bildet Nomina, die ein Produkt oder Ergebnis bezeichnen und wird betont: *yaz-* „schreiben" → *yazı* „Schrift/das Schreiben", *sor-* „fragen" → *soru* „Frage", *öl-* „sterben" → *ölü* „Toter/tot".
-(i)k	bildet hauptsächlich Adjektive, aber auch Substantive, die das Ergebnis eines Vorgangs bezeichnen und wird betont: *aç-* „öffnen" → *açık* „geöffnet/offen", *kır-* „zerbrechen" → *kırık* „zerbrochen/zersprungen", *yırt-* „zerreißen" → *yırtık* „zerrissen", *boz-* „kaputtmachen" → *bozuk* „kaputt", *sap-* „ein-, abbiegen" → *sapık* „anormal/pervers"; *öksür-* „husten" → *öksürük* „Husten", *tükür-* „spucken" → *tükürük* „Spucke".
-(i)li	bildet Adjektive mit meistens passivem Sinn, die eine Andauer vermitteln und wird betont: *ört-* „bedeckt" → *örtülü* „bedeckt", *sar-* „einwickeln/verbinden" → *sarılı* „eingewickelt/verbunden", *kapa-* „zumachen" → *kapalı* „zu/geschlossen".
-(i)m	bildet Substantive, die Vereinzelung ausdrücken. Das Suffix wird betont: *öl-* „sterben" → *ölüm* „Tod", *doğ-* „geboren werden" → *doğum* „Geburt", *otur-* „sitzen" → *oturum* „Sitzung", *anla-* „verstehen" → *anlam* „Bedeutung".
-in	bildet Substantive und wird betont: *bas-* „drucken" → *basın* „Presse", *tüt-* „rauchen" (Schornstein) → *tütün* „Tabak".

-(in)ç	bildet Adjektive und Substantive von Verbstämmen, die oft auf *-(i)n* ausgehen und wird betont: *gülün-* „gelacht werden" → *gülünç* „lächerlich", *iğren-* „sich ekeln" → *iğrenç* „ekelhaft", *sevin-* „sich freuen" → *sevinç* „Freude". Merke gesondert: *bas-* „drucken" → *basınç* „Druck", *kork-* „Angst haben" → *korkunç* „entsetzlich" und auch die Neubildung *ilgi* „Interesse" → *ilginç* „interessant".
-(i)nti	bildet Substantive, die eine oder mehrere Teilmengen bezeichnen und wird betont: *yaşa-* „leben" → *yaşantı* „Lebensabschnitt, Erlebnis", *üz-* „jemanden betrüben/ traurig machen" → *üzüntü* „Betrübnis/Betroffenheit", *bekle-* „warten" → *beklenti* „Erwartung(shaltung)", *kal-* „bleiben" → *kalıntı* „Rest/Überbleibsel".
-me	bildet den *Kurzinfinitiv* und wird betont: *konuşma* „das Sprechen/die Rede"; *kıyma* „Hackfleisch/Gehacktes", *dolma* „Gefülltes".
-mece	bildet Substantive und wird betont: *bul-* „finden" → *bulmaca* „Kreuzworträtsel", *bil-* „raten" → *bilmece* „Rätsel", *çek-* „ziehen" → *çekmece* „Ziehschublade".
-mek	bildet den *Vollinfinitiv* und wird betont: *yazmak* „schreiben", *gelmek* „kommen".
-mez	bildet das verneinte *Aoristpartizip*, mit dem auch lexikalisierte Begriffe gebildet sind. Es wird betont: *çık-* „herauskommen" → *çıkmaz* „Sackgasse".
-miş	bildet das *Perfektpartizip*, von dem auch einige lexikalisierte Begriffe vorhanden sind. Es wird betont: *dol-* „sich füllen" → *dolmuş* „Sammeltaxi".
-tay	ist mongolischen Ursprungs und bildet Bezeichnungen großer Organisationsformen. Das Suffix wird betont: *danış-* „konsultieren" → *danıştay* „Oberverwaltungsgericht", *sayış-* „abrechnen" → *sayıştay* „ Oberster Rechnungshof". Das Wort *kurultay* „Kongress" ist gänzlich mongolisch.
-ti	bildet Substantive und wird betont: *kızar-* „rot werden" → *kızartı* „Rötung", *belir-* „sich herausstellen" → *belirti* „Symptom", *görün-* „in Sicht sein" → *görüntü* „Erscheinung(sbild)".
-(y)ecek	bildet als Adjektiv oder Substantiv verwendete Nomina und wird betont: *otur-* „sitzen" → *oturacak yer* „Platz zum Sitzen/Sitzplatz", *oturacak* „Sitzgelegenheit" (z. B. Stuhl).
-(y)en	ist ein *Partizipsuffix*, mit dem auch lexikalisierte Begriffe gebildet sind. Es wird betont: *bak-* „schauen" → *bakan* „Minister".
-(y)ici	bezeichnet wie *-ci* zunächst einmal Personen, die mit der im Grundwort ausgedrückten Tätigkeit beschäftigt oder verbunden sind und wird betont: *dinle-* „(zu)hören" → *dinleyici* „Hörer", *oku-* „lesen" → *okuyucu* „Leser", *yüz-* „schwimmen" → *yüzücü* „Schwimmer", *üret-* „produzieren" → *üretici* „Hersteller/Produzent", *tüket-* „verbrauchen" → *tüketici* „Verbraucher/Konsument". Merke gesondert: *dilenci* „Bettler" und *öğrenci* „Schüler/Student", in denen das anlautende *i* des Suffixes fehlt. Im Gegensatz zu *-ci* sind diese Nomina jedoch überwiegend nicht auf Personen bezogen und signalisieren ein Charakteristikum: *yaz-* „schreiben" → *yazıcı* „Drucker", *geç-* „vorübergehen" → *geçici* „vorübergehend" (*geçici iş* „vorübergehende/provisorische Beschäftigung"), *kal-* „bleiben" → *kalıcı* „bleibend" (*kalıcı yara* „bleibende Wunde"), *koru-* „schützen" → *koruyucu* „schützend" (*koruyucu önlem* „Vorsorge-

maßnahme", *koruyucu aile* „Pflegefamilie"), *dehşet ver-* „Schrecken einflößen" →
dehşet verici „Schrecken einflößend" (*dehşet verici haber* „Schrecken einflößende
Nachricht"), *uyuştur-* „betäuben" → *uyuşturucu* „betäubend" (*uyuşturucu madde*
„Betäubungsmittel").

-(y)iş bildet das *Verbalnomen auf -iş* und wird betont: *ara-* „suchen" → *arayış* „die Suche".

3. Suffixe, die von einem Nomen ein Verb bilden *(Addan Eylem Türetme Ekleri)*

-e- bildet intransitive Verben mit der Bedeutung „aus sich heraus" und wird betont: *kan*
„Blut" → *kana-* „bluten", *tür* „Art/Sorte" → *türe-* „aufkommen".

-(e)e- bildet von Adjektiven oder Adverbien Verben, die oft reflexiv zu übersetzen sind,
und wird betont: *doğru* „richtig/geradeaus" → *doğrul-* „sich aufrichten", *düz* „eben/
glatt" → *düzel-* „in Ordnung kommen", *az* „wenig" → *azal-* „sich verringern", *çok*
„viel" → *çoğal-* „sich vermehren". Merke auch: *yüksek* „hoch" → *yüksel-* „steigen",
alçak „niedrig" → *alçal-* „heruntergehen, -steigen + sich erniedrigen (Menschen)".

-(e)r- wird betont: *kız-* „heiß werden" → *kızar-* „rot/gerötet/braun werden", *kara*
„schwarz" → *karar-* „dunkel werden", *ön* „Vorder-" → *öner-* „vorschlagen".

-de- bildet lautmalende Verben und wird betont: *gümbür* „Geräusch des Polterns: bums"
→ *gümbürde-* „poltern", *şapır* „Geräusch des Schmatzens: schmatz" → *şapırda-*
„schmatzen".

-(i)k- wird betont: *bir* „eins" → *birik-* „sich ansammeln", *göz* „Auge" → *gözük-* „sich
sehen lassen". Merke: *aç* „hungrig" → *acık-* „hungrig werden".

-(i)mse- bezeichnet einen geringeren Grad und wird betont: *az* „wenig" → *azımsa-* „als zu
wenig befinden". Merke: *küçük* „klein" → *küçümse-* „geringschätzen".

-le- ist das produktivste verbbildende Suffix und wird betont: *faks* „Fax" → *fakslamak*
„faxen", *tık* „Klick" → *tıklamak* „anklicken", *baş* „Kopf" → *başla-* „anfangen", *iz*
„Spur" → *izle-* „verfolgen", *hatır* „Erinnerung" → *hatırla-* „sich erinnern", *ezber*
„auswendig" → *ezberle-* „auswendig lernen", *iş* „Arbeit" → *işle-* „funktionieren".

Merke auch: *an* „Verstand" (*an* wird nur noch in der Psychologie verwendet) →
anla- „verstehen", *bek* „fest/hart" (*bek* allein wird nicht verwendet) → *bekle-*
„warten", *kut* „inneres Glück" (*kut* wird nicht mehr verwendet) → *kutla-* „beglück-
wünschen".

-len- wird betont und besteht eigentlich aus zwei Suffixen: dem Suffix *-le-* und dem
Reflexiv-Passiv-Suffix -n-. Es wird jedoch als ein Suffix betrachtet, da viele mit
diesem Suffix gebildeten Verben ohne das *n* nicht vorkommen: *hasta* „krank" →
hastalan- „krank werden/erkranken", *yaş* „Alter" → *yaşlan-* „alt werden", *ev* „Haus"
→ *evlen-* „heiraten" (= sich mit Haus versehen).
Von den Verben, die nur mit *-len-* vorkommen, muss man diejenigen unterscheiden,
die sowohl mit *-le-* als auch mit *-le-n-* vorkommen: *başla-* „(etw.) anfangen" →
başlan- „angefangen werden", *temizle-* „saubermachen" → *temizlen-* „sich säubern/
gesäubert werden".

-leş-	bezeichnet einen Prozess, der auch ein Miteinander ausdrücken kann und wird betont. Auch dieses Suffix besteht eigentlich aus zweien: dem Suffix *-le-* und dem *Reziprok-Kooperativsuffix -ş-*. Es wird jedoch als ein Suffix betrachtet, da viele mit diesem Suffix gebildete Verben ohne das *ş* nicht vorkommen: *iyi* „gut / gesund" → *iyileş-* „genesen", *Türk* „Türke" → *Türkleş-* „zum Türken werden, sich türkisieren", *bir* „eins" → *birleş-* „sich vereinigen", *mektup* „Brief" → *mektuplaş-* „korrespondieren".
	Von den Verben, die nur mit *-leş-* vorkommen, muss man diejenigen unterscheiden, die sowohl mit *-le-* als auch mit *-le-ş-* vorkommen: *anla-* „verstehen" → *anlaş-* „sich verstehen", *zor* „Zwang/schwierig" → *zorla-* „zwingen" → *zorlaş-* „schwieriger werden".
-se-	wird betont: *su* „Wasser" → *susa-* „Durst bekommen", *kap* „Hülle" → *kapsa-* „enthalten".

4. Suffixe, die von einem Verbstamm ein neues Verb bilden *(Eylemden Eylem Türetme Ekleri)*

-ele-	intensiviert den Verbalinhalt als fortgesetzte Prozedur und wird betont: *kov-* „verstoßen / vertreiben" → *kovala-* „vertreiben / nachrennen", *silk-* „schütteln" → *silkele-* „ausschütteln".
-er-	ist ein *Kausativsuffix* und wird betont: *çık-* „herausgehen" → *çıkar-* „herausholen", *git-* „gehen" → *gider-* „beseitigen".
-dir-	ist das produktivste *Kausativsuffix* und wird betont: *yaz-* „schreiben" → *yazdır-* „schreiben lassen", *gül-* „lachen" → *güldür-* „zum Lachen bringen".
-il-	ist das *Passivsuffix* und wird betont: *yaz-* „schreiben" → *yazıl-* „geschrieben werden".
-(i)mse-	bezeichnet einen geringeren Grad und wird betont: *gül-* „lachen" → *gülümse-* „lächeln".
-(i)n-	ist das *Reflexiv-Passiv-Suffix* und wird betont: *giy-* „etwas anziehen" → *giyin-* „sich anziehen", *yıka-* „waschen" → *yıkan-* „sich waschen / gewaschen werden" .
-ir-	ist ein *Kausativsuffix* und wird betont: *bit-* „enden / zu Ende gehen" → *bitir-* „beenden".
-(i)ş-	ist das *Reziprok-Kooperativ-Suffix* und wird betont: *ol-* „werden" → *oluş-* „entstehen".
-it-	ist ein *Kausativsuffix* und wird betont: *kork-* „Angst haben" → *korkut-* „jemandem Angst machen".
-t-	ist ein *Kausativsuffix*: *oku-* „lesen / studieren" → *okut-* „vorlesen / studieren lassen".
-(y)ebil-	ist das *Possibilitivsuffix (Möglichkeitssuffix)*: *gelebil-* „kommen können".
-(y)eme-	ist das *Impossibilitivsuffix (Unmöglichkeitssuffix)*: *geleme-* „nicht kommen können".

5. Arabische und persische Präfixe und Suffixe im Türkischen

Türkisch kennt eine ganze Reihe von Präfix- und Suffixentlehnungen. Auf die europäischen wird nicht eingegangen, weil sie für jeden erkennbar sind, z. B. *sosyoloji* „Soziologie" → *sosyolojik* „soziologisch". Unten ist eine Auswahl der arabischen und persischen Prä- und Suffixe aufgeführt.

-'a/-'en   ist arabischen Ursprungs und bildet Adverbien: *mutlak* „absolut" → *mutlaka* „unbedingt", *aynı* „dasselbe" → *aynen* „in derselben Weise", *tamam* „fertig" → *tamamen* „vollständig".

-ane [-'a:ne]   ist persischen Ursprungs und bildet aus Substantiven und Adjektiven Adverbien: *dost* „Freund" → *dostane* „freundschaftlich", *şah* „König" → *şahane* „herrlich/ großartig".

bi- ['bi:-]   ist persischen Ursprungs und bedeutet „ohne": *haber* „Nachricht" → *bihaber* „ahnungslos", *taraf* „Seite" → *bitaraf* „neutral".

-'çe   wird an Substantive angehängt und bezeichnet eine Verringerung des Grundwortes. Es ist ein *Diminutivsuffix* und persischen Ursprungs, wird jedoch nicht als Fremdsuffix empfunden: *dilek* „Wunsch" → *dilekçe* „Gesuch", *tarih* „Geschichte" → *tarihçe* „Geschichtsabriss", *bağ* „Weinberg/Weinstock" → *bahçe* „Garten".

-'dar   ist persischen Ursprungs und bedeutet „haltend": *din* „Religion" → *dindar* „gläubig", *vezne* „Kasse" → *veznedar* „Kassierer".

'gayri   ist arabischen Ursprungs und bedeutet „un-/il-": *meşru* „legal" → *gayrimeşru* „illegal".

-hane [-'ha:ne]   ist aus dem Persischen entlehnt und bedeutet „Haus". Es gibt einen Ort an und wird nach -a häufig zusammen mit diesem zu [-a:ne] verkürzt: *ders* „Unterricht" → *dershane* „Unterrichtsraum", *hasta* „krank" → *hastane* „Krankenhaus", *posta* „Post" → *postane* „Postamt".

'hem-   ist persischen Ursprungs und bezeichnet eine Gemeinsamkeit: *fikir* „Idee" → *hemfikir* „einer Meinung".

-i/-î ['-i:]   Dieses *Nisbe* genannte Suffix ist arabischen Ursprungs. Es bildet Adjektive und wird lang ausgesprochen: *tarih* „Geschichte" → *tarihi/tarihî* „historisch". Vokabeln mit diesem Suffix sollten über das Wörterbuch gelernt werden, da einige Ableitungen aussehen, als wären sie unregelmäßig: *siyaset* „Politik" → *siyasi/siyasî* „politisch", *aile* „Familie" → *ailevi/ailevî* „familiär/familienbezogen".

-'kâr   ist persischen Ursprungs und bildet *nomina agentis*. Dieses Suffix wird heute weitgehend durch -ci ersetzt: *sanat* „Kunst" → *sanatkâr* oder *sanatçı* „Künstler".

na- ['na:-]   ist persischen Ursprungs und bedeutet „un-": *hoş* „angenehm" → *nahoş* „unangenehm".

-pe'rest   ist persischen Ursprungs und bedeutet „Anbeter": *put* „Götze" → *putperest* „Götzenanbeter", *hayal* „Phantasiebild" → *hayalperest* „Phantast".

-varî   ist persischen Ursprungs und bezeichnet eine Ähnlichkeit: *Avrupa* „Europa" → *Avrupavarî* „europaähnlich".

-zade ['za:de]   ist persischen Ursprungs und bedeutet „Spross von" (männliche Linie): *asil* „edel, vornehm" → *asilzade* „Adliger".

3   Die Wortbildung durch Zusammenstellung und Zusammensetzung

1. Nebeneinanderstellung *(Takısız Tamlama)*

(1)	elektronik *elektronisch* + posta *Post*	→ elektronik posta	*E-Mail*
(2)	kara *schwarz* + ciğer *Leber/Lunge*	→ karaciğer	*Leber*
(3)	ak *weiß* + ciğer *Leber/Lunge*	→ akciğer	*Lunge*
(4)	baş *Kopf/Haupt* + bakan *Minister*	→ başbakan	*Ministerpräsident*
(5)	bilir *wissend* + kişi *Person*	→ bilirkişi	*Sachverständiger*
(6)	alış *Kauf* + veriş *Übergabe*	→ alışveriş	*Einkauf*
(7)	iş *Arbeit* + veren *gebend*	→ işveren	*Arbeitgeber*
(8)	bilgi *Wissen* + kurtarma *Rettung*	→ bilgi kurtarma	*Datenrettung*
(9)	sabit disk *Festplatte* + yükseltme *Aufrüstung*	→ sabit disk yükseltme	*Festplatten-aufrüstung*

Es gibt viele Wortbildungen, bei denen zwei Begriffe nebeneinander gestellt werden. Wenn der erste Begriff wie in (1) – (5) ein loses Attribut darstellt, ist dieser Begriff kein Substantiv oder er ist nicht als Substantiv gebraucht. Er ist dem Grundwort *subordiniert* (deutsch: *untergeordnet*).

In Beispiel (6) hingegen sind zwei Verbalnomina *koordiniert* (deutsch: *beigeordnet*). In den Beispielen (7) – (9) sind *iş*, *bilgi* und *sabit disk* kein Attribut, sondern direktes Objekt.

Viele von diesen Nebeneinanderstellungen werden zusammengeschrieben. Einige Beispiele:

kara *schwarz* + deniz *Meer*	→ Karadeniz	*Schwarzes Meer*
kızıl *rot* + haç *Kreuz*	→ Kızılhaç	*Rotes Kreuz*
orta *Mitte* + çağ *Epoche*	→ ortaçağ	*Mittelalter*
ön *vorderes* + yargı *Urteil*	→ önyargı	*Vorurteil*
baş *Kopf/Haupt* + öğretmen *Lehrer*	→ başöğretmen	*Schulrektor*
hasta *krank* + bakıcı *sich kümmernd*	→ hastabakıcı	*Krankenpfleger*
gök *Himmel* + delen *durchbohrend*	→ gökdelen	*Wolkenkratzer*
buz *Eis* + kıran *brechend*	→ buzkıran	*Eisbrecher*
bilgi *Wissen* + sayar *er zählt*	→ bilgisayar	*Computer*
et *Fleisch* + yemez *er isst nicht*	→ etyemez	*Vegetarier*
ateş *Feuer* + kes *schneide ab/hör auf!*	→ ateşkes	*Feuerpause/ Waffenstillstand*
gel *komm!* + geç *geh vorüber!*	→ gelgeç	*momentan*
uyur *er schläft* + gezer *er geht spazieren*	→ uyurgezer	*Schlafwandler*
oldu *es ist geschehen* + bitti *es ist fertig*	→ oldubitti	*vollendete Tatsache*
vurdum *ich habe geschlagen* + duymaz *er hört nicht*	→ vurdumduymaz	*Unverbesserlicher*

2. Wortbildungen mittels Suffixe *(Takılı Tamlamalar)*

a) Mit Possessivsuffix am Endglied

(1)	antivirüs *Antivirus* + program *Programm*	→	antivirüs programı	*Antivirusprogramm*
(2)	hastalık *Krankheit* + sigorta *Versicherung*	→	hastalık sigortası	*Krankenversicherung*
(3)	yumurta *Ei* + sarı *gelb*	→	yumurta sarısı	*Eigelb*

Die produktivste Art im Türkischen, zwei (oder auch mehr) Wörter zu einem neuen Begriff zusammenzustellen, ist die Verkettung mittels Possessivsuffix der 3. Pers. (s. Nomen 4.2.1): Jedes Element dieser Komposita ist ein Substantiv – und wenn nicht, ist es als Substantiv gebraucht: *kahve* „Kaffee" + *makine* „Maschine" → *kahve makinesi* „Kaffeemaschine", *alışveriş* „Einkauf" + *merkez* „Zentrum" → *alışveriş merkezi* „Einkaufszentrum", *tüketici* „Verbraucher" + *kredi* „Kredit" → *tüketici kredisi* „Verbraucherkredit".

Diese Wortverkettungen werden meistens auseinandergeschrieben, aber es gibt auch zusammengeschriebene: *ceza* „Strafe" + *ev* „Haus" → *cezaevi* „Strafanstalt", *zeytin* „Olive" + *yağ* „Fett" → *zeytinyağı* „Olivenöl", *su* „Wasser" + *çiçek* „Blume" → *suçiçeği* „Windpocken", *deniz* „Meer" + *alt* „das Unten" → *denizaltı* „Unterseeboot", *ayak* „Fuß" + *kap* „Hülle" → *ayakkabı* „Schuh".

- Der Plural von *ayakkabı* „Schuh" kommt übrigens als *ayakkabılar* und *ayakkapları* vor; bei der ersten Variante wird die Wortverkettung nicht mehr empfunden.

- Manche Wortverkettungen werden auch alternativ mit oder ohne Possessivsuffix gebraucht; das kommt bei Straßen- und Ortsnamen sowie insbesondere im „Küchentürkisch" vor: *Su Terazisi Sokağı ~ Su Terazisi Sokak* „Wasserwaagestraße", *Kadıköyü'nde ~ Kadıköy'de* „in Kadıköy", *Çoban Salatası ~ Çoban Salata* „Hirtensalat".

b) Mit Possessivsuffix am Erstglied

(1)	eli açık adam	*der freigebige (= seine Hand offene) Mann*
(2)	Bu adam eli açık.	*Dieser Mann ist freigebig (= seine Hand offen).*

Bei einigen Wortbildungen trägt das erste Wort das Possessivsuffix: *gözü aç* „Nimmersatt" (= sein Auge hungrig), *boynu bükük* „niedergeschlagen" (= sein Hals gebeugt), *alnı açık yüzü ak* „tadellos" (= seine Stirn offen, sein Gesicht rein). Ein türkisches Auberginengericht, bei der die Aubergine auf einer Seite längs eingeschnitten und gefüllt wird, heißt *karnıyarık* (= ihr Bauch gespalten).

c) Mit Dativsuffix am Erstglied

(1)	içedönük	*introvertiert*
(2)	günebakan	*Sonnenblume*

Bei einigen Wortbildungen trägt das erste Wort das Dativsuffix.

4   Wort- und Inhaltswiederholungen

(1) Fatma Nine her gün **kapı kapı** dolaşır.	*Oma Fatma geht jeden Tag **von Tür zu Tür**.*
(2) Ali **yüzsüz yüzsüz** güldü.	*Ali hat **ganz unverschämt** gelacht.*
(3) Hans **kendi kendine** Türkçe öğreniyor.	*Hans lernt **ganz allein** Türkisch.*
(4) **Yanyana** oturalım.	*Setzen wir uns **nebeneinander**.*
(5) Ali **vakitli vakitsiz** geliyor.	*Ali kommt **zu allen passenden und unpassenden Zeiten**.*
(6) **Sağda solda** dolaşma!	*Lauf nicht **in der Gegend** (= rechts und links) herum.*
(7) Ali ayda **aşağı yukarı** 8000 Euro kazanıyormuş.	*Ali verdient angeblich im Monat **ungefähr** € 8000.*
(8) Dün **çoluk çocukla** yüzmeye gittik.	*Gestern sind wir **mit Kind und Kegel** schwimmen gegangen.*
(9) Yine **saçma sapan** konuşuyorsun.	*Du redest wieder **lauter Unsinn**.*
(10) **Ivır zıvırını** topla!	*Räum deinen **Krimskrams** auf.*

Wort- und Inhaltswiederholungen sind im Türkischen sehr verbreitet. Mit diesem Stilmittel kann der Sinn eines Wortes verstärkt, abgeschwächt oder auch verändert werden. Fast durch alle Wortarten hindurch kann das in den mannigfaltigsten Varianten beobachtet werden: Mal wird das gleiche Wort wiederholt, mal ein gegensätzliches, mal ein ähnliches, um nur einige Möglichkeiten anzudeuten.

Viele solcher Wort- und Inhaltswiederholungen sollte man im Zusammenhang lernen. Darunter fallen auch solche Verdoppelungen, die der Lautmalerei entstammen oder mit Lautwiederholungen gebildet sind: *Ölüm haberini duyunca **hüngür hüngür** ağladım* „Als ich die Todesnachricht hörte, habe ich laut schluchzend geweint", *Yollar **vıcık vıcık** çamurlu* „Die Wege sind quatschend schlammig", ***Paldır küldür** odaya girdi* „Er ist holterdiepolter ins Zimmer gekommen", *Araba **langur lungur** gidiyordu* „Das Auto fuhr rumpelnd dahin", ***Mırın kırın** etmeden yatmaya git* „Geh ohne Widerrede schlafen!".

Suffix- und Wortausparung sowie Suffix- und Satzgliedbestimmung

1. Suffix- und Wortausparung

Bei parallelstehenden Elementen können im Türkischen formenbildende und wortbildende Suffixe oder Teile von komplexen Verbformen ausgespart werden. Es sind

- das Pluralsuffix bei Nomina:
  *elma ve armut**lar*** „Äpfel und Birnen"

- das Pluralsuffix im Prädikat:
  *Sayın arkadaşlar, önce sizlere şu gerçeği arzetmek isterim ki, bizim yurttaşlarımız, geçim sıkıntısını yalnız yabancı gazetelerde **okur** ve insanlık adına başkaları için büyük üzüntüye **düşerler*** (AN, YLBD, 96) „Sehr geehrte Kollegen, zuerst möchte ich Ihnen folgende Wahrheit darlegen: unsere Landsleute lesen von den Sorgen um das täglich Brot nur in ausländischen Zeitungen und geraten aus Menschlichkeit um anderer willen in eine große Betrübnis".

- die Kasussuffixe:
  *İstanbul ve Ankara'**nın** üniversiteleri* „die Universitäten von Istanbul und Ankara"
  *İstanbul ve Ankara'**yı** bilmiyorum* „Ich kenne Istanbul und Ankara nicht"
  *İstanbul ve Ankara'**ya** gittim* „Ich bin nach Istanbul und Ankara gefahren"
  *İstanbul ve Ankara'**da** arkadaşlarım var* „Ich habe in Istanbul und Ankara Freunde"
  *İstanbul ve Ankara'**dan** mektup aldım* „Ich habe aus Istanbul und Ankara Post erhalten"

- die Possessivsuffixe an Nomina:
  *abla ve ağabeyler**im*** „meine älteren Schwestern und Brüder". Nicht ausgespart werden sie bei *annem babam* „meine Eltern".

- das Suffix *-li*:
  25.11.2000 tarih ve 339 sayılı yazınızı aldım „Ich habe Ihr Schreiben Nr. 339 vom 25.11.2000 erhalten", aber: *sütlü ve şekerli kahve* „Kaffee mit Milch und Zucker" : *süt ve şekerli kahve* „Milch und Kaffee mit Zucker".

- die Personalsuffixe des 1. Typs, wenn die Person und Zeitform identisch ist:
  *Her gün bilgisayarda **çalışıyor**, sayfalarca yazı **yazıyorum*** „Ich arbeite jeden Tag am Computer und schreibe seitenlang Manuskripte", *Sabahları saat sekizde evimden **çıkar**, dokuzdan az önce de işimde **olurum*** „Morgens gehe ich um acht Uhr aus dem Haus und bin kurz vor neun bei meiner Arbeitsstelle", *Biz, bildiğiniz gibi, Sümerlilerin, Hititlerin, hatta Etrüsklerin İç-Asya'dan göçmen Türkler olduğunu, biraz da inanmaya inanmaya **okur dururuz*** (Aİ, HB, 50) „Wir lesen, wie Sie wissen, immer wieder, ohne ganz daran zu glauben, dass die Sumerer, Hethiter, sogar die Etrusker aus Innerasien eingewanderte Türken seien".

- selbstständiges oder angehängtes *idi, imiş, ise*, wenn die Person und meistens auch die Zeitform identisch ist:
  *Yarı ağa, yarı muhtar evi, yarı da **köy kahvesiydi** bu ev* (ÜD, FTSh, 98) „Dieses Haus, es war ein halbes Großgrundbesitzer- und ein halbes Dorfvorstandshaus und dazu ein halbes Dorfcafé", *Burada toprak hafifçe **bayırlaşıyor**, bu yüzden iniş beni bavulumun ağırlığı ile öne, aşağıya*

çekiyordu (MCA, Raz, 9) „Hier wölbt sich der Boden leicht, und so zog mich der abfallende Weg wegen des Gewichtes meines Koffers nach vorn und nach unten";

*Ayrıca o günkü postayla gelen üç dergiyi **okuyacak**, bir kitabı da şöyle bir karıştırıp gözden **geçirecektim*** (AN, YLBD, 92) „Außerdem wollte ich drei Zeitschriften, die an jenem Tag mit der Post gekommen waren, lesen und ein Buch mal so durchblättern und überfliegen";

*Sık sık gelirdi bize, durumumuzu **sorar**, tek tek hepimizin ne derdi var **öğrenir**, öğütler **verir** ve çok **kalmaz, giderdi*** (MCA, Raz, 13) „Er kam oft zu uns, fragte nach unserem Wohlbefinden, erkundigte sich danach, was jeden einzelnen von uns bedrückt, erteilte Ratschläge und blieb nicht lange, sondern ging wieder weg", *Arkadaşım Amerika'da eğitim **görmüş** ve doktora **yapmıştı*** „Mein Freund hatte in Amerika eine Ausbildung erhalten und promoviert";

*Burada toprak hafifçe **bayırlaşıyor**, bu yüzden iniş onu bavulun ağırlığı ile öne, aşağıya **çekiyormuş*** „Hier wölbt sich der Boden leicht, und so zog ihn der abfallende Weg wegen des Gewichtes seines Koffers nach vorn und nach unten";

*Bu cevabımın, postada **kaybolmaz**, bir yanda unutulup **kalmaz**, posta dağıtıcısı zarfın üstündeki adresi **okuyabilirse**, sana ulaşacağını umarım* (nach AN, NM, 92) „Ich hoffe, dass diese Antwort von mir, wenn sie nicht bei der Post verloren geht, nicht irgendwo in Vergessenheit gerät und wenn der Briefträger die Anschrift auf dem Umschlag lesen kann, dich erreichen wird";

*Akşam yemeğimizi **yemiş**, sinemaya gitmeye **hazırlanıyorduk*** (AN, YLBD, 42) „Wir hatten unser Abendessen gegessen und bereiteten uns darauf vor, ins Kino zu gehen".

- manchmal Teile von Verben, die von Nomina abgeleitet sind:
  *Bu tutum, kimi zaman özel adların bile **Arapça** ya da **Farsçalaştırıldığı** göz önünde tutulursa daha da iyi anlaşılabilir* (DA, TG, 55) „Dieses Verhalten kann man besser verstehen, wenn man sich vor Augen hält, dass manchmal sogar die Eigennamen arabisiert oder iranisiert wurden".

- parallelstehende Prädikate oder Teile von Prädikaten:
  *Fikrini tamamiyle anlamak, herifi sonuna kadar dinlemek **gerekti*** (HRG, KYABE, 177) „Es war notwendig, seine Gedanken vollständig zu verstehen und den Kerl bis zum Schluss anzuhören";
  *Uzmanlar, batı bölgelerindeki soğuk ve yağışlı havanın bir iki gün içinde kuzey ve doğuya kayacağını, ancak yarından itibaren Akdeniz üzerinden yeni bir yağışlı hava kütlesinin geleceğini **belirttiler*** (Milliyet, 24.03.98/1) „Die Fachleute haben hervorgehoben, dass das kalte und regnerische Wetter in den westlichen Gebieten in ein bis zwei Tagen nach Norden und Osten ziehen wird und dass allerdings ab morgen vom Mittelmeer her eine neue regnerische Wetterfront kommen wird";
  *Anadolu topraklarında birbirini izleyen büyük uygarlıklardan birini **kuracak** ve İslâm dinini bu bölgeye **yayacak olan** Selçukluların Anadolu'nun tarih sahnesine girişi 1071 Malazgirt zaferi ile başlar* (NT, ASS, 5) „Der Eintritt der Seldschuken, die eine der großen auf dem anatolischen Territorium einander folgenden Zivilisationen gründen und die Religion des Islam in diesem Gebiet verbreiten sollten, auf den Geschichtsschauplatz Anatoliens beginnt mit dem Sieg bei Manzikert im Jahre 1071".

2. Suffix- und Satzgliedbestimmung

(a) Suffixe, die Sie erkennen sollten (das pronominale *n* ist kein Suffix, sollte aber erkannt werden):

Sabah leyin erken den kalk ıp bakkal a uğra yarak kahvaltı lık birşey ler al dık tan
        1   2   3   4   5   6   7   8   9

sonra ev e gel ip karn ım ı doy ur unca kendi m e gel dim (DA, TG, 37)
         10   11   12 13   14 15   16 17   18

Wörtliche Übersetzung: *Als ich, nachdem ich am Morgen früh aufgestanden bin und, indem ich zum Lebensmittelhändler gegangen bin, einiges für das Frühstück gekauft hatte, nach Hause kam und meinen Hunger stillte, bin ich zu mir gekommen.*

1. denominales Nominalsuffix 2. Ablativsuffix 3. Verbaladverbsuffix 4. Dativsuffix
5. Verbaladverbsuffix 6. denominales Nominalsuffix 7. Pluralsuffix 8. *-dik*-Partizipsuffix
9. Ablativsuffix 10. Dativsuffix 11. Verbaladverbsuffix 12. Possessivsuffix 1. Pers. Sg.
13. Akkusativsuffix 14. Kausativsuffix 15. Verbaladverbsuffix 16. Possessivsuffix 1. Pers. Sg.
17. Dativsuffix 18. Präteritum 1. Pers. Sg.

Türk dünya sı nı türlü yön ler den ara ş tır an yaban cı bil gin ler ara sı nda müstesna bir yer
          1 2 3   4   5   6   7 8 9   10   11 12   13 14 15

tut an ve devir aç an şahsiyet ler den bir i de, hiç şüphe siz, 81 yıl lık uzun ömr ü nün
     16   17   18 19   20   21   22   23 24 25

(1837–1918) 60 yıl ı nı bu uğur da çal ış ma ya hasret miş ol an Alman asıl lı Rus Türkoloğ u
                  26 27 28   29   30 31 32   33   34   35   36

Wilhelm Radloff' tur (AT, TTWRD, 1)
                        37

Eine der Persönlichkeiten, die unter den ausländischen Wissenschaftlern, welche die türkische Welt in verschiedener Hinsicht erforscht haben, eine herausragende Stelle einnehmen und eine neue Epoche einleiteten, ist zweifellos der russische Turkologe deutscher Herkunft, Wilhelm Radloff (1837–1918), der 60 Jahre von seinem langen, 81 Jahre während en Leben dem Dienst an dieser guten Sache gewidmet hat.

1. Possessivsuffix 3. Pers. Sg. 2. pronominales *n* 3. Akkusativsuffix 4. denominales Nominalsuffix 5. Pluralsuffix 6. Ablativsuffix 7. Reziprok-Kooperativ-Suffix 8. Kausativsuffix
9. *en*-Partizipsuffix 10. denominales Nominalsuffix 11. deverbales Nominalsuffix 12. Pluralsuffix
13. Possessivsuffix 3. Pers. Sg. 14. pronominales *n* 15. Lokativsuffix 16. *en*-Partizipsuffix
17. *en*-Partizipsuffix 18. Pluralsuffix 19. Ablativsuffix 20. Possessivsuffix 3. Pers. Sg.
21. Privativsuffix 22. denominales Nominalsuffix 23. Possessivsuffix 3. Pers. Sg.
24. pronominales *n* 25. Genitivsuffix 26. Possessivsuffix 3. Pers. Sg. 27. pronominales *n*
28. Akkusativsuffix 29. Lokativsuffix 30. Reziprok-Kooperativ-Suffix 31. Kurzinfinitivsuffix
32. Dativsuffix 33. Perfektpartizipsuffix 34. *en*-Partizipsuffix 35. denominales Nominalsuffix
36. Possessivsuffix 3. Pers. Sg. 37. Kopulasuffix

(b) Satzgliedbestimmung:

Gelmen beni sevindirdi *(Dein Kommen hat mich erfreut)*
1   2   3

2+3 Prädikatsverband zu 1   3 Prädikatskern   2 markiertes Objekt zu 3   1 Subjekt zu 2+3

Ali'nin gelmesi bekleniyor *(Es wird erwartet, dass Ali kommt)*
1   2   3

3 Prädikat zu 1+2   1+2 Subjektsverband zu 3   2 Subjektskern mit Prädikatsfunktion   1 Subjekt zu 2

Dikkate alınması gereken bir nokta var *(Es gibt einen Punkt, der beachtet werden muss)*
1   2   3   4   5   6

6 Prädikat zu 1–5   1–5 Subjektsverband zu 6   5 Subjektskern   4 Attribut zu 5
1–3 Attributsatz zu 4+5   3 Kern des Attributsatzes mit Prädikatsfunktion
1+2 Subjektsverband zu 3   2 Subjektskern   1 Dativergänzung zu 2

Ali'nin bugün derse gelip gelmeyeceğini bilmiyorum
1   2   3   4   5   6
(Ich weiß nicht, ob Ali heute zum Unterricht kommt)

1–6 Prädikatsverband   6 Prädikatskern   1–5 Akkusativobjektsatz zu 6   4+5 Kern des Objekt-
satzes mit Prädikatsfunktion   3 Dativergänzung zu 4+5   2 Adverbialbestimmung der Zeit zu 3–5
1 Subjekt zu 2–5 (mindestens zu 4+5)

Anadolu topraklarında birbirini izleyen büyük uygarlıklardan birini kuracak ve İslâm
1   2   3   4   5   6   7   8   9   10
dinini bu bölgeye yayacak olan Selçukluların Anadolu'nun tarih sahnesine girişi 1071
11   12   13   14   15   16   17   18   19   20   21
Malazgirt zaferi ile başlar
22   23   24   25

21–25 Prädikatsverband zu 1–20   25 Prädikatskern   21–24 Postpositionalgruppe als Ergänzung
zu 25   1+20 Subjektsverband zu 21–25   20 Subjektskern   17–19 Dativergänzung zu 20
18–19 Kern der Dativergänzung   17 Genitivattribut zu 18+19   16 Genitivattribut zu 20
1–15 zwei parallele Attributsätze zu 16   8+14+15 Kern der Attributsätze mit Prädikatsfunktion
12+13 Dativergänzung zu 14+15   13 Kern der Dativergänzung   12 Attribut zu 13
10+11 markiertes Objekt zu 12–15   9 ohne Satzgliedwert   3–7 Akkusativobjekt zu 8
7 Kern des Akkusativobjektes   5+6 Ablativattribut zu 7   6 Kern des Ablativattributes
5 Attribut zu 6   3+4 Attributsatz zu 5+6   4 Kern des Attributsatzes mit Prädikatsfunktion
3 Akkusativobjekt zu 4   1+2 Adverbialbestimmung des Ortes zu 3–8

Tabellarische Übersicht über die Konjugation

Präsens	Imperfekt	Beide als Indirektiva
seviyorum	seviyordum	seviyormuşum
seviyorsun	seviyordun	seviyormuşsun
seviyor	seviyordu	seviyormuş
seviyoruz	seviyorduk	seviyormuşuz
seviyorsunuz	seviyordunuz	seviyormuşsunuz
seviyorlar	seviyordular/seviyorlardı	seviyormuşlar/seviyorlarmış

Aorist	Aorist in der Vergangenheit	Beide als Indirektiva
severim	severdim	severmişim
seversin	severdin	severmişsin
sever	severdi	severmiş
severiz	severdik	severmişiz
seversiniz	severdiniz	severmişsiniz
severler	severdiler/severlerdi	severmişler/severlermiş

Futur	Futur in der Vergangenheit	Beide als Indirektiva
seveceğim	sevecektim	sevecekmişim
seveceksin	sevecektin	sevecekmişsin
sevecek	sevecekti	sevecekmiş
seveceğiz	sevecektik	sevecekmişiz
seveceksiniz	sevecektiniz	sevecekmişsiniz
sevecekler	sevecektiler/seveceklerdi	sevecekmişler/seveceklermiş

Perfekt	Plusquamperfekt	Beide als Indirektiva
sevmişim	sevmiştim	sevmişmişim
sevmişsin	sevmiştin	sevmişmişsin
sevmiş	sevmişti	sevmişmiş
sevmişiz	sevmiştik	sevmişmişiz
sevmişsiniz	sevmiştiniz	sevmişmişsiniz
sevmişler	sevmiştiler/sevmişlerdi	sevmişmişler/sevmişlermiş

Präteritum	Präteritum in der Vergangenheit	Beide als Indirektiva
	Subjekt/Ereignis	
sevdim	sevdimdi/sevdiydim	
sevdin	sevdindi/sevdiydin	
sevdi	sevdi idi/sevdiydi	*Gibt es nicht.*
sevdik	sevdikti/sevdiydik	
sevdiniz	sevdinizdi/sevdiydiniz	
sevdiler	sevdilerdi/sevdiydiler	

Tabellarische Übersicht über das Konditional

Präsens	Imperfekt	Beide als Indirektiva
seviyorsam	seviyordumsa/seviyorduysam	seviyormuşsam
seviyorsan	seviyordunsa/seviyorduysan	seviyormuşsan
seviyorsa	seviyordu ise/seviyorduysa	seviyormuşsa
seviyorsak	seviyorduksa/seviyorduysak	seviyormuşsak
seviyorsanız	seviyordunuzsa/seviyorduysanız	seviyormuşsanız
seviyorsalar/seviyorlarsa	seviyorlar idiyse/seviyorduysalar	seviyormuşsalar/seviyorlarmışsa

Aorist	Aorist in der Vergangenheit	Beide als Indirektiva
seversem	severdimse/severdiysem	severmişsem
seversen	severdinse/severdiysen	severmişsen
severse	severdi ise/severdiyse	severmişse
seversek	severdikse/severdiysek	severmişsek
severseniz	severdikse/severdiyseniz	severmişseniz
severseler/severlerse	severler idiyse/severdiyseler	severmişseler/severlermişse

Futur	Futur in der Vergangenheit	Beide als Indirektiva
seveceksem	sevecektimse/sevecektiysem	sevecekmişsem
seveceksen	sevecektinse/sevecektiysen	sevecekmişsen
sevecekse	sevecekti ise/sevecektiyse	sevecekmişse
seveceksek	sevecektikse/sevecektiysek	sevecekmişsek
sevecekseniz	sevecektinizse/sevecektiyseniz	sevecekmişseniz
sevecekseler/seveceklerse	sevecektiler ise/seveceklerdiyse	sevecekmişseler/seveceklermişse

Perfekt	Plusquamperfekt	Beide als Indirektiva
sevmişsem	sevmiş idiysem	sevmişmişsem
sevmişsen	sevmiş idiysen	sevmişmişsen
sevmişse	sevmiş idiyse	sevmişmişse
sevmişsek	sevmiş idiysek	sevmişmişsek
sevmişseniz	sevmiş idiyseniz	sevmişmişseniz
sevmişseler/sevmişlerse	sevmiş idiyseler/sevmişler idiyse	sevmişmişseler/sevmişlermişse

Präteritum	Präteritum in der Vergangenheit	Beide als Indirektiva
Subjekt/Ereignis	*Subjekt/Ereignis*	
sevdimse/sevdiysem	sevdim idiyse/sevdi idiysem	
sevdinse/sevdiysen	sevdin idiyse/sevdi idiysen	
sevdi ise/sevdiyse	sevdi idiyse/sevdi idiyse	*Gibt es nicht.*
sevdikse/sevdiysek	sevdik idiyse/sevdi idiysek	
sevdinizse/sevdiyseniz	sevdiniz idiyse/sevdi idiyseniz	
sevdiler ise/sevdiyseler	sevdiler idiyse/sevdi idiyseler	

Tabellarische Übersicht über den Potentialis/Irrealis, den Nezessitativ sowie die Aufforderungs- und Wunschformen

Potentialis	Irrealis	Beide als Indirektiva
sevsem	sevseydim	sevseymişim
sevsen	sevseydin	sevseymişsin
sevse	sevseydi	sevseymiş
sevsek	sevseydik	sevseymişiz
sevseniz	sevseydiniz	sevseymişsiniz
sevseler	sevseydiler/sevselerdi	sevseymişler/sevselermiş

Nezessitativ	Nezessitativ in der Vergangenheit	Beide als Indirektiva
sevmeliyim	sevmeliydim	sevmeliymişim
sevmelisin	sevmeliydin	sevmeliymişsin
sevmeli	sevmeliydi	sevmeliymiş
sevmeliyiz	sevmeliydik	sevmeliymişiz
sevmelisiniz	sevmeliydiniz	sevmeliymişsiniz
sevmeliler	sevmeliydiler/sevmelilerdi	sevmeliymişler/sevmelilermiş

Optativ	Optativ in der Vergangenheit	Beide als Indirektiva (selten)
∅	seveydim	seveymişim
sevesin	seveydin	seveymişsin
seve	seveydi	seveymiş
∅	seveydik	seveymişiz
seveseniz	seveydiniz	seveymişsiniz
∅	seveydiler	seveymişler

Imperativ/Voluntativ		
seveyim		
sev		
sevsin	*Gibt es nicht.*	*Gibt es nicht.*
sevelim		
sevin/seviniz		
sevsinler		

Literaturhinweise (Auswahl)

Adamović, M., 1985. *Konjugationsgeschichte der türkischen Sprache*. Leiden.

Aksan, D., N. Atabay, İ. Kutluk & S. Özel, 1976a. *Sözcük Türleri 1 (Ad, Sıfat, İlgeç, Adıl, Berliteç)* (= Türk Dil Kurumu Yayınları 421/1). Ankara.

Aksan, D., N. Atabay & S. Özel, 1976b. *Sözcük Türleri 2 (Bağlaç, Ünlem, Eylem)* (= Türk Dil Kurumu Yayınları 421/2). Ankara.

Aksoy, Ö. A., 1991[4]. *Dil Yanlışları*. İstanbul.

Ana Yazım Kılavuzu 1989[3]. Von einem Autorenkollektiv unter der Leitung von Ö. A. Aksoy. İstanbul.

Banguoğlu, T., 1974. *Türkçenin Grameri*. İstanbul.

—, 1987. *Dil Bahisleri*. İstanbul.

Boeschoten, H. & L. Verhoeven [Hg.], 1987. *Studies on Modern Turkish. Proceedings of the Third Conference on Turkish Linguistics.* Tilburg.

Boeschoten, H., 1995. Modalität: Eine vernachlässigte Kategorie. In: Fittschen/İleri [Hg.], 63–68.

Brendemoen, B. & É. Á. Csató, 1987. A Syntactic Analysis of Turkish Gerundial Clauses with Subject Control. In: Boeschoten/Verhoeven [Hg.], 121–135.

Brendemoen, B., [Hg.] 1990. *Altaica Osloensia. Proceedings from the 32nd Meeting of the Permanent International Altaistic Conference. Oslo, June 12–16, 1989*. Oslo.

—, 1990. The Turkish Language Reform and Language Policy in Turkey. In: Hazai [Hg.], 1990. 454–493.

Buscha, J., 1989. *Lexikon deutscher Konjunktionen*. Leipzig.

Bußmann, H., 1990[2]. *Lexikon der Sprachwissenschaft*. Stuttgart.

Ciopiński, J., 1969. Remarques sur les constructions syntaxiques du type *bülbül öten yer* et leur réalisation dans la langue turque. In: *Folia Orientalia* X, Kraków. 59–63.

Csató, É. Á., 1990. Non-finite verbal constructions in Turkish. In: Brendemoen [Hg.], 75–88.

—, 1993. Türkische Relativsätze mit Bezugsnomen. In: *Diyalog* 1, Ankara. 91–100.

—, 1999. Modalität in türkischen Komplementsätzen und ihre Entsprechungen im Deutschen. In: Johanson/Rehbein [Hg.], 23–32.

Csató, É. Á. & L. Johanson, 1998. Turkish. In: Johanson/Csató [Hg.], 203–247.

Dede, M., 1978. Why should Turkish relativization distinguish between subject and non-subject head nouns? In: *Proceedings of the 5th Annual Meeting of the Berkeley Linguistic Society*, 4. 67–77.

Demir, N., 1993. *Postverbien im Türkeitürkischen. Unter besonderer Berücksichtigung eines südanatolischen Dorfdialekts* (= Turcologica 17). Wiesbaden.

Demir, N. & E. Taube [Hg.], 1998. *Turkologie heute – Tradition und Perspektive. Materialien der dritten Deutschen Turkologen-Konferenz. Leipzig, 4.–7. Oktober 1994* (= Veröffentlichungen der Societas Uralo-Altaica 48, hrsg. v. I. Futaky/K. Röhrborn). Wiesbaden.

Demircan, Ö., 1977. *Türkiye Türkçesinde Kök-Ek Bileşmeleri* (= Türk Dil Kurumu Yayınları 436). Ankara.

—, 1987. Emphatic Reduplications in Turkish. In: Boeschoten/Verhoeven [Hg.], 24–41.

—, 1998. Affixial behaviour in Modern Turkish. In: Johanson u. a. [Hg.], 1998a. 57–72.

Deny, J., 1941. *Türk Dili Grameri (Osmanlı Lehçesi)*. Tercüme eden: Ali Ulvi Elöve. İstanbul.

Dizdaroğlu, H., 1976. *Tümcebilgisi* (= Türk Dil Kurumu Yayınları 426). Ankara

Doerfer, G., 1973. *Anatomie der Syntax* (= Europäische Hochschulschriften: Reihe 1. Deutsche Sprache und Literatur 88). Bern.

Duden 9, 1985[3]. *Richtiges und gutes Deutsch*. Mannheim, Wien, Zürich.

Ediskun, H., 1963. *Yeni Türk Dilbilgisi* (Dil, Ses Bilgisi, Şekil Bilgisi, Cümle Bilgisi). İstanbul.

Eisenberg, P., 1989[2]. *Grundriß der deutschen Grammatik*. Stuttgart.

Elöve, A. U. [Siehe J. Deny]

Emre, A. C., 1945. *Türk Dilbilgisi* (= Türk Dil Kurumu 24). İstanbul.

Enç, M., 1986. Topic switching and pronominal subjects in Turkish. In: D. I. Slobin/K. Zimmer [Hg.], 1986. *Studies in Turkish Linguistics* (= Typological Studies in Language 8), Amsterdam. 195–208.

Engel, U., 1982[2]. *Syntax der deutschen Gegenwartssprache* (= Grundlagen der Germanistik 22, hrsg. v. H. Moser/H. Steinicke). Berlin.

Ercilasun, A. B., 1994. Türkçe'de Emir ve İstek Kipi Üzerine. In: Türk Dili 505, Ankara. 3-9.

Erdal, M., 1981. Turkish participles and the absence of reference. In: *Studies Presented to H.-J. Polotsky*, hrsg. v. D. W. Young. Beacon Hill, Mass., 21–49.

—, 1994. Topic, subject and possessive compounds. In: Johanson u. a. [Hg.], 1998a. 75–84.

—, 2000. *Açık* and *kapalı*: The Turkish resultative deverbal adjective. In: *Turkic Languages* 4/1, Wiesbaden. 22-30.

Eren, H., 1985. *İmlâ Kılavuzu* (= Türk Dil Kurumu Yayınları 525). Ankara.

Ergin, M., 1962[2]. *Türk Dil Bilgisi* (= İstanbul Üniversitesi Edebiyat Fakültesi Yayınları 785). İstanbul.

Erguvanlı, E. E., 1984. *The Function of Word Order in Turkish Grammar* (= University of California Publication in Linguistics 106). Berkeley, Los Angeles, London.

Erkman-Akerson, F. & Ş. Ozil, 1998. *Türkçede Niteleme Sıfat İşlevli Yan Tümceler*. İstanbul.

Ersen-Rasch, M. I., 1997[9]. *Türkisch für Sie. Grammatik*. München.

Fittschen, M. & E. İleri [Hg.], 1995. *Türkisch als Fremdsprache unter sprachwissenschaftlichen Gesichtspunkten. Materialien und Referate der internationalen Fachtagung 11.–14. Juni 1992 in Hamburg.* Wiesbaden.

Gencan, T. N., 1979[4]. *Dilbilgisi* (= Türk Dil Kurumu Yayınları 418). İstanbul.

Göğüş, B., 1969. Türkçede cümlemsilerin kuruluşu ve temel cümleciğe bağlanma şekilleri. In: *Türk Dili Araştırmaları Yıllığı, Belleten* 1968, İstanbul. 89–142.

Götz, M., 1995. Der funktionsspezifische Hinweis von -miş- und imiş- auf einen bestimmten Befund. In: Fittschen/İleri [Hg.], 29–36.

Grönbech, K., 1936. *Der türkische Sprachbau* 1. Kopenhagen.

Grundzüge 1981. *Grundzüge einer deutschen Grammatik*. Von einem Autorenkollektiv unter der Leitung von K. E. Heidolph, W. Flämig und W. Motsch. Berlin.

Haig, G., 1998. *Relative Constructions in Turkish* (= Turcologica 33). Wiesbaden.

Hankamer, J. & L. Knecht, 1976. The role of the subject/non-subject distinction in determining the choice of relative clause participle in Turkish. In: *Proceedings of North Eastern Linguistic Society VI* (= Montreal Working Papers 6). 123–135.

Harweg, R., 1968. Besitzanzeigende 'haben'-Konstruktionen als Katalysatoren für die Erkennung der Doppeldeutigkeit der Gruppe 'Nomen + Possessivsuffix' im Türkischen. In: *Archív Orientální* 36. Praha. 407–428.

Hatiboğlu, V., 1967. -dir Eki Meselesi. In: *Dilbilgisi Sorunları* (= TDK Tanıtma Yayınları Dil Konular Dizisi 10). Ankara. 221–224.

—, 1972. *Türkçenin Sözdizimi* (= Türk Dil Kurumu Yayınları 353). Ankara.

Hazai, G., 1978. *Kurze Einführung in das Studium der türkischen Sprache*. Wiesbaden.

—, [Hg.], 1990. *Handbuch der türkischen Sprachwissenschaft*. Teil 1. Budapest.

Helbig, G. & J. Buscha, 1991[14]. *Deutsche Grammatik. Ein Handbuch für den Ausländerunterricht*. Berlin, München, Leipzig, Wien, Zürich, New York.

Hengirmen, M., 1998[3]. *Türkçe Dilbilgisi*. Ankara.

Hentschel, E. & H. Weydt, 1990. *Handbuch der deutschen Grammatik*. Berlin, New York.

Heringer, H. J., 1973[2]. *Theorie der deutschen Syntax* (= Linguistische Reihe 1, hrsg. v. K. Baumgärtner/P. v. Polenz/H. Steger). München.

Heß, M., 1997. *Das genus verbi des Osmanischen zwischen 1575 und 1775*. (Universität Mainz) [Dissertation].

İleri, E., 1995. Türkisch als Fremdsprache – Geschichte und Voraussetzungen. In: Fittschen/İleri [Hg.], 1–28.

Johanson, L., 1971. *Aspekt im Türkischen. Vorstudien zu einer Beschreibung des türkeitürkischen Aspektsystems* (= Acta Universitatis Upsaliensis. Studia Turcica Upsaliensa 1). Uppsala.

—, 1981. *Pluralsuffixformen im Südwesttürkischen*. Wiesbaden.

—, 1989. Subjektlose Sätze. In: Brendemoen [Hg.] 1990. 193–218.

—, 1990. Studien zur türkeitürkischen Grammatik. In: Hazai (Hg.), 1990. 146–278.

—, 1991. *Linguistische Beiträge zur Gesamtturkologie* (= Bibliotheca orientalis hungarica 37, hrsg. v. G. Hazai). Budapest.

—, 1998. Zum Kontakteinfluß türkischer Indirektive. In: Demir/Taube [Hg.], 141–150.

Johanson, L. u. a. [Hg.], 1998a. *The Mainz Meeting. Proceedings of the Seventh International Conference on Turkish Linguistics. August 3–6, 1994* (= Turcologica 32). Wiesbaden.

Johanson, L. & É. Á. Csató [Hg.], 1998b. *The Turkic Languages*. London and New York.

Johanson, L. & J. Rehbein [Hg.], 1999. *Türkisch und Deutsch im Vergleich* (= Turcologica 39). Wiesbaden.

Kahramantürk, K., 1999. *Nominale Wortbildungen und Nominalisierungen im Deutschen und Türkischen. Ein Beitrag zur deutsch-türkischen kontrastiven Linguistik* (= Deutsch im Kontrast 19, hrsg. v. U. Engel/K. Vorderwülbecke). Heidelberg.

Kissling, H.-J., 1960. *Osmanisch-türkische Grammatik* (= Porta linguarum orientalium, hrsg. v. B. Spuler/H. Wehr. Neue Serie 3). Wiesbaden.

Knecht, L., 1979. The role of the genitiv suffix in relative clauses in Turkish: a reply to Dede. In: *Proceedings of the Fifth Annual Meeting of the Berkeley Linguistic Society*, Berkeley. 180–197.

Koç, N., 1990. *Yeni Dilbilgisi*. İstanbul.

—, 1992. *Açıklamalı Dilbilgisi Terimleri Sözlüğü*. İstanbul.

Korkmaz, Z., 1959. Türk Dilinde +ça Eki ve bu ek ile yapılan isim teşkilleri üzerine bir deneme. In: *Ankara Üniversitesi Dil ve Tarih-Coğrafya Fakültesi Dergisi*. Cilt XVII. Sayı 3–4, Temmuz-Eylül-Aralık 1959. 275–358.

Kornfilt, J., 1997. *Turkish*. London and New York.

Kowalski, T., 1936. *Zur semantischen Funktion des Pluralsuffixes -lar, -lär in den Türksprachen*. Kraków.

Krámský, J. 1990. Phonetics and Phonology. In: Hazai [Hg.], 1990. 302–334.

Lehmann, C., 1984. *Der Relativsatz. Typologie seiner Strukturen. Theorie seiner Funktionen. Kompendium seiner Grammatik*. Tübingen.

Leiss, E., 1992. *Die Verbalkategorien des Deutschen. Ein Beitrag zur Theorie der sprachlichen Kategorisierung* (= Studia Linguistica Germanica 31, hrsg. v. Sonderegger). Berlin, New York.

Lewis, G. L., 1991[6]. *Turkish Grammar*. Oxford, New York.

Lyons, J., 1980. *Semantik. Bd. I*. München.

—, 1983. *Semantik. Bd. II*. München.

Mackowiak, K., 1999. *Grammatik ohne Grauen. Keine Angst vor richtigem Deutsch!* München.

Metschkowa-Atanassowa, S., 1983. *Temporale und konditionale „wenn"-Sätze. Untersuchungen zu ihrer Abgrenzung und Typologie* (= Schriften des Instituts für deutsche Sprache 58). Düsseldorf.

Moustakas, A., 1996. *Das Konverb im Türkischen und seine funktionalen Entsprechungen im Neugriechischen, Bulgarischen und Rumänischen aus der Perspektive des Verbalaspekts* (= Deutsche Hochschuledition 48). Neuried.

Mundy, C. S., 1955. Turkish Syntax as a System of Qualification. In: *Bulletin of the School of Oriental and African Studies* 17. London. 279–305.

Nespital, H., 1999. Das Modalverb *sollen* und seine Äquivalente im Türkischen. In: Johanson/Rehbein [Hg.], 171–187.

Nilsson, B., 1980. Definiteness and Reference in Relation to the Turkish Accusative. In: *Orientalia Suecana* 27–28 (1978–1979). Uppsala. 118–131.

—, 1985. *Case Marking Semantics in Turkish*. Stockholm.

Özel, S., 1977. *Türkiye Türkçesinde Sözcük Türetme ve Bileştirme* (= Türk Dil Kurumu Yayınları 438). Ankara.

Özen, E., 1985. *Untersuchungen zu einer kontrastiven Phonetik: Türkisch-Deutsch* (= Forum Phoneticum 30). Hamburg.

Ozil, Ş., 1993. Die Begriffsbildung durch Relativsätze ohne Bezugsnomen im Deutschen und verbalnominale Konstruktionen im Türkischen. In: *Diyalog* 1, Ankara. 69–90.

Peters, L., 1947. *Grammatik der türkischen Sprache*. Berlin.

van Schaaick, G., 1996. *Studies in Turkish Grammar* (= Turcologica 28). Wiesbaden.

Scharlipp, W. E., 1978. *Untersuchungen zur Morphologie und Substitution türkeitürkischer Neologismen*. Hamburg.

Schröder, J., 1990. *Lexikon der deutschen Präpositionen*. Leipzig

Seiler, H., 1960. *Relativsatz, Attribut und Apposition*. Wiesbaden.

Sinanoğlu, S., 1967. Kendi Kelimesinin Kullanışları. In: *Dilbilgisi Sorunları* (= TDK Tanıtma Yayınları Dil Konular Dizisi 10). Ankara. 204–207.

Steuerwald, K., 1964. *Untersuchungen zur türkischen Sprache der Gegenwart II – Zur Orthographie und Lautung des Türkischen* (= Langenscheidt Bibliothek für Wissenschaft und Praxis 3). Berlin.

—, 1972. *Türkisch – Deutsches Wörterbuch. Türkçe – Almanca Sözlük*. Wiesbaden.

Swift, L. B., 1963. *A Reference Grammar of Modern Turkish* (= Indiana University Publications, Uralic and Altaic Series 19). The Hague.

Tietze, A., 1958. Der freistehende Genitiv im Türkei-Türkischen. In: *Ural-Altaische Jahrbücher* 30, Wiesbaden. 183–194.

—, 1962. Erlebte Rede im Türkischen. In: *Oriens* 15, Leiden. 337–344.

—, 1993. Türkeitürkisch Possessivsuffix + Pluralsuffix. In: H. P. Laut / K. Röhrborn [Hg.], 1990. *Sprach- und Kulturkontakte der türkischen Völker. Materialien zur zweiten Deutschen Turkologen-Konferenz. Rauischholzhausen, 13.–16. Juli 1990* (= Veröffentlichungen der Societas Uralo-Altaica, hrsg. v. W. Veenker / K. Röhrborn). Wiesbaden. 201–211.

Timurtaş, F. K., 1977. *Eski Türkiye Türkçesi. XV. Yüzyıl. Gramer – Metin – Sözlük*. İstanbul.

Türkçe Sözlük A – J und K – Z, 1998[9]. (= Türk Dil Kurumu Yayınları 549). Ankara.

Ülkü, V., 1980. *Affixale Wortbildung im Deutschen und Türkischen. Ein Beitrag zur deutsch-türkischen kontrastiven Grammatik* (= Dil ve Tarih-Coğrafya Fakültesi Yayınları 294). Ankara.

Underhill, R., 1972. Turkish participles. In: *Linguistic Inquiry* 3, 87–99.

—, 1976. *Turkish Grammar*. Cambridge, Mass. & London.

Wendt, H. F., 1972. *Langenscheidts praktisches Lehrbuch Türkisch*. Unter Mitarbeit von Muammer Caner. Berlin, München, Wien, Zürich.

Yüce, N., 1973. *Gerundien im Türkischen. Eine morphologische und syntaktische Untersuchung*. (Universität Mainz) [Dissertation].

Zielinski, W.-D., 1988[5]. *ABC der deutschen Nebensätze. Einführung und Übungen*. München.

Zimmer, K., 1987. Turkish relativization revisited. In: Boeschoten / Verhoeven [Hg.], 57–61.

Für **Literaturangaben zum Türkischen** möchten wir Sie auch auf den 'Abschnitt B' der laufenden Bibliographie *Turkologischer Anzeiger* (kurz: TA) aufmerksam machen, der seit 1975 in Wien erscheint und wohl am einfachsten in einer wissenschaftlichen Bibliothek einzusehen ist.

Quellen sprachlicher Belege

AB, OMY   Boysan, Aydın, 1985. *Oldu mu ya! Mizah söyleşileri*. İstanbul.

AE, GE   Ersan, Adnan, 1990[3]. *Güldüren Espriler* (= Gülmece Dizisi 3). Ankara.

A. Haşim, FS   Ahmet Haşim, 1933. *Frankfurt Seyahatnamesi*. [ohne Ort]

Aİ, HB   İlhan, Atillâ, 1996[4]. *Hangi Batı* (= Anılar ve Acılar 2). İstanbul.

AN, AD   Nesin, Aziz, 1991. *Aşkım Dinimdir*. İstanbul.

AN, Af   —, 1978[4]. *Aferin. Hikâyeler*. İstanbul.

AN, BGBG1   —, 1990[4]. *Böyle Gelmiş Böyle Gitmez – 1. Yol*. İstanbul: Adam Yayınları.

AN, Hop   —, 1992[4]. *Hoptirinam. Öykü*. İstanbul: Adam Yayınları.

AN, KK   —, 1988[2]. *Korkudan Korkmak*. İstanbul.

AN, Kol   —, 1981[8]. *Koltuk*. İstanbul.

AN, MKİE   —, 1989[3]. *Maçinli Kız İçin Ev*. İstanbul.

AN, NM   —, 1977[4]. *Nutuk Makinesi. Fıkralar*. İstanbul.

AN, ŞÇH   —, 1977[6]. *Şimdiki Çocuklar Harika*. İstanbul.

AN, YLBD   —, 1990[5]. *Yüz Liraya Bir Deli*. İstanbul: Adam Yayınları.

AT, TTWRD   Temir, Ahmet, 1991. *Türkoloji Tarihinde Wilhelm Radloff Devri. Hayatı – İlmî Kişiliği – Eserleri* (= Türk Dil Kurumu Yayınları 552). Ankara.

DA, AADY   Asena, Duygu, 1989[26]. *Aslında Aşk Da Yok*. İstanbul.

DA, DBY   —, 1994[2]. *Değişen Birşey Yok*. İstanbul.

DA, TG   Aksan, Doğan, 1987. *Türkçenin Gücü. Türk dilinin zenginliklerine tanıklar* (= Türkiye İş Bankası Kültür Yayınları). Ankara.

EÇ, TNK   Çölaşan, Emin, 1989[46]. *Turgut nereden koşuyor?* İstanbul.

EMY, AVAYÖ   Yeğen, Ekrem Muhittin, 1962[7]. *Alaturka ve Alafranga Yemek Öğretimi*. İstanbul.

HE, TD   Ediskun, Haydar, 1988[3]. *Türk Dilbilgisi*. İstanbul.

HRG, KYABE   Gürpınar, Hüseyin Rahmi, 1988[8]. *Kuyruklu Yıldız Altında Bir Evlenme*. Roman. İstanbul.

İC, TRT   Cem, İsmail, 1976. *TRT'de 500 Gün*. İstanbul.

MCA, Raz   Anday, Melih Cevdet, 1990. *Raziye*. İstanbul.

Mİ, BNA   İzgü, Muzaffer, 1990[2]. *Bir Namussuz Aranıyor* (= Yeni Mizah Dizisi 23). Ankara.

Mİ, DVD   —, 1994. *Dandini Vatandaş Dandini* (= Yeni Mizah Dizisi 29). Ankara.

MY, ÖEB   Yüzbaşıoğlu, Muammer, 1982. *Örneklerle Edebiyat Bilgileri*. İstanbul.

NH, YE   Nâzım Hikmet, 1965. *Yeşil Elmalar*. İstanbul.

NK, YD   Koç, Nurettin, 1990. *Yeni Dilbilgisi*. İstanbul.

NT, ASS   Tapan, Nazan, 1983. Anadolu Selçuklu Sanatı. In: *Anadolu Medeniyetleri III, Selçuklu/Osmanlı* (= Avrupa Konseyi 18. Avrupa Sanat Sergisi). İstanbul.

RI, SKP   Ilgaz, Rıfat, 1992[4]. *Sosyal Kadınlar Partisi* (= Bütün Eserleri 7). İstanbul.

SA, KMM   Sabahattin Ali, 1966[2]. *Kürk Mantolu Madonna* (= Bütün Eserleri 7). İstanbul.

TA, 68'li   Ateş, Toktamış, 1994[2]. *68'li Olmak*. Ankara.

TB, TDİ V   Banguoğlu, Tahsin, 1967. In: *Türk Dili İçin V. Türk basınında çıkan Türk Dili ile ilgili makaleler* (= Türk Kültürünü Araştırma Enstitüsü Yayınları 30. IV. A9). Ankara.

ÜD, FTSh   Demirtepe, Ülkü, 1992. *Frak'tan T-shirt'e*. İstanbul.

ZS, Hat   Sertel, Zekeriya, 1977[3]. *Hatırladıklarım* (= Gözlem Yayınları 13). İstanbul.

Cumhuriyet. İstanbul. [Tageszeitung]

Cumhuriyet Hafta. İstanbul. [Wochenzeitung]

Hürriyet. Deutschlandausgabe. [Tageszeitung]

Milliyet. Deutschlandausgabe. [Tageszeitung]

Radikal. İstanbul. [Tageszeitung]

Alphabetisches Sachregister

bi- 272
bil- 168; 252
bile 99
bile bile 231
Bindewörter s. Konjunktionen
bir 27f.; 56
bir an önce 94
bir daha 94
bir hayli/bir sürü 87
bir şey/bir şeyler 26; 84; 86
bir varmış, bir yokmuş 137
bir yana 104
bir yandan 115
bir zamanlar 26
biraz 87
biraz önce/sonra 60
birazdan 93
birbiri 75; 189
birçok 87
birdenbire 94
biri(si) 85
birkaç 87
birlikte 102
birtakım 87
bis 103; 236
biz/bizler 67f.
bizim 29; 68
bizim gibi(si) 52
bizzat 74
boşuna/boşuboşuna 99f.
boyu 107
boyunca 93; 107
böyle 78; 99
böylece/böylelikle 99
brauchen 169; 172
Bruchzahlen 64
bu 27; 76
bu arada 94
bu bakımdan 107
bu gibi/kadar 53
bu kadar 87
bu konuda 107
bu nedenle/sebepten 115
bu suretle 115
bu yüzden 115
buçuk 58

bulun- 254
buna 77
buna göre 103
buna karşı/karşılık 103
buna rağmen 103
bunca 78
bunda/bundan 77
bundan başka 104; 115
bundan böyle 93
bundan dolayı 104
bundan önce/sonra 104
bundan ötürü 104; 115
bunlar 77
bunsuz 78
bunu 77
bunun 77
bunun dışında 115
bunun gibi/kadar 53
bunun üzerine 115
bununla 78
bununla birlikte 115
buraca 80
burada 80; 94
buradan 80
buralı 80
buram 80
bura(sı) 79
buraya 80
bütün 84f.

C
-ce 53; 69; 78; 80; 89; 98f.;
    193; 217; 262; 268
-ceğiz 262
-cek 262
-cesine 250
-ci 204; 263
-cik 80; 85; 204; 263
-cil 263
civarında 60

Ç
çabuk 99
-çe 272
çeşit çeşit 87
çevre 97

çeyrek 64
çıkagel- 258
çoğu 54; 87
çok 54; 87; 89; 99
çok daha 53
çok sayıda 87
çoktan (beri) 93
çünkü 109; 113

D
da 116; 245
dadurch, dass 229; 246
daha 52f.; 90
daha çok 53
daha da 110
dahi 110
dahil 106
daima 90; 99
dair 103
damit 114; 165; 230
-dar 272
das heißt 115
dass 114; 223
-daş 263
Dativ 35; 47f.; 59; 75; 92;
    102; 172; 274
Dativergänzung 20; 201f.; 204
Datum 61
de 109f.; 165; 233
de … de 110
de- 252
-de- 270
-de (Lokativ) 35
-dedir 130
defa 65
değil 112; 123; 125; 127; 260
değil mi? 124
değildir 130
değilmiş 133
dek/değin 103
-deki 71ff.
Deklination 35ff.; 41; 70; 72f.;
    75; 77; 82; 95
-delerdi 128
demek 115
demin 90

-giç 268
giderek 229
-gil 264
-gin 51; 268
gittikçe 244
gleich wenn 240
göre 102
Grundzeiten 118; 138ff.
güle güle 163
gün 61
gündüz(ün) 91
günlerden bir gün 90
günün birinde 90
güya 116
güzün 63

H

ha … ha 111
haben 118; 134ff.; 207; 209f.;
    213; 220; 224; 226; 233ff.
haftaya 47
hakkında 106
hâlâ 90
halbuki 115
halde 98
halt 79; 116
Handlungsformen des Verbs
    188ff.
-hane 272
hangileri 83
hangi(si) 81f.; 183
hani 116
hariç 106
hatta 99
haydi/hadi 117
hayır 100; 134
hayrola 166
hele 116
hem- 272
hem 110
hem … hem (de) 110
hemen 94
hemen hemen 90
henüz 90
hep 84; 90
hepsi 84f.

her 83; 85
her ne kadar 183
her şey 84f.
her yerde/yere 95
her zaman olduğu gibi 248
her zamanki gibi 102; 248
herbiri 85
herhalde 99; 130
herhangi (bir) 86
herhangi bir kimse 86
herhangi bir şey 86
herhangi bir yerde/yere 95
herhangi bir zaman 91
herkes 84
hesabına 107
hiç 90
hiç de 110
hiç değilse/olmazsa/yoksa 177
hiçbir 90
hiçbir şey 84
hiçbir yerde/yere 95
hiçbiri 84ff.
Hilfsverben 254
Hilfsverbsuffix -dir 129ff.
Hilfsverbverbindungen 257
hoş 116; 169
hususunda 106

I / İ

-i (Akkusativ) 35
-i (Wortbildung) 268
-i/-î 51; 272
-ici 269
iç 95
içeride 97
içeri(si) 97; 104
için 101f.
için için 98
içinde 61; 106
idi 125f.; 132; 151; 153; 157;
    165ff.
idi ise 176
idi isen 182
idi(ler) 126
idik 126
idim/idin 126

idin ise 182
idiniz 126
idinse 176
idiyse 177
idiysen 176
idüğü 219
ihtiyaç 172
-(i)k (Wortbildung) 51; 268
-(i)k- (Wortbildung) 270
iken 237
ikide bir 94
ikindi 92
ikisi 86
-il- 191; 271
-ildiği 222
ile 69; 78; 101; 109; 188; 220
ile beraber/birlikte 201f.
ile ilgili 102
-ilebilin- 192
ileri 97
ilgili 102
-ili 51
-(i)li (Wortbildung) 268
ilk 56
ilk olarak 93
ilkin 93
-ilmedik 216
-(i)m (Wortbildung) 268
-im (ich bin) 10; 122
-im (mein) 29
-imiz (unser) 29
imiş 132; 137; 148; 157; 165;
    167; 185f.; 250
immer wenn 244
Imperativ 120; 161; 178
Imperfekt 152f.
Impossibilitivsuffix 170
-(i)mse- 270f.
-(i)msi 51; 264
-(i)mtırak 51; 264
-in (dein) 29
-in (Genitiv) 35
-in (Imperativ) 161
-in (Instrumentalis) 63; 89
-in (Wortbildung) 268
-(i)n (Wortbildung) 264

-mişliğim var 256
-mişliğim yok 214
-mişmiş 158; 160; 168
-mişmişler 160
-mişse 181
-mişsin (imişsin) 132
-mişsiniz (imişsiniz) 132
-mişti 156
-miştir 150
mit 101
Mittelwörter s. Partizipien
-miz (unser) 29
modal 132; 137
Modalangaben 98
mögen 168f.; 183
Möglichkeitssuffix 171
Monate 62
-(m)ser 266
mukabil 103
müssen 144; 154; 168; 173f.
mutlaka 99
Mutmaßung 167
münasebetiyle 108

N

-n (2. Typ) 119
-n (dein) 29
na- 272
nach 104
nachdem 240
namına 107
N'apalım! 82; 164
nasıl 81; 83; 128; 183
nasıl olsa 185
Nationalitätsbegriffe 33
ne 30; 33; 79; 81f.; 135
ne de olsa 185
ne diye 83
ne gibi 81
ne için 81
ne kadar 81; 83; 93
ne kadar ... o kadar 183
Ne ola? 166
ne olursa olsun 184
ne vakit 90
ne var ki 113; 115

Ne var ne yok? 133
ne yazık ki 99
ne zaman 81f.; 90
ne ... ne de 112
Nebensätze 183ff.
nece 82
neci 82
neden 81; 83
nedeniyle 108
nedense 177
Negationssuffix 118; 181
neler 82
neleri 30
nem/nen 30
neme 82
nerede 80f.; 94; 124; 128
nereden 80f.; 94
neredeyse 99; 177
nereli 80; 265
neren 80
nere(si) 79
nereye 80f.; 94
nesi 30
neu 29; 105
neye 82
neyi 30; 82
neyim(iz) 30
neyin 30; 82
neyiniz 30
neyle 81; 102
neyse 178
Nezessitativ 167
nice 87
nicht 123
nicht nur ... sondern auch 112
nicht zielend s. intransitiv
nicht-spezifisch 27; 87; 222;
    241; 247f.; 250
niçin 81; 83
niemand 85
nihayet 94; 99
-nin (Genitiv) 35
-nin orada/orasında 80
nirgendswo(hin) 95
Nisbe 6; 272
nispeten/nispetle 103

nitekim 113
niye 81; 83
-niz (2. Typ) 119
-niz (euer/Ihr) 29
noch 90
noch einmal 94
noksan 87
Nomen 16; 24
Nominativ 35; 42; 101
Notwendigkeitsform 167
nur 113

O

o 67f.; 76
o arada 94
o kadar 87
o takdirde 247
o zaman 78
o zamanlar 90
ob 185; 230; 233
Objekt 17; 19f.; 42f.; 46f.;
    189; 201f.; 204; 223; 273
obwohl 247
oder 111
ohne 202; 234
ohne zu 234
ol- 118; 129; 163f.; 185; 188;
    192; 254f.
ola ki 166
olabilir 170
olacak(mış) 137
olacaksa 176
olacaktır 151
olağanüstü 54
olamaz 170
olarak 98f.; 229
olası 215
oldu 147
oldu olacak 259
olduğu halde 248
oldukça 244
oldum olası 259
olmak üzere 202
olmaz 100; 144
olsa 184; 186
olsa gerek 173; 185

olsaydı 186
olsun 164
olsun ... olsun 112
olup olmadığını 233
olur 100; 144
olur mu? 144
olur olmaz 215
olursa 176; 182; 184
olursa olsun 183
onca 69
onlar 67f.; 77
onların 29
onun 29
onun için 115
Optativ 161; 166; 169
oraca 80
oracıkta 80
orada 89; 94
oradaki 89
oralı 80
oranla 103
ora(sı) 79
Orası neresi? 80
Ordinalzahlen 56
orta/ortalık 95f.
Orthographie s.
    Rechtschreibung
Ortsangaben 48; 94; 221
Ortsbereichnomina 95f.; 105f.
Ortspronomina 79f.
oysa/oysaki 115

Ö
öbür 88
öbür gün 61; 90
öğlen/öğlende/öğlenlerde 91f.
öğleyin 91f.
ön 95
önce 89; 92f.; 104
önceki gün 61
önemle / önemli 98
öte 97
öte yandan 115
öteki 88
ötürü 104; 246
öyle(si) 78; 99

öyleyse 177
öz 74
özellikle 99

P
Partizipien 198ff.; 205
Passiv 189ff.; 221
pek 54
peki 100
pekiyi 54
-perest 272
Perfekt 147; 159
Perfektpartizip 212
Personalpronomina 67; 119
Personalsuffixe (1. Typ) 119;
    121
Personalsuffixe (2. Typ) 119;
    125
Perspektivenverlagerung 23;
    25f.; 125; 129; 136; 140;
    148; 168; 175; 181; 227
peş 106
Phasen 258
phraseologische Verben 48;
    118; 192
Plural 10; 16; 24; 26; 120
Plural, 3. Person 31; 124; 128;
    131; 133; 136; 140
Plusquamperfekt 156; 159
possessiv. Personalsuffixe 119
Possessivkomposita 32; 50; 274
Possessivpronomina 29; 31;
    120
Possessivsuffixe 29; 32; 86;
    120; 134; 173; 200; 207;
    217f.; 274
Possibilitivsuffix 170
Postpositionalergänzung 21;
    201
Postpositionen 16; 18; 21; 95;
    101ff.; 123; 201; 203
Potentialis 184f.
Prädikat 19; 44; 47; 90; 112;
    120; 125; 129; 201f.; 204
Prädikat, nominal 19; 151
Prädikat, verbal 19; 151

Prädikativum 19; 42; 44; 122;
    125
Prädikatsnomen s.
    Prädikativum
Präpositionen 16; 48; 221
Präsens 138f.
Präteritum 146f.
Präteritum in der Vergang. 154
Privativsuffix 267
pro und contra 108
Pronomina 67
Pronominaladverbien 96
pronominales n 38; 70; 74; 84;
    93; 174
punktuell 125; 237; 257

R
-r 142; 214
-r -mez 240
-r ol- 255
-r olsa/olsaydı 185ff.
rağmen 103
rasgele 166; 230
Raumnomina 97
-rdi 153
Rechnen 58
Rechtschreibung 5; 145; 163;
    199
Reduplikation s.
    Intensivierung
Reflexiv 189ff.
Reflexivpronomen 73; 191
regieren 18
Rektion 18; 52; 188; 190; 224;
    253
Relativsätze 205ff.
resmen 99
Resultat 203; 216
Reziprok-Kooperativsuffix 188
Reziprokpronomen 75
-rken 239
-rmiş 158ff.
r-Präsens s. Aorist
-rse 179

Andere Länder entdecken & verstehen!

Sie erwarten sich von Ihrer Reise mehr als nur touristische Eindrücke?
Die *KulturSchlüssel* zeigen Ihnen den Weg, um Land und Leute richtig kennen zu lernen.

Die KulturSchlüssel sind erhältlich für:

Ägypten	ISBN 3–19–005295–6
Australien	ISBN 3–19–005310–3
China	ISBN 3–19–005366–9
Griechenland	ISBN 3–19–005326–X
Malaysia & Singapur	ISBN 3–19–005297–2
Türkei	ISBN 3–19–005296–4
USA	ISBN 3–19–006000–2
Vietnam	ISBN 3–19–005309–X

Hueber
Sprachen der Welt
www.hueber.de